国家社科基金
GUOJIA SHEKE JIJIN HOUQI ZIZHU XIANGMU
后期资助项目

从新公共管理到共同体治理：英美高等教育问责的制度模式与反思超越

From New Public Management to Community Governance:
Institutional Model and Reflective Transcendence of
Higher Education Accountability in the UK and US

阚阅 著

中国教育出版传媒集团

高等教育出版社·北京

图书在版编目（ＣＩＰ）数据

从新公共管理到共同体治理：英美高等教育问责的
制度模式与反思超越／阚阅著.－－北京：高等教育出
版社，2023.1
　ISBN 978-7-04-058747-0

　Ⅰ.①从…　Ⅱ.①阚…　Ⅲ.①高等教育–教育制度–
研究–英国②高等教育–教育制度–研究–美国　Ⅳ.
①G649.561②G649.712

　中国版本图书馆CIP数据核字（2022）第095747号

CONG XIN GONGGONG GUANLI DAO GONGTONGTI ZHILI:
YINGMEI GAODENG JIAOYU WENZE DE ZHIDU MOSHI YU FANSI CHAOYUE

| 策划编辑　王玉衡 | 责任编辑　崔　灿　丁艳红 | 封面设计　李小璐 | 版式设计　杨　树 |
| 责任绘图　于　博 | 责任校对　窦丽娜 | 责任印制　存　怡 | |

出版发行	高等教育出版社	网　　址	http://www.hep.edu.cn
社　　址	北京市西城区德外大街 4 号		http://www.hep.com.cn
邮政编码	100120	网上订购	http://www.hepmall.com.cn
印　　刷	大厂益利印刷有限公司		http://www.hepmall.com
开　　本	787mm×1092mm　1/16		http://www.hepmall.cn
印　　张	19		
字　　数	320千字	版　　次	2023 年 1 月第 1 版
购书热线	010-58581118	印　　次	2023 年 1 月第 1 次印刷
咨询电话	400-810-0598	定　　价	68.00元

本书如有缺页、倒页、脱页等质量问题，请到所购图书销售部门联系调换
版权所有　侵权必究
物　料　号　58747-00

国家社科基金后期资助项目
出版说明

　　后期资助项目是国家社科基金设立的一类重要项目，旨在鼓励广大社科研究者潜心治学，支持基础研究多出优秀成果。它是经过严格评审，从接近完成的科研成果中遴选立项的。为扩大后期资助项目的影响，更好地推动学术发展，促进成果转化，全国哲学社会科学工作办公室按照"统一设计、统一标识、统一版式、形成系列"的总体要求，组织出版国家社科基金后期资助项目成果。

全国哲学社会科学工作办公室

序

阙阅教授新著《从新公共管理到共同体治理：英美高等教育问责的制度模式与反思超越》出版，我感到十分高兴，也向阙阅教授表示祝贺。说是新著但其实是"旧事"。十多年前阙阅教授跟随我在北京师范大学比较所从事博士后研究，当时的博士后研究报告就是这部著作的重要基础。从北京师范大学出站后，阙阅教授在国家社科基金后期资助项目的支持下，又持续开展了相关研究并在原来的研究报告的基础上进行了修改和完善，形成了今天这部著作。

问责一直是教育，特别是高等教育管理和治理领域的重要议题。国外学者很早就开始了这方面的研究，而且经久不衰持续至今，形成了颇为丰富的研究成果。其中非常值得注意的是，最新的《2021年世界教育年鉴》(*World Yearbook of Education 2021*)的主题就是"教育治理中的问责与数据化"(*accountability and datafication in the governance of education*)。另外，从国际社会来看，以联合国教科文组织为例，该组织从20世纪70年代起就在《联合国教科文组织亚洲地区教育办事处公报》(*Bulletin of the UNESCO Regional Office for Education in Asia*)和《展望》(*Prospects*)杂志等专门探讨高等教育问责问题，2005年联合国教科文组织国际教育规划研究所(IIEP)和国际教育学会(IAE)共同发布了《教育问责》(*Accountability in Education*)教育政策报告，2013年联合国教科文组织在相关国际论坛的基础上出版了影响广泛的《高等教育排行与问责：使用与误用》(*Rankings and Accountability in Higher Education：Uses and Misuses*)，2017年发布了以《教育问责：履行我们的承诺》(*Accountability in Education：Meeting Our Commitments*)为主题的全球教育监测报告。

深化对高等教育问责问题的研究也是当前我国高等教育改革发展的迫切需求。2019年党的十九届四中全会通过的《中共中央关于坚持和完善中国特色社会主义制度、推进国家治理体系和治理能力现代化若干重大问题的决定》提出，要在推进国家治理体系和治理能力现代化上下更大功夫，把我国制度优势更好转化为国家治理效能，为实现第二个百年奋斗目标、实现中华民族伟大复兴的中国梦提供有力保证。高校治理体系和治理能力现代化是国家治理体系和治理能力现代化的重要组成部分。教育部也专门强调，教育系统要切实抓好学习贯彻落实党的十九届四中全会精神，明确推进教育治理体系和治理能力现代化的目标任务、方法路径和主要举措，加快教育现代化，建设教育强国。按照党和国家的总体部署和要求，包括高等教育问责制度在内的体制机制的完善与创新是当前和今后我们推进高等教育高质量发展的重要内容，也是我们应该关注的一个重要研究内容。

英国和美国是推行高等教育问责制度最具代表性的国家。虽然两国开展高等教育问责的背景不同，方法各异，但其中也具有一些共同的规律，特别是有一些值得我们吸取的教训。该书不仅描绘了两国高等教育问责的制度和措施，更展现了对新自由主义和新公共管理式问责的批判和反思，以及建立在治理理论和新公共服务理论上的问责的转向与重构，这是非常有意义的。他山之石可以攻玉。比较教育研究的一个重要使命就是学习、吸收和借鉴其他国家教育发展的经验，从而更好地为本国服务。希望这部著作能够发挥这方面的作用，对我国高等教育问责的发展及高等教育治理体系和治理能力的现代化建设有所帮助。

2022 年 1 月 18 日

目　　录

第一章 "问责之惑"：英美高等教育问责研究导论

> 在今天的教育中，考核什么，什么就是最重要的，这也是教育问责的核心。
>
> ——［澳］鲍勃·林加德（Bob Lingard）等 [1]

> 社会不再接受高等教育的自我证明，而是希望公开这种"神秘花园"的活动。
>
> ——［英］罗纳德·巴内特（Ronald Barnett）[2]

当今时代，高等教育日益走向经济社会发展的中心，也逐渐成为社会公众关注的一个重要领域。高等教育在公共资源使用、学生学业成绩、与工商业界联系、学费、教育质量及财务和管理效率等方面存在的诸多问题，都使人们愈加要求高等教育要更具透明度和公正性，以及承担起更大的社会责任。

一、研究问题与价值

第二次世界大战结束以来，尤其是最近几十年以来，随着大学日益走出"象牙塔"，成为现代社会的"轴心机构"和"动力站"，其受到政府和社会等外部力量关注和干预的程度也日渐增加。大学在追求真理、传道授业及服务社会的征程中，"独立王国"的梦想似乎渐行渐远。正如德国哲学家雅斯贝尔斯（Karl Jaspers）所预见到的，尽管大学永远都不能变成一个充分意义上的"国中之国"，但是相反的一面，也就是降格到一种被剥夺

---

① Lingard, B., et al, 2016: *Globalizing Educational Accountabilities*, New York, Routledge, p.1.
② Barnett, R.1992: *Improving Higher Education: Total Quality Care*, London, The Society for Research into Higher Education and The Open University, p.16.

了所有个性的社会公共机构的层次上，是非常容易预见的。① 而在英国高等教育学者巴内特看来，高等教育则进入了一个"祛魅时代"（the age of disenchantment）。② 在外部力量的要求和压力下，高等教育在使用公共资源的同时，不得不承担起更多的责任，更有效率地运行，产出更多的成果。在西方世界，尤其是盎格鲁－撒克逊国家，问责（accountability）已成为高等教育与政府、社会间联系与互动的新方式。以美国为例，在一些学者看来，20世纪后半叶美国高等教育领域中一个令人瞩目的政策重点就是问责问题。这种政策思维突出体现在：一方面，公众和政治领导人日益关注对高等教育的巨大投资所产生的效用，再也不愿不问绩效和质量地把钱拿去"打水漂"；另一方面，大众媒体开始迅速而广泛地关注高等教育和等级评估，与强调过程的旧的认证相比，新的认证标准更加注重教育的效率，地区和全国性高等教育协会纷纷发表有关大学立场的报告和文件，各州立法机关也推出各种各样的评估和绩效指标报告。③ 纵观近年来国际高等教育的发展与变革，运用各种评估技术来评价和衡量绩效俨然已发展为一场声势浩大而且波及整个高等教育界的"问责运动"（accountability movement）。而本书所聚焦和关注的正是这个"高等教育问责"（accountability in higher education）问题。

英国著名比较教育学家埃德蒙·金（Edmund King）曾指出，教育的所有比较研究都起变革的作用。④ 可以说，这是比较教育研究和比较研究者的一种庄严使命和崇高理想，虽然这是一种几乎不可能完成的任务，却是本书的旨趣和诉求所在。遵循这种思想，本书试图解决以下一些问题，或者说实现如下一些目标。一是厘清高等教育问责的基本理论问题。例如，何为高等教育问责，高等教育问责的目标有哪些，达到这些目标的标准是什么，高等教育应对哪些团体和部门负责及应如何负责，实施教育问责体系的途径有哪些，等等。二是全面分析高等教育问责在英美等主要西方国家的运作实施状况。例如，这些国家采取了什么样的政策措施，究竟取得了哪些成效及造成了哪些问题，等等。三是在总结英美两国经验教训的基础上进行观念和制度反思，分析高等教育问责的可能性和可行性，提出相应的策略

---

① 雅斯贝尔斯：《大学之理念》，邱立波译，上海，上海人民出版社，2007年。

② Barnett, R. 1992 : *Improving Higher Education : Total Quality Care*, London, The Society for Research into Higher Education and The Open University.

③ Bogue, E. G. and Hall, K. B., 2003 : *Quality and Accountability in Higher Education*, Westport, Greenwood Publishing Group, Inc., pp.1~2.

④ 王承绪：《发展中国家高等教育模式的国际移植比较研究》，杭州，浙江大学出版社，2009年，第 iii 页。

建议。

本书期望通过对高等教育问责的理论和实践研究,尤其是针对典型国家的案例分析和比较研究,丰富和加深我们对高等教育问责问题的认识和理解,同时根据西方国家的经验教训,探索和总结出对我国具有实践意义的参考意见。英国教育政策专家斯蒂芬·鲍尔(Stephen J. Ball)对这种研究的实践价值或者科学意义做出了恰当而充分的诠释:"教育改革犹如'政策流行病'席卷全球。盘根错节的改革理念通常是不稳定和不平衡的,却具有不可遏止的态势;它在不同的社会和政治环境中,在不同的历史背景下,渗透并改变着不同的教育制度。……这一现象对怀有不同信仰的政治家来说是具有吸引力的。同时这一现象也被许多学术界的教育工作者完全视为理所当然的事情。因此,无论对英国、加拿大、瑞典,抑或对中国、阿根廷、南非等国家,我们都有必要对教育改革作批判性的分析。"因为"虽然具体细节各有差别,但各国改革的总体效应却存在惊人的相似之处。虽然具体形式各异,但教育改革整体的要素却同样适用于中小学、学院和大学。这些要素包括市场、管理主义和强调绩效。当将这些要素综合起来考虑的时候,我们就可以从政治的角度,获得对教育供给的以国家为中心和公共福利性质的传统做出富有吸引力和卓有成效的抉择"。①当然,从现实的角度而言,本书所能做的还只是抛砖引玉之举,希望能够以此引起更多的关注和思考,促进相关研究工作的深入发展。

二、研究进展与现状

学术界有关高等教育问责的研究至少起步于 20 世纪 70 年代。在过去的半个世纪,经济形势的震动、财政压力的加剧、公共部门治理变革的深化及高等教育大众化和普及化进程的发展,都使得问责日益成为西方国家政府、学界和社会公众讨论的热门话题,与之相关的研究活动和研究成果也不断涌现。其间,仅以发表的英文学术论文来看,据本书的不完全统计,核心文献就已超过 200 篇。相比之下,由于国内高等教育发展阶段和学术话语体系等方面的差异,高等教育问责主要是在最近几年才成为一个被关注、讨论和研究的问题。

(一) 有关绩效指标的研究

在高等教育问责研究的发展过程中,学者最初主要研究绩效指标问题,

---

① 斯蒂芬·J. 鲍尔:《教育改革:批判和后结构主义的视角》,侯定凯译,上海,华东师范大学出版社,2002 年,第 1 页。

并且持续了相当长的一段时间。自 20 世纪 70 年代开始,经济合作与发展组织(OECD,简称经合组织)教育研究与创新中心(CERI)在"高等教育院校管理项目"(IMHE)框架下开展了很多促进各成员国研究和讨论绩效指标的活动。尤其是在 1978 年以后,绩效指标成为历次"高等教育院校管理项目全体会议"议程中的一项议题。其间,经合组织还召开了四次有关绩效指标的专题研讨会,发起三项制定教学和科研指标的研究项目,其中还包括了一项由 15 个成员国 70 余所高校参与的国际调查活动。[1] 此外,"高等教育院校管理项目"出版的《国际高等教育院校管理》(*International Journal of Institutional Management in Higher Education*)也刊发了大量有关绩效指标的研究论文。[2]1979 年 12 月,英国高等教育领域的一个重要学术团体——高等教育研究会(SRHE)在布莱顿多科技术学院(Brighton Polytechnic)召开了以"绩效指标"为主题的第 15 届年会,[3]并在会后出版了专门的论文集。[4] 此外,美国的《院校研究新趋势》(*New Directions for Institutional Research*)也在 1994 年推出"以绩效指标指引战略决策"的专刊。[5]

在关于绩效指标的文献中,国外学者的研究主要围绕以下几个方面展开。

一是对绩效指标基本原理的研究。这一类研究关注的是绩效指标的定义、分类、功能、意义等理论问题,以及绩效指标的选择、设计、编制和使用等技术性问题。例如,英国布鲁内尔大学(Brunel University)社会科学系马丁·凯夫(Martin Cave)等撰写的《绩效指标在高等教育中的运用:质量运动的挑战》[6]是目前最系统、最全面论述绩效指标的著作之一。该书分五个部分详细论述了绩效指标的概念、编制框架等关键问题,探讨了绩效指标在英国、其他欧洲国家和美国的实践,绩效指标在教学与研究领域的应用,以及绩效指标的分类、模式和使用模型等。该书自 1988 年第一版问世

---

[1] Kells,H. R.(ed.),1990 : *The Development of Performance Indicators for Higher Education*: *A Compendium of Eleven Countries*,Paris,OECD.

[2] 例如,该杂志仅在 1987 年第 2 期就以专刊的形式刊发了十篇有关绩效指标的研究论文。参见:*International Journal of Institutional Management in Higher Education*,1987,11(2).

[3] 此次会议共有 163 位代表参加会议。会议的主要议题包括"在国家层面上高等教育系统的绩效""各高等教育机构根据有关目标和程序所开展的评估"及"教师和学生评价"等。

[4] Billing,D.,1980 : *Indicators of Performance*,Surrey,The Society for Research into Higher Education,pp.1~2.

[5] 参见:*New Directions for Institutional Research*,1994,16(2).

[6] Cave,M.,et al,1997 : *The Use of Performance Indicators in Higher Education*:*The Challenge of the Quality Movement*,London,Jessica Kingsley Publishers Ltd.

以来,又于 1991 年和 1997 年两次再版,成为讨论绩效指标问题引用率最高的一部文献。在 1992 年伯顿·克拉克(Burton Clark)和盖伊·尼夫(Guy Neave)共同主编的《高等教育百科全书》中,马丁·凯夫和斯蒂芬·汉尼(Stephen Hanney)分别从绩效指标的历史与背景、绩效测量的技术基础、绩效指标的应用及影响几个方面撰写了"绩效指标"的词条。[①] 对绩效指标基本原理的探讨也散布在很多学术期刊中。例如,美国印第安纳大学(Indiana University)的伯登(Victor Borden)等发表的《绩效指标:历史、定义与方法》[②] 回顾了绩效指标在美国和欧洲高等教育领域的发展历程,并在此基础上阐述了绩效指标的定义、模型、院校绩效评估的方法及绩效指标的开发和应用。

二是关于绩效指标的案例或比较研究。这类研究通常以国别为基础,主要讨论绩效指标在各个对象国的引入和实际应用情况;有的研究还将不同国家的情况进行比较,得出某些结论。在此方面最早也是最全面的研究成果当数经合组织于 1990 年出版的《高等教育绩效指标的发展:11 国概览》[③]。作为经合组织"高等教育院校管理项目"的一部分,该书从国家背景、发展状况及问题与结论三个方面,全景式描述了绩效指标在英国、澳大利亚、法国、德国等 11 个经合组织成员国的实践。1993 年经合组织对该书进行了修订,增加了爱尔兰的案例。1990 年荷兰马斯特里赫特林堡大学(现林堡跨国大学,Transnational University Limburg)的道奇(Filip Dochy)等主编的《高等教育管理信息与绩效指标:一个国际性的问题》[④] 也是对绩效指标进行案例研究的一部力作,包括塞泽(John Sizer)、凯夫等多位英国、荷兰和澳大利亚在该领域知名的学者都参与了撰写。该书主要介绍了绩效指标在三国的引入、应用与发展情况。荷兰特温特大学(University of Twente)高等教育政策研究中心(CHEPS)主编的《同行评议与绩效指标:英国与荷兰的高等教育质量评估》[⑤] 则深入地比较和分析了英国和荷兰的高等教育质量评估体系,其中塞泽和芬德利(Peter Findlay)两位作者分别论述了绩效指

① Cave, M. and Hanney, S.: "*Performance Indicators*", in Clark, B. and Neave, G., 1992: *The Encyclopedia of Higher Education* (*Volume 2*), Oxford, Pergamon Press Ltd., pp.1411~1423.

② Borden, V. M. H. and Bottrill, K. V., 1994: "Performance Indicators: History, Definition, and Methods", *New Directions for Institutional Research*, 82.

③ Kells, H. R., 1990: *The Development of Performance Indicators for Higher Education: A Compendium of Eleven Countries*, Paris, OECD.

④ Dochy, F., Megers, M. and Wijnenm, W. (ed.), 1990: *Management Information and Performance Indicators in Higher Education: An International Issue*, Assen/Maastricht, Van Gorcum.

⑤ Goedegebuure, L. C. J., et al, 1990: *Peer Review and Performance Indicators: Quality Assessment in British and Dutch Higher Education*, Utrecht, Lemma.

标在英国的发展与争论及绩效指标与拨款的问题。1994年美国得克萨斯农工大学(Texas A & M University)普特里维分校(Prairie View Campus)的盖瑟(Gerald Gaither)等在题为《符合标准：高等教育绩效指标的诺言与陷阱》[①]的研究报告中，着重分析了绩效指标在美国高等教育中的运用及其模式，以及美国高等教育对公共问责挑战所做出的回应。同时，报告还分析了绩效指标在国际范围内的使用，对英国、加拿大、澳大利亚、荷兰、芬兰、瑞典、丹麦七个国家进行了案例和比较研究。除上述专著对多国案例的研究外，也有一些专注于英国[②]、德国[③]、新西兰[④]、日本[⑤]等国应用绩效指标的研究，这些研究大多以论文的形式发表在有关学术期刊上。

三是学者对绩效指标的评论。学者的批评和评论是构成绩效指标研究的重要组成部分，无疑也是加深人们对高等教育绩效指标认识与理解的一个重要途径。这些评论中有一些是为了改进或完善绩效指标的使用。如英国斯特灵大学(Stirling University)的罗伯特·鲍尔(Robert Ball)等[⑥]在考察若干院校实践的基础上，指出使用绩效指标的好处和存在的问题。他们建议要改变排行榜的方式，院校应采用符合其使命的绩效指标以更好地促进自身的发展。还有些评论则更为激进，对绩效指标的应用提出尖锐的批评甚至要求废除。英国利物浦约翰·莫斯大学(Liverpool John Moorse University)的约克(Mantz Yorke)在提交给美国院校研究协会第37届年会上的论文探讨了绩效指标带来的各种问题，如绩效指标合法性与可靠性的混同，政府试图将绩效指标与拨款相联系的做法可能导致难以预想的结果等。论文最后断言，早期的乐观主义正在被争论和实践冲淡，近些年来认

---

① Gaither,G.,et al,1994：*Measure Up：The Promises and Pitfalls of Performance Indicators in Higher Education*,ASHE-ERIC Higher Education Report No.5,Washington D. C.,The George Washington University,Graduate School of Education and Human Development.

② Cullen,B. D.,1987："Performance Indicators in U. K. Higher Education：Progress and Prospects",*International Journal of Institutional Management in Higher Education*,11(2).

③ Hufner,K.,1987："The Role of Performance Indicators in Higher Education：The Case of Germany",*International Journal of Institutional Management in Higher Education*,11(2).

④ Lord,B. R.,et al,1998："Performance Indicators：Experiences from New Zealand Tertiary Institutions",*Higher Education Management*,10(2)；Peters,M.,1992："Performance Indicators in New Zealand Higher Education：Accountability or Control?",*Journal of Education Policy*,7(3).

⑤ Lewis,D. R.,et al,2001："On the Use of Performance Indicators in Japan's Higher Education Reform Agenda",*Nagoya Journal of Higher Education*,1(1).

⑥ Ball,R. and Wilkinson,R.,1994："The Use and Abuse of Performance Indicators in UK Higher Education",*Higher Education*,27(4).

为绩效指标可以为院校运作提供准确信息的观念似乎已经弱化了。[1]2002年加拿大不列颠哥伦比亚大学(University of British Columbia)布鲁诺(William Bruneau)和蒙特利尔肯考迪亚大学(Concordia University)塞维奇(Donald Savage)出版的《点数学者:高等教育绩效指标案例》就是一部比较少见的对绩效指标进行批判的专著。布鲁诺和塞维奇在考察英国、美国、新西兰和加拿大实践的基础上,提出曾在商业环境下大行其道的绩效指标并不能帮助高等教育走向成功,他们还尝试使用其他指标来取代这些"无效的"和"具有破坏性的"绩效指标。[2]

(二) 有关高等教育问责的研究

20 世纪 90 年代中后期,高等教育问责研究发生了重大转向,研究者逐步跳出绩效指标这个相对具体而技术化的研究范畴,开始从多维度、多侧面审视高等教育绩效问题,出现越来越多的以"问责"为主题的研究活动。而且这种趋势和潮流引发了国内学者对高等教育问责问题的关注,推动了国内学术界在这一新兴研究领域的发展。

略加回顾我们便可发现,近年来由美国各州高等教育执行官协会(SHEEO)等机构主办的"高等教育问责的新形势与新前景研讨会"[3](2005 年,查尔斯顿),英国国家审计署(NAO)举办的"高等教育部门问责会议"[4](2006 年,伦敦),中国财政部、教育部和世界银行主办的"后义务教育财政问题高层研讨会"[5],中国台湾高等教育评鉴中心基金会举办的"高等教育绩效责任国际学术研讨会"[6] 等学术会议都在不同程度上涉及高等教育问责问题。另外,从研究项目来看,作为 1998 年世界高等教育大会(WCHE)的后续行动,在联合国教科文组织的支持下,英联邦高等教

---

[1] Yorke, M., 1997 : *Can Performance Indicators Be Trusted ?*, A Paper Presented at the 37th Association for Institutional Research Forum, Orlando.

[2] Bruneau, W. and Savage, D. C., 2002 : *Counting Out the Scholars : The Case Against Performance Indicators in Higher Education*, Toronto, James Lorimer & Company Ltd, Publishers.

[3] The National Conference on Toward Higher Ground : New Looks and Promises in Higher Education Accountability. Sep.22–24, 2005, Charleston, USA.

[4] Accountability in Higher Education Sector. Oct.4, 2005, London, UK.

[5] 此次会议于 2007 年 6 月在北京大学举行,来自财政部、教育部及地方财政厅和教育厅、国内外高校和科研机构,以及世界银行的代表围绕"高等教育质量与教育财政机制""公共教育财政统计体系"等议题进行了探讨。

[6] 此次会议于 2007 年 6 月在中国台湾政治大学举行,英格兰高等教育基金委员会国际关系主任克里夫·汉考克(Cliff Hancock)、澳大利亚大学质量署执行主任大卫·伍德豪斯(David Woodhouse)、中国香港联校素质检讨委员会行政总裁黄慧心等出席会议并发表主旨演讲。

育管理服务组织 ①（CHEMS）就实施了题为《高等教育复兴中的问责与国际合作》（*Accountability and International Co-operation in the Renewal of Higher Education*）的研究项目。国内这方面的研究包括：北京市财政局开展的《北京市高等教育支出绩效评价研究》，以及华中科技大学的周光礼主持的《社会问责视野中的我国高等教育质量评估体系有效性研究》、东北师范大学的陈欣主持的《高等教育问责制度国际比较研究》和北京教育学院的王淑娟主持的《构建适合中国国情的大学问责机制研究》等国家社科基金项目。此外，国内外的一些重要学术期刊，如国际大学协会（IAU）主办的《高等教育政策》（*Higher Education Policy*）、东北师范大学主办的《外国教育研究》和中国台湾高等教育出版社主办的《教育研究月刊》等，也推出了以"问责"为主题的专栏和专刊，② 集中介绍相关方面的最新研究成果。

仅就本书目前收集到的文献而言，现有的、具有代表性的中英文研究成果大致可以归结为如下几个方面。

1. 国别研究

现有的有关高等教育问责的国别研究主要侧重于制度与政策层面，而且以美国为对象国的研究成果最为丰富。目前最具代表性的英文专著是美国纽约州立大学的伯克（Joseph Burke）主编、十多位学者参与撰写的《实现高等教育问责：公众、学术和市场需求的协调》。该书近年来收获颇多赞誉。③ 该书认为，既有的很多打着高等教育问责旗号的著作造成了某种混乱，他们希望用一部深入和翔实的新著来弥补存在的一些问题。该书着眼于美国高等教育的历史和现实，阐释了高等教育问责的各种维度和形式，并在此基础上从不同层次、不同侧面论述了联邦、各州采取的问责措施和针对私立高等教育的举措，以及其他一些治理结构和问责形式，其中包括认证、标准化测验、学生和校友调查、学术审计和报告卡等。该书指出，在政府主导、学术利益和市场力量交织的问责三角图式中，高等教育既应该服务于三者，又

---

① 英联邦高等教育管理服务组织成立于1993年，系英联邦秘书处开展的"高等教育支持计划"的一部分，其主要职能是为大学、政府及有关高等教育机构提供研究和咨询服务。2001年该组织停止运作，其职能转由英联邦大学协会行使。

② 参见：*Higher Education Policy*, 2001, 14(1);《外国教育研究》, 2009(10);《教育研究月刊》, 2004(8)。

③ 例如，宾夕法尼亚州立大学校长格雷厄姆·斯班尼尔（Graham Spanier）认为，该书汇聚了美国最优秀学者在高等教育继续责任这个重要问题上的真知灼见，将会成为有关该问题的权威文献。肯塔基中学后教育委员会主席托马斯·雷泽尔（Thomas Layzell）也认为，高等教育继续责任问题从来没有像现在这样重要，在我们建立问责体制来应对当前乃至未来的各种挑战时，该书都是极有价值的参考。可以说，该书的推出恰逢其时。

不应屈服于一方,并基于此论断提出一系列有效问责体系的特征及政策建议。① 美国西东大学(Seton Hall University)的凯尔岑(Robert Kelchen)在《高等教育问责》一书中,首次全面介绍了美国的大学是如何面对如此铺天盖地的审查的。从规范院校的最早努力开始,该书揭示了责任背后的基本原理,并概述了联邦和州政策、认证实践、私营部门利益和内部要求如何对院校的生存和成功变得如此重要的历史发展。② 近年来,国内也涌现出很多有关美国高等教育问责的研究成果。其中比较典型的为王淑娟的《美国公立院校的州问责制》,该文立足州的层面,对问责的主题、对象、内容和方式进行了探讨。③ 作者后来发表的一些学术论文基本上是对这一研究的延续和深化。④ 此外,国内学者也开展了以英国、澳大利亚、荷兰等为对象国的研究。⑤

2. 比较研究

在高等教育问责的跨国比较研究中,美国加州大学伯克利分校著名的公共政策和高等教育专家马丁·特罗在《比较视野下的高等教育信任、市场与问责》一文中深入探讨了信任、市场和问责这三种高等院校与外部社会发生联系基本方式的变化情况,并着重分析了美国和欧洲国家在问责方面采取的措施及产生的影响。⑥ 美国伊利诺伊大学香槟分校的亚历山大(Fieldon King Alexander)从政府与大学关系的视角,考察了美国和英国政府在监督和评估高等教育绩效方面的措施与行动。⑦ 英国谢菲尔德·哈勒姆大学(Sheffield Hallam University)的哈维(Lee Harvey)等出版的《高等

① Burke,J.,et al.,2004:*Achieving Accountability in Higher Education:Balancing Public,Academic and Market Demands*,San Francisco,Jossey-Bass;另外,特罗(Martin Trow)也是研究美国高等教育问责问题的一位重要学者,其相关的研究文献包括:Trow,M.,et al.,1995:*Accountability of Colleges and Universities:An Essay*,Columbia University;Trow,M.:"On the Accountability of Higher Education in the United States",in Bowen,W. G. and Shapiro,H. K.1996:*Universities and Their Leadership*,Princeton,Princeton University Press.

② Kelchen,R.,2018:*Higher Education Accountability*,Baltimore,Johns Hopkins University Press.

③ 王淑娟:《美国公立院校的州问责制》,北京,知识产权出版社,2010年。

④ 例如,王淑娟:《美国公立高等教育的州政府问责制度》,《清华大学教育研究》,2008年第3期;王淑娟:《美国高等教育的问责系统及其因素构成分析》,《比较教育研究》,2009年第8期。

⑤ 例如,郝世文:《英国高等教育问责机制:现状与动向》,《外国教育研究》,2009年第10期;陈欣:《澳大利亚高等教育问责:政策和实践》,《外国教育研究》,2009年第10期;李爽:《澳大利亚高等教育问责制度研究》,长春,东北师范大学硕士学位论文,2009年;谢晓宇:《荷兰高等教育问责制度研究》,《外国教育研究》,2009年第10期。

⑥ Trow,M.,1996:Trust,*Markets and Accountability in Higher Education:A Comparative Perspective*,Research and Occasional Paper Series:CSHE.1.96.Center for Studies in Higher Education,University of California,Berkeley.

⑦ Alexander,F. K.,2000:"The Changing Face of Accountability:Monitoring and Assessing Institutional Performance in Higher Education",*Journal of Higher Education*,71(4).

教育问责：全球视野下的质量、信任与权力》也是该领域的一部重要著作。该书试图解构和阐释问责的概念与目的，并通过考察不同国家采取的问责措施与实际运行，总结其中的共同要素，进而揭示问责的发展前景、风险与困惑。①

3. 专题研究

高等教育问责领域的专题研究又可细分为以下几类。

一是有关基本理论的研究。例如，英国约克大学教育学院的沙纳罕（Theresa Shanahan）在加拿大安大略大学教师协会会议上的主旨演讲中，对问责的概念、历史动力、表现形式及意义等问题进行了系统的阐述。②北京大学教育学院蒋凯在《全球化背景下的高等教育责任制》中也探讨了问责的原理问题。该文认为高等教育问责是一个与效率、效果和绩效评估相关的概念，它要求通过有效的方式证明高等教育取得了预定的结果和绩效。其基本特征是关注效率、效果，注重结果、产出，而实施形式则是高等教育评估。通过评估加强质量保障，反映了全球化背景下高等教育管理中一种新的责任制文化。③

二是有关财政与拨款方面的研究。西班牙德乌斯托大学（University of Deusto）的埃斯科特（Miguel Angel Escotet）在《大学治理：责任与财政》一文中指出，大学的演变主要体现在大学的结构、治理、管理系统、拨款机制方面及知识、形式与内容的多样化。大学的未来取决于社会的引导和内部的共生。该文对大学的各种治理方式与院校评估之间关系的演变，以及这种关系对学习质量和大学经费制度的影响作历史回顾。该文认为，高等教育已经从以学习者为中心转向以教学和管理人员的共生结构为中心，高等教育经费不仅依赖校外的渠道，也取决于学校内部机制的公平、效力、效率、相关性，以及学生、教授、研究者和管理者等大学成员的道德规范。④浙江大学教育

---

① Harvey, L. and Stensaker, B., 2010：*Accountability in Higher Education：A Global Perspective on Quality*, *Trust and Power*, London and New York, Routledge.

② Shanahan, T., 2009：*Accountability initiatives in Higher Education：An Overview an Examination of the Impetus to Accountability*, *Its Expressions and Implications*. Introductory Keynote Address at Ontario Confederation of University Faculty Associations（OCUFA）Conference on Accounting or Accountability in Higher Education? Jan.23–24.

③ 蒋凯：《全球化背景下的高等教育责任制》，《教育研究》，2008 年第 3 期。

④ Escotet, M. A.："Governance, Accountability and Financing of Universities", in GUNI, 2006：*Higher Education in the World 2006：The Financing of Universities*, Basingstoke, Hampshire, Palgrave-MacMillan. 本文中文译文参见：全球大学创新联盟：《2006 年世界高等教育报告：大学的财政问题》，汪利兵等译，杭州，浙江大学出版社，2007 年；米格尔·安吉尔·埃斯科特：《大学治理：责任与财政》，汪利兵、温从雷译，《教育研究》，2008 年第 8 期。

学院王莉华在《中英高等教育绩效拨款研究》一书中利用制度分析和发展框架，对中英两国的高等教育绩效拨款政策发展和改革趋向进行描述、并置和比较。该书认为，中英两国在高等教育绩效拨款上也有相异之处，前者表现为两国独特政治经济等宏观制度环境对政策形成与发展的影响和塑造，以及正式制度对两国绩效拨款方式改革直接而显著的影响，后者体现在两国高等教育绩效拨款具体行动场所中行为人和行动环境的特征和差异。该书还从英格兰高等教育基金委员会（HEFCE）在财政拨款的控制权、科研拨款方式和程序、拨款的成本效率等方面总结了对中国的启示。[1] 另有一些研究生学位论文也从政府通过绩效评价对高校提供拨款和资助的角度进行了研究。[2]

三是有关质量与评估方面的研究。美国田纳西大学的博格（Grady Bogue）等合著的《高等教育质量与问责：改善政策、提升绩效》主要从质量的、历史的、技术的和哲学的视角审视了美国高等教育中的各种质量保证理论和政策措施。他们着重考察了目标成就、成果、增值影响和声誉等质量理论，分析了认证、排行、许可、教学评估、跟踪研究、全面质量管理等质量保证方面的政策，并提出若干改善政策协调性和有效性的原则。该书得出的一个重要论断是，必须将质量与员工、政策和各种计划结合起来，而且政治和学术领导必须加强合作，从而制定出一种适当的集体性的问责体系。[3] 美国乔治华盛顿大学的埃克沃斯（Elaine El-Khawas）在《变革与绩效：高等教育的质量保障》中认为，随着高等教育规模的扩大，世界各国都越来越关注高等教育的绩效和质量保障，采用各种方法进行质量控制。该文介绍了一些国家的经验和做法，并指出由于高等教育的复杂性，评价绩效和质量保障必须采用多种方法。[4]

四是有关信息机制尤其是排行方面的研究。世界银行高等教育专家萨尔米（Jamil Salmi）和加拿大麦吉尔大学的萨拉杨（Alenoush Saroyan）在《作为政策工具的排行榜：问责的政治经济学》一文中指出，包括排行及类似的一些分类工具的信息机制正日益成为衡量和比较第三级教育机

① 王莉华主编：《中英高等教育绩效拨款研究》，杭州，浙江大学出版社，2008年。
② 例如，严示菲：《高等教育绩效拨款运行机制研究——基于部分OECD国家的经验》，上海，复旦大学硕士学位论文，2008年；郑晓凤：《美国高等教育绩效拨款研究》，长春，吉林大学硕士学位论文，2006年；钱三平：《研究型大学绩效评价与政府资助政策研究》，武汉，武汉理工大学硕士学位论文，2005年。
③ Bogue, E. G. and Hall, K. B., 2003: *Quality and Accountability in Higher Education: Improving Policy and Enhancing Performance*, Westport, Greenwood Publishing Group, Inc. 本书中文译本参见：博格等：《高等教育中的质量与问责》，毛亚庆等译，北京，北京师范大学出版社，2008年。
④ Elaine El-Khawas：《变革与绩效：高等教育的质量保障》，陈小红编译，《复旦教育论坛》，2004年第3期。

构绩效所依赖的方式。为探讨这种公共信息机制的作用和效果，该文主要对被用于公共问责目的的各类大学排名方法进行了分类，进而从政治经济学的角度对排名现象进行了讨论。该文还对一些排名的优点和缺点进行了评价，并对决策者、高等院校和社会大众提出了一些建议。[①] 加拿大多伦多教育政策研究院（EPI）的埃舍尔（Alex Usher）和萨维诺（Massimo Savino）发表的调查报告《差异的世界：大学排名的全球调查》也是该领域学者引用颇多的文献。该报告考察了全球 19 个主要的大学排行榜和排名系统。其中有来自 10 个国家和地区（澳大利亚、加拿大、德国、中国、中国香港特别行政区、意大利、波兰、西班牙、英国和美国）的 16 个"地区性"排行榜和三个国际性或跨国、跨地区的排行榜。报告还专门分析了各种排行榜所选取的指标和每个指标所附带的权重，以及各个排行榜指标体系的数据采集方式。[②] 芬兰赫尔辛基大学（University of Helsink）的埃尔基（Tero Erkkilä）和芬兰外交部的皮罗宁（Ossi Piironen）在《排名与全球知识治理：高等教育、创新和竞争力》一书中分析了基于指标的全球知识治理的演变，展示新兴指标（emerging indicators）、创新指数（innovation indexes）和次国家比较（subnational comparisons）是如何融入现有的衡量体系中的，说明这些衡量体系支配着我们的高等教育、创新和竞争力的理念，从而重新审视了知识治理领域的发展。该书认为，虽然排名变得越来越多和支离破碎，但新的知识产品倾向于复制现有的全球测量领域的理念和实践。[③]

五是有关问责评论与反思的研究。英国剑桥大学著名人类学家玛丽莲·斯特拉森（Marilyn Strathern）主编的《审计文化：有关问责、伦理和学术界的人类学研究》是反思高等教育问责问题极具代表性的著作。该书鲜明地提出了"审计文化究竟是在更大程度上提升了责任，还是扼杀了创造性

---

① Salmi,J. and Saroyan,A.："League Tables as Policy Instruments：The Political Economy of Accountability in Tertiary Education",in GUNI,2007：*Higher Education in the World 2007*：*Accreditation for Quality Assurance*：*What is at Stake?* Basingstoke,Hampshire,Palgrave-MacMillan.本文中文译文参见：全球大学创新联盟编，《2007 年世界高等教育报告：高等教育的质量保证》，汪利兵、阚阅译，杭州，浙江大学出版社，2009 年；杰米尔·萨尔米、阿勒诺什·萨拉扬：《作为政策工具的大学排行榜》，汪利兵、阚阅译，《教育研究》，2010 年第 1 期。

② Usher,A. and Savinom M.,2006：*A World of Difference：A Global Survey of University League Tables*,Toronto,ON,Educational Policy Institute,本报告中文译文参见：亚历克斯·埃舍尔、马斯莫·萨维诺：《差异的世界：大学排名的全球调查》，王亚敏、侯书栋译，李立国审校，《清华大学教育研究》，2006 年第 5 期。

③ Erkkilä,T. and Piironen,O.,2018：*Rankings and Global Knowledge Governance：Higher Education,Innovation and Competitiveness*,London,Palgrave Macmillan.

思考？"的质疑。该书的 12 位作者对当今笼罩在欧洲和英联邦国家企业、政府、公共机构及学术界的这种审计文化进行了全面的研究，其中包括问责的表现形式、发生作用的政治和文化条件，以及产生的结果和影响。而最精彩的部分则是作者利用人类学的方法对审计及其依赖的经济效率原则和相关的伦理问题所进行的剖析和审视。① 论文《重围之下的大学——当代学术领域中的信任和责任制》探讨了欧洲高等教育从洪堡大学模式到准市场压力下大学模式的变革，并认为责任制导致了大学资助制度和"使命"发生变化，致使传统的信任机制遭到侵蚀。作者从现实出发，反思了目前存在于欧洲大学中的制度变革和责任制的教训。②

4. 相关的综合性研究

这部分研究相当广泛和庞杂，通常在论述有关高等教育制度、改革与发展，以及治理（governance）和管理（administration/management）等方面的文献都可能在某种程度上涉及问责问题。例如，塞泽在《高等教育百科全书》第二卷第三部分"治理、管理与财政"中阐述了问责在英国、澳大利亚及其他欧洲国家的发展情况。③ 又如，在《21 世纪美国高等教育：社会、政治与经济挑战》一书中，美国宾夕法尼亚州立大学的盖格（Roger Geiger）和加州大学伯克利分校的迈克康奈尔（T. R. McConnell）以《自治与问责：谁在控制学术界》为专章论述了近年来公众、政府及其他外部集团以问责为名对高校进行干预的情况，并得出一种折中性的结论：一方面，他们认为，在一个由多层级的机构所控制的形势中，应为高校提供一定限度的保护，使其免受不明智或不必要的外部干预；另一方面，他们指出，在新时期，高校必须通过明确的目标和良好的运作来证明其活动的合法性和正当性。④ 除上述文献外，其他一些高等教育经典著作也为研究问责问题提供了重要的或间接性

---

① Strathern, M., 2000 : *Audit Culture : Anthropological Studies in Accountability, Ethics and the Academy*, London and New York, Routledge.

② 帕特里克·贝尔特、阿兰·希普曼：《重围之下的大学——当代学术领域中的信任和责任制》，黄春芳译，《大学（研究与评价）》，2007 年第 2 期。

③ Sizer, J.: "Accountability", in Clark, B. and Neave, G., 1992 : *The Encyclopedia of Higher Education*（Volume 2）, Oxford, Pergamon Press Ltd., pp.1305~1313.

④ Altbach, P. G., el al., 1999 : *American Higher Education in the Twenty-First Century : Social, Political, and Economic Challenges*, Baltimore, Johns Hopkins University Press, 该书中文译本参见：阿尔巴赫、伯巴尔、冈普奥特：《21 世纪美国高等教育——社会、政治、经济的挑战》，杨耕、周作宇主审，北京，北京师范大学出版社，2005 年。

和补充性知识与信息。①

（三）对有关高等教育问责研究的简要评价

综观所收集到的文献，目前国内外有关高等教育问责的研究，无论在数量上还是在质量上都取得了很大的进展，但是这些研究也呈现出以下一些特征：一是理论研究不充分，在术语的使用、基本概念的理解、思想内涵的把握、手段与目的的辨析等方面还存在很多争议甚至混乱；二是国别研究不均衡，这突出表现为美国研究成果的大量涌现，以及欧洲国家和其他重要国家研究成果的相对稀少；三是比较研究的不完善，即缺乏从较高的维度和较宽的视野对一般规律和共同问题进行归纳与总结；四是应用研究的不深入，也就是说，西方经验教训是否值得借鉴，哪些值得借鉴，以及应如何加以借鉴等，这些方面的研究还有待加强。因此，从进一步研究的角度而言，本书认为，上述几个方面似乎都还有丰富、改善、拓展与深化的余地和空间。

三、研究思路与内容

问责是当前国内外高等教育发展的一个重要趋向，也是学术界持续关注的重要议题。本书在研究框架上以制度与模式为经，着重阐述高等教育问责在英美两国的兴起、发展和变革；同时以反思与重构为纬，强调对两国高等教育问责实施结果与影响的客观分析和批判性思考。

本书的内容与结构主要包括以下几个部分。

1. 英美高等教育问责的基本原理与分析框架

高等教育问责的概念虽源于私营和公共部门，但在具体的情境下具有不同的内涵、不同的特征、不同的表现形式，以及不同的功能和价值。本书将首先对这些基本的理论问题进行介绍和分析，并在此基础上理清高等教育问责的基本目标及实现目标的方式、方法和途径。本书还将梳理学者对高等教育问责研究而形成的分析框架，并在此基础上设定本书对英美高等教育问责进行分析的理论框架。

---

① 例如，弗莱克斯纳：《现代大学论——美英德大学研究》，徐辉、陈晓菲译，杭州，浙江教育出版社，2001年；约翰·范德格拉夫等：《学术权力——七国高等教育管理体制比较》，王承绪等译，杭州，浙江教育出版社，2001年；唐纳德·肯尼迪：《学术责任》，阎凤桥等译，北京，新华出版社，2002年；Miller, H., 1995: *The Management of Change in Universities: Universities, State and Economy in Australia, Canada and the United Kingdom*, Buckingham, Open University Press; Neave, G. and van Vught, F., 1994: *Government and Higher Education Relationships Across Three Continents: the Winds of Change*, Oxford, Pergamon, IAU Press; Henkel, M. and Little, B., 1999: *Changing Relationships between Higher Education and the State*, London, Jessica Kingsley Publishers.

2. 英美高等教育问责的动力因素与理论基础

本书首先回溯了 20 世纪 80 年代以来发达国家的公共部门管理发生的转变,以及由此造成的政府职能变革,特别是对教育机构管理职能的深刻变革。本书将着重关注高等教育问责概念的提出,及其后如何进入各国政府、高等教育管理部门和大学管理者的议事日程。在此基础上,本书从作为高等教育问责理论基础的新公共管理入手,分析其以市场为基础的经济学,以及以私营部门管理的理论来源,阐释其基本主张。

3. 英美高等教育问责的制度安排与运行模式

本书将着重考察英美两国通过政府、市场和专业三种问责模式所建立起来的教学和科研评估制度、绩效报告制度、绩效拨款制度、信息公开制度、认证制度、排行制度等制度安排。

(1)高等教育的政府问责。政府问责主要是指政府机构对公共财政支持的高等教育机构的资源使用情况及效果进行的问责。本书着重考察英国中央政府及美国联邦和州两级政府颁布的有关高等教育问责的政策和法规,以及政府部门对高校问责所采取的主要方式,如教学和科研评估、绩效报告、绩效预算和绩效拨款,等等。

(2)高等教育的市场问责。高等教育市场问责的主体主要是指高等教育的消费者,包括学生及其家长、工商业界等。本书所关注的英美两国高等教育市场问责的主要方式包括私立非营利组织、公司或媒体等组织和实施的学生和校友的满意度调查、大学排名等,以及高校为了了解其服务情况而进行的各种调查。

(3)高等教育的专业问责。专业问责是指由专业组织对高等教育机构进行的问责。本书着重论述英美两国带有强烈学术权威和院校立场色彩的,包括认证组织、专业协会及同类型院校组成的协会组织等在内的专业机构开展的评估、认证、咨询和研究等问责活动。

4. 英美高等教育问责的现实困境与超越重构

本书梳理高等教育问责在英美两国实施后造成的问题和引发的争论,剖析高等教育问责方面改革的动因,描述新推出的各种策略措施,并分析未来可能的发展路径。本部分希望从英美两国高等教育问责的观念与行动、理论与实践的冲突和矛盾中获得客观和真实的认识,获取英美两国的成败得失与经验教训,从而了解实施高等教育问责的边界与局限性。

第二章　"管理时尚"：英美高等教育问责的基本原理与分析框架

　　无论从理论还是从实践的角度来看，"问责"的概念和意义都是非常复杂的。这种复杂性部分是由于该词来源而造成的，从词源学对该词稍加回顾就可以发现，演化成该词的那些词的含义本身差别就很大。

——［英］罗伯特·瓦格纳（Robert Wagner）[1]

　　"问责"是高等教育领域喊得最多却研究得最少的词语。人们都在使用这个术语，但意义各不相同。

——［美］戴维·朗格耐克尔（David Longanecker）[2]

　　英国学者斯特拉森（Marilyn Strathern）在一篇文章中曾描述到这样一种现象："我们今天身处一种特殊现象涌动的环境和氛围之中：它决定着资源的配置，而且似乎对企业的信誉也至关重要；它唤起人们对某种愿景的共同意识，也使人们为之全力以赴；当其过于猛烈时还会引发人们的忧虑甚至某种程度的抵抗，为特定目标的实现造成阻力。"[3] 而这种新的现象用个旧的词语来描述就是"accountability"。虽然斯特拉森的描述提供了形象的认知，但如何全面理解和准确把握不同语境下"accountability"的含义，以及它背后的机理，仍是迫切需要解决的问题，这些问题既是认识的起点，也是研究的基础。

---

① Wagner, R., 1989: *Accountability in Education: A Philosophical Inquiry*, London, Routledge, p.7.

② Longanecker, D., 2002: "The Changing Nature of Accountability", *Western Policy Exchanges*, Boulder, Colorado, Western Interstate Commission for Higher Education, pp.1~2.

③ Strathern, M.: "New Accountability", in Strathern, M., 2000: *Audit Culture: Anthropological Studies in Accountability, Ethics and the Academy*, London, Routledge, p.1.

第一节 问责的概念寻绎

正如英国学者瓦格纳所指出的,无论从理论还是从实践的角度来看,"accountability"这个词的概念和意义都是非常复杂的。[①] 对问责这样一个具有丰富而多样内涵和外延的概念,如何进行理解和把握是一个重要问题。本部分将从问责的语义、翻译等角度追溯其含义,并从多学科的视角加以审视。

一、概念解析与翻译考辨

1."accountability"的概念解析

在美国耶鲁大学教授马修(Jerry Mashaw)看来,对一个概念的分析可以从语言、功能和社会历史这三种普遍的传统来进行。[②] 本书主要从语言和社会历史的角度尝试对"accountability"的概念做出初步的探讨。

先从语言的角度来看,"accountability"的复杂性在某种程度上是由该词的词源而造成的。从英语的词源来看,"accountability"是盎格鲁-诺曼(Anglo-Norman)而非盎格鲁-撒克逊(Anglo-Saxon)词汇,它的词根为"account",其动词的含义为"说明""认为"等,其名词的含义为"计算""账目"等。实际上,"accountability"和"accountable"都源自动词形式的"account",而"account"最初在文献中的含义仅为"计数"(count)、"计算"(reckon/calculate)和"加总"(count up),直到17世纪末,这个词的含义才扩展为"报告/说明"(render an account of)、"解释"(explain)及"对……负责"(answer for)。时至今日,"account"的含义继续有所扩展,其动词包含"提供一种证明分析"的意思,名词则包含"对某种行为做出的说明"和"对原因、理由、动机的阐释或陈述"的意思。[③]

相对而言,英文词典中有关"accountability"的解释不可谓不丰富而多样。例如,有学者应用《柯林斯英文词典》(*Collins Dictionary and Thesaurus*)中的解释,以同义词和近义词指出"accountability"的含义包括:① answerability(回应性)、changeability(可变性)、culpability(罪责)、liability(义务、责任)、responsibility(责任、责任);② comprehensibility(理

[①] Wagner,R.,1989：*Accountability in Education：A Philosophical Inquiry*,London,Routledge.

[②] Mashaw,J.:"Accountability and Institutional Design:Some thoughts on the Grammar of Governance"in Dowdle,M. D.,2006：*Public Accountability：Designs,Dilemmas And Experiences*,Cambridge,Cambridge University Press.

[③] Wagner,R.,1989：*Accountability in Education：A Philosophical Inquiry*,London,Routledge.

解）、expandability（扩展性）、explicability（解释、说明）、intelligibility（可理解性）、understandability（易懂）。[①]《韦伯斯特在线词典》的解释是，"对质量或状况负责"，尤其指的是，"承担责任或对某种行动负责的义务或意愿"。[②]另外，网络版《自由词典》（*The Free Dictionary*）对该词的解释是：对某人或某种活动所负有的责任。[③]

但在中文语境中，大部分的英汉双解词典中都鲜有对"accountability"的明确的中文释义，而往往需要参考与其最近的形容词"accountable"的含义。例如，《韦氏高阶美语英汉双解词典》对"accountable"的解释为：①（对……）负有责任的，（对……）应负责任的；② 可解释的，可说明的。[④]《牛津高阶英汉双解词典（第六版）》对该词做出相类似的解释：（对自己的决定、行为）负有责任，有说明的义务。[⑤]本书只在少数几种词典中发现"accountability"的确切含义。例如，《英汉大词典（缩印本）》中对其解释为：负有责任，应做解释，可说明性。[⑥]这表明，"accountability"的中文含义主要还是从形容词"accountable"发展而来的。

从以上中英文词典的解释中可以看出，有关"accountability"的各种含义中几乎都包含一个关键词"responsibility"即"责任"，因此有必要对这两个词作简要的区分。应该说，在英语语境中，"responsibility"与"accountability"的含义非常接近，实际上也时常有混同使用的情况，但其实两者还是有比较大的差别的。据荷兰学者伯文思（Mark Bovens）的考察，英语中的"responsibility"和法语中的"responsabilité"都可以追溯到拉丁语的"responsabilis"，然而该词未曾出现在早期拉丁文的古典文献中，只是到了中世纪晚期的法律术语中才有所使用。对于"responsibility"一词的含义，牛津大学著名法哲学家哈特（Herbert Hart）从五个维度做出了精辟的分析：第一，作为"cause"的责任指的是会产生某种结果/后果；第二，作为"accountability"的责任指的是对某种行为或事件的结果（通常是有害的结果）所负的政治、道德或法律义务上的责任；第三，作为"capacity"的责任指的是某人在某个职位上所承担的一定量的责任；第四，作为"task"的责任指的是

---

① Hufner,K.:"Accountability",in Altbath,P. G.,1991:*International Higher Education:An Encyclopedia*(Vol. I),New York and London,Garland Publishing,Inc.

② Merriam-Webster Online Dictionary,http://www. merriam-webster. com/dictionary/Accountability,2010-02-15.

③ Free Dictionary,http://www. thefreedictionary. com/accountability,2010-02-15.

④ 达尔吉什：《韦氏高阶美语英汉双解词典》，北京，外语教学与研究出版社，2006 年。

⑤ 霍恩比：《牛津高阶英汉双解词典（第六版）》，石孝殊等译，北京，商务印书馆，2004 年，第 2 版。

⑥ 陆谷孙：《英汉大词典（缩印本）》，上海，上海译文出版社，1993 年，第 1 版。

由一个组织的正式职位上而产生的资格和职责；第五，作为“virtue”的责任指的是一种性格特征，意指责任意识或责任感。① 据此可以看出，“responsibility”的意义更为广泛，而“accountability”只是其概念域中的一部分。

再从社会历史的角度来看，“accountability”的思想可谓源远流长，这种思想可以追溯到古希腊时期，在当时的政治制度下，作为在法律上享有特权的一部分自由民，即公民（citizen）要直接对城邦的民众（demos）负责。根据可考的历史，至少如下两种源流有助于加深对“accountability”的理解。

第一，有学者认为“accountability”的思想与宗教有紧密的联系。② 在基督教和伊斯兰教的教义中都出现了“account”和“accountable”的字眼，其主要目的是教导信众对“上帝”或“真主”负责。第二，根据美国罗格斯大学（Rutgers University）的都布尼克（Melvin Dubnick）教授的考察，现代意义上的“accountability”可以上溯到英国威廉一世（William Ⅰ）统治时期，也就是 1066 年，“诺曼征服”（Norman Conquest）后的几十年。③ 1085 年，英王威廉下令清查其治下所有土地占有者拥有土地的状况。英国的皇家机构对这些土地占有者的土地拥有情况进行了评估并登记造册列入《土地清丈册》（*Domesday Book*，又称《末日审判书》）。此次普查不仅仅是出于税收的目的，它也成为英国建立新的皇家统治基础的一个重要手段。《土地清丈册》记录了英王治下的财产状况，而且地主必须宣誓效忠国王。到 12 世纪初期的时候，英国凭借集中式的审计和半年一次的清查（account-giving），逐步建立起高度中央集权统治的王权。在威廉一世统治后的数个世纪，“accountability”一词的意义开始慢慢从早期的“清查账目”（accounting）的束缚中拓展出来。在现代政治讨论中，无论名词的“accountability”还是形容词的“accountable”，都不再囿于“簿记”（bookkeeping）和“财务管理”这个狭隘的意义范围，而是强调对公平公正治理的承诺。④

---

① Bemelmans-Videc, M.: "Accountability, a Classic Concept in Modern Contexts: Implications for Evaluation and for Auditing Roles", in Bemelmans-Videc, M., et al., 2007: *Making Accountability Work: Dilemmas for Evaluation and for Audit*, New Brunswick and London, Transcaction Publishers.

② Kuchapski, R., 2001: *Reconceptualizing Accountability for Education*, PhD. Thesis, University of Saskatchewan, Canada.

③ 1066 年以诺曼底公爵威廉（约 1028—1087 年）为首的法国封建主率兵入侵英国，获胜后威廉在伦敦威斯敏斯特教堂加冕为英国国王，由此诺曼王朝（1066—1154 年）开始对英国实行统治。“诺曼征服”加速了英国封建化的进程。

④ Dubnick, M., 2002: *Seeking Salvation for Accountability*, Paper presented at the 2002 Annual Meeting of the American Political Science Association, Boston.

2. "accountability" 的翻译考辨

虽然上述分析提供了有关 "accountability" 含义的大体轮廓，但是由于缺乏对应的中文词汇，如何将其翻译为具有适切性和准确性并被普遍接受的中文术语仍是一个非常大的挑战。正所谓，"人们越感兴趣，随之对这个多变词语含义的困惑就越多"①。现有中文文献对 "accountability" 的翻译出于不同学科不同研究者的认识、理解和需要，更多地体现出专业性和个体性的使用偏好，呈现出纷繁多样的中文译名。仅以目前可见的译名就有 "绩效" "绩效责任" "责任（制／性）" "问责（制）" "当责" "课责" "受托责任" 等数种。② 从现有文献（仅以期刊论文为例）的统计分析中可以看出，有关 "accountability" 问题的研究主要集中在社会科学中的政治学、行政学、教育学及管理学和经济学等领域，但是这些学科领域在 "accountability" 的翻译上具有非常鲜明的差异性，例如，在管理与经济科学领域，使用频率最高的译名是 "责任"，在政治学与行政学等领域则更多使用 "问责"。

然而，教育学领域在运用 "accountability" 这个术语时显然有些 "迷茫"：研究者试图对教育中的 "accountability" 的特性做出更准确表达的同时，也创造出比其他学科领域更多的译名（参见表 2.1）。但研究者在很大程度上还受到管理、经济及行政、政治这些学科的影响，因此到目前为止，"问责" 和 "责任" 成为两种最常用的译名。"责任" 一词的含义为：① 分内应做的事；② 没有做好分内应做的事，因而应当承担的过失。③ 将 "accountability" 译为 "责任" 有过于简单和泛化之嫌，而且极易造成与 "responsibility" "answerability" 和 "responsiveness" 等相关英语单词意义上的混淆，造成一种新的 "同义反复"。按照《现代汉语词典》中的解释，"问" 应取 "追究" 之义，"责" 即 "责任"，因此 "问责" 应该是 "追究责任" 的意思。从实践的角度来看，问责活动源于西方国家，是伴随有限政府和责任政府的改革运动而出现的，其逻辑基础是有权必有责，强调的是 "追究没有履行好分内之事的公共权力行使者，使其承担接受谴责、处罚等消极后果"④。事实上，定义的基本功能并不是要表达出一个名词的全部含义，而是要限定

---

① Day, P. and Klein, R., 1987：*Accountabilities：Five Public Services*，London，Travistock Publications，p.1.

② 例如，叶莲祺：《掀开教育 "绩效" 的面纱——绩效意涵和发展之检视》，《教育研究月刊》，2005 年第 3 期；吴清山、黄美芳、徐纬平：《教育绩效责任研究》，北京，九州出版社，2006 年；张文隆：《当责》，北京，清华大学出版社，2008 年。

③ 中国社会科学院语言研究所词典编辑室编：《现代汉语词典》，北京，商务印书馆，2016 年，第 7 版。

④ 邹健：《问责制概念及特征探讨》，《中共南宁市委党校学报》，2006 年第 3 期。

含义的边界,也就是说,要对特定使用情境下的意义做出界定。[①] 出于行文的需要及表述的一致性,除特定部分的用法外,本书将"accountability"统译为"问责"。本书在下文还将对"教育问责"和"高等教育问责"的概念做出进一步的阐述。

表 2.1 中文研究文献中有关 "accountability" 译名的统计分析 [②]

学科译名	哲学与人文科学	社会科学		经济与管理科学	合计
		行政、政治等	教育、社会等		
问责(制)	1/0	99/4	31/1	16/1	147/6
责任(制 / 性)	2/0	45/7	23/0	70/3	140/10
责信	—	0/3	—	—	0/3
应责	1/0	—	—	1/0	2/0
归责	—	1/0	—	—	1/0
权责(性)	—	—	1/0	0/2	1/2
课责	—	0/13	0/1	—	0/14
绩效	—	—	2/3	—	2/3
效能	—	—	1/0	—	1/0
职能	—	—	1/0	—	1/0
审计	—	1/0	—	—	1/0
负责制	—	2/0	8/0	—	10/0
考责制	—	—	1/0	—	1/0
公信力	—	4/0	—	1/0	5/0
受托责任	—	1/0	—	20/0	21/0
绩效责任	—	—	5/8	—	5/8
会计核算	—	—	—	2/0	2/0
社会公责制	—	—	1/0	—	1/0

注:1. 本表格中斜线左侧为中国大陆数据,右侧为中国台湾数据。

2. 本表格中的学科分类是按照"中国学术期刊网络出版总库"中的文献分类目录中的学科领域而划分。

[①] Wagner, R., 1989 : *Accountability in Education : A Philosophical Inquiry*, London, Routledge.

[②] 本统计中,中国大陆文献的数据采自"中国学术期刊网络出版总库",题目检索词为"accountability",检索年限为 1979—2014 年;中国台湾文献的数据采自"期刊文献资讯网",题目检索词为 "accountability",检索年限为 1990—2014 年。

二、多学科视野下的问责

"accountability"在不同学科情境下具有特定的含义。正如莫里斯·柯根（Maurice Kogan）所指出的，在对任何公共机构与其管理部门及包括政治环境在内的整个社会间的关系的调整中，"accountability"一词涵盖了广泛的意义。[1] 下面从几个主要学科的视角进行分析。

1. 会计领域的"受托责任"

在会计学领域，"accountability"一词的语义源起除了上文提到的英王威廉一世的土地清查，另有一说是与其意思相近的"custodianship"和"stewardship"等词密切相连。有研究认为，英语世界最早使用的具有会计学意义的单词是"custodianship"（保管人／看守人的责任），美国会计学会（AAA）在《基本会计理论说明书》（*A Statement of Basic Accounting Theory*）中曾使用这一术语表示会计信息系统的目标。这一概念的最初含义是表示中世纪庄园的管家责任，也是一个宗教术语。后来，人们转而采用"stewardship"，其完整的含义是"管家"（资源的直接管理者）对"主人"（资源的所有者）所承担的、有效管理主人所托付资源的责任。"accountability"正是在这一概念上发展而来并取代了"stewardship"。除了前面的含义，"accountability"还增加了一层意思：资源的受托者负有对资源的委托者的解释、说明其活动及结果的义务。[2]

在我国，"accountability"最初由当代著名会计学家杨时展[3]引入会计界，并译为"受托责任"。[4] 然而，如何理解现代意义的"受托责任"呢？美国卡内基梅隆大学著名会计学家井尻雄士（Yuji Ijiri）对此做出了比较经典的诠释。他指出："受托责任的关系可因宪法、法律、合同、组织的规则、风俗习惯甚至口头合约而产生。一个公司对其股东、债权人、雇员、客户、政府或有关联的公众承担受托责任。在一个公司内部，一个部门的负责人对分部经理负有受托责任，而部门经理对更高一层的负责人也承担受托责任。就这一意义而言，说我们今天的社会是构建在一个巨大的受托责任网络上，毫不过分。"[5] 20世纪80年代，杨时展在我国提出并发展受托责任理论时，首

---

[1] Kogan, M., 1986 : *Education Accountability : An Analytic Overview*, London, Hutchinson.
[2] 葛家澍主编《市场经济下会计基本理论与方法研究》，北京，中国财政经济出版社，1996年。
[3] 杨时展（1913—1997年），浙江宁波人，我国著名会计学家、会计思想家、教育家、受托责任会计学派倡导者。
[4] 另有学者译为"会计责任"或"经济责任"。
[5] 转引自葛家澍主编《市场经济下会计基本理论与方法研究》，北京，中国财政经济出版社，1996年，第77~78页。

先在 1982 年的一篇论文中指出,受托责任就是因受命或受托经营财政或财务收支,对命令或托付人所负的一种以最大善意充分体现其意志的责任。负这种责任的人为责任人;命令或托付这种责任的人为授任人。[①] 1989 年,他在另一篇论文中进一步明确了受托责任的定义,即应以最大的忠诚、最经济有效的方法、最低的资源耗费、最多快好省的结果,完成人民的托付,并向人民报告。……受托责任是由于委托关系的建立而发生的。受托人在完成受托任务之后,向委托人提出报告,经过托付人同意之后,责任方能解除。[②] 从上述解读可以看出,"受托责任"集中体现了一种"委托—代理"关系,也就是一个个体或组织应对另一个体或组织、下级对上级、企业对客户、政府对公众的委托或授权负有解释、说明和报告等责任和义务。

按照上述分析,实际上"受托责任"不仅包括经济和财务活动这种传统的范畴,而且延伸和扩展到社会和政治领域。例如,杨时展就提出四种类型的受托责任:第一,财务会计反映的受托责任主要是财务活动的纪律和财务报告的可信性;第二,管理会计反映的受托责任主要是经济行为的效率性和效果性;第三,社会会计所反映的受托责任主要是经济行为的社会影响、自然影响;第四是最高形式的受托责任即政府对人民的政治责任,只要民意机关在政治上对政府提出不信任,政府就要下台。

2. 经济和管理领域的"责任"

在经济领域,"accountability"最合适的一种解释就是"负责任"和"实现诺言"。[③] 一个"负责任的"(accountable)的买方和卖方关系通常包括三个因素:① 公开披露产品或所提供服务的有关信息;② 对产品或性能进行测试;③ 在产品信息不实或性能不佳的情况下提供赔偿或矫正。举例来说,销售商在销售空调的时候,如果他在交易过程中的确是负责任的话,他必须毫无保留地提供有关产品生产或性能特征等方面的信息,而且他绝不能提供不真实的生产或性能特征信息。同样,纽约证券交易所的交易规定也要求共同投资基金(mutual investment fund)必须要明确说明其目标,例如,说明它是收益基金(income fund)还是成长基金(growth fund)。买方必须能够如实获知空调、共同投资基金或其他物品有关运转或目标的信息。买方购买商品后,要通过切身体验来检测其如何工作,是否符合需要,以及是否如同宣传所宣称的。如果买方满意,他下次可能还会来购买商品。如果买方有正当理由表示不满,那么在负责任的关系中卖方要提供赔偿。在

---

① 杨时展:《国家审计的本质》,《当代审计》,1982 年第 2 期。

② 杨时展:《中国会计的现代化问题》,《财会通讯》,1989 年第 1-3 期。

③ 从这个角度而言,将"accountability"译为"责任"是较为贴切的。

自由市场中,卖方的不负责会导致买方的流失,同时,买方向商业信誉局(Better Business Bureau)的投诉也会造成卖方声誉和生意的损失。因此,如果没有卖方如实发布信息,买方检测商品性能,以及不满意状况下的赔偿,就不能形成买方和卖方间真正的负责任的关系。①

同时,在管理领域,"accountability"通常指对资源使用的效率和效益负责。马丁·特罗认为,"责任"是向他方解释、证明和回答有关如何使用资源及产生怎样效果的问题。② 在胡弗纳(Klaus Hufner)看来,"责任"意为开展某项活动的正当性,即证明以最有效的方式实现某种目的的责任。换言之,与责任相关联的是效率(efficiency)和效益(effectiveness)问题、绩效评价(performance assessment)问题,以及为取得特定目标而开展相关活动的信息的真实性问题。③ 实际上,后来"责任"的这种解释的覆盖范围也不断扩大,并在一定程度上涉及公共政策领域。例如,英国财政部在1987年发布的一份文件认为,责任是政策制定和实施者,以及事物和资源的管理者所应负有的,证明在一定时期内采取适当的及经济的、有效的方式落实政策或进行管理的责任。④

3. 政治和行政领域的"问责"

政治和行政领域中的"accountability"通常限定在公共部门,针对的是公共管理者,即使用公共资金、执行公权力或依照公法管理法人实体的官员。因此,该领域的"accountability"一般称为"公共问责"(public accountability)或"行政问责"(administrative accountability)(前者的概念范围要大于后者)。很多学者认为,政治和行政领域的"问责"已成为"透明度""平等""民主""效率"和"诚信"等松散定义的政治术语的同义词。⑤

具体而言,我们可以从以下几个角度来审视政治和行政领域中的"问责"。首先,问责是一种政治原则。问责与权力及权力的合法化密不可分。问责源自"政府由人民产生并为人民服务"的观念。它主张的是人民要对

---

① Glass, G. V., 1972 :"The Many Faces of 'Educational Accountability'", *The Phi Delta Kappan*, 53(10).

② Trow, M., 1996 :*Trust, Markets and Accountability in Higher Education : A Comparative Perspective*, Research and Occasional Paper Series : CSHE.1.96.Center for Studies in Higher Education, University of California, Berkeley.

③ Hufner, K. :"Accountability", in Altbach, P. G., 1991 :*International Higher Education : An Encyclopedia*(Vol.1), New York and London, Garland Publishing, Inc.

④ Treasury, H. M., 1987 :*Central Government : Financial and Accounting Framework*, Treasury Working Paper No.47, London, H. M. Treasury.

⑤ Bovens, M., 2006 :*Analysing and Assessing Public Accountability : A Conceptual Framework*, European Governance Paper(EUROGOV)No. C-06-01, p.8.

涉及自身利益的各种事务施加影响。它以最简单的形式要求政府中的人员通过切实履行自己的责任来向人民做出交代。对此希梅（Margaret Simey）指出，问责不是一种机制或者程序，而是一种原则。更重要的是，它是一种服务于某种目的的原则。在民主社会，这种目的就是为社会及其成员、管理者和愿意被管理者之间的关系奠定基础。[①]

其次，问责反映的是一种责任关系。美国知名公共行政学者、匹兹堡大学公共和国际事务教授沙夫里茨（Jay M. Shafritz）在其主编的《公共行政实用辞典》中将"行政问责"定义为，法律或组织所授权的高级官员应对其组织职责范围内的行为或其社会范围内的行为接受质询、承担责任。[②]沙夫里茨受到新公共管理所倡导的"委托—代理"理论影响，将公众与政府之间的关系视为一种"委托—代理关系"，究其实质则为一种特殊的责任合同关系。

《公共行政与政策国际百科全书》对"问责"做出新的解释，委托方和代理方之间的一种关系，即获得授权的代理方（个人或机构）有责任就其所涉及的工作绩效向委托方做出回答。编者又进一步指出，从广义来说，问责存在于许多社会环境和社会关系之中，而在狭义上，作为一种行政机关和治理方式，问责则与公共行政紧密联系。[③]

最后，问责还有一个重要意涵在于制裁。在经典的和当今的文献中呈现出高度一致的地方，就是强调就某种行为向某个权力机关做出说明的责任和义务。在一种正式的问责关系中，上层权力机关（例如，议会、高级行政管理机构、行政法院甚或是选民）的制裁能力是这种关系中的重要组成部分。[④]制裁的形式很多，包括辞职，罚款，民事赔偿，纪律惩处，正式的司法审判，以及公开性的、引发媒体关注的议会或法院的听证，等等。在此方面，可参考伯文思提出的公共问责概念要素图（参见图 2.1）。

---

① Simey, M., 1985 : *Government by Consent : The Principles and Practice of Accountability in Local Government*, London, Bedford Square Press, p.20.

② Shafritz, J. M., 1985 : *The Facts on File Dictionary of Public Administration*, New York, Facts on File Publications, p.79.

③ Schagritz, J. M., 1998 : *International Encyclopedia of Public Policy and Administration*, Colorado, Westview Press, p.6.

④ Bemelmans-Videc, M. : "Accountability, a Classic Concept in Modern Contexts : Implications for Evaluation and for Auditing Roles", in Bemelmans-Videc, M., et al., 2007 : *Making Accountability Work : Dilemmas for Evaluation and for Audit*, New Brunswick and London, Transcaction Publishers, p.24.

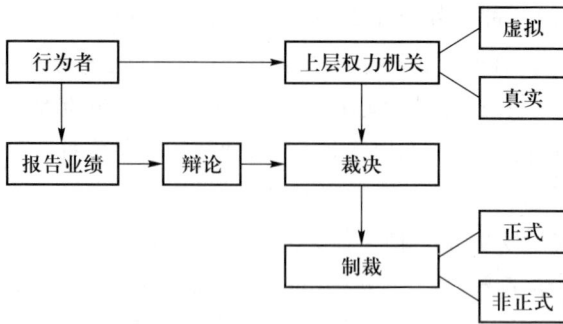

图 2.1　伯文思提出的公共问责概念要素图

资料来源：Bovens, M., 2006 ：*Analysing and Assessing Public Accountability ：A Conceptual Framework*, European Governance Paper（EUROGOV）No. C-06-01, p.37。

三、问责在教育领域的引入

教育领域的问责似乎具有悠久的历史。虽然英国教育史家西蒙（Brian Simon）认为，英格兰和威尔士直接性的教育问责形式出现在 19 世纪 70 年代，[①] 但实际上还可追溯到更早，《1862 年修正法规》（*Revised Code of 1862*）中就有基于读、写、算国家标准，根据定期测评学生学业成绩来支付教师工资的规定，而且同年英国教育部常务次官（Permanent Secretary）[②] 林真（R. Lingen）也的确采取了扭曲了的、被历史学家称为"精心策划的问责"（engineered accountability）的"按结果付款"（payment by results）制度。[③] 然而这一制度显然从一开始就没获得什么好的评价，有人抨击认为，林真并没有将贫苦阶级的教育作为一项严峻的挑战、崇高的事业或是一种道德使命。他更多的是从适当而平衡的明细账、填写整齐的统计表和可靠的行事手册来考虑教育问题。他把教育仅仅当成一种严格依照法律规定来处理的商业事务。[④]

20 世纪初，在商业文化大行其道的美国，经济理性也开始对教育产生冲击。例如，巴格莱（William Bagley）在《课堂管理：原则与技术》一书中就

---

① Simon, B., 1965 ：*Education and the Labour Movement, 1870–1920*, London, Lawrence and Wishart.

② 常务次官是英国内阁各部门中的资深的公务员（一般各部 1~2 人），由该部门大臣带领，掌管本部门内的实际行政工作。常务次官与政务次官（Parliamentary Undersecretary of State）不同，政务次官参与大臣所属的政府活动，随内阁共同进退，而常务次官则处理部内的日常工作，保持政治中立，不参加党派活动，聘任不会受内阁的任期影响。

③ Kogan, M., 1986 ：*Education Accountability ：An Analytic Overview*, London, Hutchinson, p.19.

④ Kogan, M., 1986 ：*Education Accountability ：An Analytic Overview*, London, Hutchinson.

将学校教育视为"经济问题"。① 博比特（John Bobbitt）在《消除教育浪费》一文中也提出有必要制定一套"责任"（accounting）体系。② 然而,据美国学者莱辛泽尔（Leon Lessinger）的考察,教育领域正式使用"问责"这个词还是在一百多年以后,也就是 20 世纪 60 年代晚期的美国,而"教育问责"（educational accountability）这个名词的出现则更晚。③ 英国学者劳顿（Denis Lawton）等也认为,问责一词是从 20 世纪 60 年代开始由企业和商业界传入教育领域（尤其是美国）,同时他们认为问责不单单涉及经费使用的问题,而且反映出公众对课程等教育问题的日益关注。④

的确,"20 世纪 60 年代""美国"和"商业"是问责开始对教育领域产生大规模影响的重要关键词。1963 年,美国总统约翰逊（Lyndon Johnson）要求麦克纳马拉（Robert MacNamara）⑤ 将福特汽车公司的商业效率方法应用到国防部,以及政府的其他开支部门。1965—1967 年,美国召开了一系列鼓动教育行政管理人员学习目标管理、成本效益分析、项目规划预算（PPB）等管理技术的会议。从 20 世纪 70 年代初期开始,美国联邦政府积极推动开展各种评估活动,要求教育部门重视成本效益,应用有关的投入–产出模型开展办学效益分析。联邦政府指出,有效的资源管理应该使教育更加关注弱势群体,而且学校系统要更直接地对其客户和社区做出回应。20 世纪 70 年代后期,英国教育和科学部（DES）也发布文件（Circular 77/14）,要求地方教育当局评估学校的办学情况,并将结果通报给学校董事会、家长和地方当局,同时提出要制定共同核心课程。此后,这些管理理念和技术逐步传播并应用到其他英语国家中。虽然,后来人们认为,教育实际上是个非常复杂的系统,简单地将商业界的方法复制到教育领域并不合适。但是,即使如此,"问责"这个术语已经成为教育语言中的一部分。⑥

不少学者认为,尽管遭到了广泛和强烈的抵触,但是教育问责还是得到

① Bagley, W. C., 1907 : *Classroom Management : It's Principles and Technique*, New York, Macmillan.
② Bobbitt, J. F., 1912 : "The Elimination of Waste in Education", *Elementary School Journal*, (12).
③ Lessinger, L. M. : "Accountability for Results", in Lessinger, L. M. and Tyler, R. W., 1971 : *Accountability in Education*, Worthington, C. A. Jones Pub. Co.
④ Lawton, D. and Gordon, P., 1996 : *Dictionary of Education* (2nd edition), London, Hodder & Stoughton.
⑤ 罗伯特·麦克纳马拉（1916—2009 年）,第二次世界大战期间曾任战地指挥官,后历任福特汽车公司总裁、肯尼迪及约翰逊政府的国防部部长,以及世界银行行长。他在公共政策分析领域颇有影响。
⑥ Lawton, D. and Gordon, P., 1996 : *Dictionary of Education* (2nd edition), London, Hodder & Stoughton.

了发展,这主要是强大的政治和社会力量作用的结果。[1] 在西方国家,人们对公共机构的慈善属性,以及可信赖的专业人士的领导,都产生了很大的质疑。人们对公共机构工作的信心大打折扣,转而重新笃信传统的投票箱机制可以带给他们想要的东西。专业人士领导并接受政府官员监督的模式遭到削弱。这导致加强政府部门控制,加强消费者或有关伙伴参与,以及加强专业控制等不同意见和声音的涌现。正如有学者指出的:"问责成为说服教育机构的管理者和学者在学生学业表现及其他可衡量标准方面对其政策、运作和支出等加以证明的运动中所使用的一种口号(watchword)。"[2] 问责因而成为统整教育改革各种方案的共同主题。

尽管上文问责迁移到教育领域的过程展现了教育问责的基本面貌,但要形成清晰的教育问题的概念仍需做出进一步的分析。在众家之言中,从下述四种维度思考似乎更有启发意义。

其一是作为民主和政治制度的教育问责。英国学者盖伊·尼夫按照从普遍到特殊的逻辑做了推演。他认为,问责是一种个体和组织所负有的就其承担的任务定期向权力和主管部门做出说明,并根据可能的奖惩措施对任务执行情况进行调整的职责。一般来说,问责是政治民主的基本原则,例如政府在执政期间要对民选的议会负责,又如企业要采取对股东负责的管理措施。而所有的教育系统都具有某种形式的问责,其中有些是直接的、契约性的规定,通过有关国家法令来强制实施,有些则是间接的,由教育部门的决策者加以实施。[3] 因此,在尼夫看来,教育问责是广泛的民主和政治制度在教育领域的拓展。

其二是作为一种政策和治理行为的教育问责。很多学者将问责视为当代社会的"政策即数字"(policy as numbers)及不断发展的社会生活"数据化"(datafication)现象。他们清楚地说明了"政策即数据"现象,以及度量(metrics)、统计、数据库、排行、比较等现代治理技术的作用,并认为,数据成为与新的公共管理、网络治理及其他现代治理技术相联系和叠加的新治理模式的核心。因此,数据也成为构建政策和治理体系并使之得以运作的中心。[4]

其三是作为"集体责任"(collective responsibility)的教育问责。例如,

① Kogan,M.,1986：*Education Accountability*：*An Analytic Overview*,London,Hutchinson.
② Rowntree,D.,1981：*A Dictionary of Education*,London,Harper & Row,Publishers,p.3.
③ Neave,G.："Accountability in Education",in Husen,T. and Postlethwaite,T. N.,1985：*The International Encyclopedia of Education*：*Research and Studies*(Vol.1),Oxford,Pergamon Press.
④ Lingard,B.,et al.,2016：*Globalizing Educational Accountabilities*,New York,Routledge.

美国跨文化发展研究中心(IRDA)[1]将教育问责界定为,保证所有的教育利益相关者承担责任,使其对所有学习者全面享受到有质量的教育、高素质的教师、生动的课程、完善的学习机会,以及适宜且充分的学习支持负责,从而使学习者在学业及其他方面达到卓越的水平。[2]该定义强调了教育系统所有的利益相关者都应对学生学校教育的成功负责,并在学生学业失败时共同承担责任,任何利益相关者集团都不能向其他方推卸责任。

其四是基于教育成果的教育问责。在此方面,教育问责一词主要是指使教师、管理者和学校董事会(school board)成员对学生学业表现或用于产出成果的有关支出负责。具体而言,它包括：① 标准化测验中,设定目标,并使学生和教师对达到既定目标负责；② 个人在社会中及特定组织的岗位上就其行动对上级机关负责,或落实上级指示和履行职责的程度；③ 人们对自己工作成果或最终决策负责的程度；④ 一种评价教育活动结果的活动,也指教育成果与预定教育目标的符合度；⑤ 对经费使用负责,以及对使用其他资源取得相关成果的承诺；⑥ 学生学业成果与教学而非年龄、选择性入学等因素的相关度。[3]

四、问责在高等教育中的发展

学者对高等教育中的问责同样存在多样化的认识。其中,占主流的仍是对使用公共资源的效率和效益负责。刘易斯(Darrell Lewis)等人认为,由于国家资金紧缩而造成的激烈竞争,以及整个公共部门的改革,很多国家的高等教育都面临日益需要展现其价值及说明使用公共资源情况的压力。因此他们认为,问责可以定义为对公共资源的价值和使用情况进行说明。[4]英国"诺兰委员会"(Nolan Committee)曾指出,对公民所接受的全部或部分由纳税人付费的服务,无论服务提供者处于何种地位,政府都必须保留适当的维护消费者和纳税人利益的责任。[5]在这种背景下,高等教育问责主要强调的是议会批准公共资金的目的,以及高校接受公共资金的条

---

[1] 美国跨文化发展研究中心成立于1973年,是一个致力于促进公立学校更好地为所有学生服务的独立性、非营利性的组织。

[2] Scott, B., 2002：Who's Responsible, Who's to Blame？ *IDRA Newsletter*, 29(4).

[3] Ahmad, M., 2008：*Comprehensive Dictionary of Education*, New Delhi, Atlantic Publishers & Distributers Ltd., p.7.

[4] Lewis, D. R., et al., 2001："On the Use of Performance Indicators in Japan's Higher Education Reform Agenda", *Nagoya Journal of Higher Education*, 1(1).

[5] PA Consulting, 2000：*Better Accountability for Higher Education*：*Summary of a Review for the HEFCE*, Report August 00/36.

件。这些目的和条件一般都体现在相关的法令、规章和契约之中。同时，国家将确保上述目的和条件的责任授权给各级问责官员（Accounting Officer），即从政府相关部门的常务次官通过各开支部门，如英格兰高等教育基金委员会（HEFCE）、教师培训局（TTA）、各科研委员会（the Research Councils）的行政长官传递到各有关大学副校长（Vice Chancellor）或高等教育机构的校长（Principal）。但是随后，政府的问责预期逐渐超越了这种"信任遵从"（fiduciary compliance）模式，进一步延伸至政府政策目标的达成，并施用到传统上独立于政府部门的高等教育服务提供者，即高等教育机构。政府日益强调公共资金资助活动所产出的具体成果，以回应社会对改善服务质量和政策效果的要求。这反映在基于产出的拨款模式及日益强化的基于成果的绩效目标。[1] 类似的观点还有坎贝尔（Carolyn Cambell）等人提出的，问责是一单位向各个利益相关者保证其提供的教育具有良好的质量。[2]

高等教育问责还包含一系列的政策问题，而且这些政策问题之间不一定是相互联系的。有人认为，作为一般性的政策观念，该术语主要指的是高校和高等教育系统行政管理者及政府主管部门官员对其上级（以至公众）所负有的报告公共资金管理使用的责任。也有人认为，高等教育问责是一种系统收集投入、过程和成果信息并加以分析和传播，从而服务于决策者、教育领导和高等教育的其他利益相关者的内部和外部决策的制度。问责是一种向高等教育系统内部和外部保证高校正在实现预定目标的系统性的方法。[3]

此外，有人将高等教育问责视为一种治理结构。因为一般而言，为实现"善治"（good governance），公共机构或私人组织必须向组织和社会负责。这意味着它们必须公开是否实现既定目标及如何实现目标的信息。大学作为一种公共组织，也必须通过建立适当的机制使自己向本部门和公众负责。也有论者强调，高等教育问责针对面向公共而非私人的责任。例如，有加拿大学者指出，问责是各省政府确保大学和学院切实地向社会而非企业、捐赠者或客户负责任。问责意味着大学和学院的教学、研究和社会服务活动应

---

[1] PA Consulting, 2000：*Better Accountability for Higher Education：Summary of a Review for the HEFCE*, Report August 00/36.

[2] Campbell, C. and Rozsnyai, C., 2002：*Quality Assurance and the Development of Course Programmes*, Papers on Higher Education Regional University Network on Governance and Management of Higher Education in South East Europe, Bucharest, UNESCO.

[3] Leveille, D. E., 2005：*An Emerging View on Accountability in American Higher Education*, Research & Occasional Paper Series：CSHE.8.05, Berkeley, Center for Studies in Higher Education University of California, Berkeley.

限定在公共领域而不能私营化。①

　　将问责引入高等教育领域造成了很多方面的问题。首先,高等教育领域的人士,特别是学术界人士为保持其地位,他们自然而然地会抵制这种改变现状的行动。其次,也有方法上的问题。即使我们知道应在哪个层面引入问责措施,即使我们知道对哪些群体和哪些事务采取问责措施,但是我们衡量效率和效益的分析工具,以及评估绩效的分析工具,仍然难以适于解决像大学这种具有多重目的的机构中存在的各种复杂的和相互关联的问题。

　　然而这些问题不应妨碍我们做出初步的尝试。问责的拥护者认为,应该为高等教育设定更明晰的责任,应该对高等教育的手段、结果及改革过程进行更深入的反思,应该制定和采取更有效的管理和评估方法。②

第二节　高等教育问责的基本原理

　　高等教育问责最为基本的是"谁来问责"(who)、"对什么问责"(what)和"如何问责"(how)这个三个问题,也就是说,谁对谁负责? 对哪些事务负责? 通过什么方法和途径负责? 应该说,高等教育问责的很多具体问题都是从这三个基本原理性问题中衍生而出。

一、高等教育问责的基本问题

　　首先,从对象来说,高等教育问责主要指外部问责,即高校对外部各利益相关者负责。具体来说,外部利益相关者可以包括社会、各级政府(联邦 /中央、州 / 省、市)、雇主、校友、学生及其家长,等等。当然,高等教育问责中也包含内部的责任,即高校要对自身的管理与服务、对内设学术单位的运行、对教职员工的学术工作与专业发展等负责。

　　从内容来说,高校对外部和内部不同利益相关者负有不同的责任(参见表2.2)。虽然高校要面对不同的问责对象担负起相对应的责任,但其中也有重叠和共同之处。因此,从涉及问题的角度可以将高等教育问责进一步归结为以下几个方面:一是机会问题,也就是说高等教育向社会所有群体平等开放的程度;二是质量问题,即高等教育机构教学和研究活动的水平;三是适切

①　Doherty-Delorme, D. and Shaker, E., 2001；*Missing Pieces Ⅱ：An Alternative Guide to Canadian Post-Secondary Education. Provincial Rankings：Where Do the Provinces Stand on Education?* Ottawa, Canadian Centre for Policy Alternatives.

②　Hufner, K.："Accountability", in Altbath, P. G., 1991；*International Higher Education：An Encyclopedia*(Vol. Ⅰ), New York and London, Garland Publishing Inc..

性问题,即学生所受教育与劳动力市场需求相符合的程度;四是效率问题,即高等教育机构使用公共资源的方式与方法问题;五是可持续性问题,即高等教育系统保持高标准发展的财政能力;六是社会服务问题,即高等教育机构对地方和国家经济社会发展的贡献,以及在公民塑造和国家构建中的作用。[①]

表2.2　高等教育问责的对象及内容

对象	内容
政府	• 有效地使用资金 • 与国家优先发展计划相适应 • 服务于国家政策与发展(如就业培训、经济增长)
社会	• 服务社会 • 开展有关研究 • 促进社会和谐 • 开展社会批评
市场	• 培养有技能、有教养、高素质的雇员 • 开展应用研究 • 申请专利、发明创造
学生	• 接受良好的教育 • 负责任地使用学生交纳的学费
院校	• 专业承诺;自主决定办学事务 • 自我发展
教师	• 爱岗敬业 • 相互支持与发展

资料来源:Woodhouse,D.:"Modes of Accountability",财团法人高等教育评鉴中心基金会:《2007高等教育绩效责任国际研讨会论文集》,台北,财团法人高等教育评鉴中心基金会,2007年,第26页。

　　从方法或途径来说,高等教育问责措施主要通过高等教育专门法律、政府部门行政法规、公共部门规章制度等法律法规中的有关规定而得到实施。在实际落实过程中,各国根据不同情况采取了多种多样的实现形式,归纳起来大致可分为三类。管理类措施是比较常见的实现形式,这些措施包括战略规划、许可、认证、学术审计等。例如,很多国家要求高校制定战略规划以明确其使命和未来发展方向,并通过具体的行动计划使预期的战略目标得以实施。同时,问责可以通过绩效预算、绩效合同、财务审计等一系列间接的财政激励方式得到强化。例如,对符合官方政策目标的高校项目提供绩效经费和竞争性拨款成为很多国家的重要举措。法国、澳大利亚、西班牙和

[①] Salmi,J.,2009:"The Growing Accountability Agenda in Tertiary Education:Progress or Mixed Blessing？",World Bank Education Working Paper Series,No.16.

智利等国还以绩效合同的形式,由相关政府部门与高校制定具体的任务目标,并由政府对实现预期目标的高校提供额外的经费。有些国家还通过对许可或认证的高校的学生提供贷款和其他财政资助的形式实现更高程度的问责。美国、哈萨克斯坦、亚美尼亚等国近年来还通过推行教育券制度赋予学生更大的学校选择的权力。此外,信息机制也是高等教育问责得以实施的重要途径。这类信息机制通常包括制定和采取各种绩效指标并以绩效报告的形式发布相关数据信息,以及当前颇为流行的由官方主管机构、中介机构或新闻媒介开展的排行活动,等等(参见表2.3)。

表2.3 高等教育问责的主要实现形式及其价值取向

手段		维度				
		学术状况	财政状况	资源使用效率	质量/适切性	平等
管理	战略规划				×	×
	许可	×				
	认证/评估/学术审计	×			×	
财政	预算/拨款			×		
	财务审计		×	×		
	绩效合同			×	×	×
	奖学金/学生贷款/教育券			×	×	
信息	绩效指标			×	×	×
	公开报告			×	×	×
	排行/基准				×	

资料来源:Salmi,J.,2009:"The Growing Accountability Agenda in Tertiary Education:Progress or Mixed Blessing?" World Bank Education Working Paper Series,No.16,p.11。

二、高等教育问责的分类

高等教育问责不是一个单一维度的概念,因此我们需要从不同层面和不同视角加以审视,尤其需要从公共部门和教育领域问责的分类作简要的回顾和考察。

澳大利亚学者科比特(David Corbett)在《公共部门管理》一书中通俗而形象地提出公共部门问责的四个维度,即向上、向下、对内和对外的问责。所谓"向上的问责"是一种比较传统的问责形式，它包括政府公务人员应履行的法律和宪法所规定的义务，以及对法院和行政法庭（administrative tribunals）所负有的责任。"向下的问责"强调的是管理者要对下属负责，由此引出的是员工参与和工业民主（industrial democracy）的问题。"对外的问责"是近年来兴起的，其要义是向客户群体和社会其他利益相关者报告、协商和负责。"对内的问责"是最具争议性的，它指的是除了使行为符合某些道德标准，还要进行个体良知（personal conscience）的测验。①

在教育领域，英国学者比彻（Tony Becher）在 20 世纪 70 年代末期就提出，教育问责可以划分为五种类型：一是道德（moral）问责，即对客户负责；二是专业（professional）问责，即对自己和同事负责；三是契约（contractual）问责，即对雇佣合同负责；四是政治（political）问责，即对政治事务负责；五是公共（public）问责，即对公共利益负责。② 十多年后，另一位英国学者伯吉斯（Tyrrell Burgess）将比彻的分类进一步扩展为七类：第一，个人（personal）问责，指的是学生应就其学业状况对教师负责，家长就其子女的教育对社会负道德上的责任；第二，专业（professional）问责，指的是教师在教学、标准、资格、培训等方面对同行和督导人员负责；第三，政治（political）问责，指的是地方行政长官在政策措施上对选民负责；第四，财务（financial）问责，指的是财务管理人员在办学和标准等方面对学校管理人员负责，同时学校管理人员就其政策和诚信等方面向审计人员和地方行政长官负责；第五，管理（managerial）问责，指的是学校管理人员就学校的办学绩效状况向学校管理机构负责；第六，法律（legal）问责，指的是家长对其子女的教育负有法律责任，教师和学校应对学生家长负责；第七，契约（contractual）问责，指的是教师在其合同服务期限内对雇主负责，学校管理人员就组织和领导的状况向雇主负责。③

此后，英国学者马克·豪斯泰德（Mark Halstead）又从价值的角度将教育问责划分为契约型（contractual）问责和响应型（responsive）问责。他认为，前者主要关注的是教育的结果与成果，其核心议题是教育服务的"物有所值"，目的是加强对决策者的控制，而主要方法是要求教育者对其行动和产出做出详细说明；后者虽也关注结果与成果，但强调的是教育过程及决策问题，其核心议题在于各利益相关者的利益与价值，其目的是改善决策者和客户间的互

① Corbett, D., 1996 : *Australian Public Sector Management* (2nd edition), Sydney, Allen and Unwin.
② Becher, T., 1979 : "Self-Accounting, Evaluation and Accountability", *Educational Analysis*, (1).
③ Burgess, T. : "Accountability with Confidence", in Burgess., T., 1992 : *Accountability in Schools*, Essex, Kongman.

动,采取的方法是教育者对其产出负责并对其行动做出说明和证明。①

斯蒂芬·鲍尔等人从市场和政治两个维度对教育问责进行了划分。市场问责指的是要履行与消费者达成的契约,市场问责可以进一步细分为服务提供的问责及有效财务管理的问责。政治问责指的是选民利益的代言者要认真履行其职责,政治问责又可细分为民选代表的问责和外部人士的问责。斯蒂芬·鲍尔等人指出,虽然市场问责的发展大有压倒政治问责之势,但是消费者的回应仅仅反映了政策的效果,不应与强调政策本身性质和指向的公共问责相混同。据此,他们将教育问责划分为四种类型:对同行而言的专业问责,对公众而言的民主问责,对政府而言的管理问责,以及对消费者而言的市场问责。②

在高等教育问责的分类上,德国学者胡弗纳较早地开展了探索。他认为,从层次角度来看,高等教育问责可以至少运用在系统和院校这两个层面,类似于经济学者划分的宏观和微观层面的分析框架。例如,在联邦制国家中,系统层面的高等教育问责就可以从联邦、州或社区的角度加以审视,而院校层面的问责则可以从院（faculties/schools）、系（departments）、所（institutes）及个体的角度加以审视。此外,基于行为者所处的层次,高等教育问责可以分为内部和外部两个层面。从高等院校的角度而言,在院校内部开展的所有类型的问责活动都是内部问责。但是从跨院校的角度而言,一旦将各院校的问责活动加以比较的话,这就上升到系统的层面,从而构成外部问责。也就是说,只要有关内部问责的信息用于公开的比较活动,便可以服务于外部问责目的。高等教育问责不仅可以从组织的不同层面来考察,而且可以从高等教育不同职能的角度来考察。从这种角度来看,高等教育问责可以包括教学问责、科研问责、社会服务（或咨询）问责、学习问责、行政管理（包括财务）问责。这些问责会涉及不同的群体,例如,前三种问责与教师有关,第四种问责与学生有关,第五种问责针对的是行政管理人员。③

美国学者马丁·特罗从两个维度对高等教育问责做出分类。他指出,第一个维度包括外部和内部问责,第二个维度则包括法定（legal）与财务（financial）问责,以及学术（即伦理和学者的）问责。在第一类问责中,外部

---

① Halstead, M. "Accountability and Values", in Scott, D., 1994 : *Accountability and Control in Educational Settings*, London, Cassell.

② Ball, S., et al., 1997 : "Into Confusion: LEAs, Accountability and Democracy, *Journal of Education Policy*, 12(3).

③ Hufner, H. : "Accountability", in Altbath, P. G., 1991 : *International Higher Education: An Encyclopedia* (Vol. I), New York and London, Garland Publishing, Inc.

问责强调高校应对其支持者及社会负责，高校要保证其在忠实地履行使命、如实地和负责任地使用资源，以及正不断实现预期目标；内部问责是高校内部各组成部分的问责，即高校内部机构是怎样履行其使命，它们取得怎样的成绩，是否明确需要改进之处，以及正在采取怎样的改进措施。马丁·特罗认为，外部问责类似于审计，主要是为增强信任与继续提供支持奠定基础；而内部问责则类似一种研究活动，即由高校调查和分析自己的办学情况，并通过研究与行动加以改善。第二类问责，也就是法定／财务问责与学术问责，与第一类问责有相似之处。法律与财务问责指的是高校负有对资源使用情况做出报告的责任，即高校是否依法履行其职责，高校是否按照预定目标使用资源，等等。资源使用方面的问责有自己的惯例和规则，很多国家都建立了比较完善的实施机制，通过内部和外部的独立机构开展财务审计。学术问责是高校有责任告知校内外有关方面，学校在利用资源加强教学、科研与社会服务上做了哪些工作，取得什么效果。马丁·特罗指出，与法定／财务问责相比，学术问责具有更大的争议，例如，管理投入的有关规则远比评估教学和科研成果的措施明确。而且，这两种问责在实施上存在较大差异，前者主要通过财务报告、审计和法律诉讼等方式实现，而后者需要学者与学术管理人员及外部人士就其开展的工作进行各种解释和说明。[1]

表2.4总结了上述不同分类。

表2.4 公共部门、教育及高等教育中的问责分类

部门	学者	分类
公共	戴维·科比特	向上、向下、对内、对外
教育	托尼·比彻	道德、专业、契约、政治、公共
	泰雷尔·伯吉斯	个人、专业、政治、财务、管理、法律、契约
	马克·豪斯泰德	契约型、响应型
	斯蒂芬·鲍尔等	专业、民主、管理、市场
高等教育	克劳斯·胡弗纳	系统、院校／内部、外部
		教学、科研、社会服务、学习、行政管理
	马丁·特罗	内部、外部
		法定与财务、学术

---

[1] Trow, M., 1996: *Trust, Markets and Accountability in Higher Education: A Comparative Perspective*, Research and Occasional Paper Series: CSHE.1.96. Center for Studies in Higher Education, University of California, Berkeley.

三、高等教育问责的功能

尽管问责在世界各国都是各种团队、机构和系统面临的一个共同的挑战,但如果加以恰当的和有效的运用,问责完全可以发挥积极的和建设性的作用。因为它既可以成为组织的原则,也可以形成规范性的秩序;既可以连接评估与战略规划,也可以充当规则的政治隐喻;既可以提出责任的诉求,也可以调整重点和意图,并且创造奖惩的机会。[①]

高等教育问责具有两种基本功能。首先,问责可以成为对营私舞弊、玩忽职守等权力滥用和权力腐败问题的约束。通过这种职能的发挥,问责可以加强高等教育机构的合法性,使高校履行向有关团体和机构报告其办学活动的责任。其次,问责通过迫使高校对办学情况进行自我剖析,以及接受外部机构的评估,从而可以保持或提升高校的办学质量。除了上述有关约束权力和提高标准方面的基本功能,问责还可以通过要求高校做出各种报告,以及达到具体的或模糊的标准,成为一种管理手段。通过对过去和未来行动的报告,问责成为影响高校行为的外部驱动力量,它既可以以各种间接的方式使高校自主采取措施执行有关政策,也可以通过外部管理机构的直接要求使高校遵行具体的政策和规定。[②]

在此基础上,高等教育问责的功能可以进一步体现在五个方面。第一种功能是通过外部评估来保证院校或培养项目对政府(代表纳税人)、学术界、雇主和学生等利益相关者负责。通常而言,这种功能的主要目的是确保公共资金得到有效使用,也就说,确保教学、研究、资源和管理的"物有所值"(value for money)。在实践中,这方面的问责措施包括科研评估、教学评价及学生学业进展、学业成就和毕业生就业情况的统计数据等。第二种功能是确保高等教育的某些原则和惯例免受侵蚀或漠视。这种形式的问责主要是用于控制私人办学机构的发展,同时用来避免公共办学机构的懈怠。其具体措施包括认证、审计、评估、监控标准等。第三种功能主要是对学生负责,即确保培养项目得到有效的组织和运作,以及使教育活动得到适当的承诺和实施。在一些国家,这种功能也日益指向使学生的个人投资"物有所值"。从某种意义而言,这种功能与监督教育服务质量的评估是相重叠

---

① Macpherson, R. J. S., 1996 : *Educative Accountability* : *Theory*, *Practice*, *Policy and Research in Educational Administration*, Oxford, Elsevier Science Ltd.

② Trow, M., 1996 : *Trust*, *Markets and Accountability in Higher Education* : *A Comparative Perspective*, Research and Occasional Paper Series : CSHE.1.96.Center for Studies in Higher Education, University of California, Berkeley.

的。第四种功能是通过质量评估程序形成有关院校和培养项目质量的公共信息。这种信息通常包括两类：一是投资信息，例如，利用相关信息进行资金的分配；二是帮助大学新生和毕业生招聘人员等有关用户做出选择的信息。第五种功能是以质量评估为手段实现某种服从。一些评估活动迫使高等院校不得不屈从政府的政策或职业界和雇主的偏好和政策。对高等教育来说，由于政府提供大量经费，而且控制着高校的办学许可，因此政府通常是最重要和最有力的评估者。各国政府都希望高等教育要具反应性，也就是使高等教育更贴近社会和经济的需求，在降低单位成本的基础上扩大招生，等等。[1]

第三节　高等教育问责的分析框架

综观目前已有的文献，在英美高等教育问责方面形成的有代表性的分析框架主要包括埃尔默（Richard F. Elmore）和麦弗森（R. J. S. Macpherson）提出的三重竞争框架，柯根（Maurice Kogan）提出的三维规范分析框架，希姆金斯（Tim Simkins）提出的四维分析框架，以及豪斯泰德（Mark Halstead）提出的多重责任分析框架。

一、埃尔默－麦弗森的三重竞争框架

美国密歇根大学教育与政治科学教授理查德·埃尔默提出了问责的三种分析框架，即技术模式（technical model）、专业模式（professional model）和客户模式（client model）。具体来说，技术模式指的是问责必须依靠有关学校运行的系统知识及与这种知识相适应的技术性措施的发展；专业模式强调的是，由于教学需要做出判断，而外部评估又难以做到，因此最有效的是集体性的（collegial）问责机制；客户模式则强调问责是一种政治事务和市场控制而非专门知识或集体影响。[2]

此后，澳大利亚塔斯马尼亚大学麦弗森以三重竞争视角（competing perspective）对上述框架进行了深入的分析和阐释（参见表 2.5）。首先，在技术模式方面，他认为，改革学校教育的这些"核心技术"需要新知识和有效执行机制的不断发展，以及定期的权力关系结构调整。因此，这种技术方法强调的是法定的系统性的重点事项、有关学校教育成果的全面知识及认定

[1] Harvey, L., 2002：*Quality Assurance in Higher Education：Some International Trends*, Higher Education Conference, Oslo, 22–23 January.

[2] Elmore, R. F.："On Changing the Structure of Public Schools", in Elmore, R. F., et al., 1990：*Restructuring Schools：The Next Generation of Educational Reform*, San Francisco, Jossey Bass.

实际成效的可靠手段的作用。在这种情况下，问责可以通过明确目的、确定绩效指标、收集客观的绩效数据并以此作为下一轮规划的参考来实现。其次，在专业模式方面，加强教师和学校领导的专业主义，需要具备自主、尊重、资源和专门知识等特殊的职业条件。这种方式显然对非专业意见的有效性和外部评估的可靠性提出了质疑，转而将共治（collegiality）作为问责标准和问责过程最适当的基础。在这种情况下，问责可以通过解构与重构学校的意义、协同制定规划、合作开展教学等来实现。最后，在客户模式方面，改善教育提供者与客户的关系，需要更多的客户选择权、灵活的资源管理及快速的支持反应。这是一种消费主义的方式。在这种情况下，问责可以通过客户参与管理、竞争、外部审计等政治的、市场的和管理的机制来实现。

表2.5 麦弗森的三重竞争模式

	技术模式	专业模式	客户模式
改进的重要条件	根据科学有效的知识开展教学和管理活动	提升教师和领导的能力，加强对其工作的判断和掌控	教育者对其客户（家长、学生、社会）直接负责
改革的战略目标	提升学校教育的核心技术	教师和领导专业主义	调整教育提供者与客户的权力关系
改革的有效策略	新知识、有效的执行、权力和关系结构的定期调整	提供自主、尊重、资源和专门知识方面的职业条件	扩大客户选择、灵活的资源管理和政策反应
最重要的知识	衡量办学成效和学习成果的客观方法	关于有效学习的共同准则	各主体对政治和市场现实的观点，以及各利益相关者的利益
合法性来源	管理主义	专业主义	消费主义
最适合的问责方法	明确目标和绩效指标，收集客观的绩效和成果信息，以此作为下一轮规划的参考	向专业人员赋权、协同制定规划、合作开展教学	政治的、市场的、管理的机制。客户参与管理政策、外部审计、积极的人力资源发展
例证	全面质量管理（TQM）、学校改进、效益战略	合作性的行动研究	基于契约的学校规划、管理和评估活动

资料来源：Macpherson, R. J. S., 1996：*Educative Accountability: Theory, Practice, Policy and Research in Educational Administration*, Oxford, Elsevier Science Ltd, p.6–8。

二、柯根的三维规范分析框架

英国布鲁内尔大学政府与社会管理学教授莫里斯·柯根在运用规范政治理论对英国和美国公共教育发展进行考察，并对现有各种框架进行开创性分析的基础上，提出了公众或政府控制（public/state control）、专业人士控制（professional control）和消费者控制（consumerist control）的三维规范分析框架（参见表2.6）。柯根的研究在该领域引起广泛的关注并产生相当大的影响，以至于有学者指出："在探索问责概念和形式方面，没有什么成果能比得过柯根20世纪80年代中期提出的模式与分析框架。"[①]

表2.6　柯根的三维规范分析框架

	公众或政府控制	专业人士控制	消费者控制
问责的目的	通过民主程序形成并被合法化	由专家自行决定	由客户自行决定
恰当的问责方法	官僚机构和主管部门，科层制的、单向度的关系，自上而下，外部评估	团队结构和专业部门	临时性功能结构，契约型伙伴关系，政治关系和外部评估
标准的来源	上级	专业同行	民选代表和市场

资料来源：Macpherson, R. J. S., 1996 : *Educative Accountability : Theory, Practice, Policy and Research in Educational Administration*, Oxford, Elsevier Science Ltd., p.44.

柯根认为，公众或政府控制是英国的一种主导型的教育问责模式，其总体特征就是鲜明的管理层级。该模式强调的是由民选代表组成的权力机构的作用，主张由上级任命校长及其他学校管理人员。

相对于强势的公众或政府控制模式而言，一方面，专业人士控制的目的是保护学校免受以结果为导向的需求的影响，由于这种问责模式将学校和教师的自我报告和自我评估视为重要的因素，因此外部干涉力量的作用将会减弱；另一方面，该模式旨在对客户的需求做出积极的回应。总之，该模式强调应由教师和专业管理人员控制教育活动，注重发挥自我报告和评估的作用。

柯根将消费者控制模式进一步分解为公共部门的民主参与或伙伴关系及私人部门或部分私有化的公共部门的市场机制两个分支模式。他认为，从伙伴关系的角度来看，客户不应陷入对专业人士的依赖关系，而应加入某种伙伴关系，并以此达成共同目标，交流信息，开展对话；从市场的角度来看，问责机制是通过竞争来改进公共教育的重要途径。实践证明，英国《1988年教育改革法》及其后的有关法律所提出的问责措施便是通过市场模式实施消费者控制的明证。

柯根的分析阐明了每一种模式都有其确定问责关系中适当伙伴的路

---

① Burgess, T.: "Accountability with Confidence", in Burgess, T., 1992 : *Accountability in Schools*, Essex, Kongman, p.137.

径,都有一方控制另一方的最有效的方法,也都有其用以做出判断的适当的
依据和标准。此外,他还阐明了与权力、责任、权利、专业主义、赋权等相关
的问题。但是,也有人批判他对问责的理解过于简单,仅仅描述了各方应做
的事情,却忽略了形成性的和道德的维度,尤其是问责标准和问责过程在重
塑道德经济方面的作用。[①]

三、希姆金斯的四维分析框架

英国谢菲尔德·哈拉姆大学的希姆金斯从教育改革的视角对问责模式
开展了研究。在他看来,教育改革的主要目的是通过改变教育系统内部的
权力关系来改进教育。也就是说,当人们普遍认为教育出现重大问题而且
找到问题症结的时候,教育改革便会展开。同时他认为,改革通常具有某种
强烈的思想基础,为改进而进行的诊断和提出的措施都建立在一定的思想
意识和价值观念的基础之上。

希姆金斯在分析英国教育领域问责改革的过程中,归纳出四种问责改
革模式,即专业模式、管理模式、政治模式和市场模式(参见表2.7)。在专业
模式问责方面,希姆金斯指出,保证教育质量最好的方式在于授予教育专家
专业自主权,他们能够凭借其知识和专业操守来实现他们客户的最佳利益。
因此,从这个角度而言,"质量标准"应该由专业人员确定并通过同行评议、
专业信息网络和交流等途径加以监控的良好实践(good practice)。但事实
上,正如一些批评者所指出的,专业模式时常相当于无问责,其结果会造成
专业自主权的削弱,以及其他利益相关者影响力的增强。

表2.7 希姆金斯的四维分析框架

模式	专业	管理	政治	市场
主要行为者	专业人员	管理者	各界代表	消费者
影响因素	同行评议	等级制度	治理	选择
成功标准	良好实践	效率和效益	政策的落实	竞争成功

资料来源:Simkins,T.:"Accountability and Management:Perspectives on the Implementation of Reform",in Simkins,T.,et al.,1994 :*Implementing Education Reform:The Early Lesson*,London, Longman & BEMAS,p.7。

管理模式的问责主要通过建立明确的组织目标,以及完善监控体系确
保有效而且高效地达成预期目标来实现。在此方面,希姆金斯提出"刚性"

---

① Kogan,M.,1986 :*Education Accountability:An Analytic Overview*,London,Hutchinson.

和"柔性"两种方法，其中，"刚性"强调的是建立清晰的等级结构和绩效指标，实行员工考核和绩效工资；"柔性"方法虽然也主张要建立等级结构，但没有过度强调它的作用，而是通过建立一种强有力的、以成就为导向的文化来保证高质量绩效。尽管如此，在"柔性"方法中，由于制定组织使命和营造确保组织目标得以实现的文化的责任最终还是落在管理者身上，因此专业人员仍要服从于管理者。

希姆金斯认为，政治模式的问责主要是为了削弱专业人员的自主权，同时加强政治代表的作用。在这种模式中，权力将逐渐集中到代表学院与学校的管理机构的特定利益相关者群体，即（英国）教育与科学部及有关的管理机构。

市场问责模式的发展则会消减其他三种模式的权力。市场模式关注的不是教育系统内部权力关系的变化，而是强调建立一种使学校能够有效回应客户需求的竞争性外部环境。同时，在这种模式中，衡量质量的主要标准在于客户的满意度，因此可以从学校吸引客户的能力对其质量做出判断。①

四、豪斯泰德的多重责任分析框架

英国赫德斯菲尔德大学（University of Huddersfield）教育系马克·豪斯泰德在对英国教育中的各种问责关系进行调查研究的基础上形成了多重责任的分析框架（参见表2.8）。

豪斯泰德将问责与价值联系起来。他认为，教育问责意味着对包括法律、社会价值、地方和中央政府的规定、行业行为规范、家长的权利、学生的利益及有关利益相关者的诉求等在内的各种要求既要"做出说明"（giving an account），也要"加以重视"（taking into account）。正如上文所提到的，1994年豪斯泰德在一篇文章中提出"契约型"和"响应型"两种教育问责形式，其中，前者指的是教育者有责任证明他们已满足有关方面的期望（例如，学生学到他们想学的东西），而后者指的是教育决策过程要充分考虑到所有利益相关方的要求。按照上述两个维度，豪斯泰德进一步从雇主、专业人员和消费者三类利益相关者的视角出发，形成一套问责矩阵。其中，契约型问责包括以雇主为主导的中心控制（central control）模式、以专业人员为主导的自我负责（self-accounting）模式及以消费者为主导的消费主义模式；

---

① Simkins, T.: "Accountability and Management: Perspectives on the Implementation of Reform", in Simkins, T, et al., 1994: *Implementing Education Reform: The Early Lesson*, London, Longman & BEMAS.

响应型问责包括以雇主为主导的责任链（chain of responsibility）模式、以专业人员为主导的专业模式及以消费者为主导的伙伴模式。

表2.8 豪斯泰德的多重责任分析框架

主导性利益相关者	契约型问责	响应型问责
雇主	中心控制模式 教师（雇员）约定提供可检测的学习，测验和检查是最适当的方法，导致低度的内部所有关系或发展动力	责任链模式 等级机构内各层面的决策者要对相应层面有关利益相关者负责；导致官僚结构的膨胀，权力斗争，以及结构的模糊
专业人员	自我负责模式 教师（自主的专业人员）通过内部和主观的方法自我监控教学，导致低度的外部可靠性	专业模式 契约性事务交给地方管理者，响应性事务交给校长和教师；导致地方主义和"提供者占用"（provider capture）
消费者	消费主义模式 教师（提供者），排行榜、家长选择等市场和政治机制，导致高强度工作和不平等	伙伴模式 有关利益相关者集思广益，积极互动，共同参与决定、规划和评估；缺乏外部合法性，遭受地方政策损害

资料来源：Macpherson，R. J. S.，1996：*Educative Accountability*：*Theory*，*Practice*，*Policy and Research in Educational Administration*，Oxford，Elsevier Science Ltd.，p.75。

具体来看，中心控制模式突出的是教师在雇佣合同下作为雇员的作用。该模式强调教师有责任保证纳税人花费的金钱获得有价值的回报，而问责主要通过考试成绩及成绩的通报来实现。责任链模式看到雇主、实践者、客户群体及其他利益相关者之间的复杂关系，因此强调在决策过程中要尽可能考虑到各方面的意见。同时，由于各类决策者团体处于不同的等级，因此他们要以锁链的形式对各自的利益群体负责。自我负责模式提倡专业人员的自治，主张以教师自我监督的形式来实现契约问责的要求。专业模式强调由于专业人员经受过专业培训、拥有专业知识，而且他们长期以来享有专业自治，因此应赋予他们做出最终决定和确定问责边界的权力。消费主义模式将扩大消费者的选择作为满足契约型问责的最佳途径，主张以自由市场机制取代中心控制和专业控制。而伙伴模式主要基于两个基本原则：一是教育决策需要囊括所有的利益相关者，而非某一个主要群体；二是所有各方都应通过直接或间接的代表参与到决策过程。在具体实践中，各方首先应集思广益，提出各种方案，然后经过协商选择出适当的方案，最后达成一致并加以落实。①

从上表可以看出，豪斯泰德提出一整套价值观念、信任互动及有关教育基本目的的共识。在这种模式框架中，契约型问责和响应型问责分处不同的地位，前者主张对以往不被重视的教学与学习结果间的关系进行控制，后者提倡的则是各利益相关者的建构主义，强调的是共识而非结果，把各种原则作为判断政策措施道德正当性的基础。同时，豪斯泰德分析框架中的各种模式指出了不同的变革策略。例如，中心控制模式强化的是管理主义，自我负责模式主张的是绝对的专业自治，消费者模式信赖的是市场力量，责任链模式笃信"分配正义"（distributive justice），专业模式对"学习共同体"充满信心，伙伴模式则非常看重民主参与。②

五、本书的分析框架

纵观上述四个分析框架，本书基本认同柯根的三维规范分析框架。可以说，该分析框架提出的公众或政府控制、专业人士控制和消费者控制，能够比较合理有效地解释分析当前英美高等教育问责所面临的内外环境及主要矛盾关系。无独有偶，在柯根提出其分析框架20年后，美国洛克菲勒政府研究院（Rockefeller Institute of Government）高级研究员，同时也是纽约州立大学高等教育政策与管理教授的约瑟夫·伯克在其分析美国高等教育问责的重要著作中也采取了类似的分析框架。伯克等人强调指出，问责应该平衡好高等教育对政府优先（state priorities）、学术关注（academic concerns）及市场力量（market forces）的回应。③ 事实上，伯克的"问责三角形"（accountability triangle）也正是借鉴了著名高等教育专家伯顿·克拉克（Burton Clark）所采用的政府控制（state control）、学术寡头（academic oligarchy）和市场模式（market model）三角协调模型对不同国家高等教育系统的研究。同时，利用三角协调模型来讨论问责高等教育问题的研究也并不鲜见。例如，英国金斯顿大学（Kingston University）教授米德赫斯特（Robin Middlehurst）在研究跨境高等教育问责问题时，就在政府、学术和市场三者关系的基础上，引入"超国家利益"（supra-national interests）维度，从

① Kuchapski,R.,2001：*Reconceptualizing Accountability for Education*,Ph. D. Thesis,University of Saskatchewan,Canada.
② Macpherson,R. J. S.,1996：*Educative Accountability：Theory,Practice,Policy and Research in Educational Administration*,Oxford,Elsevier Science Ltd.
③ Burke,J.,et al.,2004：*Achieving Accountability in Higher Education：Balancing Public,Academic and Market Demands*,San Francisco,Jossey-Bass.

而构建了高等教育问责的"钻石"模型。[①]

　　本书采用的"问责三角"同样强调要关注高等教育问责中政府力量、专业力量和市场力量这三种最为突出的,也是主导性的力量,并应在高等教育问责过程中努力实现三者间的相互平衡(参见图 2.2)。其中的政府问责代表的是高等教育的主管部门(包括中央/联邦政府和地方/州政府)对高等教育发展与服务的关切,主要反映政府对高等教育的期望和需求;专业问责主要通过中介机构、学术机构及其专业行会和协会组织来实现,代表(或在一定程度上代表)的是学术共同体的利益;而市场问责主要反映的是学生、家长、雇主等高等教育消费者及其他客户的需求和要求。

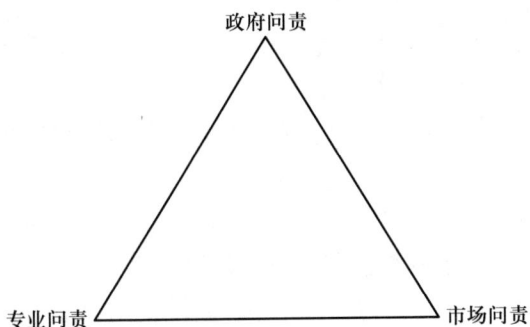

政府问责

专业问责　　　　　　　　　　　市场问责

图 2.2　本研究的分析框架图

---

① Middlehurst,R. "Accountability and Cross-Border Higher Education:Dynamics,Trends and Challenges",in Stensaker,B.,Harvey,L.,2011:*Accountability in Higher Education:Global Perspectives on Trust and Power*. London,Taylor & Francis.

第三章　"审计爆炸"：英美高等教育问责的理论基础与兴起发展

> 问责已成为当今社会的运行方式的一个必不可少的组成部分。尤其是在高等教育机构日益成为促进国家和个体发展以及社会繁荣的关键力量的时候,高等教育的问责显得更加重要。
>
> ——〔澳〕戴维·伍德豪斯(David Woodhouse)[1]

> 问责的深入发展引发越来越多、越来越广泛的矛盾,这大抵是由于问责在某种程度上源自更为普遍的政治和社会"湍流"之故。
>
> ——〔英〕莫里斯·柯根(Maurice Kogan)[2]

20世纪70年代末以来,始创于英国并在西方国家得到全面推广的新公共管理(New Public Management)[3]思潮和运动成为全球公共管理变革的原动力。很多学者也认为,这股新公共管理的改革潮流对问责的发展有重

---

[1] Woodhouse, D., 2007 : "Modes of Accountability",载财团法人高等教育评鉴中心基金会:《2007高等教育绩效责任国际研讨会论文集》,台北,财团法人高等教育评鉴中心基金会,2007年,第26页。

[2] Kogan, M., 1986 : *Education Accountability : An Analytic Overview*, London, Hutchinson, p. 19.

[3] 对20世纪70年代末期以来西方主要发达国家出现的政府改革运动,学者从不同观点出发冠之以不同的称谓,如"管理主义""新公共管理""以市场为基础的公共行政""后官僚制典范""企业型政府"。对此,学者往往将这些称谓等同处理,并根据使用偏好以一种称谓统称其他。例如,欧文·休斯指出,"新公共管理""管理主义"或"公共管理改革"可以交替使用。张成福等认为,新右派、新治理、管理主义、企业型政府、以市场为基础的公共行政等,都可被称为"公共管理"或"新公共管理"。(参见:欧文·E.休斯:《公共管理导论:第三版》,张成福等译,北京,中国人民大学出版社,2007年。)王定云和王世雄也认为,在不做具体严格辨别使用时,管理主义、新管理主义、公共管理、新公共管理是可以互易的词语。(参见:王定云、王世雄:《西方国家新公共管理理论综述与实务分析》,上海,上海三联书店,2008年。)他们还认为,这些术语的使用具有某种地域特性,例如,英国学者主要使用的是"管理主义",而在美国更多使用的则是"新公共管理"。鉴于目前国内外学者在研究文献中越来越倾向于使用"新公共管理"一词,同时出于行文一致性的考虑,本书以"新公共管理"统称上述各种称谓。

要的影响和推动作用。① 那么,与传统的公共管理模式相比,新公共管理具有怎样的主张和理念? 在此思潮冲击下的问责运动呈现出怎样的特征? 以英美为代表的西方国家公共部门和高等教育部门又发生了怎样的变革? 本章将循此思路展开。

第一节 作为问责理论基础的新公共管理

新公共管理是近年来在英美等西方国家政府改革和行政改革的主导性思想之一。从理论上来说,新公共管理是一种试图取代传统公共行政学的管理理论;而从实践来看,新公共管理也是一种新的公共行政模式。

一、新公共管理的基本主张

西方学者和实践者对近 40 年来西方国家推动的新公共管理改革进行了持续不断的研究和探讨,并对其基本主张及特征做出了精辟的概括和阐释。但这种"繁荣"的背后也呈现出某种"混乱"或"迷惑",新公共管理"塞满了各种各样的含义且变化不断,使得学者们在诸如它的操作定义、解释单位和探索问题的重要性等基本点上难以取得一致意见……"②。本书主要撷取现有研究成果中一些具有代表性的观点,试图从不同的分析维度尽可能形成对新公共管理相对客观和全面的认识。

澳大利亚莫纳什大学教授休斯(Owen Hughes)在《公共管理导论(第三版)》中认为,虽然新的管理主义方法有多种名称,但在脱离传统行政模式的实际变革中,也存在普遍的一致性。这种一致性主要体现在:① 无论该方法采用何种称谓,都代表了与传统行政模式的重大区别,它现在更关注结果的实现与管理者的个人责任;② 存在脱离古典官僚制的明确意图,并且欲

---

① 很多学者的文献都曾做出类似的论断,例如,Lonsdale,J.:"Accountability:The Challenges for Two Professions",in Bemelmans-Videc,M.,et al.,2007:*Making Accountability Work:Dilemmas for Evaluation and for Audit*,New Brunswick and London,Transcaction Pbulishers;Bemelmans-Videc,M.:"Accountability,a Classic Concept in Modern Contexts:Implications for Evaluation and for Auditing Role",in Bemelmans-Videc,M.,et al.,2007:*Making Accountability Work:Dilemmas for Evaluation and for Audit*,New Brunswick and London,Transcaction Publishers;Bovens,M.:"*From Financial Accounting to Publici Accountability*",in Hill,H.,2005:*Bestandsaufnahme und Perspektiven des Haushalts-und Finanzmanagements*,Baden Baden,Nomos Verlag.

② Ott,S. and Boonyarak,P.,2001:"New Public Management:Public Policymaking Dilemmas:Balancing Between Administrative Capacity,Control and Democratic Governance",*Public Organization Review*,Dec. 转引自:陈天祥:《新公共管理——政府再造的理论与实践》,北京,中国人民大学出版社,2007 年,第 20 页。

使组织、人事、人权、条件更具灵活性；③ 明确规定组织和人事目标，这样可以根据绩效指标对工作任务的完成情况进行测量，同样，可以通过对计划方案进行较之于以前更严格、更系统的评估，来检验政府是否实现了其计划方案确立的目标；④ 资深工作人员更有可能带有政治色彩，而不是无党派的或中立的；⑤ 政府职能更有可能面临市场的检验，把政府服务的购买者与政府服务的提供者分开，换言之，"把掌舵与划桨"分开。政府介入并不总是意味着政府要通过官僚制手段提供服务；⑥ 还存在一种通过民营化和市场经验、签订合同等其他方式减少政府职能的趋势，在某些情况下，这种变化是根本性的。①

按照管理主义理论的代表人物之一、伦敦政治经济学院教授胡德（Christopher Hood）的理解，新的管理主义或者新公共管理包括以下七个要点：① 公共政策领域中的专业化管理。这意味着让管理者管理，或如胡德所言"由高层人员对组织进行积极的、显著的、裁量性的控制"。对此最为典型的合理性解释是"委以责任的前提是对行为责任的明确分配"。② 绩效的明确标准与测量。这需要建立目标并设定绩效标准，其支持者在论证时提出"委以责任需要明确描述目标；提高效率需要紧紧盯住目标"。③ 格外重视产出控制。根据所测量的绩效将资源分配到各个领域，因为"需要重视的是目标而非过程"。④ 公共部门内由聚合趋向分化。这包括将一些大的实体分解为"围绕着产品组成的合作性单位"，它们的资金是独立的，在彼此保持一定距离的基础上相互联系。"在公共部门的内部与外部"，既可对这些单位进行管理又可以"获得特定安排所带来的效率上的优势"，其必要性证明了这种做法的合理性。⑤ 公共部门向更具竞争性的方向发展。这包括"订立合同条款以及公开招标程序"，其合理性在于"竞争是降低成本和达到更高标准的关键所在"。⑥ 对私营部门管理方式的重视。这包括"不再采用'军事化'的公共服务伦理观"，在人员雇用及报酬等方面更具有弹性，这种转变的合理性在于，"需要将私营部门'经证实有效的'管理手段转到公共部门中加以运用"。⑦ 强调利用资源要具有更大的强制性和节约性。胡德将这看作"压缩直接成本，加强劳动纪律，对抗工会要求，降低'使员工服从企业的成本'"的主要举措。"对公共部门的资源需求进行检查"是必要的，可以"少花钱多办事"。②

英国学者波利特（Christopher Pollitt）将管理主义的特征概括为：① 管

---

① 欧文·E.休斯：《公共管理导论：第三版》，张成福等译，北京，中国人民大学出版社，2007年。

② Hood, C., 1991 : "A Public Management for All Seasons", *Public Administration*, (1), pp. 4~5.

理主义不断追求提高效率；② 强调管理技术在公共领域中的应用；③ 强调以有组织的劳动力来提高生产力；④ 强调专业管理角色的运用；⑤ 给予管理者以管理的权力。[①]

英国朴次茅斯大学（University of Portsmouth）的法汉姆（David Farnham）和霍顿（Sylvia Horton）在综合有关学者观点的基础上，提出新公共管理的主要特征：① 采取理性途径的方式处理问题，即在设定政策目标及阐明政策议题时特别强调战略管理所扮演的角色及作用；② 重新设计组织结构，将政策制定与执行相分离，并设立行政单位，把提供服务的责任下放给组织内部的其他部门或外部；③ 改变组织结构，促进官僚体制更为扁平化，放权给管理人员，以利绩效目标的实现；④ 依据经济、效率、效能等标准来衡量组织成就，发展绩效指标，使组织的成就能够被加以比较和测量，并据此进一步提供信息作为未来决策的参考；⑤ 改变现行的政策，使公共组织能被传统公共服务价值所支配的文化转换为"新公共服务模式"，发展与市场及企业价值相适合的文化；⑥ 运用人力资源管理技术，其目的在于淡化集体主义的色彩而鼓励个人主义的立场，包括需要动员员工的支持和承诺，来持续地推进结构与组织的变革；⑦ 试图建立一种弹性、回归性及学习的公共组织，并发展一种将大众视为顾客、消费者及市民的"公共服务导向"，公共服务不再由专业的供给者来支配，而是以回应人民真正的需求来提供公共服务；⑧ 以契约关系（contractual relationship）来取代传统的信托关系。[②]

时任美国副总统戈尔（Al Gore）高级顾问的奥斯本（David Osborne）及盖布勒咨询公司（The Gaebler Group, Inc）创始人盖布勒（Ted Gaebler）在考察美国政府新公共管理改革的基础上，出版了具有广泛影响的《改革政府：企业家精神如何改革着公共部门》（简称《改革政府》）。该书提出企业型政府的十项原则：① 大多数企业化的政府都促进在服务提供者之间展开竞争；② 把控制权从官僚机构转移到社区，从而授权给公民；③ 衡量各部门的实绩，把焦点放在后果上而不是投入上；④ 行为的动力不是来自规章条文，而是来自自己的目标，自己的使命；⑤ 服务的对象重新界定为顾客，让顾客有所选择，选择学校，选择职业培训计划，选择住房；⑥ 防患于未然，而不是在问题成堆后才来提供各种服务；⑦ 把精力集中于挣钱而不单单是花钱；⑧ 下放权力，积极采用参与式管理；⑨ 要市场机制而不要官僚主义机制；⑩ 关注的中心并不简单是提供公共服务，也是向公营、私营和志愿服务

---

① Pollitt, C., 1993 : *Managerialism and the Public Services：Cuts or Cultural Change in the 1990s* ? Oxford, Blackwell.

② Farnham, D. and Horton, S., 1996 : *Managing the New Public Service*, London, Macmillan.

从新公共管理到共同体治理：英美高等教育问责的制度模式与反思超越

等部门提供催化剂，使之行动起来解决自己社区的问题。[1]

英国伯明翰大学（The University of Birmingham）的哈伯特（Michael Hubbard）则从发展趋势的角度对新公共管理进行了概括：① 主管的战略角色和战略管理实践的强化；② 从行政到管理的重点转移——即从执行规则到熟悉既定目标的转移；③ 人事权由中央人事部门向部门主管的转移，限制工会的权力，打破统一的工资结构；④ 政策和执行的分离——核心部门集中于战略管理和计划，设立独立执行机构执行政策；⑤ 实行绩效工资制；⑥ 改善财务管理，强化财务控制；⑦ 以组织规划和评估的形式，把执行机构的运作与其目标更加密切地联系起来；⑧ 加强对运作状况的评估；⑨ 追求高质量和高标准的顾客服务；⑩ 改变传统的再组织文化，建立新的"心理契约"。[2]

上述学者对新公共管理视角和维度的认识中既有共同的观点，也有相异的理解，应该说这些观点初步为我们提供了新公共管理所追求的理念与价值的基本轮廓，但是新公共管理所涉内容的领域和范围相当广泛，根据有关学者的梳理，与新公共管理相关的问题包括竞争选择、绩效评估、契约合同、注重结果、民营化、战略管理、客户服务、弹性解制、组织分化，等等[3]（参见表3.1）。

表3.1　国内外学者对新公共管理基本主张的认识

	休斯	胡德	哈伯特	拉森	法汉姆	奥斯本
竞争选择	√	√		√		√
绩效评估	√	√	√	√	√	√
契约合同	√			√	√	√
注重结果	√	√				√
民营化	√					
战略管理	√		√		√	
客户服务	√		√	√	√	√
弹性解制	√	√		√	√	
组织分化		√			√	

[1] 戴维·奥斯本、特德·盖布勒：《改革政府：企业家精神如何改革着公共部门》，周敦仁等译，上海，上海译文出版社，2006年，第16~17页。

[2] 周志忍主编：《当代国外行政改革比较研究》，北京，国家行政学院出版社，1999年，第28页。

[3] 王定云、王世雄：《西方国家新公共管理理论综述与实务分析》，上海，上海三联书店，2008年，第43页。

续表

	休斯	胡德	哈伯特	拉森	法汉姆	奥斯本
分权授权			√	√		√
文官政治化	√					
专业化管理	√	√	√	√		
执行独立			√	√	√	
信息技术						

资料来源:王定云、王世雄:《西方国家新公共管理理论综述与实务分析》,上海,上海三联书店,2008年,第43页。

在国内外学者已有研究的基础上,新公共管理的基本主张可以进一步归结为以下几个方面。

第一,市场导向。新公共管理基于公私部门管理共通性的假设,主张将私营部门的管理方式引进公共部门,具体体现为:其一对某些商业性的公共服务实行公司化,打破公共部门的垄断,形成竞争和选择,通过公开竞标的方式将公共服务外包出租,实现公私合作伙伴关系;其二实行全面质量管理;其三重视人力资源管理,对公共机构和员工进行绩效评估,实行绩效工资,与员工签订短期合同;等等。

第二,注重结果。与传统以来强调公共部门必须按照一系列正式规则和一整套固定程序展开活动的模式不同,新公共管理高度重视工作的产出与结果,重视组织的中长期规划和战略管理,即明确规定公共机构应达到的最终工作目标,并对其最终的工作成果予以评估。

第三,放松管制。新公共管理强调政府要鼓励改善政策和管制质量,放松对公共部门的严格管制,转而加强公共部门的使命感及组织的弹性和灵活性,通过签订绩效合同等方式,使其从过去的管制驱动型组织转变为任务或使命驱动型组织。

第四,积极授权。为增强对外部环境变化的回应性,新公共管理主张通过授权来改善公共部门的工资。授权分为三种形式:一是组织授权,即将决策、规制等权力授予提供服务的组织;二是个人授权,即公共机构向机构内的工作人员,尤其是向基层员工授权,使他们在工作中拥有一定的灵活性;三是社区授权,即对某些社区和社群需要的服务,在政府部门不再给予一定财力支持的前提下,授权给社区或社群自理解决。

二、新公共管理的理论来源

实际上,经济学理论和私人部门管理理论作为新公共管理的两个主要理论基础并不存在什么分歧。[1] 这一论断也得到波利特的印证。波利特认为："管理显然是一种以调控资源流动为中心的活动，其主目的是实现既定的目标。而这些目标主要是以'产出'（output）和'物有所值'等经济学的语言来表述的。"[2]

第一，新公共管理是以市场为基础的——源于经济学理论——所运用的是公共选择理论、交易成本理论和委托—代理理论。[3]

公共选择理论产生于20世纪40年代末，并于60年代末70年代初形成一种学术思潮，是西方经济学中以经济学分析方法研究政治问题的一个重要理论流派。公共选择理论的代表性人物布坎南（James M. Buchanan）认为："公共选择不过是经济工具在政治上的应用和扩充。"[4] 在丹尼斯·缪勒（Dennis C. Mueller）看来："我们可以把公共选择定义为是对非市场决策的经济学研究，或者简单地定义为是把经济学运用于政治科学的分析。就研究对象而言，公共选择无异于政治科学：国家理论、投票规则、选民行为、党派、官僚体制，等等。"[5] 美国经济学家萨缪尔森（Paul A. Samulson）认为，公共选择理论是"一种研究政府决策方式的经济学和政治学"，他指出，"公共选择理论考察了不同选举机制的运作方式，指出没有一种理想的机制能够将所有人的个人偏好综合为社会选择；研究了当国家干预不能提高经济效率或收入分配不公时所产生的政府失灵；还研究了国会议院的短视、缺乏严格预算、为精选提供资金所导致的政府失灵问题"。[6] 公共选择理论运用个人主义的方法论、"经济人"假说和经济学的交易论等研究方法，对政府市场上各类政治主体及其运行进行了经济学分析，得出的基本结论是：就像市场会失灵一样，政府也会失灵，甚至会把事情弄得更糟。而政府失灵（government failure）的主要原因在于：① 政府政策的低效率，即政府所执行的政策不能确保资源的最佳配置；② 缺乏竞争压力、控制成本的积极性及有效监督而造成的政府各种机构的低效率；③ 官僚制所造成的政府人员和财政支出的膨胀；④ 政府通过行政权力干预市场经济活动造成

---

[1] 欧文·E. 休斯：《公共管理导论：第三版》，张成福等译，北京，中国人民大学出版社，2007年，第71页。

[2] Pollitt, C., 1993 : *Managerialism and the Public Services : Cuts or Cultural Change in the 1990s ?* Oxford, Blackwell, p. 5.

[3] 欧文·E. 休斯：《公共管理导论：第三版》，张成福等译，北京，中国人民大学出版社，2007年，第73页。

[4] 詹姆斯·M. 布坎南：《自由、市场和国家：20世纪80年代的政治经济学》，吴良健、桑伍、曾获译，北京，北京经济学院出版社，1988年，第12页。

[5] 缪勒：《公共选择理论》，杨春学等译，北京，中国社会科学出版社，1999年，第4页。

[6] 萨缪尔森、诺德豪斯：《宏观经济学：第16版》，萧琛等译，北京，华夏出版社，1999年，第232页。

不平等竞争环境而获取利益的寻租行为(rent-seeking)。在剖析政府失灵原因的基础上,公共选择理论从两个方面提出补救的主张:① 宪法制度改革,即试图通过重新确立一套经济和政治活动的宪法规则来对政府权力施加制度约束或宪法约束,通过改革政治决策规则来改善政治。② 市场化改革,即试图用市场力量来改善政府的功能,提高政府的效率,以避免政府政策失灵。在公共选择理论看来,以往人们只注意用政府来改善市场的作用,却忽视了相反的做法:用市场的力量改善政府的作用。实际上,市场力量是改善政府功能的基本手段之一。譬如在政府内部确立竞争机制和激励机制,更多地依赖市场机制(如拍卖、承包)来生产某些公共物品或公共服务,以缩小政府机构的规模。①

科斯(Ronald Coase)等经济学家以交易成本为分析起点和理论工具,构筑了一个系统的经济学分析框架。交易成本理论也成为在管理主义变革中另一个重要的经济理论。② 交易成本指人们在各种交易行为过程中的成本付出,是新制度经济学及产权理论的核心。交易成本理论有以下主要观点:① 交易成本普遍地存在于人们的各种交易行为之中。这些费用包括获取信息的费用,制定合约与执行合约的费用,组织资源、协调资源与执行激励措施的费用,代理执行和服从管理的费用等。而这些成本在传统经济学理论中是被忽略不计的。② 在以下情况中,各种交易费用会变得十分高昂:产权关系界定模糊不清;环境不确定性、信息不对称性及由此产生的契约不确定;人类的有限理性与规则匮乏下的机会主义行为泛滥;交易对象的资产专用性,即物质资产和人力资本只能用于特定的用途;政府组织大量寻租、设租行为的存在等。交易成本的不断放大势必降低交易的收益率,使人们对制度的激励和约束功能产生怀疑。③ 合理的制度安排和制度创新,能够有效地控制与减少交易成本的支出,提高经济活动的内在效率,促进经济可持续增长。换句话说,当一种制度规则无法控制不道德的机会主义行为而呈现交易成本不断放大的时候,或者一种制度规则由于交易费用高昂而难以推行的时候,制度需要依照一定的路径进行变迁或创新,使经济活动达到"帕累托最优"(Pareto Optimality)③。制度创新实际上要解决两个

---

① 徐增辉:《新公共管理研究——兼论其对我国行政改革的启示》,长春,吉林大学博士学位论文,2005年。

② 转引自欧文·E.休斯:《公共管理导论:第三版》,张成福等译,北京,中国人民大学出版社,2007年,第15页。

③ "帕累托最优"是意大利经济学家帕累托关于社会效益最优状况的描述。它是指资源分配的一种理想状态,假定固有的一群人和可分配的资源,从一种分配状态到另一种分配状态的变化中,在没有使任何人境况变坏的前提下,使得至少一个人变得更好。

最根本的问题：一是信息问题，二是制度激励问题。前者力图通过制度和规则，减少信息不对称和契约的不确定及由此发生的逆向选择行为；后者则通过产权的保护与约束、行为奖惩等正负激励规则安排，降低机会主义行为的发生率。④ 意识形态和人们诚信的态度是降低人类生活交易成本的重要因素。如诺斯所述，意识形态和人类信用的重要作用在于：它借助内化的文化价值，增强人们行为的预见性，减少人们在经济交易活动中的摩擦，同时，"最重要的是，任何成功的意识形态都必须克服搭便车的问题。其基本目标是为不按简单的、享乐的、个人对成本收益计算来行动的团体注入活力"①。

委托—代理理论同样是一个运用于公共部门——尤其是其责任制——的理论。该理论是针对私营部门的问题而发展起来的，旨在解释私营企业中管理者（代理人）和股东（委托人）的目标之间经常出现的差异。② 因此，该理论的假设和分析框架普遍地用于描述在所有权与控制权两权分离及利益分割的状况下，委托人和代理人之间的关系模式及行为动机与规则等问题。它指向一个代理人能否按照契约规定的权限和委托人的意愿，来代替委托人采取行动。委托代理理论的基本思想包括以下几个方面：① 委托人和代理人之间存在着明显的信息不对称，即委托人对代理人的行动细节并不了解或保持着"理性的无知"；② 由于上述情况的存在，在报酬由委托人支付的情况下，代理人从自身的利益出发，可能采取某些机会主义的行为，使自身效用最大化，并降低自身承担的风险。同时由于信息不对称，双方都可能存在不道德的欺诈行为，甚至违法行为，而监控不道德行为的成本又非常高；③ 委托人预期效用的实现，依赖于代理人的行动，同时取决于委托人在契约中的制度供给、彼此的承诺、相互信任、激励与补偿机制及监督制度的安排等；④ 由于上述条件的存在，对代理人的行为予以激励与监控，建立契约执行的规则和良好的合作关系，就成为委托—代理理论关注的焦点问题。③

第二，新公共管理的理论基础还来源于私人部门管理。

休斯指出，在分解公共系统的不同部分时，私人部门的管理方式对管理主义尤其有益，而这些部分曾一度被认为是其基础所在。④ 在他看来，一些

---

① 孙柏英：《新政治经济学与当代公共行政》，《北京行政学院学报》，2002 年第 3 期。
② 欧文·E.休斯：《公共管理导论：第三版》，张成福等译，北京，中国人民大学出版社，2007 年，第 14 页。
③ 孙柏英：《新政治经济学与当代公共行政》，《北京行政学院学报》，2002 年第 3 期。
④ 欧文·E.休斯：《公共管理导论：第三版》，张成福等译，北京，中国人民大学出版社，2007 年，第 74 页。

管理变革是由私人部门率先进行的。在私人部门中,组织适应外部环境具有更大的弹性,而不必遵循严格的韦伯模式。波利特甚至认为,管理主义是泰勒(Frederick Winslow Taylor)①的科学管理思想的直接继承者。②国内学者在比较管理主义与泰勒科学管理原理后也做出了"管理主义是泰勒科学管理原理的回归"③的论断。这种渊源关系突出体现在以下几个方面:首先,管理主义主要强调的不是公共部门应做什么而是如何恰当地做。而这正是对泰勒科学管理原理着重关注的管理方式和方法的一种回归。在科学管理原理中,劳资双方在思想上要发生的大革命就是:双方不再把注意力放在盈余分配上,不再把盈余分配看作最重要的事情;他们将注意力转向增加盈余上,使盈余增加到使如何分配盈余的争论成为不必要。因此,如果说如何分配盈余是个宪政的问题,那么,增加盈余则是一个管理方式和方法的问题。其次,管理主义所倡导的改革公共部门的一个主要目的就是提高公共物品和服务的提供效率,而泰勒科学管理原理的基本方法就是通过时间动作研究、成本会计制度和绩效工资等措施和方法减少浪费、杜绝"磨洋工"等现象,从而提高管理效率。同时,从管理主义采取提高效率的手段来看,民营化、竞争机制、合同外包、质量管理、标杆管理、绩效评估等,也无不来源于私人部门的实践。最后,管理主义在处理公共部门与其管理和服务对象的关系上强调顾客导向,这实际上也是泰勒劳资合作思想的回归。只不过管理主义把公共部门从独立承担提供公共物品和服务的责任中解脱出来,让社会和顾客与公共部门共同承担这方面的责任。④

第二节 新公共管理与英美公共部门问责运动

20世纪80年代以来,新公共管理思潮及政府行政改革浪潮促使问责运动在西方国家不断发展。与依赖于选举机制的传统行政问责不同,新公共管理问责以市场和顾客为导向,从而使公众的参与性得到强化,政府责任

---

① 泰勒(1856—1915年)被誉为"科学管理之父"。他开创的"工时与动作研究"奠定了现代管理的基础。"工时与动作研究"系泰勒1898—1901年受雇于伯利恒钢铁公司(Bethlehem Steel Company)期间所开展的"搬运生铁块实验"和"铁锹实验"等。"搬运生铁块试验"是在该公司的五座高炉的产品搬运班组大约75名工人中进行的。这一研究改进了操作方法,训练了工人,结果使生铁块的搬运量提高3倍。"铁锹试验"是系统地研究铲上负载后,研究各种材料能够达到标准负载的锹的形状、规格,以及各种原料装锹的最好方法的问题。

② 欧文·E. 休斯:《公共管理导论:第三版》,张成福等译,北京,中国人民大学出版社,2007年,第77页。

③ 陈文理、龚超:《管理主义对泰罗科学管理思想的回归与发展》,《社科纵横》,2005年第6期。

④ 陈天祥:《新公共管理——政府再造的理论与实践》,北京,中国人民大学出版社,2007年,第57页。

更加细化。

一、新公共管理与问责运动的兴起

在当代主要西方国家中，问责运动被理论家冠以不同的名称或"标签"。例如，哈登（Ian Harden）以"契约型国家"（the contracting state）来论述英国地方政府服务、英国国民健康保险制度（NHS）改革和中央政府"下一步机构改革行动"（Next Steps Agencies）。[1] 事实上，这种提法最初是在著名的新西兰公共部门改革中受到人们的关注的。其后，英国政府也高度强调通过"框架文件"（framework documents）以非法定的契约式语言将政府各部对各机构的期望做出详细规定。[2] 与之相类似的是，盖伊·尼夫认为西欧国家出现"评估型国家"（evaluative state）[3] 的发展趋势，而迈克尔·鲍威尔（Michael Power）则宣称英国已成为一种"审计型社会"（audit society）[4]。另外，胡德等人及格雷（Andrew Gray）和詹金斯（Bill Jenkins）提出了"监管型国家"（regulatory state）[5] 的表述方式。尽管提法不同、称谓各异，但问责运动具有共同的特征：使个人和组织负责任（accountable），也就是说他们要对工作做出"可审计的说明"（auditable accounts）。[6]

新公共管理推动下的问责运动意味着政府治理方式要进行的重大转变。鲍威尔认为，虽然这种转变还未完全实现，但足以使话语从"福利国家"（welfare state）转向"监管型国家"和"评估型国家"。问责运动要求政府从直接的服务提供者的角色中撤出来，转而通过会计（accounting）、审计（audit）和其他手段来强化监管（regulatory）的职能。[7] 在尼夫看来，其具体方式是由政府保持战略控制，发挥评估、审计和检查的政策杠杆作用。这样使得政府从"事无巨细的昏暗平庸"中解脱出来。[8] 正如敦塞尔（Andrew

---

[1] Harden,I.,1992：*The Contracting State*,Buckingham,Open University Press.

[2] Drewry,G.,et al.："Introduction",in Drewry,G.,et al.,2005：*Contracts,Performance Measurement and Accountability in the Public Sector*,Amsterdam,IOS Press.

[3] Neave,G.,1988："On the Cultivation of Quality,Efficiency and Enterprise：An Overview of Recent Trends in Higher Education in Western Europe,1986–1988",*European Journal of Education*,23(1/2).

[4] Power,M.,1997：*The Audit Society：Rituals of Verification*,Oxford,Oxford University Press.

[5] Hood,C.,et al.,1999：*Regulation Inside Government：Waste Watchers,Quality Police and Sleaze-Buster*,Oxford,Oxford University Press；Gray,A. and Jenkins,B.,2004："Government and Administration：Too Much Checking,Not Enough Doing？",*Parliamentary Affairs*,57(2).

[6] Power,M.,1997：*The Audit Society：Rituals of Verification*,Oxford,Oxford University Press.

[7] Power,M.,1997：*The Audit Society：Rituals of Verification*,Oxford,Oxford University Press.

[8] Neave,G.,1988："On the Cultivation of Quality,Efficiency and Enterprise：An Overview of Recent Trends in Higher Education in Western Europe,1986–1988",*European Journal of Education*,23(1/2).

Dunsire）所指出的,后工业社会继续而且更加需要不仅能够监控生活每个角落,而且还能介入其中的政府⋯⋯,但是这种介入并不是采取强力实施的管制方法,而是像孩子坐在跷跷板的支点上。①

问责是推进各种公共服务现代化举措中的核心特征。而产出则是胡德在早期文献中定义新公共管理的关键因素之一。对绩效结果的监控与核查已成为新公共管理激发形成的问责运动的不可分割的组成部分。政府愈加重视产出控制而非投入控制。对产出的衡量主要体现为各种形式的审计,因此审计成为实现问责的重要途径。②对定量绩效测评和质量控制的日益强化已成为确保问责的新内容。

传统意义上的审计主要强调的是财务活动的正当性。而在新公共管理的影响下,审计过程的范围和含义都有所扩大,审计实际上包括有关经济、效率、效益和"物有所值"等更广泛的问题。③同时,审计逐渐从遵守程序（procedural compliance）转向绩效评估和组织设计（organizational design）。④审计作为公共问责机制的重要性不断凸显,并成为公共部门绩效评估过程中日益强调的透明性的一个新维度。⑤这种状况尤以英国为甚,鲍威尔甚至将其称为"审计爆炸"（audit explosion）。

"审计爆炸"源于有计划的组织生活重建和新的治理观念。审计成为确保组织行为合法性的标杆,为此而建立的可审计的绩效标准不仅促使了大量以提升服务质量为指向的内部改进,同时也通过各种证明活动使这些改进得到外部的验证。⑥20世纪80年代末期和90年代初期,"审计"一词越来越频繁地出现在英国的社会生活之中。越来越多的个人和组织发现他们面临很多新的或更严格的审查和审计要求。一股正式的和精细的检查（checking up）风潮开始席卷大批"受审计者"（auditees）的工作。很少有人没被这股潮流波及,对工作做出更多更好的说明（accounts）及接受审计人

① Dunsire,A.,1990："Holistic Governance",*Public Policy and Administration*,5（1）.

② Drewry,G.,et al.："Introduction",in Drewry,G.,et al.,2005：*Contracts*,*Performance Measurement and Accountability in the Public Sector*,Amsterdam,IOS Press.

③ Drewry,G.,et al.："Introduction",in Drewry,G.,et al.,2005：*Contracts*,*Performance Measurement and Accountability in the Public Sector*,Amsterdam,IOS Press.

④ Clarke,J.："Producing Transparency？Evaluation and the Government of Public Services",in Drewry,G.,et al.,2005：*Contracts*,*Performance Measurement and Accountability in the Public Sector*,Amsterdam,IOS Press.

⑤ Drewry,G.,et al.："Introduction",in Drewry,G.,et al.,2005：*Contracts*,*Performance Measurement and Accountability in the Public Sector*,Amsterdam,IOS Press.

⑥ Power,M.,1997：*The Audit Society*：*Rituals of Verification*,Oxford,Oxford University Press.

员对这些说明的审查已成为普遍之举。①

鲍威尔认为，与既有的举措相比，审计及核查活动的巨大吸引力在于它能够更好地协调各种离心力和向心力因素。同时，审计也集中体现了独立验证、效率、理性、透明度等价值。所有这些显著的特质联系在一起，使审计成为"政府再造"(reinventing government)的核心议题。② 政府部门、公共部门和公共服务机构开展各种评估活动。独立的评估活动具有保护"纳税人的金钱"和制衡服务提供的"提供者主导"(producer domination)影响的双重承诺。审计通过使服务提供者公开接受监督来维护公众的利益。③

将新公共管理原则作为公共部门改革的基础，对中央政府及其公共机构的控制和问责体系产生了重大的影响。有学者对传统的韦伯式的控制与问责体系和新公共管理的控制与问责体系的主要特征做了很好的梳理和归纳(参见表3.2)。

表3.2　传统的韦伯式的控制与问责体系和新公共管理的控制与问责体系的主要特征

	传统的韦伯式的控制与问责体系	新公共管理式的控制与问责体系
主导机制	官僚机制	市场机制
关注重点	投入和过程	结果
主要时机	事前	事后
重要标准	合法性、公平性、诚信、程序的正当性、经济	效率、效益、成本效益、质量
中央政府主导者	各部大臣(horizontal ministers)及其管辖的控制机构	支出大臣(spending ministers)及其管辖的控制机构
主导治理力量	科层	市场

资料来源：Verhoest，K.："The Impact of Contractualisation on Control and Accountability in Government-Agency Relations：the Case of Flanders(Belgium)"，in Drewry，G.，et al.，2005：*Contracts，Performance Measurement and Accountability in the Public Sector*，Amsterdam，IOS Press，p. 138。

弗洛伊斯特(Koen Verhoest)认为，新公共管理的控制与问责体系的典型实现形式为刚性(hard)和柔性(soft)绩效合同(performance contract)，而其中最有力的实现形式为刚性合同(hard contract)。刚性合同高度强调要制定明确

① Power，M.，1997：*The Audit Society：Rituals of Verification*，Oxford，Oxford University Press.
② Power，M.，1993：*The Audit Explosion*，London，Demos.
③ Clarke，J.："Producing Transparency？Evaluation and the Government of Public Services"，in Drewry，G.，et al.，2005：*Contracts，Performance Measurement and Accountability in the Public Sector*，Amsterdam，IOS Press.

与详尽的战略规划和具体目标,要实行严格的监督和经常性的报告,根据相关标准进行评估和审计,并将评估和审计的结果与奖惩等挂钩(参见表3.3)。

表 3.3　刚性和柔性绩效合同的主要特征

	刚性	柔性
规划与目标	结果标准详尽(包括产出、影响、质量、效率等绩效的绝大部分方面),标准很高且详细,并带有绩效最大化的有关规定	结果标准有限(包括绩效或总体目标的一些方面),标准较低且详细,但一般没有绩效最大化的有关规定
检查与监督	报告要求和监督规定严格,而且报告和监督频率很高、非常详细,往往由多个控制者介入	报告要求和简单规定模糊,而且报告和监督频率较低、不太详细
评估	评估规定明确,频繁进行,非常详细,强调所有结果标准的达成情况,由重要的或独立的评估机构单方面展开	评估规定强调互动与信息交流而非所有结果标准的达成情况
审计	审计规定详尽而频繁	审计规定模糊或很有限
惩处	与绩效紧密联系的明确的、威慑性的、负面的惩处,对财政损失负全部责任	没有或较弱的负面惩处,强调合作改进。可能实行正面的惩处(绩效奖励)
互动/调整/仲裁	出现问题时缺乏或鲜有互动、调整合同和仲裁的规定	互动、调整合同及诉诸仲裁的规定充分

资料来源:Verhoest,K.:"The Impact of Contractualisation on Control and Accountability in Government-Agency Relations:the case of Flanders(Belgium)",in Drewry,G.,et al.,2005:*Contracts,Performance Measurement and Accountability in the Public Sector*,Amsterdam,IOS Press,pp. 139~140。

二、新公共管理主导下的英美公共部门改革

20世纪80年代以来,发达国家的公共部门管理已发生了转变,长期居于支配地位的传统公共行政管理的那种僵化死板、科层官僚体制形式逐步为一种灵活的、以市场为基础的新公共管理形式所取代。这并非小变化,而是政府职能及政府与公民社会关系的一种深刻变革。而且新公共管理改革似乎成为一种国际性的潮流。人们已经注意到,类似的改革运动已经在好几个国家发生了。汤普森认为新公共管理是一场世界性的变革,因为它几乎影响到了全世界的每个角落。据有关学者对世界上123个国家进行的一项调查显示,重要的政府改革正在全世界进行。在很大程度上,类似的改革也发生在许多国家。[①]

———————

① 欧文·E.休斯:《新公共管理的现状》,沈卫裕译,《中国人民大学学报》,2002年第6期。

（一）西方国家公共部门面临的危机

西方国家陆续开展的新公共管理改革与其当时面临的重重困境与危机密切相关。其中，最显著的就是财政危机、治理危机和信任危机。[①]

首先，从财政危机来看，20世纪60年代后期，西方国家经济整体上处于滞涨局面，特别是20世纪70年代初期的石油危机使西方国家陷入了"二战"以来最严重的经济危机，滞涨达到新的高峰。而此时，西方国家也纷纷进入人口老龄化阶段，政府的社会保障投入开始加大。因此政府在职能增加、财力有限而且缺乏新资金来源的形势下陷入深重的危机之中（参见表3.4）。有学者认为，席卷西方世界的行政改革主要由严重的预算赤字所引发。大规模地削减预算无疑构成了大多数行政改革的主要动因。财政预算改革实践确实引起公共行政和政府组织质的变化，这是因为，急剧削减公共部门预算不可能不影响到政府的组织和功能。[②] 例如，美国"在10年里，财政赤字失去控制，全国的债务超过4万亿美元，折算起来平均每个男人、女人和小孩16 600美元。但赤字还只是冰山一角，在其下面，美国人相信，还存在巨大的看不见的浪费，联邦政府简直破产了"[③]。而英国同样如此，新公共管理运动的最直接、最明显的动因就是财政和经济的需要。[④]

表3.4 主要西方国家公共支出占国民生产总值比例/%

	1965年	1970年	1980年	1986年
瑞典	—	43.72	61.95	64.90
法国	—	44.45	46.99	52.85
德国	36.94	38.99	48.77	47.18
英国	35.86	39.54	45.23	46.02
美国	27.83	32.20	34.07	37.16
日本	19.05	19.10	32.09	33.03

资料来源：张国庆：《公共行政的典范革命及其启示》，《北京大学学报（哲学社会科学版）》，2000年第5期，第85页。

[①] 陈天祥：《新公共管理——政府再造的理论与实践》，北京，中国人民大学出版社，2007年；徐增辉：《新公共管理研究——兼论其对我国行政改革的启示》，长春，吉林大学博士学位论文，2005年。

[②] 国家行政学院国际合作交流部编译：《西方国家行政改革述评》，北京，国家行政学院出版社，1998年，第177页、第196页。转引自：陈天祥：《新公共管理——政府再造的理论与实践》，北京，中国人民大学出版社，2007年，第12页。

[③] 陈天祥：《公共管理——政府再造的理论与实践》，北京，中国人民大学出版社，2007年，第12页。

[④] 张钢：《英国的新公共管理运动与公共部门研究的范式转换》，《自然辩证法通讯》，2003年第1期，第45页。

其次,从治理危机来看,20世纪80年代初期,人们对公共部门的规模与能力进行了大量的抨击。休斯认为,这种抨击集中体现在三个方面:一是公共部门的规模过于庞大,浪费了过多的稀缺资源;二是政府本身介入的活动太多,许多活动可以通过其他替代性方法来进行;三是官僚制正成为一种极不受欢迎的组织形式,政府的方法正在受到持续的抨击。人们越来越认为,通过官僚制方法提供服务必定会造成工作无起色和效率低下。[①] 公共治理上的危机在美国体现得尤为明显。奥斯本和盖布勒曾严厉地批评道:"过去50年来,美国的政治辩论集中在目的问题上,如政府应该做什么,政府应该为谁服务。我们相信在今天这些辩论已属次要,因为我们已没有手段去达到我们最强的新目的。教育改革花了十年,追加了600亿美元的经费,可是测验的结果仍无进步,辍学率比1980年还高。为清洁我们的空气和用水,20年的环保立法并未减轻任何污染。许多储贷银行倒闭的善后工作,短短几年就使预计的支出从500亿美元火箭似的猛升到6 000亿美元。是的,我们有新的目标,但政府看来不可能实现这些目标。"[②] 美国国家绩效评估委员会(National Performance Review)的报告也坦陈,政府改革之前,治理问题重重。无效的金融规制导致银行存贷业务的失控,无效的教育和培训项目削弱了国家的竞争力,无效的福利和房屋项目削弱了家庭和城市。"我们一年在福利救助方面花掉250亿美元,发放270亿美元食品券,130亿美元用于公共房屋建设。然而,还是有越来越多的美国人陷入贫苦状态。我们一年花费12亿美元与毒品作战,但仍看不到胜利的迹象。我们资助150个不同的就业和培训项目,可普通美国民众却不知道到哪里去接受培训,我们劳动力的技能远落后于我们的竞争对手。"[③]

最后,从信任危机来看,主要西方国家的公众对公共部门特别是政府的信任一再降到创纪录的最低点。1979年,英国公民对政府管理满意的仅占35%,不满意的达54%。[④] 在美国,20世纪80年代后期,只有5%接受民意测验的人将把在政府工作选为中意的职业。联邦高级雇员中只有13%的人愿意考虑把公共部门当作未来的职业。将近3/4的美国人相信华盛顿

---

① 欧文·E. 休斯:《公共管理导论:第三版》,张成福等译,北京,中国人民大学出版社,2007年,第11页。

② 戴维·奥斯本、特德·盖布勒:《改革政府:企业家精神如何改革着公共部门》,周敦仁等译,上海,上海译文出版社,2006年,第6页。

③ Gore, A., 1993: *Creating a Government That Works Better and Costs Less: Report of the National Performance Review*, Washington, DC, Office of the Vice President, p. 1.

④ 周凯主编:《政府绩效评估导论》,北京,中国人民大学出版社,2006年。

政府现在给他们的东西还不如比利时十年以前给得多。[①] 美国前总统克林顿也曾指出："我们不仅面临着预算赤字和投资赤字，由于联邦政府的绩效赤字，我们还面临着巨大的信任赤字。除非我们解决了这一问题，其他问题都无从谈起。"[②] 公众的普遍不满反映出公共行政的信任危机，使得公共行政活动、使命及其运行方式的合法性受到怀疑与挑战。

(二) 英国公共部门的改革

在西方国家开展的新公共管理改革中，英国是最具代表性的国家之一。有学者认为，英国保守党政府推行了西欧最激进的政府改革计划。[③] 在整个 20 世纪 80 年代，以撒切尔 (Margaret Thatcher) 夫人为首的保守党政府认为，虽然大量的反面证据涌现，但是私营部门通过市场机制的确得到了有效的管理，并认为，私营部门为公共部门提供了理想的模式。[④] 正如，英国前环境大臣赫塞尔廷 (Michael Heseltine) 所指出的："高效管理是整个国家复兴的关键所在……管理思想必须完全贯穿于我们的国家生活——公营和私营公司、公共服务、国有化事业、地方政府和国家医疗卫生服务系统。"[⑤]

1. 政府部门改革

1976 年英国政府开始实施对绝大部分公共开支的现金限制 (cash limits)。此举意味着在高通货膨胀的形势下，业已规划实行的各种公共服务活动将更加难以开展。1979 年保守党政府宣布在未来五年内 (即到 1984 年 4 月) 削减 14% 的公务员人数。[⑥] 但改革真正开始的标志则是"雷纳评审计划" (Rayner Scrutiny Programme) (参见表 3.5)。

1979 年，撒切尔夫人上任不久便任命英国最大零售企业玛莎百货 (Marks & Spencer) 的老板雷纳爵士 (Sir Derek Rayner) 为她的效率顾问，并在首相办公室专门设立了一个"效率小组" (efficiency unit)。随后，雷纳及效率小组对政府部门的运作情况展开了全面而深入的调查，即著名的"雷纳评审计划" (Rayner Scrutiny Programme)。"雷纳评审计划"的内容和目

① 戴维·奥斯本、特德·盖布勒：《改革政府：企业家精神如何改革着公共部门》，周敦仁等译，上海，上海译文出版社，2006 年。

② 徐增辉：《新公共管理研究——兼论其对我国行政改革的启示》，长春，吉林大学博士学位论文，2005 年，第 30 页。

③ 陈振明：《政府再造——公共部门管理改革的战略与战术》，《东南学术》，2002 年第 5 期。

④ Shore, C. and Wright, S., 1999 : "Audit Culture and Anthropology: Neo-Liberalism in British Higher Education", *Journal of Royal Anthropological Institute*, 5 (4).

⑤ Pollitt, C., 1993 : *Managerialism and the Public Services: Cuts or Cultural Change in the 1990s ?* Oxford, Blackwell, p. 3.

⑥ Pollitt, C., 1993 : *Managerialism and the Public Services: Cuts or Cultural Change in the 1990s ?* Oxford, Blackwell.

表 3.5 20 世纪 70—90 年代英国公共管理改革若干重大举措

年份	举措
1979	雷纳评审计划（Rayner Scruting Programme）
1980	大臣管理信息系统（management information system for ministers）
1982	财务管理新方案（the financial management initiative）
1988	下一步行动（the next step）
1991	公民宪章运动（the citizen's charter）
1991	竞争求质量运动（competing for quality）
1993	基本支出评审（fundamental expenditure reviews）
1994	持续与变革（continuity and change）
1995	进一步持续与变革（taking forward continuity and change）
1997	全面支出评审（the comprehensive spending Reviews）
1999	现代化政府（the modernizing government programme）

资料来源：Masey, A., 1999：*The State of Brain*: *A Guide to the UK Sector*, London: Chartered Institute of Public Finance & Accountancy（CIPFA）pp. 17~18。转引自：卓越：《公共部门绩效评估》，北京，中国人民大学出版社，2004 年，第 237 页。

的是：① 考察某一特定的政策或某一类活动，对那些人们习以为常、视为天经地义的工作的所有方面都要敢于质疑；② 提出所发现问题的解决方案，并就如何节省开支、提高效率和效益提出建议；③ 对已达成共识的解决方案和改进措施的实施情况进行监督和检查。实践证明，"雷纳评审计划"取得了巨大的成就。通过 266 项调查发现并确定了 1 亿英镑的年度节支领域和 6 700 万英镑的一次性节支领域，而所带来的直接经济效益据统计高达9.5 亿英镑。更重要的是，"雷纳效率评审"不仅仅是财务管理方面的调查，而且是一次跨越政府所有部门、综合管理各个领域的、大规模的调查，并且成为撒切尔夫人实施行政改革的先导和制定改革措施的基础。[①]

"雷纳评审计划"后，撒切尔政府紧锣密鼓地采取了一系列的举措。从1980 年至 1985 年，英国绩效评估的侧重点是经济和效率，追求的是政府行政开支的节省。1980 年，英国原环境大臣赫塞尔廷在环境部（DoE）率先建立集目标管理和绩效评估于一体的"大臣管理信息系统"（Management Information System for Ministers, MINIS），其主要目的是对环境部所属各部门的目标、业绩和资源使用情况进行年度考核。同年 10 月，英国政府

---

① 周志忍：《英国的行政改革与西方行政管理新趋势》，《北京大学学报（哲学社会科学版）》，1994年第 5 期。

宣布不再采纳公务员薪资研究小组（Civil Service Pay Research Unit）的建议，此举引发公务员从 1981 年 3 月至 7 月的长达 21 周的大罢工，但政府成功地对其进行了抵制。1981 年 5 月，政府任命麦高委员会（Megaw Committee）调查研究公务员工资问题，该委员会在后来发表的报告中提议建立一套由各部更紧密地控制公务员薪资的新制度。11 月，政府裁撤文官部（Civil Service Department），并将其人事职能转交给财政部，而有关效率、招聘和选拔的职能则移交给内阁办公厅新设的管理与人事办公室（MPO）。1982 年 5 月，英国政府推出面向各个部门的"财务管理新方案"（Financial Management Initiative）。1983 年，英国政府宣布在此前裁减公务员数量 14% 的基础上，到 1988 年再裁减 6%，预计公务员将从 73.2 万人减少到 59 万人。1984 年，英国政府改革了公务员的年度人事考核制度，为每个人设定个人目标，并将目标完成情况作为下一年度考核的重要内容。1985 年，政府宣布开展对 3—7 级官员实行绩效奖金的试点，后来实施范围又扩大到 2 级官员。同年，政府还在公务员学院（Civil Service College）为晋升 3 级的官员开设"高层管理项目"（top management programme）课程，为 3—4 级官员开设"高级管理发展项目"（senior management development programme）课程。①

　　1986 年以后，英国公共部门的绩效评估开始进入重视效益的新阶段。1986 年，英国政府发表题为《私人企业管理方法在政府之应用》（*Using Private Enterprise in Government*）的评估报告，提出在公共服务活动中采取竞争性投标和外包的方式。1987 年，财政部完成与专业公务员协会（IPCS）的谈判，提出在公务员薪资方面进行彻底的改革。同时，政府裁撤内阁办公厅下属的管理与人事办公室，并将其职能移交给财政部。另外，政府还在 1987 年度的公共支出白皮书中列出了 1 800 项各部工作的绩效指标，成为自 1982 年推出财务管理新方案以来在绩效指标方面最大的变化。1988 年 2 月，首相办公室"效率小组"发表题为《改进政府管理：下一步行动》（*Improving Management in Government：the Next Step*）的重要报告，报告提出将建立一些负责执行工作（executive work）的局或署（agency），同时将保留一小部分核心的部（department）负责战略规划和决策。此举预示着在此后十年内，3/4 的公务员工作是在局或署的层面展开的，每个局或署在行政首长（chief executive）的领导下对部门的绩效负责，同时根据与所属部达

---

① Pollitt, C., 1993 : *Managerialism and the Public Services：Cuts or Cultural Change in the 1990s?*, Oxford, Blackwell.

成的"框架协议"开展工作。1989年1月,一些部开始发表有关资源和规划信息的报告,以此取代和扩充原来年度公共支出白皮书中各部的章节部分。[①] 这段时期,绩效评估呈现出以下特征。① 普遍化。20世纪80年代中期以后,鉴于评估取得的成就和评估本身的完善,撒切尔夫人要求中央各部门都建立适当的绩效评估机制,并要求财政部担负起督促和监督的责任。1989年的一份报告显示,在财政部认定的34个中央部门中,有26个建立了比较满意的绩效评估机制。同时,绩效评估在非行政性公共服务机构中也得到了广泛应用。② 规范化。针对早期绩效评估中,各部门在评估术语、内容和程序上的显著差异,财政部对各部门绩效评估专业人员进行培训,组织多部门综合评估及提供指导等措施,为绩效评估的规范化做出了不懈的努力。③ 科学化。科学化的主要标志是绩效评估应用技术上的长足进步,诸如量化技术、信息收集处理技术及以多样化的数学模型为标志的分析技术等。④ 经常化。绩效评估已不再采取临时突击的方式,而是定期进行,贯穿于行政管理活动的全过程。⑤ 系统化。1985年英国政府评估的侧重点是经济和效率,并从1986年开始重视各部门的服务质量和客观社会效果。[②]

20世纪90年代以来,英国很多公共机构都通过建立各种《公民宪章》(*Citizen Charters*)、焦点小组(focus group)、市民意见咨询小组(citizen's panel)等推进公共部门改革。例如,1998年,布莱尔政府根据不同年龄、性别、宗教和种族背景及其他一系列人口统计指标设立了由6 000位代表组成的"人民意见委员会",用以征询公民对公共服务质量和满意度的意见。虽然该委员会在2002年终止运作,但随后政府各部也都开展了类似的各种新的咨询活动。例如,内政部每年会通过"英国犯罪调查"向四万名公民征求对刑事司法、警察、法院的意见。英国公共卫生系统的医院则通过定期的"患者意见"的深入调查,征求患者对医院服务的意见。此外,英国的铁路战略管理局(SRA)开展了"全国乘客调查",各地方政府也开展了一系列的调查活动。[③]

---

① Pollitt, C., 1993 : *Managerialism and the Public Services : Cuts or Cultural Change in the 1990s ?* , Oxford, Blackwell.

② 周志忍:《公共组织绩效评估——英国的实践及其对我们的启示》,《新视野》,1995年第5期,第38~39页。

③ Bovens, M.: "From Financial Accounting to Public Accountability", in Hill, H., 2005 : *Bestandsaufnahme und Perspektiven des Haushalts-und Finanzmanagements* , Baden Baden, Nomos Verlag.

2. 教育部门改革

1975—1979 年，政府已开始关注问责问题。早在 1975 年，为回应公众对教育标准问题(尤其是阅读、写作、数学和科学等学科的标准)的关注，教育和科学部便在其内部设立了绩效评估处(APU)。同时，教育和科学部还根据人口预测而形成的对教师数量、质量和类型需求的变化情况，对教师培训学院进行了重大调整，不少教师培训学院关闭，还有些教师培训学院被并入多科技术学院或大学。1976 年，教育和科学部向卡拉汉(James Callaghan)首相提交了一份题为《英格兰的学校教育：问题与对策》(*School Education in England：Problems and Initiatives*)的备忘录。该文件提出，对地方教育当局和教师团体来说，教育和科学部要发挥更大的影响，进行更多的干预。随后，卡拉汉首相在牛津拉斯金学院(Ruskin College)发表演说，并掀起关于教育问题的大辩论。卡拉汉强调指出，教师的教学工作必须要满足家长和产业界的要求及学生发展的需要。1977 年，教育和科学部发表《我们学校的新伙伴关系》(*A New Partnership for Our School*)[1]，该报告提出要扩大家长在学校教育中的作用，并建议在校董会成员中，家长至少要占1/4。此后，教育和科学部又发表绿皮书《学校教育：咨询文件》(*Education in Schools：A Consultative Document*)，该文件指出，必须要加强地方教育当局在教育标准方面的责任，地方教育当局必须要甄别出那些办学绩效长期不佳的学校，并对这些学校采取适当的改进措施。1978 年，影响日益增强的皇家学校督学团发表报告《英格兰的小学教育》(*Primary Education in England*)，并在次年发表了另一份重要的报告《英格兰的中学教育》(*Aspects of Secondary Education in England*)。[2]

1979 年，保守党上台后，政府发表公共支出白皮书，宣布教育部门削减 5% 的支出。1980 年，英国议会通过新的教育法，该法从法律上支持家长的择校权，并赋予教育大臣要求地方教育当局公布考试结果及学校证明其办学情况的其他基本信息的权力。1981 年，英国政府采取对地方当局的"总项拨款制度"(block grant system)，该制度改变了以前按地方支出需求拨款的方法，转而要求地方当局要按照以前的支出模式制定具体的支出目标。而在大学方面，大学拨款委员会(UGC)在下达的拨款函中提出实行选择性削减拨款的政策，当时预计在 1979—1983 财政年度拨款削减的比例达 11%~15%，其中损失最大的萨尔福德大学预计拨款减少 44%。1982

---

[1] 即《泰勒报告》(*Taylor Report*)。

[2] Pollitt，C.，1993：*Managerialism and the Public Services：Cuts or Cultural Change in the 1990s？* Oxford，Blackwell，pp. 74~75.

年,监督地方高等教育(多科技术学院和其他学院)主管机构的(英国)全国高等教育咨询委员会(NAB)正式成立,随后其监督权限还拓展到私立学院。全国高等教育咨询委员会中虽然包含地方教育当局的代表,但实际上受教育和科学部的直接领导。1983 年,英国政府发表白皮书《教学质量》(*Teaching Quality*),该白皮书提出要对教师工作情况进行评价,并将校长管理能力培训作为一项重要工作。1985 年,大学校长委员会(CVCP)发表《大学效率研究指导委员会报告》(*Report of the Steering Committee for Efficiency Studies in Universities*)[1],报告提出要加强大学的内部管理,其中包括加强董事会的作用,建立或加强规划及资源委员会,建立绩效指标体系,等等。其后,大学拨款委员会推出实行新的科研选择性拨款的指导意见,期望通过对各大学系科科研情况的排行来分配拨款。此外,政府还先后在绿皮书《20 世纪 90 年代高等教育的发展》(*The Development of Higher Education into 1990s*)和白皮书《更好的学校》(*Better Schools*)中强调了管理和问责的问题。1986 年,英国审计委员会发表报告《实现更有效的中等教育管理》(*Towards Better Management of Secondary Education*),该报告提出要实行更为紧缩的、基于会计方法(accountancy-based)的学校预算。这一年,大学校长委员会也对此前的《贾勒特报告》做出回应,强调要将"物有所值"和"问责"作为制定绩效指标的重要指导原则。1987 年,教育和科学部发表《向学校财务授权：咨询文件》(*Financial Delegation to Schools: Consultation Paper*),报告提出地方教育当局要制定详细的财务授权方案,并须通过教育和科学部的审核。1988 年,在英国教育史上具有里程碑意义的《1988 年教育改革法》(*Education Reform Act* 1988)则在中小学引入国家课程及改革高等教育拨款机构等方面做出重大改革。[2]

(三) 美国公共部门的改革

1. 政府部门

在美国,20 世纪 70 年代是测量、评价及提高公共生产力的重要十年。[3]但是纵观这个时期,联邦政府的举措比较有限,改革的重心显然在州和地方政府层面。从联邦来看,20 世纪 70 年代初,在有关联邦政府评估研究及其他因素的推动上,尼克松(Richard Nixon)在担任总统期间成立了"国家生产力与工作生活质量中心"(the national center for productivity and quality

---

① 《大学效率研究指导委员会报告》即《贾勒特报告》(*Jarratt Report*)。

② Pollitt,C.,1993：*Managerialism and the Public Services：Cuts or Cultural Change in the 1990s？* Oxford,Blackwell,pp. 5~78.

③ 亨利：《公共行政与公共事务：第八版》,张昕等译,北京,中国人民大学出版社,2002 年,第 28 页。

of working life)。1973 年，尼克松政府颁布《联邦生产力测定方案》（*The Federal Productivity Measurement Program*），使政府绩效评估走向正规化、系统化和规范化。1978 年国家生产力与工作生活质量中心被裁撤，其公共部门职能移交给"生产力公共管理中心"（the Center for Productivity of Public Management），生产力公共管理中心后来逐步发展为研究各级政府生产力状况的全国性信息交流中心。① 此外，1978 年，卡特（Jimmy Carter）任职总统期间通过了旨在提高联邦行政人员的工作绩效的《文官制度改革法》（*Civil Service Reform Act*），该法提出设置 8 000 个"高级行政职位"（SES），并提出引入绩效考评和绩效工资制度。② 从州和地方政府来看，1976 年，科罗拉多州通过第一部《日落法》（*Sunset Law*）③，规定立法机关对有关部门进行定期和定时审查，以避免出现重复建设及效率低下的情况。自此以后，科罗拉多州的举措得到快速扩展，有 36 个州先后通过了类似的法案。另据调查显示，20 世纪 70 年代美国各州在加强绩效方面取得积极的进展，进行有效性评估的州政府机构的数量增长了三倍，进行生产力分析的州政府的数量也上升了一倍，到 20 世纪 70 年代末，已有超过 40% 的受访地方政府在一个或多个部门中实行了某种形式的项目评估。④

　　20 世纪 80 年代，政治家和公众依然不满公共部门的绩效状况，在民营化运动的推动下，美国公共部门促进生产力发展进程进一步得到深化。民营化强调公共服务通过合同外包等形式由私人部门来承担，以取得更大的发展，并同时节约成本，提高公共服务的质量。1982 年总统管理促进改革委员会推出"改革 88 计划"（Reform 88 Program），其目的就是将生产力目标融入政府基本运作过程之中，并且使政府机构像公司一样运营。1983 年，美国管理预算局针对"商业活动的绩效"重新修订了管理预算局第 A-76 号公告，目的是通过更多地依靠私人部门提供特定服务来提高生产力。1984 年，里根（Ronald Regan）总统委任的私人部门成本控制调查委员会⑤针对联邦政府管理的 784 个不同方面提供了 2 478 条建议。到 20 世纪 80 年代中期，美国已有 35 个州通过扩大原有机构或成立新机构来负责全

---

① 　卓越主编：《公共部门绩效评估》，北京，中国人民大学出版社，2004 年，第 208 页。

② 　Pollitt，C. and Bouckaert，G.，2000：*Public Management Reform：A Comparative Analysis*，Oxford，Oxford University Press，p. 281

③ 　所谓《日落法》是指国会制定的法律或法律中的某一条款，只在一个短时期内有效，就像将要没落的太阳一样。同样，授予行政机关的某些权力，经过一段时间，非经再授权，则自行失效。这种法律的目的在于迫使政府部门定期对它们的活动结果进行评估。

④ 　胡宁生主编：《公共部门绩效评估》，上海，复旦大学出版社，2008 年。

⑤ 　即格雷斯委员会（Grace Commission）。

州范围内公共服务项目效率和效益的评估。①

　　20世纪90年代,财政赤字的增加已开始超越公众的容忍限度,公共部门的浪费和低效使得公众对政府的信任度不断降低,与之相对的是私人企业的高效运作为公众批评政府提供了参照标准,在"政府再造"的改革浪潮中,美国公共部门改革运动达到一个前所未有的高潮。1993年初,克林顿总统在宣誓就职后的三个月内就成立了由副总统戈尔亲自负责的国家绩效评估委员会②,其宗旨就是加强对政府工作的审查,提高政府工作的效率和效能。随后,戈尔领导的小组提交了至少十份绩效评估报告,总称为《戈尔报告》,其中首份题为《从官僚习气到讲求结果:构建低成本高效能的政府》(*From Red Tape to Results:Creating a Government that Works Better and Costs Less*)的报告成为克林顿政府行政改革的蓝图。③同年9月,克林顿总统签署《设立顾客标准》的第12 862号行政令(*Executive Order 12 862:Setting Customer Service Standards*)。与之相对应,国家绩效评估委员会在1994年发表的《顾客至上:为美国人民服务的标准》(*Putting Customers First:Standards for Serving the American People*)中提出了政府各部门的服务标准。④1996年,克林顿和戈尔宣称把尽可能多的联邦机构转变为以绩效为基础的组织。这些以绩效为基础的组织是由签订合约的公共行政人员来管理,合约要求他们为提供可测量的结果承担责任。同时,政府的绩效改革行动也获得美国国会的支持,20世纪90年代国会先后通过了七部法律,修订或再确认七部法律,从而形成一个相互关联的立法网络,大刀阔斧地改革联邦政府的管理工作。其中,最典型的是1993年7月美国第103届国会第一次会议通过的《1993年政府绩效与结果法》(*The Government Performance and Result Act of 1993*),该法要求各联邦机构必须报告五个年度的战略规划和每年的绩效情况,而且该法还赋予了国会很大的灵活性,把联邦行政人员从传统上对遵循程序情况的汇报转变为对达成可

---

① 胡宁生主编:《公共部门绩效评估》,上海,复旦大学出版社,2008年。
② 该委员会后来改称为"国家政府再造伙伴关系委员会"(National Partnership for Reinventing Government)。
③ 有代表性的绩效报告分别为:《构建低成本高效能的政府:第一年情况报告》(*Creating a Government that Works Better and Costs Less:Status Report*)、《顾客至上:为美国人民服务的标准》、《政府常识:低成本高效能》(*Common Sense:Works Better and Costs Less*)、《政府再造的下一个步骤:均衡预算中的治理》(*Reinvention's Next Steps:Governing in a Balanced Budget World*)、《政府中保持最好的秘密》(*The Best Kept Secrets in Government*)、《布莱尔宫报告书》(*The Blair House Papers*)、《接近美国》(*Access America*)、《高效政府:美国最佳公司的经验》(*Businesslike Government:Lessons Learned from America's Best Companies*)。
④ 卓越主编:《公共部门绩效评估》,北京,中国人民大学出版社,2004年。

测量结果情况的报告。这部法律集中体现了国会为提高联邦行政工作效率与效能所做的努力。上述的一系列努力使联邦、州和地方政府在公共部门绩效测评和项目评估中取得积极的进展。据 20 世纪 90 年代末的调查显示，73% 的城市使用了绩效评估，其中 44% 的城市在所有部门推广了绩效评估；同时，78% 的大型社会服务组织实施了绩效评估，其中有 43% 的组织在所有部门推广使用。[①]

21 世纪以来，美国公共部门改革的进程依然在继续推进。仅从联邦政府提出的法案来看，题目中冠有"问责"的公法议案已呈扩散之势。据统计显示，这类议案总数从 107 届国会（2001—2002 年）的 56 件，上升到 108 届国会（2003—2004 年）的 92 件，再到 109 届国会（2004—2005 年）的 96 件。[②]

2. 教育部门

20 世纪 70 年代末期，与英国的"教育大辩论"相似，美国教育也陷入危机之中，而且这种危机似乎比英国还要严重。这突出反映在国家教育卓越委员会（National Commission on Excellence in Education）发表的《国家处于危机之中：教育改革势在必行》（A Nation at Risk: The Imperative for Educational Reform）的报告及其引起的社会广泛关注方面。奥斯本等批评到，公共教育的消费者——儿童、家庭、雇主——在过去的 50 年中发生了重大变化，然而大多数学校看上去跟 50 年前差不多。[③] 国家教育卓越委员会宣称："当前我们社会的教育基础正遭受到不断涌现的庸才的侵蚀，这严重威胁着整个国家和全体国民的未来。"[④] 当时美国教育界一位具有很高威望的人物——美国教师联合会（AFT）的主席也坦陈："目前的教学工作缺乏高标准，人们也认为教学没达到高标准。"[⑤] 这些声音都体现出人们对公共教育的担忧。

在人们看来，学校教育的危机主要在于纪律涣散、滥用毒品、课程失当、标准化测验（SAT）成绩的下滑，以及教学不佳、经费不足，等等。因此，与卫生领域的成本控制政策不同，教育部门更为强调的是质量问题。在这种形

---

① 胡宁生主编：《公共部门绩效评估》，上海，复旦大学出版社，2008 年。

② Dubnick, M. J., 2007: "Situating Accountability: Seeking Salvation for the Core Concept of Modern Governance", http://pubpages. unh. edu/dubnick/papers/2007/, 2010–10–23.

③ 戴维·奥斯本、特德·盖布勒：《改革政府：企业家精神如何改革着公共部门》，周敦仁等译，上海，上海译文出版社，2006 年。

④ National Commission on Excellence in Education, 1983: *A Nation at Risk: The Imperative for Educational Reform*. Washington D. C. : National Commission on Excellence in Education, p. 5.

⑤ Pollitt, C., 1993: *Managerialism and the Public Services: Cuts or Cultural Change in the 1990s?* Oxford, Blackwell, p. 105.

势下,管理变革普遍被看作解决问题的途径之一,尤其是联邦和各州部门更把管理变革视为重要的措施。据当时的民意调查显示,公众不仅批评教学质量的低下,而且要求提高教师的质量,同时大部分人支持实施某种形式的绩效工资(merit pay)。随着危机意识的不断增强,各州立法机关纷纷开始应对这种压力,推出各种措施。这些措施与其他大部分公共服务部门采取的措施基本相同,都是通过测评和考核及某种形式的绩效工资来加强问责,并对所属机构应用各种绩效指标等。

在各州的实践中,田纳西州推出的"田纳西职业阶梯"(Tennessee Career Ladder)制度颇具典型意义。1984年初,田纳西州立法机关批准了该州州长提出的未来三年内总投资达1亿美元的"改善学校计划"(Better Schools Program)。该计划共包括十个主要方面:加强以"基本技能"为重点的课程改革、加强对学生的测验、增加校内资源和有关学科的专门设备、教师工资上涨10%及推行职业阶梯制度等。其中职业阶梯制度的主要特色是,在三级阶梯中的每个层级都采取教师证书制度,而且各层级的证书需要每五年通过阅读、写作和专业技能的书面考试来更新。教师的年终奖(即绩效工资)与规划、策略、班级管理、领导和评价五个方面的评分挂钩。其中所需的数据信息主要来源于现场听课,书面考试,工作职责,同行、领导和学生意见调查及评估人员的面谈考核等。但是该制度在实施过程中遇到很多问题,仅实施一年后,各地方与州的评定等级就存在很大差异,同时教师为评估准备各种文书耗费了大量的时间。据调查显示,87%的地方教师反对该制度,约有同样比例的教师认为该制度挫伤了他们的士气,仅有5%的人认为评估发挥了积极作用。[①]

20世纪80年代末期,越来越多的教育改革家放弃了传统的解决教育问题的方法,开始在结构调整上取得共识。1989年9月,布什(George W. Bush)总统邀请各州州长召开的美国历史上第一次教育峰会就把结构调整作为讨论的主要议题,并对"给家长和学生以更多的选择权""讲求实效的责任制度而不是讲求对规章制度的服从""把权力和做决定的责任下放学校""人事制度要真正奖励在学生身上取得的成就和严肃追究失败的责任"及"积极持久的家长与企业家的介入"等企业化管理的原则表示赞同。[②]

纵观20世纪80年代以来西方国家以新公共管理思想为主导的公共部

---

① Pollitt, C., 1993：*Managerialism and the Public Services：Cuts or Cultural Change in the 1990s？* Oxford, Blackwell.

② 戴维·奥斯本、特德·盖布勒：《改革政府：企业家精神如何改革着公共部门》,周敦仁等译,上海, 上海译文出版社,2006年,第237~238页。

门变革，波利特将其称为"新泰勒式"（neo-Taylorian）管理，并将其主要特征归结为以下几个方面。第一，对"3E"①的思想来说，它着重强调的是经济和效率而非效益，这使得公务人员将精力集中在如何改善内部程序以节约金钱、时间和员工上，而不是更为重要的项目的最终效益问题，对公众和社会正义产生的影响，以及结果是否与预期的政策目标相吻合。第二，它以分权为幌子，实则加强了中央集权，此举远比强制性地削弱地方管理要高明；第三，传统的令人生厌的"政治"和"行政"（administration）等字眼被披上"战略目标设定"和"管理"（management）的伪装，有效管理成为政治中立性的善举和有效落实的根本所在。第四，将员工视为可激励和测量的工作单元而非需加以支持和发展的人。

而以新公共管理为指导的公共管理改革无疑对西方国家的社会形势产生了重大而深远的影响。其中固有可喜，但也有所惜，而且怀有后一种态度的反思正不断加强。鲍威尔指出，我们处在一个检查的力量压倒信任的力量的社会。传统的财务审计扩展到"物有所值"、人力资源、技术、环境影响的审计，以及临床医疗、学术研究和教学这些以往被视为不可侵犯的领域的质量审计。一位专栏作家对此感叹道："我们已经生活在这样一个时代，理性思辨不再受到尊崇，信服才是一切……一个东西若不能测定，那它就不存在。"②

第三节　英美高等教育问责的发展

英美高等教育问责的兴起和发展在很大程度上是新公共管理思想作用于教育部门的表现，同时也是公共部门改革不断深化的一种必然。

一、英国高等教育问责的发展

（一）20世纪80—90年代初："撒切尔主义"氛围下的发端

1979年3月，英国工党政府在信任投票中被保守党击败，被迫宣布提前大选。经过一个多月激烈的竞选，以撒切尔夫人为首的保守党成为下议院第一大党从而赢得执政权。1979年的这次大选是一个分水岭，它标志着第二次世界大战后英国政治和公共政策从此发生了转变，撒切尔政府的政策是对第二次世界大战后历届政府实行的凯恩斯主义需求管理、国有化及

① 3E，即经济（economy）、效率（efficiency）和效益（effectiveness）三个词的缩略形式。
② 周志忍：《公共组织绩效评估——英国的实践及其对我们的启示》，《新视野》，1995年第5期，第39页。

福利国家政策的一个"颠覆"。①

撒切尔夫人一上台就加强了"唐宁街政策团队"的规模和影响，此举使其制定政策的速度比此前的卡拉汉政府更快。而在撒切尔夫人第二个首相任期内，由于她越来越按照自己的原则和惯例而非证据和事实行事，变革的速度进一步加速。决策宣布后立即交由大臣实施，成为一种常规性的做法。这种状况造成两种严重的后果：一是由于议案很少交由内阁讨论，导致了不同意见的冲突；二是教育问责政策在质量和可靠性上存疑。教育专家、研究者和其他利益相关者决策参与的路径被严重堵塞，由此也留下了"犬儒主义"（cynicism）、简单的政策二元论及专业人士的抵制的"遗产"。②

为应对严峻的经济危机，撒切尔夫人上台后以货币主义思想为指导，采取了紧缩银根的货币政策，严格控制政府支出并开始实施大规模的私营化。在这种形势下，高等教育连同整个公共部门的开支形势急转直下。因为"在玛格丽特·撒切尔政府的早期时间里主要关注的就是所有层面的公共开支问题"③。在1980—1984财政年度的"中期金融战略"目标中，撒切尔政府要求把公共部门借款需求占国内生产总值的百分比从4.75%下降到1.5%左右。④教育作为一个主要公共部门受到了紧缩开支政策的严重影响（参见表3.6）。教育经费在国内生产总值中所占的比重不断下降：1975财年为6.4%，1979财年为5.1%，1985财年为4.8%。⑤

20世纪80年代，英国政府制定高等教育政策主要考虑下述两个方面：一是如何有助于减少公共开支；二是通过鼓励高校从政府和非政府渠道获得更多的经费收入，并明确赋予相应的责任，以提高经费的使用效率。"新政府将高等教育支出仅仅看作是政府整个支出的组成部分，并要求高等教育要在可获得财力的范围内适当地开展活动。"⑥

---

① Keegan, W., 1984: *Mrs. Thatcher's Economic Experience*, Harmondsworth, Middlesex, Penguin Books, p. 69.

② Macpherson, R. J. S., 1996: *Educative Accountability: Theory, Practice, Policy and Research in Educational Administration*, Oxford, Elsevier Science Ltd.

③ Williams, G., 1997: "The Market Route to Mass Higher Education: British Experience 1979–1996", *Higher Education Policy*, 10(3/4), p. 275.

④ 萨姆·阿罗诺维奇、罗恩·史密斯、琼·加德纳等：《英国资本主义政治经济学：马克思主义的分析》，复旦大学世界经济研究所译，上海，上海译文出版社，1988年，第147页。

⑤ 王振华主编：《撒切尔主义——80年代英国内外政策》，北京，中国社会科学文献出版社，1992年。

⑥ Shattock, M., 1984: "British Higher Education under Pressure: Politics, Budges and Demography and the Acceleration of Ideas for Change", *European Journal of Education*, 19(2), p. 202.

表 3.6　1960 财年至 1983 财年英国大学的经常费来源 /%

	1960	1970	1980	1983
财政部拨款	72.2	71.2	62.6	61.8
学费与资助资金	9.2	6.3	17.2	13.1
捐赠收入	3.6	1.5	0.9	1.2
研究经费与合同	9.1	12.7	12.9	15.2
社会服务收入	1.9	2.9	2.9	4.2
其他收入	4.0	5.3	3.5	4.5

资料来源：Stewart，W. A. C.，1993：*Higher Education in Postwar Britain*，London，Macmillan，p. 289。

　　20 世纪 80 年代前期，减少公共开支是英国的重要政策。在此时期内，高等教育不再被政府视为一种投资，而被看作重要的成本中心，一项费钱的事业。1979 年撒切尔政府的教育和科学大臣卡利斯尔（Mark Carlisle）开始按货币主义思想制订高等教育的收缩计划。1981 年英国政府发表《公共财政支出白皮书》（*Public Expenditure White Paper*），正式宣布要大幅裁减高等教育的财政支出，在未来的三年内对大学的拨款将削减 15%。[1] 英国大学拨款委员会和大学校长委员会的计算结果表明，1981 财年至 1983 财年英国大学的经常费总共将被削减 11%~15%，估计各大学将损失 1.3 亿~1.8 亿英镑。[2]

　　而在 20 世纪 80 年代后期，随着水、电、气、通信等公共设施市场化改革的进行，英国政府也开始从准市场的角度考虑高等教育的经费问题。一方面，政府更加注重经费使用的效率问题。在 1985—1987 财年政府的预算计划中，政府要求整个高等教育系统继续提高效率，以保持其学术水平；同时要求课程设置的合理化及可提供的资源更有针对性。[3] 另一方面，政府试图使高校清楚这样一个观点：分配给高校的公共拨款是为了换取相应的教学和科研服务，而且是有条件的。

　　同时，以管理主义的策略和方法改革公共部门受到撒切尔政府的极大重视。撒切尔夫人把公共部门的绩效评估作为克服官僚主义、提高行政效率的一个重要组成部分，并逐步使之系统化、规范化和经常化。

---

[1] Watson，D. and Bowden，R.，1999："Why Did They Do It ？ The Conservatives and Mass Higher Education"，*Journal of Education Policy*，(3)．

[2] 王承绪、徐辉主编：《战后英国教育研究》，南昌，江西教育出版社，1992 年。

[3] 国家教育发展与政策研究中心编：《发达国家教育改革的动向和趋势》（第 1 集），北京，人民教育出版社，1986 年。

20世纪80年代初,迫于政府的压力,高等教育界就已开始对自身的问题展开调查和研究。1983年9月,大学校长委员会首先成立以兰开斯特大学副校长为主席的雷诺兹委员会(Reynolds Committee)来研究监督大学学术质量与标准的程序和方法问题。次年,大学校长委员会又成立贾勒特委员会(Jarratt Committee)开展大学效率调查。1985年《贾勒特报告》(*Jarratt Report*)的发表是一个重要的政策信号。报告提出要将大学改革成为适应市场竞争的"公司企业"(corporate enterprises),同时对紧缩大学的管理结构和活动给予特别关注。1987年4月,英国政府发表高等教育白皮书,不仅建议改组大学拨款委员会,而且明确提出,在大学拨款计划和接受拨款的高校之间建立某种合同关系。1988年的《教育改革法》以立法的形式将上述白皮书中提出的建议确定下来。由此,大学基金委员会成为一个独立的法人团体,它与大学由原来的行政拨款关系变为相互独立的合同关系。

在经济政策的作用下,这一时期的英国高等教育政策经历了从"需求导向"(demand-led)到"支出导向"(expenditure-led)的转变,而且经费投入在整体上呈下降趋势。保守党政府实施私有化政策,放弃福利国家的一些作法,削减公共开支,并把资助重点从教育等服务事业转向社会保险事业。这种经济政策的变化对高等教育来说可谓是一个沉重的打击。[①] 有学者评论到,在保守党长期连续的执政过程中,最为稳定的政策主题就是使高等教育和继续教育置身于抵抗经济下滑的战争之中。[②] 更有很多评论明确地将这个阶段的发展解释为市场哲学作用于高等教育的结果。[③]

(二) 20世纪90年代中期以来：在"第三条道路"中的推进

20世纪80年代后期,盛极一时的撒切尔主义开始出现颓势。20世纪90年代,沉寂多年的英国左派卷土重来。1997年夏天,工党领袖布莱尔(Tony Blair)成为新首相,从而结束了英国保守党连续执政18年的历史。布莱尔鲜明地举起了"第三条道路"(the Third Way)的旗帜,主张从社会民主主义与自由主义两方面汲取营养,既要吸纳"市场经济中个体自由主义的作用",又要兼顾"以国家为媒介实现社会正义的力量"。

1996年布莱尔在大选中就喊出"教育、教育、教育"的口号,并期望通

---

① 徐小洲：《当代欧美高教结构改革研究》,呼和浩特,内蒙古大学出版社,1997年。

② Watson, D. and Bowden, R., 1999 :"Why Did They Do It？ The Conservatives and Mass Higher Education", *Journal of Education Policy*, (3).

③ Pritchard, R. M. O., 1994 :"Government Power in British Higher Education", *Studies in Higher Education*, 19(3); Williams, G., 1997 :"The Market Route to Mass Higher Education: British Experience 1979-1996", *Higher Education Policy*, 10(3/4).

过教育实现人力资本与经济增长间的良性循环。1997年上台后，布莱尔一方面强调公平与社会正义，另一方面则通过政策和法律强化市场力量的作用，并将这种双重意图渗透在高等教育改革的举措之中。从1997年到2004年，英国政府先后发表了《学习社会中的高等教育》（*Higher Education in the Learning Society*）、《21世纪的高等教育》（*Higher Education in the 21st Century*）、《学习化时代：新英国的复兴》（*The Learning Age：A Renaissance for a New Britain*）、《扩大高等教育入学》（*Widening Participation in Higher Education*）、《高等教育的未来》（*The Future of Higher Education*）及《2004年高等教育法》（*Higher Education Act 2004*）等一系列政策和法律，这些都成为新工党将其"第三条道路"的理念价值在21世纪社会经济发展变革的背景下，深入高等教育改革并转化为具体操作的战略措施。[①]

1997年，受政府委托，国家高等教育调查委员会经过调查研究后发表了题为《学习社会中的高等教育》的报告（又称《迪林报告》）。在该报告93项关于英国高等教育改革的建议中，有22项是针对教育经费问题的。报告明确提出，在未来20年内，政府要进一步加大对高等教育的投入，对高等教育的公共拨款的实际增长要达到45%，大学拨款的增长比例要跟上国内生产总值的增长比例，并建议要拓宽教育经费的来源渠道，建立筹措高等教育经费的新机制。[②]

2003年，英国政府发布的白皮书《高等教育的未来》进一步指出，英国政府承诺将继续承担高等教育经费的主要部分，并且将不断加大投入额度。英国政府承诺要加强对教育的投资力度。1997—2006年，教育投入占GDP的比例将从4.5%提高到5.6%，其中对高等教育的投资总额将从2002—2003年度的大约75亿英镑提高到2005—2006年度的100亿英镑左右，每年实际增长6%以上。[③] 白皮书还指出："政府需要仔细考虑研究资金管理和分配的方式，使之能够以最有效的形式来发挥作用。"[④] 政府对高等教育研究的核心公共资金主要是由英格兰高等教育基金委员会提供，作为支持高校研究能力的基础。而这部分资金是根据"科研水平评估"标准所规定的研究质量有选择性地加以分配的。"政府打算将资源更有效地集中在最优秀研究人员的身上，通过提供适当的激励措施促进大学研究人员在校际、

---

① 高云、张民选：《"第三条道路"与英国高等教育改革》，《教育发展研究》，2004年第3期。

② National Committee of Inquiry into Higher Education, 1997：*Higher Education in the Learning Society*, London, HMSO.

③ DfES, 2003：*The Future of Higher Education*, London, HMSO, p. 19.

④ DfES, 2003：*The Future of Higher Education*, London, HMSO, p. 23.

学科间开展合作,以进一步提高研究的地位。"[1]

同时,在这一时期,英国主要是通过公式来决定分配给各高校的经费数额,其影响因素包括:学生的类别与人数、教学项目及科研数量与质量等。在教学经费的拨付上,英格兰高等教育基金委员会采取了计算"标准资源"(standard resource)与"假定资源"(assumed resource)的四步骤方式来实现。[2]其具体程序为:首先,计算标准资源,这是在每年重新计算拨款的条件下,院校将会获得多少拨款的概念性计算。它是基于院校学生的整体规模来考虑的。其次,计算假定资源,即由上一年实际拨付给院校的经费,加上调整过的各种因素(如学费),再加上假定的学费收入,这三个部分一起作为教学拨款的基础。再次,比较标准资源和假定资源,计算出两者间的比例差异。最后,如果标准资源与假定资源间的差异小于5%,则英格兰高等教育基金委员会的拨款将会从一年到下一年连续执行。如果超出5%这个"容忍区间"(tolerance band),这些院校的拨款或学生人数则必须做出调整,以达到"容忍区间"所要求的限度。在科研经费的拨付上,英格兰高等教育基金委员会采取的主要方式是设立:① 质量研究(quality-related research)基金,即以研究活动的质量和工作量作为拨款的依据。② 能力基金(capability funding),用以支持新兴的、目前研究基础尚薄弱的学科领域的研究。[3]

综上所述,"第三条道路"政策将经济理性与社会正义联系起来,并借此通过白皮书《高等教育的未来》《2004年高等教育法》使新工党的政策得到显著的拓展,以往过于强调效率的做法得到纠正,同时拨款也有所增加。虽然在这个时期,过去的管理主义思想和管理手段依然在延续,但是这些手段都得到新的调整,"自上而下"的刚性管理形式与加强对学术界自主性的尊重之间获得新的平衡,此前通过加强目标落实以绩效为导向的政策也逐步转变为通过与高校的对话来实现。此外,在这个时期政府继续采取了市场化和资源竞争的措施,但其目的已有所变化,主要是以此来应对全球竞争给英国高等教育政策带来的难题和困境。

二、美国高等教育问责的发展

根据美国西东大学(Seton Hall University)学者凯尔岑(Robert Kelchen)

---

① DfES,2003 :*The Future of Higher Education*,London,HMSO,p. 28.

② HEFCE,2004 :*Funding Higher Education in England:How HEFCE Allocates Its Funds*,Bristol,HEFCE,p. 8.

③ HEFCE,2004 :*Funding Higher Education in England:How HEFCE Allocates Its Funds*,Bristol,HEFCE,pp. 18~21.

在其专著《高等教育问责》中提出的观点，高等教育中的各种问责举措往往是在重复过去的尝试，因此透过美国高等教育的历史去理解问责政策与实践如何产生就显得尤为必要。[1]

（一）20世纪60—70年代：问责的发端

20世纪60年代末期，当高等教育以前所未有的速度迅猛发展时，当学生针对人权和其他问题发动全国性的游行示威时，公众便开始愈加怀疑大众化高等教育的作用。与此同时，各社会机构的价值也受到质疑，政府乘势开始在其他社会关切领域扩展影响。所有这些及其他一些因素都推动高等教育日益步入问责时代。[2]

20世纪70年代初，卡内基教学促进基金会也开始关注问责问题，卡内基的研究者指出，"各级政府官员普遍认为高等教育规划和各种问责任活动太不切合实际，没有考虑到更广泛社会的需求，没有发挥其应有的作用"，并着重强调了决策者的作用，即"政府部门应建立制度化的问责措施"。[3]在这个问责时代，行政管理者和其他一些人尤为关注教育成果及其测量问题。中学后教育机构……也被迫开始提供有关培养项目是否达到预期目标及是否具有成本效益的方式取得这些成果的事实证据。[4]

20世纪60—70年代，美国高等教育的国家目标是着重解决社会不公和扩大入学规模。因此，扩大少数族裔学生的入学规模及向学生提供财政援助被列入联邦政府的议事日程。联邦政府预算机制主要是通过公式拨款提升高等教育的入学率和促进资源配置的合理性，重点强调的是在校生数等投入变量。同时，高等教育的认证评估也主要强调的是图书馆藏书量和具有最高学位教师数这类投入变量。[5]

（二）20世纪80年代："国家危机"中的质量关注

自20世纪50年代以来，美国人民第一次如此关注教育质量问

---

[1] Kelchen, R., 2018: *Higher Education Accountability*, Baltimore, John Hopkins University Press.

[2] Leveille, D. E., 2006: *Accountability in Higher Education: A Public Agenda for Trust and Cultural Change*, Center for Studies in Higher Education, University of California, Berkeley Research Paper Series.

[3] The Carnegie Foundation for the Advancement of Teaching, 1975: *More Than Survival: Prospects for Higher Education in a Period of Uncertainty*, San Francisco, Jossey Bass.

[4] Lenning, O. T., 1977: *The Outcomes Structure: An Overview and Procedures for Applying It in Postsecondary Education Institutions*, Boulder, National Center for Higher Education Management Systems.

[5] Gaither, G., et al., 1994: *Measuring Up: the Promises and Pitfalls of Performance Indicators in Higher Education*, ASHE-ERIC Higher Education Report No. 5, Washington, D. C., George Washington University, Graduate School of Education and Human Development.

题。①1983 年，美国国家教育卓越委员会发表的报告《国家在危急中：教育改革势在必行》，引发了公立学校系统大规模的改革，而这股改革浪潮也席卷了高等教育。

在 20 世纪 80 年代的社会氛围中，各界纷纷批评高等教育和学生学习中存在的各种问题。(美国)教育考试服务中心（ETS）所属的政策信息中心对 2 600 名高校学生的测验表明，约有一半的大学毕业生看不懂公交车时刻表，只有 13% 的大学毕业生能够做分步数学题，只有 11% 的四年制大学毕业生和 4% 的两年制学院毕业生能够对律师反驳陪审团的短文做出适当的总结。② 当时，自称以"质量是第一要务"（Quality Job One）的福特汽车公司却由于制造和装配中存在的问题而召回大批产品。在公众看来，教育预算在不断增加，但学生的质量没有提高。如果把学生比作汽车的话，高校也应召回毕业生。

很多高等教育团体也开始反思高等教育。例如，1984 年国家教育研究院（NIE）发表了《改善学习：开发美国高等教育的潜能》(Involvement of Learning：Realizing the Potential of American Higher Education)，1985 年美国大学协会（Association of American Colleges）发表了《大学课程的完善性：致学术界的报告》(Integrity in the College Curriculum：A Report to the Academic Community)，等等。很多专家学者也加入这场批判运动，其中以艾伦·布鲁姆（Allan Bloom）的《美国人心智的闭锁》(The Closing of American Mind)、威廉·本奈特（William J. Bennett）的《为遗产辩护：高等文科教育报告》(To Reclaim a Legacy：A Report on the Humanities in Higher Education，1985)、琳·切尼（Lynne V. Cheney）的《美国的文科教育：致总统的报告》(Humanities in America：A Report to President) 尤为引人注目。虽然上述报告和论著的思想观点不同、解决途径各异，但它们都批评本科教育缺乏连贯的课程、忽视教学质量和学生学业成绩低下等状况，并主张对高等教育进行激进的改革。

在这种形势下，质量成为整个 20 世纪 80 年代的"灵丹妙药"。1986 年美国全国州长协会（NGA）发表《讲求结果的时刻：各州州长 1991 年教育报告》(Time for Results：The Governors' 1991 Report on Education)。时任密苏里州州长的约翰·阿什克罗夫特（John Ashcroft）在报告序言中为州政府的干预做了辩护："公众有权知晓税收资源的使用去向；公众有权知晓青年

---

① Gaff，J.，1991：*New Life for the College Curriculum：Assessing Achievements and Furthering Progress in the Reform of General Education*，San Francisco，Jossey Bass.

② Barton，P.，1994：*Learning by Design*，Princeton，Educational Testing Service.

人在公共拨款学院和大学接受本科教育的质量状况。他们有权知晓他们的资源获得妥善使用。"①

全国州长协会建立关于大学质量的专门委员会制定改进高等教育的政策。委员会在大学学业评价方面提出五项行动建议：① 各州官员应明确各公立高校的使命；② 各州官员应重新将本科教育作为重中之重；③ 各高校应采取多种措施评价本科生的学习，并以此作为评估院校和培养项目质量、与公众分享信息的一种手段；④ 各州官员应调整拨款公式，根据综合评估项目激励院校改进本科学生的学习；⑤ 各州官员应坚持使所有社会经济背景的学生都能进入公立高等教育学校的政策。② 各州领导人希望通过这种评估使高校承担起实现教育目标和使用公共经费上的责任。

全国教育委员会（ECS）③ 也参与了各州高等教育评估与问责政策的有关工作。1985 年该委员会发表了题为《改变州在本科教育中的作用》（Transforming the State Role in Undergraduate Education）的报告。报告建议，各州高等教育系统应接受实现州本科教育目标程度的检查，并定期报告检查的结果。1986 年全国教育委员会与美国高等教育协会（AAHE）、各州高等教育执行官协会④（SHEEO）合作，共同开展了多项全国性评估调查。1989 年在（美国）教育部改进中学后教育基金（FIPSE）的支持下，全国教育委员会再度进行了相关调查，并发表了题为《评估大学成果——州领导必知内容》（Assessing College Outcomes—What State Leaders Need to Know）的项目报告，为更好地开展评估提供了政策指导。⑤

20 世纪 80 年代，一些州纷纷采取协调性的评估措施，问责以令人难以置信的速度推进。例如，1982 年佛罗里达州立法机关要求州高等教育系统将"大学水平学术能力测验"（CLAST）作为大三的升级考试。1984 年南达科他州大学董事会（South Dakota Board of Regents）通过《32-1984 号决议》

---

① NGA, 1986 : *Time for Results : The Governors' 1991 Report on Education* , National Governors' Association Publications Office.

② Nettles, M. T., et al, 1997 : *Benchmarking Assessment : Assessment of Teaching and Learning in Higher Education and Public Accountability : State Governing* , *Coordinating Board & Regional Accreditation Association Policies and Practices* , Stanford, CA, National Center for Postsecondary Improvement.

③ 全国教育委员会成立于 1965 年，是一个非营利、全国性的州际教育协调与咨询机构，其宗旨是为各州州长、立法者、教育官员制定政策以改善各级教育质量，其成员涵盖了 49 个州、哥伦比亚特区、美属萨摩亚群岛、波多黎各和维尔京群岛。

④ 各州高等教育执行官协会成立于 1954 年，是一个非营利和全国性的高等教育协会组织。目前其成员包括 28 个州高等教育管理机构的负责人和 29 个州高等教育协调机构的负责人。

⑤ Ruppert, S. S., 1994 : *Charting Higher Education Accountability : A Source Book on State-Level Performance Indicators* , Denver, Education Commission of the States.

(*Resolution* 32-1984),决定建立一项旨在检测学生学业成绩的测验项目。1985 年,新泽西州高等教育委员会启动综合性的学业成果评价项目——"大学学业成就评估项目"(COEP)。[①] 伊利诺伊州高等教育委员会(IBHE)从 20 世纪 80 年代中期将保持多样性、扩大教育机会、确保学术卓越、促进经济发展及提高成本效益作为五个重点目标。[②] 新墨西哥州的《报告卡法案》(*Report Card Bill*)很快被"复制"为南卡罗来纳州《第 225 号法》(*Act 255*),肯塔基州的 SB109 也被借鉴成为南卡罗来纳州的相关立法。1986 年,美国全国教育委员会发表报告,号召全美各州及哥伦比亚特区都尽快采取改善本科教育的措施。[③] 到 1989 年,有 15 个州出台了测量学生学业成果的立法,13 个州正在进行立法。[④]

(三) 20 世纪 90 年代:经济衰退中的办学效益压力

20 世纪 90 年代美国高等教育问责强调的中心问题开始从支出转向结果。20 世纪 90 年代初,美国经济的衰退,促使各州再次强化高校的问责问题。

高等教育成为各州财政预算中可以自行裁量的一个大项,因此在与医疗、福利、监狱等部门的预算之争中,高等教育成为最大的输家。在连续几十年的经费增长后,1992—1993 财年美国各州对高等教育的经费支持出现历史性的下滑,各州的高等教育经费普遍低于前一财年的投入水平。虽然 20 世纪 90 年代后期,美国经济形势有所好转,各州的高等教育经费也有所增长,但再也没有达到此前的水平。

《高等教育纪事报》(*Chronicle of Higher Education*)的一篇文章指出:"当各州预算紧缩,纳税人抱怨学费上涨并认为教育质量下降时,问责再次成为各界讨论的热门话题。在'问责'的宽泛概念下,各州出台新的法律和政策,要求高校证明其办学效率和质量,以及公共资金的合理使用。"[⑤]《基督教科学箴言报》(*Christian Science Monitor*)发表文章指出:"20 世纪 90 年代将成为美国学院和大学的转型阵痛期……随着预算的削减和批评的高涨,很多大

---

① Nettles, M. T., et al., 1997 : *Benchmarking Assessment : Assessment of Teaching and Learning in Higher Education and Public Accountability : State Governing, Coordinating Board & Regional Accreditation Association Policies and Practices*, Stanford, National Center for Postsecondary Improvement.

② Richardson, R. C. : "Illinois", in Ruppert S. S., 1994 : *Charting Higher Education Accountability : A Source Book on State-Level Performance Indicators*, Denver, Education Commission of the States.

③ Boyer, C. and Others, 1986 : *Transforming the State Role in Undergraduate Education : Time for a Different View*, Denver, Education Commission of the States.

④ Sims, S., 1992 : *Student Outcomes Assessment : A Historical Review and Guide to Program Development*, Contribution to the Study of Education No. 52, Westport, Greenwood Press.

⑤ Lively, K., 1992 : "Accountability of Colleges Gets Renewed Scrutiny from State Officials", *Chronicle of Higher Education*, 1992-09-02.

学……发现它们不得不按照商业界的模式进行全面的改革。"① 曾担任过州长的德鲁大学（Drew University）校长托马斯·基恩（Thomas Keane）哀叹高等教育已"颜面尽失"，他指出："人们在质疑我们的使命……他们指责我们办学成本太高，花钱大手大脚，教学质量低劣，规划短视……行动保守。"②

在 1993 年召开的全国高等教育会议上，翼幅高等教育集团（Wingspread Group on Higher Education）发表了一份使高等教育界颇为难堪的报告——《美国的当务之急：对高等教育更高的期望》。该报告指出，尽管美国的人口、经济和科技发生了重大的变化，但是高等教育没有能够有效适应社会变革的需求。报告还认为，高等教育界不但没有对社会变革做出积极的反应，而且未能使更多的人接受高等教育，同时还存在轻视本科教育的问题。这些问题引发了公众的忧虑，认为高等教育出现了危机。报告提出，高等教育必须要培养更多的公民，并使学生接受到更好的教育。报告要求，高校要加强本科教育，重视学生的学习，把学生放在学校办学的核心位置。此外，报告还提出，高等教育要努力为营造学习之邦做出积极的贡献。③

奥斯本和盖布勒在《改革政府：企业家精神如何改革着公共部门》中强调了绩效结果而非预算规则问题。哈默（Michael Martin Hammer）和钱皮（James A. Champy）在《公司重组》（Reengineering Corporation）一书中也着重阐述了产品质量和客户服务的问题。因此，到 20 世纪 90 年代中期，有学者就指出，今天或不远的将来，学院或大学的"再造"已是大势所趋。④

20 世纪 90 年代，决策者对高等教育的态度发生重大转变。联邦政府开始加强绩效评估，联邦政府希望高校通过调整优先发展领域，提高办学效益，承担更大程度的联邦资金使用的绩效责任，其基调是"弱化自愿性的院校改进，加强指令性的公共问责"。

美国大学和学院管理委员会协会（AGB）预言，联邦政府将会更直接地干预院校评估，同时随着对认证疑虑的加深或许会催生新的涉足院校财务、学术和管理评估的机构。⑤ 认证机构曾被视为值得信赖的质量监督机构。联邦政府开始怀疑认证机构的作用，并认为它们没有真正负起责任。该协

---

① Boot, M., 1992 : "Redefining Higher Education", *Christian Science Monitor*, 1992-11-16.

② DePalma, A., 1992 : "University Grope for Lost Image", *New York Times*, 1992-04-05.

③ Wingspread Group on Higher Education, 1993 : *An American Imperative: Higher Expectation for Higher Education*, Racine, The Johnson Foundation, Inc.

④ Burke, J. C., 2003 : "The New Accountability for Public Higher Education: From Regulation to Result", *Research in University Evaluation*, (3).

⑤ AGB, 1994 : *Ten Public Issues for Higher Education in 1994*, AGB Public Policy Series No. 94-1, Washington, D. C., AGB.

会估计,新的机构将会更有力地监督和推进联邦法律和规定。包括州中学后教育评估机构制定的一些标准将成为联邦的绩效标准。显然,在这种权力更迭中认证机构将成为最大的输家。

联邦政府似乎不想再把质量和许可事务完全交给各州和认证机构去做,并试图使高等教育向联邦化方向发展。[①] 1993 年,美国中学后认证委员会(COPA)被解散。联邦政府通过《1965 年高等教育法》(*Higher Education Act of 1965*)的再授权,进一步干预认证事务。高校要想参与联邦政府的学生财政援助项目(Title IV),就必须要接受课程、学生事务、质量保证等方面的评估。这样一来,高等教育要经受国家的底线标准、各州的绩效标准及认证机构卓越标准的三重评估。联邦政府的另一项举措是将美国事务部每年授予的"马尔科姆·鲍德里奇国家质量奖"(Malcolm Baldrige National Quality Reward)的范围扩大到中小学、大学和医院。

1989 年伊利诺伊州高等教育委员会建立"范围、结构与生产力委员会"调查研究高等教育问责问题。委员会经过研究后提出很多建议,其中包括要以节约成本或不增加成本的方式改进办学,对具有重大效益的培养和服务项目进行资助,停止一些不重要的活动,对办学结果做出定期报告。此后,州高等教育委员会根据"范围、结构与生产力委员会"的建议采取了全面的措施,要求高校领导围绕院校目标和州高等教育委员会确定的重点领域全力开展工作,并制定实施提高办学质量和成本效益的措施。委员会还规定要发表三份报告来持续反映高校的办学成果:一是由高校发表"消费者报告"(consumer report)向正在就读的学生和将要入学的新生及他们的家长报告学生的学业成就和满意度情况;二是由高校发表"生产力报告"(productivity report),主要是向全州高校和州领导通报学校采取的提升质量和成本效益的举措;三是由委员会发表的整体报告,主要是向社会公众报告伊利诺伊州高等教育的目标和发展状况。在上述试点措施的基础上,从 1991 年开始,伊利诺伊州高等教育委员会正式推出"重点、质量与生产力"行动(Priorities, Quality and Productivity Initiative),要求高校每年报告提高办学效益的进展情况,同时委员会也对全州的情况进行总结并发表报告。[②]

---

① Gaither, G., et al., 1994 : *Measuring Up : The Promises and Pitfalls of Performance Indicators in Higher Education*, ASHE–ERIC Higher Education Report No. 5, Washington, D. C. : George Washington University, Graduate School of Education and Human Development.

② Richardson, R. C. : "Illinois", Ruppert, S. S., 1994 : *Charting Higher Education Accountability : A Source Book on State-level Performance Indicators*, Denver, Education Commission of the States.

在肯塔基州,根据州长和州高等教育委员会(CHE)的建议,该州议会于1990年决定资助实施"肯塔基问责提升计划"(KAEP),该计划把重点直接放在问责上,期望以此对公众对高等教育成果的关注做出积极回应。1991年5月,该州推出的《肯塔基高等教育战略规划：愿景与行动(1991—1996)》(*Strategic Planning for Higher Education in Kentucky 1991—1996 : Vision Focus Action*)也明确将问责作为一项重要内容。1992年1月,肯塔基州议会通过《参议院第109号法案》(*Senate Bill No. 109*),其中列出14项公立高校绩效标准,要求高校每年就这些标准的进展情况做出报告。1992年9月,肯塔基州高等教育委员会根据上述法案出台《肯塔基高等教育问责计划》(*Kentucky Plan for Implementing the Higher Education Accountability Process*),对14项绩效标准进行报告做出部署。1993年9月,州长琼斯(Brereton Jones)宣布建立"高等教育评估委员会"(HERC),对高等教育进行全面评估并就评估结果做出报告。同年12月,高等教育评估委员会提交评估报告,建议从1995财年开始实行绩效拨款,该建议获得州长的认同并被纳入1994年1月的预算执行建议中。[1]

(四) 21世纪以来：全球竞争中的新期待

2004年美国学院与大学协会发表题为《我们学生的优异学业：无愧于我们使命的问责框架》(*Our Students' Best Work : A Framework for Accountability Worthy of Our Mission*)的问责意见书,号召各学院和大学公开阐明所有学术培养项目的学业成果并提供可靠的证据。[2] 商业与高等教育论坛(the Business-Higher Education Forum)发表报告《高等教育学生学习的公共问责》(*Public Accountability for Student Learning in Higher Education*),号召各院校更积极地收集和报告有关教育结果的信息。[3] 各州高等教育执行官协会于2004年发起成立由美国教育部前部长雷利(Richard W. Riley)和俄克拉荷马州前州长弗兰克·基廷(Frank Keating)担任主席的"国家高等教育问责委员会"(National Commission on Accountability in Higher Education)。该委员会在2005年举行了"全国高等教育问责会议"并发布报告《以更好结果为指向的问责：国家高等教育的当务之急》

---

[1] Ruppert, S. S. : "Kentucky", in Ruppert, S. S., 1994 : *Charting Higher Education Accountability : A Source Book on State-level Performance Indicators*, Denver, Education Commission of the States, pp. 54~55.

[2] Association of American Colleges and Universities, 2004 : *Our Students' Best Work : A Framework for Accountability Worthy of Our Mission*, Washington, DC, Association of American Colleges and Universities.

[3] Business-Higher Education Forum, 2004 : *Public Accountability for Student Learning in Higher Education : Issues and Options*, Washington, DC, Business-Higher Education Forum.

(*Accountability for Better Results:A National Imperative for Higher Education*),报
告提出要持续而有力地开展旨在满足美国人民教育需求的对话,以及解决
教育优先发展项目的公共投资、教学与科研、成本效益和重要数据资料的获
取等问题。2005 年 11 月,全国州立大学和赠地学院协会(NASULGC)会议
的召开反映了公众对高等院校履行其职责和责任的强烈关注。

为此,2005 年 9 月 19 日,美国教育部部长斯佩林斯(Margaret Spellings)
宣布成立由来自政界、商界、学术界和非政府组织的 19 名成员 ① 所组成的
"高等教育未来委员会"(Commission on the Future of Higher Education),② 其职
责是为制定美国中学后教育改革的国家战略提出建议,而核心内容则是研究
大学和学院如何培养适应 21 世纪劳动力市场需求的学生。委员会经过一年
的调查研究,于 2006 年 9 月发布了题为《领导力的考验:美国未来高等教育
规划》(*A Test of Leadership:Charting the Future of U. S. Higher Education*)的报告。
该报告将问责与入学、负担能力及质量作为重点关注的四个问题,并建议,委
员会要积极在国会即全国展开各种讨论、对话和辩论,努力促进学院和大学
办学绩效的提升,提高其毕业生的学业成就水平。

2006 年 4 月,为响应"高等教育未来委员会"关于提升问责和透明度
的号召,在鲁米那基金会(Lumina Foundation)的支持下,美国州立大学和
学院协会(AASCU)和全国州立大学和赠地学院协会发起建立"问责自愿
体系"(VSA)的行动,该行动试图建立一种使公立高等教育对学生学业和
学生发展更负责任的机制,并为学生和家长选择大学提供更多的信息。

---

① 其中包括北卡罗来纳州前州长亨特(James Hunt)、微软公司负责国际公共关系的副总裁艾略特
  (Gerri Elliott)、IBM 公司负责创新和技术事务的执行副总裁多诺弗里奥(Nicholas Donofrio)、波
  音公司负责人力资源与行政的高级副总裁理查德·斯蒂芬斯(Richard Stephens)等商界人士、
  麻省理工学院校长韦斯特(Charles Vest)、密歇根大学校长都德斯戴德(James Duderstadt)、西
  班牙学术基金会主席兼首席执行官塔克尔(Sara Tucker)、教育信托基金会董事长海考克(Kati
  Haycock)等。
② 1956 年艾森豪威尔政府设立"高中后教育委员会"、1960 年肯尼迪政府设立总统教育特别委
  员会、1983 年里根政府设立国家教育卓越委员会。

第四章 "政府再造"：英美高等教育政府问责的制度安排与运行模式

> 问责、绩效、结果这些词语开始响彻政府的各个部门。
>
> ——［美］戴维·奥斯本、［美］泰德·盖布勒[①]

> 对于公民所接受的全部或部分由纳税人付费的服务，无论服务提供者处于何种地位，政府都必须保留适当的维护消费者和纳税人利益的责任。
>
> ——［英］诺兰委员会[②]

纵观 20 世纪 80 年代以来英美高等教育问责的发展，政府政策及外部舆论一直在努力促使高校在提高效率和提升质量的同时实现学术领域生产率的最大化，而伴随这个过程的是各种各样的评估措施。在过去 20 年间，英美高等教育经历了一场比工业社会中任何其他体制影响更加深远的变革。这次变革的一个方面就是在英美大学的治理和管理中出现了管理主义。

第一节 法律与政策框架

无论美国的联邦政府和州政府还是英国的中央政府，在推进高等教育问责的过程中都毫无例外地充分运用了政策和法律工具。这些政策和法律一方面建立了高等教育得以运行发展的规范框架，另一方面确立了高等教育机构所应追求的优先发展方向，从而使问责显著地受到这些"游戏规则"的影响。

---

① Osborne, D. and Gaebler, T., 1992：*Reinventing Government：How the Entrepreneurial Spirit Is Transforming the Public Sector*, Reading, Addison–Wesly, p.141.

② PA Consulting：*Better Accountability for Higher Education：Summary of a Review for the HEFCE*, Report August 00/36, 2000.10.

一、英国高等教育政府问责的法律与政策

20 世纪 80 年代以来,英国高等教育领域发生了持续的和激烈的变革。仅在 1983—1998 年,高等教育领域的立法数量就超过了此前 150 年的总和。[①] 其中,1984—1995 年有关高等教育问责的各种政策文件就有 60 多项。[②] 这些政策在前后两个阶段体现出不同的侧重点,前期的政策主要聚焦效率问题,后期则转向质量与效益。

（一）有关高等教育问责的法律

英国 20 世纪 90 年代后有关高等教育的普通公法（Public General Acts）共有四部,即《1992 年继续和高等教育法》（*Further and Higher Education Act 1992*）、《1998 年教学与高等教育法》（*Teaching and Higher Education Act 1998*）、《2004 年高等教育法》（*Higher Education Act 2004*）及《2017 年高等教育与研究法》（*Higher Education and Research Act 2017*）。其中,由于《1992 年继续和高等教育法》和《2017 年高等教育与研究法》都涉及高等教育治理体制的变革,因此也都与高等教育问责有密切联系。

1.《1992 年继续和高等教育法》

1992 年 3 月 6 日,《1992 年继续和高等教育法》经议会通过后获女王批准颁布实施。该法分为继续教育、高等教育和其他事项三个部分,共有 94 个条款,其中高等教育部分有 19 个条款,涉及的内容包括"新的基金委员会""经费""高等教育部门的院校"等。

《1992 年继续和高等教育法》中有关问责的法律规定首先体现在拨款机构上,该法采纳了 1991 年白皮书的建议,以新的地区性的高等教育基金委员会（HEFCs）取代原来的大学基金委员会、多科技术学院和其他学院基金委员会。该法规定了高等教育基金委员会的主要职能是"应负责管理教育大臣和其他人士向委员会提供的资金,以便为符合本条规定的拨款条件的活动提供财政支助"[③]。其次体现在高等教育系统的架构上,该法同样采取了 1991 年白皮书的建议,允许多科技术学院和其他学院升格为大学。

该法的一个重要内容是对高等教育基金委员会职能进行了扩充。该法明确赋予其开展质量评估的新使命:"各基金委员会应:① 确保对高校教

---

① Kogan, M. and Hanney, S., 1999 : *Reforming Higher Education*, London, Jessica Kingsley Publishers Press.

② Cave, M. et al., 1997 : *The Use of Performance Indicators in Higher Education : The Challenge of the Quality Movement*, London, Jessica Kingsley Publishers Ltd.

③ The UK Parliament, 1992 : *Further and Higher Education Act 1992*, London, HMSO, p.48.

育质量的评估做出安排，以便根据本法本部分的规定为高校开展或打算开展的活动提供财政支持；② 建立一个名为'质量评估委员会'的委员会，其职能是向①规定的基金委员会提供建议，并行使基金委员会赋予的其他职能。"①

2.《2017 年高等教育与研究法》

2015 年 11 月，英国商业、创新与技能部发布的绿皮书《实现我们的潜能：教学卓越、社会流动与学生选择》(*Fulfilling Our Potential*：*Teaching Excellence*，*Social Mobility and Student Choice*)提出高等教育改革的新政策和新方案。2016 年 5 月，在绿皮书及广泛征求社会各方面意见的基础上，商业、创新与技能部又发布白皮书《知识经济的成功：教学卓越、社会流动和学生选择》(*Success as a Knowledge Economy*：*Teaching Excellence*，*Social Mobility & Student Choice*)，进一步明确有关政策事项。可以说，《2017 年高等教育与研究法》将上述两个文件中所涉及的很多政策以法律规定的形式加以固化。

根据此前政府白皮书的建议，《2017 年高等教育与研究法》的两个重要内容是规定设立学生事务办公室(OfS)及英国研究与创新委员会(UKRI)。对学生事务办公室，该法规定了七项具体职责，其中包括"英国高等教育提供者提供的高等教育，有必要提高质量，为学生提供更多的选择和机会"，"有必要鼓励英国高等教育提供者之间在提供高等教育方面的竞争，这种竞争符合学生和雇主的利益，同时还要考虑到这些提供者之间合作给学生和雇主带来的好处"，"有必要促进英国高等教育提供者提供的高等教育物有所值"，"有必要以有效的和经济的方式使用学生事务办公室提供的资源"。② 此外，该法还规定，学生事务办公室具有"评估或安排评估英国高等教育提供者所提供高等教育的质量及适用的标准"③ 的职能。

同时，《2017 年高等教育与研究法》规定，新设英国研究与创新委员会。该委员会由艺术与人文研究委员会、生物技术与生物科学研究委员会、经济与社会研究委员会、工程与自然科学研究委员会、医学研究委员会、自然环境研究委员会、科学与技术设施委员会、英国创新署(Innovate UK)及英格兰研究委员会(Research England)九个机构组成。其主要职能是促进、鼓励和支持开展科学、技术和人文方面的研究与知识交流，以及收集、传播

---

① The UK Parliament, 1992：*Further and Higher Education Act 1992*, London, HMSO, pp.52~53.

② The UK Parliament, 2017：*Higher Education and Research Act 2017*, London, TSO, pp.1~2.

③ The UK Parliament, 2017：*Higher Education and Research Act 2017*, London, TSO, p.16.

和推进科学、技术与人文方面的知识。[1]

英国大学协会（UUK）对该法明确表示支持。英国大学协会认为，既有的高等教育立法没有反映自 1992 年以来该部门所经历的变化。新立法的出台确实带来了风险，即新的变革可能影响该部门成功的一些关键特征，比如院校自主权。但是，英国大学协会认为，该法的最终出台是一个积极的结果，为该部门提供了一个稳定的框架。[2] 英国大学协会指出，新的监管框架既是保护和促进学生利益的机会，也是提升英国整个行业国际地位的机会。英国的高等教育部门应与学生事务办公室合作建立一个新的公共问责模式。[3]

（二）高等教育问责政策

在英国政府的高等教育政策文件中，问责往往与高等教育的入学、拨款、标准、质量、效率、效益及透明度等问题密切联系在一起。

1. 绿皮书《学习化时代：新英国的复兴》

1997 年 7 月，在迪林委员会发布高等教育调查报告以后，英国政府对报告进行了认真的研究。1998 年 2 月 25 日，政府在发表《21 世纪的高等教育：对〈迪林报告〉的回应》对《迪林报告》内容和建议做出详细解释和答复的同时，发表绿皮书《学习化时代：新英国的复兴》（*The Learning Age: A Renaissance for a New Britain*），更深入地阐明政府的立场和观点。

教育和就业部 1998 年的绿皮书共分为七章，围绕终身学习这个主题，对 "个体学习的革命" "对学习事业的投资" "在职学习" "学习化时代的实现" 等问题进行了阐述。绿皮书在第五章 "保证标准、质量和问责" 中对高等教育进行了专门论述。在有关入学和标准方面，绿皮书指出："我们高等教育的目标是实现广入学和高标准。在 1998/99 年度我们已经投入了 1.25 亿英镑用来保持和提升质量，同时还额外投入了 4 000 万英镑来改善入学。迪林委员会把质量与标准作为新的侧重点，意在确保进入高等教育的学生能够接受良好的教育并帮助他们走向成功。我们新的拨款体制使学生有权要求更高质量的教学，要求满足他们的需求"，以及 "高等教育部门对迪林委员会的建议做出了积极的回应，而且正在按照这些建议去做。我们高度重视并继续推动改善高等教育教学、科研和资格的标准和质量。政

---

[1] The UK Parliament, 2017 : *Higher Education and Research Act 2017*, London, TSO.

[2] Universities UK, 2017 : *Implementation of the Higher Education and Research Act 2017*, London, UUK.

[3] Universities UK, 2017 : *Implementation of the Higher Education and Research Act 2017*, London, UUK.

府将对教学质量保证的进展、维护、提高标准及高校对国家政策的反应等情况进行监督"。绿皮书提出应该在高校拨款和教与学的质量和标准间建立更为直接的联系，"应该像重视科研那样，比以往更加重视高等教育的教学工作。……政府希望，旨在提升质量、促进革新的科研质量评估过程，不应局限于同行评议的方式，而应借鉴国外大学科研实践中可行的、讲求成本效益的（cost-effective）方法。"绿皮书还提出，"主管机构在确保大学和高等教育学院责任和效益方面发挥着重要的作用。迪林委员会认为，大学和高等教育学院应对有关方面在增强透明度、诚信度、责任感和效率上的期望做出回应。我们希望看到持续的进展，同时将跟踪形势的发展，从而评估是否应重新审视迪林委员会的建议。"[①]

2. 白皮书《高等教育的未来》

《迪林报告》发布后，英国政府一直没有停止对高等教育改革的思考。英国教育和技能部于 2003 年 1 月发表白皮书《高等教育的未来》(*The Future of Higher Education*)。该白皮书分为七章，从改变的必要性、科研、产业合作、教学、入学、拨款等方面全面阐述了政府的立场。

白皮书指出当前英国高等教育在绩效方面所面临的挑战："寻求更好地使用公共资金的方式，以期在教学、科研、知识转化、增加入学及扩大对社会经济和文化影响等方面取得更大的成功和更高的质量"，"加强更有效的领导和管理，以适应未来的形势，充分利用由开拓新的资金渠道而带来的更大的自主权。"[②]

在高校管理上，英国政府在白皮书第七章"自由与拨款"中的"结构变革与发展"部分重申了效率和效益的重要性："更大的自由和更激烈的竞争将迫使高校改善其效率和管理。尽管该部门存在一些优秀的领导和管理实践，但是有些薄弱的高校一直在硬撑而不是采取新的举措。这种情况不符合学生和该部门的整体利益。高校在合理利用资源提升成本效益方面还有很大的空间"，"我们的大学存在这样的共识，尽管它们指望政府的教学和科研拨款，但是要想让政府满足这个世界上条件最好的大学体系的全部资金需要是不现实的。因此，赋予我们大学更大的财政自主性，就意味着要增强该部门的财政基础，扩大财政来源的数量和种类，降低对政府的依赖。"[③]

白皮书发表后，英格兰高等教育基金委员会、英国大学协会、大学教师协会等团体和一些高校在不同程度上都表示了欢迎。英国大学协会指出，白皮书清醒地认识到高等教育对经济和社会发展的重要性，以事实说明了

---

① DfEE,1998 : *The Learning Age : A Renaissance for a New Britain*, Cm 3790, London, HMSO, p.61.

② DfES,2003 : *The Future of Higher Education*, Cm 5735, London, HMSO, p.92.

③ DfES,2003 : *The Future of Higher Education*, Cm 5735, London, HMSO, p.80.

高等教育部门的质量和所取得的成就,这些都是令人鼓舞的;同时认为,白皮书提出的诸如增加高等教育投入、提升教学质量等方面的建议也都是比较积极的。①

3. 白皮书《知识经济的成功:教学卓越、社会流动和学生选择》

2016 年英国商业、创新与技能部发布白皮书《知识经济的成功:教学卓越、社会流动和学生选择》。该白皮书认为,大学是英国最宝贵的国家资产之一,支撑着强大的经济和繁荣的社会。它们拥有强大的智力和社会资本,它们创造了知识、能力,推动了竞争力,培育了支撑英国的开放民主的价值观。但英国政府也认识到必须为未来的挑战做好准备。正如大学与科学国务大臣约翰逊(Jo Johnson)指出的:"如果我们要继续作为一个知识经济取得成功,我们不能停滞不前,也不能想当然地认为我们的大学拥有令人羡慕的全球声誉和在排行榜上名列前茅的地位。我们必须确保这一体系也在发挥其潜力,为学生、雇主和纳税人创造良好的价值。"②

作为高等教育改革的一个重要举措,该白皮书提出为研究和创新建立一个精简的治理和问责体系,并指出,自 1992 年实施最后一次重大立法改革以来,高等教育的面貌发生了根本性的变化,这使得英国的大学体系发生重大变革,以发挥其潜力并维持其全球地位。为此,该白皮书提出要"更新监管架构",认为高等教育的监管架构是在 20 世纪 90 年代初设计的,当时的大学竞争有限,学生数量受到控制,公共拨款占多数,而现在这些都已成为过去。监管环境需要反映这些根本变化。政府需要一个适用于所有高等教育供应者的单一监管体系,停止根据既有责任和法人形式对院校区别对待。这个体系的核心是选择和竞争。为此,白皮书提出在高等教育与研究领域原有十个"'一臂之距'管理机构"③的基础上进行重大的改组,建立单一的市场监管机构——学生事务办公室及单一的研究与创新拨款机构——英国研究与创新办公室。英国政府认为,这些改革将加强未来研究的战略举措,确保最有效地利用公共投资;最大限度地创新和造福英国经济;简化结构,消除成本高昂的重复和管理。④

---

① Universities UK, 2003 : *Universities UK's Response to 'The Future of Higher Education': DfES White Paper*, London, UUK.

② BIS, 2016 : *Success as a Knowledge Economy: Teaching Excellence, Social Mobility & Student Choice*, Cm 9258, London, HMSO, p.5.

③ 这十个机构包括英格兰高等教育基金委员会、公平入学办公室(OFFA)、英国创新署(IUK)及七个专业领域的研究委员会。

④ BIS, 2016 : *Success as a Knowledge Economy: Teaching Excellence, Social Mobility & Student Choice*, Cm 9258, London, HMSO.

2018 年 2 月,英国大学与科学国务大臣吉马(Sam Gyimah)在学生事务办公室揭幕仪式上发表讲话指出,学生事务办公室的设立是"一场问责革命"(a revolution in accountability)。学生事务办公室将在解决高等教育面临的挑战、保护学生利益和确保学生所受的教育"物有所值"方面发挥核心作用。新监管框架的启动对这一点至关重要。现在是所有人迎接挑战的时候,让大学适应未来,确保为学生提供服务。[①]

二、美国高等教育政府问责的法律与政策

美国各州都有一个共同的联邦政策环境,其特点是宪法对教育保持沉默,而财政政策主要关注国家的优先事项。过去几十年,美国联邦政府将高等教育优先事项主要放在消费者保护、报告透明度、问责及协作等方面。这些优先事项对各州的影响则取决于各州的政治文化、财政政策和高等教育系统的设计。[②]

(一)联邦层面的法律框架

美国联邦层面高等教育问责的政策大多分散于 1993 年的《政府绩效与结果法》(Government Performance and Results Act)等有关政府部门的立法及 1990 年的《学生知情权与校园安全法》(Student Right-to-Know and Campus Security Act)等有关高等教育的立法之中。

近年来,随着大学教育价格的不断上涨及人们对学术质量的质疑的出现,美国公众对四年大学学位的价值产生了越来越大的怀疑。这使得联邦政府和许多州政府都提出了新的问责措施,试图刺激大学提高绩效。这其中包括,马萨诸塞州众议员蒂尔内(John Tierney)和康涅狄格州众议员海姆斯(James Himes)先后在 2007 年第 110 届国会和 2015 年第 114 届国会上提出专门的《大学负担与问责法》(College Affordability and Accountability Act)和《大学负担与创新法》(College Affordability and Innovation Act)议案并将其作为《高等教育法》的增补,但是这两部立法议案最终都未能获得通过。而后,2017 年 1 月,北卡罗来纳州共和党众议员福克斯(Virginia Fox)在第 115 届国会上提出《通过教育改革促进真正的机会、成功与繁荣法》(Promoting Real Opportunity, Success, and Prosperity through Education Reform Act),即《繁荣法》(PROSPER Act)的议案。2019 年 4 月路易斯安那

---

① The UK Government, 2019 : A Revolution in Accountability, https://www. gov. uk/government/speeches/a-revolution-in-accountability, 2019-07-12.

② Burke, J., et al., 2004 : Achieving Accountability in Higher Education : Balancing Public, Academic and Market Demands, San Francisco, Jossey-Bass.

州的共和党参议员卡西迪(Bill Cassidy)在第 116 届国会上提出《大学透明法》(*College Transparent Act*)的议案。

1.《高等教育法》

美国联邦政府与高等教育之间的联系主要是通过资金资助来实现的。而《高等教育法》(*Higher Education Act*)是确保两者之间有效互动的重要法律基础。该法自 1965 年正式颁布生效以来,在 1968 年、1972 年、1976 年、1980 年、1986 年、1992 年、1998 年及 2008 年被不断重新授权。该法共包括八章,其中第四章学生援助(Student Assistance)与高等教育问责联系最密切。2008 年 8 月 14 日,美国国会颁布的《高等教育机会法》(*Higher Education Opportunity Act*),重新批准了 1965 年《高等教育法》的修订版。

早在 1965 年,《高等教育法》通过后的一个直接结果就是创设了联邦政府首个基于财政需求的助学金项目,即"补充教育机会助学金"(Supplemental Educational Opportunity Grant)和"联邦工读计划项目"(Federal Work–Study Program),以及后来面向低收入家庭学生的"担保学生贷款项目"(Guaranteed Student Loan Program)。上述资助项目连同 1958 年"国防学生贷款项目",即"珀金斯贷款项目"(Perkins Loan Program)一起构成联邦政府按照相关标准向参与院校的学生分配资金的重要途径。1972 年,美国国会第二次授权《高等教育法》成为联邦政府发挥在高等教育中作用的新的转折点。国会通过的立法不仅使既有的资助项目得以延续,而且还创设了新的"基本教育机会助学金"(Basic Educational Opportunity Grant),也就是以参议员佩尔(Claiborne Pell)命名的"佩尔助学金"(Pell Grant)。如今,在《高等教育法》第四章(Title Ⅳ)所涵盖的约 1 400 亿联邦政府财政资助中,有 27 亿是直接提供给批准参与院校的学生。这种区别对问责目的来说非常重要,因为这种类似"教育券"的学生财政资助要求采取与直接向院校拨款不同的政策,使院校对其绩效负责。一所院校只有在与美国教育部签署参与项目协议,并满足相关具体要求的条件下,其学生才能获得《高等教育法》第四章涵盖的联邦政府资助。①

2.《学生知情权与校园安全法》

《学生知情权与校园安全法》于 1990 年 11 月在美国第 101 届国会上通过。该法指出,国会调查显示,公民、教育者和公务人员日益关注高等教

---

① Kelchen,R.,2018 :*Higher Education Accountability*,Baltimore,MD,John Hopkins University Press.

育机构学生的学业表现情况,尤其是获得橄榄球和棒球奖学金的学生运动员的学业表现。同时,潜在的学生及潜在学生运动员应该意识到高等教育机构的教育承诺,高等教育机构也应提供有关毕业率的信息从而使潜在的学生和学生运动员就教育收益做出充分的判断。因此,该法规定高等教育机构要披露学生学业完成率或毕业率。该法还明确要求接受联邦财政援助的高等教育机构必须向学生提供有关学生运动员毕业率的信息。[①]

(二)联邦层面的政策指向

美国联盟政府层面的高等教育问责政策主要指向学生学业评价、信息公平披露及与院校获取学生财政援助资格相关联的举措。

1. 学生学业问责政策

2005年9月19日,美国教育部部长斯佩林斯在各方压力下宣布建立"高等教育未来委员会",主要针对美国中学后教育改革的国家战略进行研究并提出建议。一年后委员会发布报告《领导力的考验:美国未来高等教育规划》。该报告指出,高等教育是美国经济社会繁荣的一个重要基础。但随着教育对经济发展的促进作用日益加强,许多国家试图赶超美国时,美国各界唯恐其高等教育系统落后及无法适应全球劳动力市场竞争的需要。该报告将加强"问责"作为一个应对未来高等教育多方面挑战的核心议题。

该报告针对"透明度和问责"的调查认为,目前评估院校绩效的过程缺乏透明度和问责,而透明度和问责对维护公众对高等教育的信任显得愈加重要。报告进一步指出高等教育在问责方面存在的问题:"我们复杂、分散的中学后教育系统缺乏全面的提供合理内部问责制度和有效公开信息的措施,在本科培养项目上尤为如此。从政策制定者到学生和家庭,很多高等教育决策主要是基于声誉和排行,而声誉和排行在很大程度上取决于财政资源等投入因素而非成果。如果我们要满足国家的需求,改善院校的绩效,那么有关真实绩效和终身工作与学习能力的更好的信息就是绝对不可或缺的。"[②]

在有关问责的建议部分,该报告提出,为迎接21世纪的挑战,高等教育必须要从主要以声誉为基础的系统转变为以绩效为基础的系统。报告呼吁在整个高等教育界建立一种强有力的问责机制和透明文化,并认为只有制

---

① U. S. Congress, 1990 : *Student Right-to-Know and Campus Security Act*, Washington, D. C., U. S. Congress.

② U. S. Department of Education, 2016 : *A Test of Leadership : Charting the Future of U. S. Higher Education*, Washington, D. C., Department of Education, pp.14~15.

定并切实落实问责措施,改善入学、提升质量和创新力等目标才可能实现。报告建议,应建立具有有效和可靠院校信息、便于使用并带有搜索引擎的高等教育信息数据库,使学生、家长、决策者和其他人士能够对院校绩效进行对比。其具体措施包括:① 教育部应以标准版式收集数据和提供信息,使有关各方能够创建可搜索和便捷的数据库,并以可靠和灵活的方式提供院校绩效信息,统计学生的学业成果;② 应鼓励第三方组织利用这种数据库发布独立和客观的信息。此外,作为该信息系统的一部分,教育部应出版和散发一些比较研究成果。例如,国家公共政策与高等教育中心的双年度报告《测评》(*Measuring Up*)就可以衡量各州高等教育系统入学率、负担能力、毕业率和学业成绩等方面的情况。

该报告还提出,除了这种便于使用的数据库,决策者、研究者和公众还需要更多更好的有关高等教育质量和成本的信息。教育部部长应要求国家教育统计中心适时发布有关院校收入和支出情况的年度公开报告,其中包括在部门和州层面上对每年主要变化情况的分析;应敦促慈善团体和其他第三方组织投资研究和开发衡量院校资源、学生特性和教育增值情况的工具;应开发在州层面上进行数据加总及用作院校基准的工具。

该报告尤其指出,中学后教育机构应检测和报告学生的学业成果。其主要措施包括:① 高校应通过利用"大学学习评价"(Collegiate Learning Assessment)和"学业水平与进展测验"(Measure of Academic Proficiency and Progress)等质量评价数据来考查学生的学习状况;② 联邦政府应激励各州、高等教育协会、大学系统和院校建立强调结果的问责系统,使学生、决策者和公众都能进入系统,这有助于内部管理和院校改进;③ 教师应率先明确学生教育目标,并采取切实措施实现预定目标;④ 高校应使学生知晓学习评价结果并对外公布总体情况;⑤ 联邦政府应提供财政支持鼓励各州利用收集到的公立高校数据信息开展学生学业状况的州际比较。

该报告还认为,认证机构应将办学结果而非投入和过程作为重点。认证机构应建立一个扩展现行认证标准的框架,以有利于:① 开展院校学业成果和其他绩效措施的比较;② 鼓励创新和持续改进;③ 要求院校和培养项目达到世界级质量,并就进展做出量化报告。此外,该框架应要求认证过程更加开放,使公众能够获取最终的评估结论,以及加强认证组织管理和评估组中公共部门和私营部门的代表性。[1]

---

[1] U. S. Department of Education, 2006 : *A Test of Leadership: Charting the Future of U. S. Higher Education*, Washington, D.C., Department of Education.

　　美国教育部部长斯佩林斯曾经期许，这份报告的意义可与开创赠地学院的《莫里尔法》及第二次世界大战后为退伍军人支付大学费用的《退伍军人法》相提并论。报告的提交者——美国高等教育未来委员会的成员声称："如果建议能够执行，该报告将是美国历史上影响教育和经济发展的最重要的报告之一。"① 不过，美国舆论对报告的批评之声亦不断。例如，美国学院与大学协会在发表的声明中就对采取标准化测验来提高学生学业成就的方法表示质疑。②

　　2. 信息公开与披露政策

　　美国联邦政府高等教育问责政策的一个主要方面就是院校有关基本特征和成果的信息要向学生及家长开放。美国联邦政府要求高校只有在满足数据报告和披露要求的条件才能获得联邦财政援助资金。美国教育部据此使用其中的一些数据建立消费者导向的网站，为学生选择院校提供数据信息。

　　首先，从数据报告和披露要求来看，自从 1992 年重新授权《高等教育法》以来，高校需要编辑整理并向美国教育部国家教育统计中心（NCES）提交有关数据信息。高校每年要完成 12 项不同方面的调查，调查主题包括学术图书馆、在校生人数、人力资源、学生财政资助及学生学业成果测量等。所有这些数据经国家教育统计中心编辑后，通过中学后教育综合数据系统（IPEDS）数据中心向社会公众公开。除了向中学后教育综合数据系统提交数据，美国国会和教育部也要求院校要披露大约 40 项其他有关方面的数据信息，主要包括防火安全信息、获得"佩尔助学金"学生的毕业率、选举人注册表及就业安置等。其中，诸如教材信息需要发布在院校的官方网站上，而学分连接协议（articulation agreement）等其他一些披露项目需要在提出申请的情况下进行披露。此外，院校须在其官方网站上公布的最显著的信息就是净价计算器（net price calculator）。在申请某一院校前，学生及其家庭可通过在该计算器中输入"免费申请联邦学生援助"（free application for federal student aid）来估算财务援助包。

　　其次，联邦政府建立有关消费者信息的网站。除了要求院校在其网站上提供有关信息，美国联邦政府还利用院校报告披露其接受《高等教育法》第四章所含资助的数据信息，创建三个不同的面向消费者的网站，为学生及

① Field, K., 2011 : "Spellings Panel Spurred Progress in Some Key Areas but Failed to Remake American Higher Education", *The Chronicle of Higher Education*, 2011-09-18.

② AAC & U, 2006 : *Statement on Final Report from U. S. Commission on the Future of Higher Education*, http://www.aac-u.org/pressroom/pressreleases/2006/spellingsfinal.cfm, 2006-10-26.

其家庭提供信息。其一是院校根据 1998 年重新授权《高等教育法》中有关"在线大学机会"(college opportunity on-line)的规定,于 2000 年建立"大学导航"(college navigator)网站。该网站由美国教育部国家教育统计中心负责维护。作为一个门户网站,公众能够很容易地从中获取有关大学学费、学生贷款违约率、学生学业完成率、校际体育比赛及其他信息。学生还可以通过该网站同时对多所大学进行比较,从而获得影响其院校选择的数据信息。其二是根据 2008 年重新授权《高等教育法》的要求而建立的"大学负担能力与透明度名录"(college affordability and transparent list)网站。虽然最初美国国会众议院有关议案提出的要求是,所有学费高于平均水平的院校都要建立削减成本委员会(cost-reduction committee),但是后来《高等教育法》中采取的措施则是建立一个专门网站来确认学杂费和净价排在前 10% 和后 5% 的院校。该网站还提供学杂费和净价年度涨幅最大院校的名录。学杂费和净价涨幅最高的院校须向美国教育部提交费用上涨的说明,而其中的理由往往是教育成本的上涨及州生均经费拨款的减少。对此,也有学者认为,该网站试图发挥的公布"黑名单"(shame list)的举措的确会引起经常涨价院校的关注,但事实上其作用也比较有限。其三是最为典型的面向消费者的"大学记分卡"(college scorecard)网站。该网站最初是时任总统奥巴马 2012 年在密歇根大学讲演中作为解决大学负担能力与问责问题的一部分而提出的。2015 年该网站进行了大幅度的更新。该网站更新后主要包括新公布的债务负担数据、学生贷款偿还率、获得联邦财政援助的学生的收入等。"大学记分卡"网站包括两个部分,即面向公众的网站,以及供研究者及有兴趣向学生和家庭传播数据信息的其他组织所使用的大规模的基础数据集。其中,面向公众的部分力求简洁明了,只包含一小部分数据指标。网站通过净价、毕业率、债务、收入、学生贷款、贷款支付指标等信息按照高等、中等、低等三个类别向学生提供有关院校办学绩效的情况。[1]

上述聚焦于消费者信息的联邦政府问责举措经常受到各种批评和指责,其原因就在于这些举措并不能给学生提供他们所期待的某一院校更多更具体的信息。而联邦政府未能提供更加个性化信息的主要原因在于,2008 年重新授权《高等教育法》的一项规定,出于数据隐私的考虑,禁止建立联邦学生单位记录数据集(federal student unit record dataset)。

---

[1] Kelchen, R., 2018: *Higher Education Accountability*, Baltimore, MD, John Hopkins University Press.

3. 高利害关系问责政策

除了以上要求院校就一系列绩效指标报告或披露信息，美国联邦政府还将院校获取学生财政援助资金的资格与达到一整套最低质量和稳定性指标挂钩。这些指标包括同届学生违约率（cohort default rate）、财务责任分（financial responsibility scores）、加强现金监控（heightened cash monitoring）、90/10 规则（90/10 rule）及有收益的就业（gainful employment）等。

第一，在同届学生违约率方面，自 20 世纪 80 年代以来，随着美国高校学生贷款量不断上升，政策制定者开始关注无法偿还联邦担保贷款学生的比例问题。1989 年美国联邦审计总署（GAO）[①] 发现，超过 600 所院校至少有 40% 的学生在 1983 年毕业离校时背负着联邦贷款，而且到 1987 年仍处于违约状态。这种状况使得美国教育部开始定期追踪和公布同届学生违约率，也就是学生毕业离校后在一定时间内拖欠联邦贷款的学生的比率。时任教育部部长卡瓦佐斯（Lauro Cavazos）也于 1989 年签署有关规定，接受联邦学生贷款院校如果其两年的同届学生违约率超过 60%，联邦政府将中止向该校提供学生贷款；如果院校的学生贷款违约率超过 20%，联邦政府将要求院校做出整改。其后，美国国会于 1990 年进一步采取措施，要求 1987 届学生两年内的违约率不得超过 17.6%。1990 年《综合预算调整法》（*The Omnibus Budget Reconciliation Act*）规定，除非获得联邦教育部部长的豁免，否则在接下来三年内，如果院校的两年同届学生违约率达到或超过 30%，那么联邦政府将中止向该院校提供联邦学生贷款。1992 年重新授权的《高等教育法》继续收紧有关贷款违约率的要求，将允许的违约率从 30% 下调到 25%。同时，该法规定，如果在任一年度内院校的学生贷款违约率超过 40%，那么该院校将无法获得《高等教育法》第四章所涉及的任何联邦学生助学金和贷款资助。[②]

第二，在"财务责任分"方面，作为一项联邦高等教育问责政策，实施"财务责任分"的主要目的是通过确保院校拥有充分的办学财务资源以保护联邦学生财政援助资金的安全。该政策最初是根据教育部总监察长办公室（OIG）1989 年开展的一项调查提出的建议来制定形成的。当时，总监察长办公室的调查发现，在 20 世纪 80 年代，有 53 所接受《高等教育法》第四章所涉及资助的院校因财务问题而倒闭，致使学生和纳税人遭受损失。于是，1992 年重新授权的《高等教育法》规定实施"财务责任分"。

---

① 2004 年美国联邦审计总署更名为美国政府问责局（Government Accountability Office）。

② Kelchen, R., 2018 : *Higher Education Accountability*, Baltimore, MD, John Hopkins University Press.

目前,所有私立的营利和非营利院校必须每年提交经审计的财务报表,同时要通过财务责任测试或接受额外的检查。由于联邦政府认为州或地方提供的办学支持可以确保财务责任,因此公立院校可豁免于这项规定。但公立学院仍需拥有足够的现金来偿还债务,以及符合其他的财务要求以便计算"财务责任评分"。"财务责任分"主要通过三个数据指标计算而得。其一是主要准备金率(primary reserve rate)。主要准备金率反映的是,如需要额外的资本,院校可以拿出一定的流动资产。该指标在私立非营利院校中占40%,在营利性院校中占30%。其二是净资产率(net equity rate)。净资产率反映的是院校借更多钱的能力。该比例在营利性和非营利私立院校中均占40%。其三是净收入率(net income rate)。净收入率代表一所院校有所盈余或具有营利能力。该指标在私立非营利院校中占20%,在营利性院校中占30%。院校"财务责任分"的区间为–1到3。如果院校分数在1.5及以上,会被视为具备财务负责而不必担心受到处罚。如果分数在1.0~1.4,院校则会受到联邦教育部联邦学生援助办公室的额外检查。如果分数三年内都没有提高,该院校会被视为测试不通过。如果院校得分低于0.9,会被视为不具备财务责任,这些院校必须提供至少相当于其《高等教育法》第四章资金10%的信用证,同时必须接受教育部联邦学生援助办公室对现金的监控。[①]

第三,在加强现金监控(HCM)方面,美国联邦教育部进行高等院校问责的另一个途径就是加强现金监控,即如果院校存在认证、财务、培养项目审查以及行政管理能力等方面的问题,教育部会延缓将学生资助拨付给院校。其中,HCM–1是较为缓和的加强现金监控的措施,受到该措施制约的院校将无法根据入学人数自动获得资金,而是必须定期向教育部联邦学生援助办公室提供财务支出记录来获取资金。更为严厉的HCM–2要求只有在学生获得经济资助后才能向院校返还资金。绝大部分受到加强现金监控的都是营利性高等教育机构,在414所受到HCM–1监控措施制裁的院校中有237所为营利性机构,在67所受到HCM–2监控措施制裁的院校中有45所为营利性机构。[②]

第四,在90/10规则方面,由于营利性院校大部分收入来自《高等教育法》第四章所涵盖的学生援助资金,因此美国国会对这类院校获得联邦资

① Kelchen,R.,2018 :*Higher Education Accountability*,Baltimore,MD,John Hopkins University Press.
② Kelchen,R.,2018 :*Higher Education Accountability*,Baltimore,MD,John Hopkins University Press.

助占其全部收入的比例进行限制。1992 年重新授权的《高等教育法》规定,营利性院校从联邦政府获得的资金不能超过其收入总额的 85%。1998年重新授权的《高等教育法》放松了这一规定,允许营利院校从联邦政府获得的资助可以占到其收入总额的 90%,由此形成 90/10 规则。如果院校连续两年违反该规定,那么该院校将在接下来两个年度中失去获得《高等教育法》第四章所涵盖学生援助资金的资格。[1]

第五,在有收益的就业方面,美国联邦政府教育部采取的问责政策是新近推出的有收益就业,主要目的是取消进入劳动力市场效果不佳的职业性项目(vocationally oriented programs)获得联邦财政援助的资格。在2009 年以前,虽然联邦政府也要求职业性项目要为学生在其学习领域获得有收益的就业做好准备,但是没有对此做出明确的规定,也没有具体的惩罚措施。2010 年,美国联邦教育部首次推出有收益的就业规定,即在一定期限内,相关的学习项目只有达到两项要求中的一项,才有资格获得《高等教育法》第四章所涵盖的学生援助资金。这两项要求分别为:至少35% 的前学生(former students)必须一直在偿还助学贷款,或者毕业生的平均债务负担必须低于年收入的 12% 或可自由支配年收入的 30%。2013年教育部进一步修改该规定,将毕业生的平均债务负担降到低于年收入的8% 或可自由支配年收入的 20%。该规定经联邦法院审定后于 2017 年开始实施。[2]

（三）州层面的法律与政策框架

有研究显示,在美国,每十个大学生中有七个就读于公立院校,同时各州负有管理私立非营利和营利院校的责任,因此各州政策制定者和相关机构在整个高等教育问责中发挥着很大的作用。各州通常采取三种不同的方式使公立院校对其办学绩效负责。其一是几乎所有州都掌控着高等教育治理结构的治理权,以及各院校或院校系统决定其政策自主权的程度。其二是各州通过立法以及向公立院校提供拨款的正式过程都使政策制定者有机会影响院校的行为。其三是各州政策制定者采取的非正式行动也会影响到院校的行为。[3]

---

[1] Kelchen,R.,2018：*Higher Education Accountability*,Baltimore,MD,John Hopkins University Press.

[2] Kelchen,R.,2018：*Higher Education Accountability*,Baltimore,MD,John Hopkins University Press.

[3] Kelchen,R.,2018：*Higher Education Accountability*,Baltimore,MD,John Hopkins University Press.

相对联邦政府而言,各州推出的有关高等教育问责的政策和法律则要早得多,而且随着问责的不断深入发展,各州的政策与法律也日趋完善。目前,高等教育问责已经或正在成为大多数州的一项重要任务。据不完全统计,有46个以上的州采取了某种高等教育问责机制(参见表4.1)。下文将选取若干州的政策与法律加以说明。

表4.1 20世纪70—90年代美国各州采取的问责政策和举措

州	年份	政策 / 举措
亚拉巴马	1988	全州院校效益和学生学业成就评价政策
阿拉斯加	1996	教育效益政策
亚利桑那	1987	亚利桑那州大学评议会年度报告
阿肯色	1989	98号法
加利福尼亚	1990	高等教育评估法
科罗拉多	1985	高等教育问责项目法
康涅狄格	1988	战略规划
特拉华	—	—
佛罗里达	1982	大学学术能力测验(CLAST)
佐治亚	1989	规则政策
夏威夷	1989	教育评价政策(Executive E5.210)
爱达荷	1988	学生学业成就评价管理政策与程序
伊利诺伊	1986	本科教育调查委员会建议
印第安纳	1984	州绩效目标
爱荷华	1991	学生学业成就评价政策
堪萨斯	1988	评估政策
肯塔基	1992	问责促进计划
路易斯安那	1993	237号法
缅因	1986	规划目标
马里兰	1988	马里兰高等教育法修正案
马萨诸塞	1997	绩效评估系统
密歇根	—	—
明尼苏达	1987	中学后教育质量评价

续表

州	年份	政策／举措
密西西比	—	董事会政策及规定
密苏里	20 世纪 80 年代初	增值评价计划
蒙大拿	—	入学水平要求与发展教育
内布拉斯加	1994	培养项目评估
内华达	1989	评议会评估政策
新罕布什尔	—	—
新泽西	1977	基本技能评价计划（BASP）
新墨西哥	1990	战略规划和报告卡
纽约	—	专员规定
北卡罗来纳	1989	评估报告
北达科他	1996	战略规划
俄亥俄	1989	州第 140 号法案
俄克拉荷马	1991	评议会政策
俄勒冈	1993	俄勒冈评估模型
宾夕法尼亚	—	—
罗得岛	1986	高等教育委员会关于高等教育质量、培养项目和院校评估方法的政策
南卡罗来纳	1988	第 629 号法
南达科他	1984	评估政策
田纳西	1987	绩效拨款
得克萨斯	1987	得克萨斯学术能力计划（TASP）
犹他	1992	评估政策（HB 37）
佛蒙特	—	—
弗吉尼亚	1986	评估计划
华盛顿	1989	评估政策
西弗吉尼亚	1987	评估政策
威斯康星	1993	问责政策
怀俄明	—	—

资料来源：Nettles, M. T., et al., 1997 : *Assessment of Teaching and Learning in Higher Education and Public Accountability*, Stanford, National Center for Postsecondary Improvement, pp.30~31.

1. 科罗拉多州

科罗拉多州议会 1985 年通过的《州众议院第 1187 号法案》(*House Bill No.1187*)提出,重建科罗拉多州高等教育委员会(CCHE)并授予其广泛的权力和职责。

科罗拉多州立法机关在该法案第 13 条中规定,要实施高等教育问责项目,并明确阐明问责的宗旨及问责信息交流问题。在问责的宗旨上,该法案指出:"高等教育机构要证明学生从入学到毕业期间在知识、能力和技能上取得明显的进步。"除了知识、能力和技能,该法案还强调:"学生预期的学业成果……还包括其他一些学生成长的维度,例如自信、坚持、领导力、同情心、社会责任、理解文化和差异、就业能力和流动能力。"在问责信息方面,该法案指出:"这些可证明的进步状况的信息应公开发布和散发。"该法案还进一步指出:"院校评估的结果应向社会公布。"科罗拉多高等教育委员会应"就该条款的落实和执行情况向州长和州议会做出年度报告"。[①]

在该法案的 23-1-108 部分,立法者提出高等教育系统在质量、入学、多样性、效率和问责方面的五个目标,其中问责部分主要包括培养项目评估、财务评估和人事政策评估。在培养项目评估部分,该法案规定:① 高等教育委员会要按照院校职责、使命及州教育需求,对新设培养项目进行评估和审批;② 高等教育委员会应建立……关闭学术或职业培养项目的政策和标准;③ 各院校董事会……应向高等教育委员会提交一份计划,详细说明根据各自职责和使命定期开展学术培养项目评估的程序和时间表。在资源分配上,该法案第 23-1-105 部分规定:"高等教育委员会应制定用于议会拨款的分配公式,其主要原则是:① 反映各院校不同的职责和使命;② 根据培养项目的性质和入学人数,反映各院校的固定成本和可变成本;③ 反映财务决策权力下放和拨款的稳定性。"[②]

1986 年 12 月科罗拉多州高等教育委员会委托(美国)国家高等教育管理系统中心(NCHEMS)[③]起草教育问责的白皮书,并将该文件作为高等教育界、议会和公众讨论各种政策选项的基础。该白皮书于 1987 年 1 月发表,其中提出了有关院校效益的政策,提升州高等教育系统效益的总体规划,评估院校办学效益的意义、任务与内容,州和院校层面的行动方案,以及

---

① Jones, D. and Ewell, P., 1987 : *Accountability in Higher Education: Meaning and Method*, Boulder, National Center for Higher Education Management System, p.30.

② Jones, D. and Ewell, P., 1987 : Accountability in Higher Education: Meaning and Method, Boulder, National Center for Higher Education Management System, p.30.

③ 国家高等教育管理系统中心设在科罗拉多的顽石(Boulder),是一个非营利的教育机构。

评估院校和系统绩效的标准等。①

2. 佛罗里达州

佛罗里达州立大学问责的法律规定主要体现在《佛罗里达教育法》(*Florida Education Law*)中。该法第 240.214 部分提出立法的宗旨："立法机关希望通过对州立大学系统的质量和效益进行系统而持续的评估从而使问责得到落实。立法机关进一步希望在考虑到州立大学不同使命的基础上，通过这种问责过程在整个系统的层面上监督教学、科研和社会服务等主要领域的活动。在推进问责的过程中，州立大学系统、州立法机关和州长办公室应协同合作，制定全州的绩效标准并根据不同的标准制定相应的绩效目标。"②

该法要求各大学董事会开展以下问责活动：① 在 1991 年 12 月 31 日前完成课堂面授课时的评估工作，并在以后每年进行评估；② 在 1991 年 10 月 1 日前制订出具体的问责计划；③ 从 1992 年 12 月 1 日起，每年发表问责报告。该法还要求，从 1993 年 1 月 1 日起，各大学的评议会要根据州立大学系统问责计划对校长实现绩效目标的情况进行年度评估。

佛罗里达州立法机关还在 1991 年通过的有关社区学院的立法中规定："立法机关希望通过对州立社区学院系统的质量和效率进行系统而持续的评估和改进，从而使管理和问责得到落实。"③该法要求州社区学院委员会于 1992 年 1 月 1 日前制定出问责计划，在 1994 年 12 月 31 日前落实计划，并从 1992 年 12 月 31 日起每年提交报告。

3. 南卡罗来纳州

1985/86 年南卡罗来纳州议会决定资助州高等教育委员会（CHE）开展高等教育政策评估研究。1986 年 2 月，委员会委任的专门研究组（AVA）提交报告《南卡罗来纳高等教育：未来的议程》(*Higher Education in South Carolina：An Agenda for the Future*)。该报告中有九项建议是针对质量改进的，有 13 项是针对加强委员会建设的，而其中就包括在未来几年将高等教育政策评估作为一项重要目标，同时提升州政策制定者和公民对高等教育委员会的关注度。实际上，该报告是 20 世纪 80 年代中期很多国家和地区

---

① Jones, D. and Ewell, P., 1987 : *Accountability in Higher Education：Meaning and Method*, Boulder, CO, National Center for Higher Education Management System.

② von de Water, G. B.："Florida", in Ruppert S. S., 1994 : *Charting Higher Education Accountability：A Source Book on State-level Performance Indicators*, Denver, Education Commission of the States, p.30.

③ Legislature of the State of Florida, Chapter 91-55 : Committee Substitute for House Bill No.2497, https://sb. flleg. gov/nxt/gateway. dll/Laws/lf1991/chapters%2091-51%20-%2091-75/ch_91-055. htm？f=templates$fn=document-frameset. htm $3.0, 2020-10-12.

性研究中要求重视高等教育质量和问责问题的一个缩影。

在 AVA 研究组发表报告后,由高校代表、高等教育系统代表、议员、基层民众和高等教育委员会工作人员组成的六个咨询工作组对报告的结论和建议进行了商讨。此后不久,高等教育委员会形成一份议案《迈向前沿:南卡罗来纳高等教育科研与学术卓越行动》(*The Cutting Edge:Higher Education's Initiatives for Research and Academic Excellence in South Carolina*),并由时任高等教育委员会主席塞黑(Fred Sheheen)提交给州议会。1988 年 6 月,州议会通过《第 659 号法》(*Act 659*)即"前沿法"。该法提出通过实施一系列新举措来改进教学与研究、加强规划与评估,从而实现更大程度的问责,等等。尤其值得注意的是,该法第四条的 C 部分"通过规划和评估加强问责"明确要求高等教育委员会要切实建立监测各公立学院和大学办学效益的体制;同时,该条的 D 部分要求高校要制定内部的程序和计划来检测学生的学业成绩。对此,高等教育委员会称该法是提升高等教育质量和加强高等教育问责的一项重要法律。

同年,在联邦教育部改进中学后教育基金、州高等教育委员会和温斯罗普学院(Winthrop College)的合作下,该州建立了"南卡罗来纳高等教育评估网络"(SCHEA),旨在帮助学院和大学处理评估问题。1989 年 2 月,州高等教育委员会制定了《院校办学效益指南》(*Guidelines for Institutional Effectiveness*),其中列出了根据《第 659 号法》对学院和大学学术和管理事务进行评估的 18 个方面。该指南提出校本评估过程强调的是改进而非收集数据,并要求对评估的情况做出年度报告。1990 年,州高等教育委员会发表第一份《院校办学效益总结报告》(*Summary Report on Institutional Effectiveness*),该报告主要选取 18 个方面中的三个对 1989—1990 学年各院校的办学情况进行了说明。报告还指出,其目的不是进行院校间的比较,而是要通过持续的改进来提升办学质量。1991 年,州高等教育委员会进一步选择了五个方面发表了第二份《院校办学效益总结报告》。1992 年的第三份总结报告将内容再度扩大到九个方面。1992 年 2 月,南卡罗来纳州议会通过《第 255 号法》(*Act 255*),该法要求,高等教育委员会须从 1993 年起向州长和议会报告高等教育各方面的具体数据信息。据此,州高等教育委员会于 1993 年 1 月发表全新的《院校办学效益总结报告》,其中包括了此前提出的学术和管理事务全部 18 个方面的内容。[①]

---

① Ruppert,S. S.:"South Carolina",in Ruppert,S. S.,1994 :*Charting Higher Education Accountability:A Source Book on State-level Performance Indicator*,Denver,Education Commission of the States.

第二节　绩效拨款制度

绩效拨款，也被称为基于绩效（performance-based）或基于成果（outcomes-based）的拨款，是一项包括英美在内很多国家实施的高等教育问责措施。该措施通常使用公式，并根据学生成绩或科研成果向公立学院和大学分配国家资金。

一、英国高等教育绩效拨款制度

肇始于 1986 年的科研评估是英国典型的高等教育绩效拨款形式。其主要目的是通过奖励高等教育系统中科研表现优异的人员来驱动核心科研资金分配，使学者更加努力地追求卓越，从而以更高的评估分数带来更好的资源回报。因此，绩效拨款与科研评估在分配有限资源中发挥了重要的作用。[1]

（一）科研评估及其发展

1. 科研评估概述

英国政府首次明确做出"科研绩效要在大学资源配置过程中发挥重要作用"的陈述可以上溯到 1984 年。当年，在政府的授意下，大学拨款委员会在题为《20 世纪 90 年代高等教育的发展》的报告中提出："我们的目的是在大学科研经费的分配上采取一种更具选择性的方法，以确保所投入的科研资源取得最佳的效益。"[2] 随后，大学拨款委员会在 1985 年第 12 号公函中重申了这种政策目标。大学拨款委员会指出："科研经费的分配应考虑到各大学科研工作特殊的优势和承诺……以维护英国大学科研的质量。"[3]在这种政策背景下，大学拨款委员会于 1986 开展了首次科研评估。1989年大学基金委员会取代大学拨款委员会后继续开展了第二轮科研评估。《1992 年继续和高等教育法》颁布实施后，四个地区性高等教育基金委员会分别在 1992 年、1996 年、2001 年和 2008 年进行了四轮大规模的科研评估。在对以往科研评估理念与方法做出重大调整的基础上，最新一轮以"科研卓越"为指向的 2014 年科研评估（简称 REF 科研评估）全面开帷幕。[4]

---

[1] Herbst, M., 2009: *Financing Public Universities: The Case of Performance Funding*, Dordrecht, Springer.

[2] UGC, 1984: *A Strategy for Higher Education into the 1990s*, London, HMSO, p.5.

[3] UGC, 1985: *Circular Letter* 12/85, London, UGC.

[4] 1986 年和 1989 年的科研评估只是针对高等教育部门中的大学部分，而《1992 年继续和高等教育法》结束高等教育的"双重制"后，科研评估则面向整个高等教育部门而展开。

1986 年大学拨款委员会启动了名为"科研选择性评估"(research selectivity exercise)的首次科研评估活动。在这项评估中,大学拨款委员会要求各大学填写一份包括科研收入与支出、科研重点规划及科研成果等内容在内的调查表。大学拨款委员会收回调查表后交由下属的各学科分支委员会来审查,并按照一系列标准将大学的科研情况评定为优秀(excellent)、良好(above average)、一般(average)和较差(below average)几个等级。由于这是英国对大学科研质量进行全面评估的首次尝试,因此评估开展得并不是很顺利,评估过程中暴露出诸如评估科研质量的标准不明确、对不同学科施以不同的标准、缺乏对评估结果的上诉机制等问题,因而遭受广泛的批评。批评者认为,科研选择性评估缺乏学科上的一致性、评估人员身份不详,而且通过调查表收集到的数据缺乏完整性和准确性。1987 年《泰晤士报·高等教育副刊》(*Times Higher Education Supplement*,后更名为《泰晤士高等教育》,*Times Higher Education*)进行的一项民意测验显示,绝大多数学者对首轮科研选择性评估持反对意见。①

在 1989 年开始的第二轮科研评估中,为了使评估能够顺利实施,大学拨款委员会在评估前发布了咨询报告,并收到近 300 份反馈意见。针对这些意见,大学拨款委员会对第二轮评估采取了一些改革措施,其中包括将评估的一项主要标准调整为:评估论著发表及其他可获取的成果,将同行评议作为一般性的方法。虽然第二轮评估开展的情况要好于第一轮,但还是问题重重。批评意见集中反映在以下几个方面:① 由于公布新的五级等级评定标准及在预先确定评估单元(Unit of Assessments)时间上的耽搁,给各大学在准备上交材料上造成了困难;② 一些表格设计烦琐,而且对论著发表的定义也不甚明晰;③ 对各大学所递交的材料缺乏系统性的核查措施,导致一些故意"误报"信息的出现;④ 评估等级的设计对基础性和战略性研究有利,而对应用性研究则产生不利影响。②

第二轮评估以后,大学基金委员会本打算在 1993 年启动新一轮的评估。但《1992 年继续和高等教育法》打乱了原来的计划。为使四个新的高等教育基金委员会能够尽快开始制定 1993 财年的拨款计划,第三轮科研评估被提早到 1992 年进行。从这一轮开始,"科研选择性评估"改称为"科研评估",并一直沿用至今。与以往相比,这一轮评估出现了很多新变化:① 高校可以选定科研活跃的教职员工参与科研评估;② 评估采取五级制

---

① Times Higher Education Supplement,1987 : "Research Assessment", *Times Higher Education Supplement*,1987-06-05.

② UFC,1989 : *Report on the 1989 RAE*, London, UFC.

的等级评定形式；③ 针对人文社科领域的科研需要较长时段，对这些学科领域的评估时限延长至 1~4.5 年；④ 每名教师除上交两份代表性的论著，还需上报所有论著的数量化信息；⑤ 评估采取了正式的审核措施以查验上报信息的准确性。第三轮科研评估共收到来自 192 所高校的 2 800 多项报送信息，涉及 43 000 多名研究者的科研工作。根据评估结果，老牌大学成为最大的赢家，获得了全部科研拨款中的 91%，新大学（主要指 1992 年后升格的大学）为 7%，其他学院为 2%。[①]

在对 1992 年科研评估进行总结及对评估程序加以修改完善的基础上，高等教育基金委员会于 1994 年 7 月宣布将在 1996 年开展新一轮的科研评估。1996 年科研评估的一个重要变化是试图改变以往注重统计整个论著发表情况的定量测评的方法。英格兰高等教育基金会明确表示，科研评估关注的是科研质量；论著发表的数量并不能完全代表科研质量。[②] 因此，1996 年的科研评估要求高校提交各系或研究单位中科研活跃教师的名单及这些教师每人四篇代表作的详细信息，而非像 1992 年科研评估要求的提交全系教师所有论著信息。在科研评估的等级评定上，这一轮评估采取了从 1 到 5* 的七个等级的评定方式，原来的 3 级被进一步划分为 3a 和 3b 两个等级，同时新增了 5* 这个最高等级。在评估结果与科研拨款的联系方面，本轮评估规定取得 1 级或 2 级的系将得不到科研拨款，而根据评估结果可获得科研拨款的系，高等教育基金委员会将综合考虑其科研工作的数量和质量及在本领域从事科研活动的相对成本来确定拨款。

2001 年开始的第五轮科研评估又呈现出一些新变化。这些变化体现在：① 采用一些方法帮助评估专家组实现各参评学科评估的一致性，尤其是针对跨学科的研究采取了新办法；② 按照学科大类设置了医学与生物学、理学与工学、社会科学、区域研究与语言、人文学科五个评估专家大组，并在医学等一些学科设置了子评估专家组，在力图反映各学科真实差别的同时避免方法的多样性；③ 增加评估的透明度，各高校提交的信息公开发布在互联网上，有关评估结果的反馈信息也更多地以院校报告及学科总体报告的形式发布在互联网上；④ 该轮评估还将电子出版物等同于同行评议的纸制出版物来对待。

2. 科研评估的基本立意

20 世纪 80 年代中期，英国高等教育处在保守党政府执意要削减高等

---

① HEFCE，1994：*An Overview of Recent Developments in HE in the UK*，M2/94，Bristol，HEFCE.

② HEFCE，2007：*RAE 96 1/94 The 1996 Research Assessment Exercise*，http://www. hero. ac. uk/rae/rae96/cl94.html，2007-09-17.

教育的公共支出,而接受高等教育的学生人数不断攀升的形势之中,当时大学拨款委员会面对着如何在高等教育大众化的新环境中维护科研质量(尤其是对主要的研究性大学来说)的难题。事实上,大学拨款委员会有两种选择方案:一是将部分经费转交给各专业研究委员会(research councils),由其通过完全竞标的方式进行分配;二是以其他一些方式来评估科研质量,根据科研绩效来分配一部分经费。大学拨款委员会选择了后一种方案,而最终的结果是在整个英国高等教育部门引入了主要由学科专家小组执行的周期性的科研评估活动。

既然大学拨款委员会选定了上述方案,开展科研评估无疑是希望以更加具有选择性的方式分配科研经费,从而使有限的科研资源获得更好的使用效益。对此很多学者认为,大学拨款委员会开展科研评估并非出于教育改进上的考虑,而只是针对政府削减高等教育公共拨款的应对之策。[1] 而在此后的实际开展过程中,科研评估的基本目的——为每个参评单位(通常是以系为单位)评定出科研质量的等级,从而向拨款机构提供可靠的绩效信息并据此分配科研经费得到了贯彻。例如,1996 年度的科研评估就明确提出:"这一轮科研评估的目的是对高校科研质量的等级做出评定,使各高等教育基金委员会和北爱尔兰教育部(DENI)据此来决定 1997—1998 年度后对各高校的科研拨款。"[2]

但是,随着评估的逐步推进,除了出于质量等级信息的需要,科研评估还被赋予了其他一些更广泛的目的。这些目的包括:① 通过提供经费(包括科研基础设施)来维护和发展英国高校的科研能力,激励高校提升科研质量,确保把有限的科研经费分配到那些具有最佳科研质量的高校和学科领域;② 维护国家研究型大学的国际竞争力;③ 激励并帮助开展高质量的科研培训。[3]

上述这些目的在历次科研评估中都有所体现。科研评估管理小组

① Jones,C. S.,1986 :"Universities,on Becoming What They Are Not",*Financial Accountability and Management*,2(2);Jones,C. S.,1994 :"Changes in Organisational Structures and Procedures for Resource Planning in Three British Universities:1985–92",*Financial Accountability and Management*,10(3) ;Sizer,J.,1988 :"British Universities Responses to Events Leading to Grant Reductions Announced in July 1981",*Financial Accountability and Management*,4(2) .

② HEFCE,SHEFC,HEFCW and DENI,2008 :*1996 Research Assessment Exercise*,RAE96 1/94, http://www. hero. ac. uk/rae/rae96/c194.html,2008-01-21.

③ Boston,J.,2008 :*The Purpose of the Research Assessment Exercises in Britain and Hong Kong*, http://www. minedu. govt. nz/web/downloadable/dl7503v1/purpose-of-rae-in-uk-and-hk. doc, 2008-01-21.

（RAE Team）① 在 2001 年度科研评估的指导文件中就提出："科研评估对科研质量的审查是为了确定经费的流向。由于各高校所提交的科研信息是依据各学科的国际先进标准来评估的，因此该体系的主要目的是维护和发展英国大学及其他高等教育机构的科研实力和国际竞争力。"② 新推出的 REF2014 科研评估作为一种科研评估框架，其目标指向为：① 提升英国科研基础和各种形式科研活动的质量；② 支持和鼓励创新性和探索性研究，包括以新方法在新领域开展的跨学科研究；③ 奖励和鼓励有效分享、传播和应用科研发现，以及科研人员及思想在高校、工商业界及其他研究使用者之间的有益交流；④ 奖励和鼓励高校通过开展卓越研究为产业界、经济和社会发展做出贡献；⑤ 以国际标准为基准，实施并发布全面的和过程透明的质量评价，遴选最佳的高等教育科研成果；⑥ 支持高校改善科研管理和可持续发展。③

对高校来说，它们对科研评估也有自己的打算。由于科研评估成为高等教育科研拨款的一个主要依据，因此它们希望通过自身的绩效表现使政府追加对高等教育的投入。但是这种意图从未出现在科研评估的"官方"目的表述中。④

3. 科研评估的操作程序

作为一种长时段的评估活动，REF2014 科研评估在 2008 年 RAE 科研评估结束后便开始酝酿准备，并于 2010 年 3 月正式启动，至 2015 年春季全部完成，整个评估活动持续六年时间。REF 2014 科研评估全部实施过程的时间安排可参见表 4.2。其主要运行程序包括以下几个方面。

（1）确定评估单元

REF2014 科研评估确定了四个学科大组（main panel），其中 A 组主要是医学、农学和食品科学，B 组主要是理学和工程学科，C 组主要是社会科学学科，D 组主要是人文、艺术、传播和宗教相关学科。四个学科大组下又设置了 36 个子学科组（sub-panel）即评估单元（UOA）。36 个评估单元覆盖到所有的研究门类。各高校可自行选择评估单元，并提交各类经费渠道资助

---

① 2001 年科研评估的日常管理工作是由一个代表四个地区性的高等教育基金委员会的管理小组来开展的。该小组设在布里斯托的英格兰高等教育基金委员会。

② RAE Team, 2001 : *A Guide to the 2001 Research Assessment Exercise*, Bristol, HEFCE, p.2.

③ HEFCE, 2009 : *Research Excellence Framework*: *Second Consultation on the Assessment and Funding of Research*, Bristol, HEFCE.

④ Boston, J., 2008 : *The Purpose of the Research Assessment Exercises in Britain and Hong Kong*, http//: www. minedu. govt. nz/web/downloadable/dl7503v1/purpose-of-rae-in-uk-and-hk. doc, 2008-01-21.

的各种科研项目进行评估。专家评审委员会负责对每个评估单元的参评项目做出评价并打出等级。REF2014 学科评估的学科分类可参见表 4.3。

表 4.2　REF2014 科研评估的日程安排

时间	评估安排
2010 年 3 月	拨款机构就实施 REF 发表初步决定
2010 年 7 月	发布"评估单元及聘任专家评审委员会"通知
2010 年 11 月	发布《REF 试点影响》报告
2011 年 2 月	发布评审委员会的遴选办法
2011 年 3 月	发布《评价研究影响的决定》
2011 年 7 月	发布《评估框架及数据报送指南》
2011 年 7 月底	就《评审委员会遴选标准及工作办法》开展咨询
2012 年 1 月	发布《评审委员会遴选标准及工作办法》
2012 年 3 月—12 月	高校报送评估材料及案例影响报告
2012 年 5 月	高等教育统计局向高校提供 2008—2009 学年至 2010—2011 学年数据信息
2012 年 10 月—12 月	开展参与评估意向调查
2013 年 1 月	启动报送系统
2013 年 3 月—6 月	为评审委员会聘任额外评估人员
2013 年 4 月	高等教育统计局向高校提供 2008—2009 学年至 2011—2012 学年数据信息
2013 年 7 月 31 日	评估期结束(科研影响、科研环境及科研收入和获得博士学位人数)
2013 年 11 月 29 日	报送截止日期
2013 年 12 月 31 日	科研发表截止日期
2014 年全年	评审委员会评估报送材料
2014 年 12 月 18 日	发布评估结果
2015 年春季	发布评估报送资料、评审委员会评估报告

资料来源：REF2014，2014：*REF2014*：*Timetable*，http://www.ref.ac.uk/timetable/，2014-04-02。

表 4.3　REF2014 科研评估的学科分类

学科大组		评估单元	学科大组		评估单元
A	1	临床医学	C	19	商业与管理研究
	2	公共卫生、卫生服务与初级护理		20	法学
	3	相关医学专业、牙医、护理与药学		21	政治学与国际研究
	4	心理学、精神病学与神经科学		22	社会工作与社会政策
	5	生物医学		23	社会学
	6	农学、兽医学与食品科学		24	人类学与发展研究
B	7	地球系统与环境科学		25	教育学
	8	化学		26	运动与锻炼科学、休闲与旅游
	9	物理学	D	27	领域研究
	10	数学科学		28	现代语言与语言学
	11	计算机科学与信息学		29	英语与文学
	12	航空、机械、化学与制造工程		30	历史学
	13	电气电子工程、冶金学与材料学		31	古典学
	14	民用建筑工程		32	哲学
	15	普通工程学		33	神学与宗教科学
C	16	建筑学、建筑环境与规划		34	艺术设计；历史、实践与理论
	17	地理、环境研究与考古学		35	音乐、戏剧、舞蹈与表演艺术
	18	经济学与计量经济学		36	传播、文化与媒体研究、图书馆与信息管理

资料来源：REF2014,2014 ：*Unit of Assessment*,http://www. ref. ac. uk/panels/unitsof assessment/,2014–04–02。

(2) 组建评估专家委员会

REF2014 科研评估专家评审委员会主要由科研人员和科研成果使用者组成。专家评审委员会的组建是一个"自下而上"的开放的申请、提名和遴选过程。学科大组主要由组长、各子学科组组长，以及具有国际评估经验的专家和科研成果使用方的代表组成，主要负责领导和指导所属的各子学科组，制定相关的评估标准及工作方法。子学科组由组长及 10~30 名成员 (具体人数根据所在学科组的规模和范围来决定) 组成，负责根据学科大组评估标准和工作方法制定各具体学科的评估标准与方法，并据此评估各高校提交的评估材料。此外,REF2014 科研评估还聘请了相当数量的评估员(assessor),负责在评估实施阶段帮助各子学科组开展评估活动。在学科组成员和评估员的任用上,英国各高等教育拨款机构在征求意见的基础上认定了 1 950 个涵盖各类学术协会组织和科研利益相关组织的提名机构,被提名的学科评估组成员和评估员在满足相关学科领域的专业知识和评估活动经验的基础上,由高等教育拨款机构的首席执行官来任命。

(3)确定评价标准

与此前的 RAE 科研评估相类似,REF2014 科研评估主要是基于专家的评审。各子学科评估组将在其评估单元内就提交材料进行评审。各子学科评估组将采用集体专业判断的方式对每份提交的材料做出总体评价,并向学科大组提供被评价高校的质量等级的建议。REF2014 科研评估各学科评审组对高校科研工作的评估主要根据科研产出(outputs)、科研影响(impact)和科研环境(environment)三个独立的指标来进行。有关 REF2014 科研评估的指标构成和评价标准可参见表 4.4。

表 4.4 REF2014 科研评估指标构成及评价标准

指标	科研成果质量	科研在学术界外的影响	科研环境
权重	65%	20%	15%
评价标准	每位教师最多提交四项科研成果(限 2008—2013 年发表)	科研影响案例研究及对取得该影响的策略的详细描述	有关科研战略、学生、教师、科研收入、设施及合作等方面的数据信息

资料来源:REF2014,2014:*Assessment Criteria and Level Definitions*,http://www.ref.ac.uk/panels/assessmentcriteriaandleveldefinitions/,2014-04-02。

新的 REF 科研评估延续了 RAE 对科研成果质量的高度关注,该指标在新的评估体系中仍具有举足轻重的位置,其权重占到 65%。评价"科研产出"即科研成果质量的主要指标是国际科研质量标准衡量科研成果的原创性(originality)、重要性(significance)和严谨性(rigour)。其中,科研产出包括原创性的研究发现、研究报告、数据综合(evidence synthesis)、书评、案例研究、方法和理论成果及技术鉴定(technology appraisals)等。同时,上述科研成果需以同行评议期刊论文、会议论文、学术专著及著作章节、专利等形式,或以提交给政府部门、慈善团体、专业团体和工商业界的研究报告等形式公开发表,又或以新材料、软件包、图像、设备等其他应用性研究成果的形式呈现。各高校相关学科每位教师需提交最多四项科研成果(限 2008—

2013 年发表)。据此,高校提交的科研成果可被评定为从 1* 到 4* 的四个等级,如果科研成果的质量尚未达到国内水平或科研成果不符合本评估中对科研的定义则"无等级"(参见表 4.5)。

表 4.5　REF2014 科研评估有关科研产出的质量等级及描述

质量等级	质量等级描述
4*	科研成果的质量在原创性、重要性和严谨性方面达到世界领先水平
3*	科研成果的质量在原创性、重要性和严谨性方面达到国际先进水平,但是距最卓越的标准还有所欠缺
2*	科研成果的质量在原创性、重要性和严谨性方面达到国际水平
1*	科研成果的质量在原创性、重要性和严谨性方面达到国内水平
无等级	科研成果的质量尚未达到国内水平或科研成果不符合本评估中对科研的定义

资料来源:REF2014,2014 :*Assessment Criteria and Level Definitions*,http://www. ref. ac. uk/panels/assessmentcriteriaandleveldefinitions/,2014-04-02。

　　除了从学术角度评价科研成果,REF2014 科研评估首次明确提出对科研成果在学术界以外的影响进行评价(参见表 4.6)。REF2014 科研评估的主要目的是激励高校与企业界、公共部门及公民社会组织合作开展科研开发项目,并从合作成果中汲取新思想。REF2014 科研评估所强调的"影响"主要是指科研成果在学术界以外,对经济、社会、文化、公共政策或服务、卫生、环境及生活质量等方面产生的任何效果、变革和收益,其权重为 20%。科研影响主要从科研活动的"范围"(reach)和"意义"(significance)两个维度进行评价。其中,"范围"是指科研活动产生影响和作用的扩展幅度;"意义"是指科研活动影响或作用的强烈程度。各高校负责收集和提交科研成果影响的支撑材料。其一是科研成果影响的案例研究。案例研究所涉及的科研成果必须是高校 1993 年以来开展的并在 2008—2013 年发表的高质量的研究成果。高校可提请科研成果使用方提供产生影响的有关证据或证明。案例的数量按每十名教师一个案例的比例提交。其二是科研成果影响的策略。各高校需详细说明如何与科研成果使用方合作,促使科研成果取得影响。[1]

---

[1]　REF2014,2012 :*A Brief Guide for Research Users*,Bristol,REF,p.2.

表4.6 REF2014科研评估有关科研影响的等级及描述

等级	等级描述
4*	科研活动在范围和意义方面具有突出影响
3*	科研活动在范围和意义方面具有较大影响
2*	科研活动在范围和意义方面具有一定影响
1*	科研活动在范围和意义方面得到认可但只具有一般影响
无等级	科研活动在范围和意义方面影响很小或没有影响;或产生的影响不符合要求;或不是提交学科单元卓越科研所强调的影响

资料来源:REF2014,2014:*Assessment Criteria and Level Definitions*,http://www.ref.ac.uk/panels/assessmentcriteriaandleveldefinitions/,2014-04-02。

"科研环境"也是REF2014科研评估新增的评价指标,该指标的权重为15%。对科研环境的评价主要围绕科研的"活力"(vitality)和科研的"可持续性"(sustainability)来进行(参见表4.7)。其中,"活力"主要考察的是一个评估单元为科研活动提供激励性和促进性环境的程度,即是否有有效的战略规划,是否参与到国内和国际科研共同体,能否通过其国际声誉吸引优秀的硕士生和博士生,以及是否有充足的科研经费支持等;"可持续性"主要考察的是面向未来的连贯的发展愿景,以及对科研人员和科研基础设施的投入等。具体而言,评价的内容包括:总体情况、科研战略、科研人员(其中包括人事政策、教师发展、研究生培养等)、科研收入与基础设施,以及对科研合作提供的支持和对更大范围科研基地的贡献等。[①]

表4.7 REF2014科研评估有关科研环境等级及描述

等级	等级描述
4*	在活力与可持续性方面,具备能够产生世界领先水平的科研成果的环境
3*	在活力与可持续性方面,具备能够产生国际先进水平的科研成果的环境
2*	在活力与可持续性方面,具备能够产生国际认可水平的科研成果的环境
1*	在活力与可持续性方面,具备能够产生国内认可水平的科研成果的环境
无等级	科研成果的质量尚未达到国内认可水平

资料来源:REF2014,2014:*Assessment Criteria and Level Definitions*,http://www.ref.ac.uk/panels/assessmentcriteriaandleveldefinitions/,2014-04-02。

---

① REF2014,2012:*Panel Criteria and Working Methods*,Bristol,REF.

(二) 科研评估与绩效拨款 [1]

英国高等教育科研评估的一个重要特点就是将评估结果与高等教育拨款机构的科研拨款直接挂钩。1986 年第一次科研评估的结果决定了大学拨款委员会(UGC)近一半的科研拨款流向。[2] 从英格兰高等教育基金委员会根据 2008 第四轮科研评估而进行的年度科研拨款来看,科研评估的结果对科研拨款同样起着重要的影响作用。在该委员会 2009—2010 年度总额为 15.72 亿英镑科研拨款中,科研质量主渠道拨款(Mainstream Quality-related research founding)是以科研评估的结果作为主要依据的。科研质量拨款是科研拨款的重心,其经费总额达 11.06 亿英镑,占到整个科研拨款总额的 70%。[3] 从英格兰高等教育基金委员会的拨款文件来看,2014—2015 年度和 2015—2016 年度科研质量主渠道拨款都已达 10.5 亿英镑。[4]

从以往科研拨款的操作来看,科研质量主渠道拨款在经费分配上通过两个步骤实施。首先是确定分配到各学科(即科研评估中的评估单元)科研经费的总额,其方法是根据不同学科科研成本的权重系数计算而得(参见表 4.8)。其次是将各学科(评估单元)的科研经费分配到各高校。在这个分配过程中,各校所能获得的科研拨款与其在科研评估中取得的等级密切相关。从历次科研评估来看,这种拨款"门槛"一直处在不断抬高的发展趋势。例如,在 RAE1992 科研评估中,如果一个学科的评估结果位居五个等级中最低的一个级别便无法得到拨款。RAE1996 科研评估则改为在七个等级中取得 1 级和 2 级的学科会被取消拨款。而 RAE2001 科研评估进一步将这个拨款门槛提高到 3b 等级。在等级调整后的 RAE2008 科研评估中(参见表 4.9),如果科研评估的等级为无等级或 1*,那么相应的拨款权重系数为 0,这意味着高校得不到拨款。有分析指出,REF2014 科研评估后,新的拨款公式将删除 2* 质量等级的科研拨款。拉夫堡大学(Loughborough University)和兰开斯特大学(Lancaster University)的科研副校长也都认为,

---

[1] 英国议会于 1965 年通过了《科学技术法》(Science and Technology Act 1965)并借此确立了著名的大学"双重科研拨款制度"(dual support system)。根据这一制度,英国政府对大学的科研拨款主要有两个渠道,一是经常性拨款中的科研拨款,由教育主管部门通过大学拨款机构下拨,主要用于相关人员工资、学术基础设施建设、计算机和图书馆资源等的投入,属政府对大学的基本科研投入;二是科研项目经费,由科技主管部门下属的各专业研究委员会(research councils)根据大学科研人员的项目申报,以竞争的方式下拨。本部分所称的"科研拨款"主要是指通过前一种渠道进行的拨款,即经常性拨款中的科研拨款。

[2] Kogan, M. and Hanney, S., 1999 : Reforming Higher Education, London, Jessica Kingsley.

[3] HEFCE, 2009 : Recurrent Grants for 2009–10, Bristol, HEFCE.

[4] HEFCE, 2014 : Recurrent Grants for 2014–15, Bristol, HEFCE; HEFCE, 2015 : Recurrent Grants for 2015–16, Bristol, HEFCE.

REF2014 科研评估中的 2* 等级可能不再能获得拨款,科研拨款的选择性将更加明显,拨款门槛提高到 3* 等级将不可避免。[①] 同时,不同等级之间的拨款权重也存在巨大的差异。2009—2010 年度等级为 4* 级高校获得的拨款比等级为 2* 高校高出 6 倍,2010—2011 年度以后进一步扩大到高出 8 倍。科研拨款的高度选择性从中可见一斑。

表 4.8 RAE2008 科研评估中科研质量主渠道拨款的权重指标及系数

类别	权重系数
高成本的实验室和临床学科	1.6
中等成本的学科	1.3
其他学科	1.0

资料来源：HEFCE,2009：*Recurrent Grants for 2009–10*,Bristol,HEFCE,p.14。

表 4.9 RAE/REF 科研评估质量等级与拨款的权重

质量等级	拨款权重						
	2009—2010	2010—2011	2011—2012	2012—2013	2013—2014	2014—2015	2015—2016
4*	7	9	9	3	3	3	4
3*	3	3	3	1	1	1	1
2*	1	1	0. 294	0	0	0	0
1*	0	0	0	0	0	0	0
无等级	0	0	0	0	0	0	—

资料来源：英格兰高等教育基金委员会 2009—2016 年经常性拨款文件。

(三) 关于 REF2014 科研评估的若干评论

REF2014 科研评估是英国开展高等教育科研评估 20 多年来所进行的一次重大变革。REF2014 科研评估实施中暴露了一些问题并引发了各种争论。在这些问题和争论中,尤以科研影响、学科发展、行政负担和教师压力四个方面最为突出。

1. 科研影响：应然还是实然?

在 REF2014 科研评估方案的最初设计中,原本并未考虑科研影响与环境因素,然而过去几年经济的萧条影响了政府各个领域的政策,REF2014

[①] Jump,p.,2013："REF Survey Eases Fears of Selective Game–playing",*Times Higher Education*, 2013–01–17.

科研评估也不例外。随着国库收入的紧缩，财政问题成为争论的中心，人们自然而然会问大学科研活动是否应更有效地促进经济发展。正因如此，REF2014 科研评估新的组成部分中增加了科研环境和科研影响。

在 REF2014 科研评估强调的"用户友好型"（user-friendly）评估方式中，来自公司、政府和慈善机构等社会组织的评审委员会成员占比超过总人数的 20%，与 RAE2008 科研评估相比增长了一倍。平均每个子学科组有六名用户成员。同时，整个评估中 20% 的权重是评价科研活动在学术界以外对经济、社会和更广泛的文化产生的影响。英格兰高等教育基金委员会认为，科研用户的参与将有助于评价大学活动对经济、社会和文化产生的影响。[1] 英国 REF 科研评估强化科研影响的改革举措甚至引发了海外的关注和效仿。澳大利亚的科研评价计划"澳大利亚卓越科研"（ERA）原来并未考察科研影响因素。但目前澳大利亚政府也越来越想知晓每年 90 亿澳元科研投入产生的社会、经济和环境收益。澳大利亚政府也于 2013 年就引入科研影响评价展开了公众咨询。[2]

但是对评价科研影响，英国学术界表达了不同的声音。伦敦大学教育学院（IOE）高等教育专家斯科特（Peter Scott）认为，与 RAE 科研评估相比，REF 科研评估改变了以往的游戏规则，强化"影响"能够更好地满足科研拨款的现实经济性。而事实也是如此，除了人文学科，科研人员越来越依赖强调"影响"的资助项目。但在斯科特看来，REF 科研评估仍没有充分反映社会环境变化对科研成果提出的新要求。科研成果不仅要满足国家的研发需求，还应为新的社会运动及更广泛的城市、社区和公民社会机构提供支持。在未来十年，与"世界一流"大学的命运、"知名"教授的尊严甚或数百个大学系科的财富相比，更为紧要的是 REF 科研评估的导向，以及思考和开展科研工作的新思维。[3] 卸任坎特伯雷大主教后担任剑桥大学麦格达伦学院（Magdalene College，Cambridge）院长的威廉姆斯（Rowan Williams）则认为，科研拨款机构狭隘地强调科研影响将导致大学重新考虑办学重点，使其采取实用主义和短视的方式来看待科研和教学工作。他指出，拨款机构的"法定"职责是要求大学提供对公众生活产生影响的证据。而大多数学者认为目前所使用的评价影响的方法难以接受，因为这些评价方法只适于

---

[1] Matthews, D., 2013 : "'User'-friendly REF Panels to Gauge Impact", *Times Higher Education*, 2013-06-20.

[2] Jump, P., 2013 : "Australia Prepares for (Research) Impact", *Times Higher Education*, 2013-06-22.

[3] Scott, P., 2012 : "The Research Excellence Framework Could Kill off Some Departments", *The Guardian*, 2012-03-05.

比较短期的时限，而且适用于某些领域的举措并不一定在其他领域也同样奏效。①

2. 学科发展：同质还是异质？

英国高等教育科研评估的一个重要目标在于通过促进科研质量的不断提升实现科研卓越。而科研卓越离不开学术环境的包容与学术理论的争鸣。但在实践过程中，在一些学科领域 REF2014 科研评估却造成了对非主流学者的排斥。以经济学科为例，有分析认为，REF2014 科研评估存在促使英国经济学成为"一种远离现实世界、完全古怪的学术性学科"的风险。美国密苏里大学经济学教授李（Frederic Lee）领衔的一个研究团队在《剑桥经济学刊》（*Cambridge Journal of Economics*）发表题为《英国科研评估与英国经济学的窄化》（*UK Research Assessment Exercise and the Narrowing of UK Economics*）的文章指出，REF2014 科研评估之前的历次科研评估已使非主流经济学得到有效"抑制和消除"。由于少数顶尖系科最有可能在 27 种偏好"主流"理论的国际卓越水准期刊发表论文，所以不断强化对所谓达到国际卓越水准的科研进行科研质量拨款，相当于集中对少数顶尖系科的支持。该文章认为，学科同质化愈加强化了拨款机构依靠学科学会来提名 RAE 科研评估和 REF 科研评估的评审专家。在经济学科，科研评估主要是由一些顶尖系科"学科精英大腕儿"为主导的皇家经济学会掌控的。这意味着绝大多数科研评估评审专家都是主流经济学者。该文章指出，这种情况在 REF2014 科研评估中尤为突出，在经济学子学科组的 12 名评审专家中，有九名来自"精英和准精英"系科，而且他们中绝大部分都正在或曾经担任"国际卓越期刊"的编委。科研评估引起的另一个副作用是，在上述这些期刊发表论文变得尤为重要，这导致所有的经济学系科都把在"国际卓越期刊"发表论文视为评估的关键，并纷纷开始招揽能够在这些期刊发表论文的学者。同时，这种强大的评估压力迫使很多"非主流"经济学者转向主流研究，或者转到其他系科，甚或被迫离开学术界。文章最后指出，事实上这不是经济理论孰是孰非的问题，而是无所畏惧地对非主流学者集体惩罚，并将这种错误或者可能错误之举视为理所当然的问题。②

3. 行政负担：减轻还是加重？

科研评估带来的行政工作负担一直为高校诟病。因此 REF2014 科研评估的初衷之一是要简化评估和降低负担。最初的 REF2014 科研评估方

① Jump, P., 2014 : "Rowan Williams Decries Narrow Impact Agenda", *Times Higher Education*, 2014–04–17.

② Jump, P., 2013 : "REF 'Risks Narrowing Economics'", *Times Higher Education*, 2013–07–10.

案试图以使用文献计量指标（bibliometric indicators）为主。在改革之初，政府也明确打算在 RAE2008 科研评估后将采用基于计量的科研质量评价体系。但这种设想最终还是落空了。英国高等教育智库机构——高等教育政策研究所（HEPI）的贝克拉尼亚（Bahram Bekhradnia）所长 2009 年在一篇针对 REF2014 科研评估的评论中就曾指出，目前提出的方案与原来基于计量的计划完全不同，简直就是以前 RAE 科研评估的发展。[1]2013 年 11 月《泰晤士高等教育》对高校科研副校长所做的调研显示，本轮科研评估的工作强度要高于 2008 年的评估。一位罗素大学集团[2] 成员大学的副校长指出，REF2014 科研评估将评估单元从 67 个减少至 36 个，对高校来说，把若干个学术系科合并到一个评估单元的复杂性使得 REF 科研评估比 RAE 科研评估更加烦琐。此外，新增的科研影响评价也是加重评估负担的重要因素。布鲁内尔大学科研副校长罗杰斯（Geoff Rodgers）表示，由于要花时间去了解详细的要求，这显然比 RAE 科研评估增加了很大的工作量。拉夫堡大学科研副校长尼莫（Myra Nimmo）也表示，REF2014 科研评估的工作量一点不比 2008 年评估小，尤其是在准备科研影响的案例研究报告方面。一些大学甚至暗示将根据能够准备出的优秀案例研究的数量来紧缩上报研究人员的数量。有校长认为，未来的科研评估应采取更为简单的方式，应要求所有高校的所有科研人员都提交材料而非鼓励选择性地由部分人提交。[3]萨伊尔也批评，当初拨款机构推动科研评估改革的原因之一就是要显著减轻高校的行政工作负担，[4]但现在恰恰相反。高校只能通过在提交评估前精心设计内部操作程序来判断科研产出质量。兰开斯特大学很多学院 2012 年以前都全面开展模拟评估，因此耗费了大量的时间和资源。

4. 教师压力：坚守还是离开？

科研评估虽是对高校学科科研质量和科研实力的检验，但客观上也造

① Richardson, M., 2014: *The Research Excellence Framework: Revisiting the RAE*, http://www. research trends. com/issue22–march–2011/the–research–excellence–framework–revisiting–the–rae–2/, 2014–03–31.

② 罗素大学集团 1994 年在英国伦敦成立，因成员大学的校长每年春季固定在伦敦罗素广场旁的罗素饭店（the Hotel Russell）举行会议而得名。目前，罗素大学集团由 20 所研究型大学组成，主要目的是促进成员大学的教学和科研发展，并探索和分享各成员在大学组织与管理方面的新思想和新观念。

③ Jump, P., 2013: "REF More Burdensome Than RAE, Pro V–cs State", *Times Higher Education*, 2013–11–28.

④ Sayer, D., 2013: *The Kafkan World of the British "Research Excellence Framework"*, http://coastsofbohe mia. com/2013/08/13/the–kafkan–world–of–the–british–research–excellence–framework/, 2013–08–13.

成了科研力量的洗牌与重组。历次 RAE 科研评估都出现过类似的情况，REF2014 科研评估也无法避免。此举给教师，尤其是科研"不活跃"或"不积极"的教师造成的压力不言而喻。对系科和研究团队来说，科研评估不仅事关其学术荣誉，更关系其学术可持续性，甚或生存。科研评估成绩不佳就意味着优秀教师的流失。对学者个体来说，科研评估关乎他们作为学者或科学家的身份。科研评估等级如同银行红利，但不形同现金支付，而是事关生死存亡。[1] 在 REF2014 科研评估实施过程中，兰开斯特大学历史系主任萨伊尔（Derek Sayer）提出"超现实"的诉求，反对将自己纳入该系参评教师名单，并试图以此强调科研评估对一些同事的排斥实际上构成了一种"歧视"。萨伊尔在其个人博客中撰文指出，此举有悖于英格兰高等教育基金委员会有关透明度和问责的指导原则，也违背了英格兰高等教育基金委员会"所有符合资格的教师员工都应参与卓越科研评估"的要求。[2]2013年 6 月英国大学和学院工会（UCU）对八所大学开展的抽样调查显示，超过 10% 的教师由于在科研产出方面没有达到学校 REF2014 科研评估的要求或将遭到解雇。有将近 7 500 名受访者表示，他们已收到学校通知，如果达不到 REF2014 科研评估要求将面临解雇。米德塞克斯大学（Middlesex University）有高达 29% 的受访者称收到此类消息。沃里克大学（University of Warwick）有 17% 的受访者表示由于没有参与科研评估而将遭受惩罚。埃塞克斯大学（University of Essex）有 29% 的受访教师称被告知将无法晋升职称，有 20% 的受访者将被下调岗位，有 59% 的受访者将被转为"教学为主"的工作合同。尽管一些大学认为，由于调查样本较小，调查结果可能不具代表性。但英国大学和学院工会负责国家产业关系的官员费拉（Stefano Fella）强调，调查是合理的，调查结果也反映出受访者相当程度的不满情绪。调查还显示，近 25% 的受访者表示在"合理"时间以外超过一半的精力花费在 REF2014 科研评估要求的成果上。约有 34% 的受访者认为，REF2014 科研评估给其健康带来负面影响。费拉认为，大学应该意识到科研评估只是争取学校声誉和拨款最大化的游戏而已，而不应与教师待遇和评价挂钩。[3]

---

[1] Scott, P., 2012 : "The Research Excellence Framework Could Kill off Some Departments", *The Guardian*, 2012–03–05.

[2] Jump, P., 2013 : "Lancaster Historian Appeals Against His Inclusion in REF", *Times Higher Education*, 2013–10–31.

[3] Jump, P., 2013 : "UCU Uncovers High Price of Failure to Hit REF Targets", *Times Higher Education*, 2013–10–03.

二、美国高等教育绩效拨款制度

正如上文所述，尽管美国高等教育问责的三种传统方式直至今天依然在发挥作用，然而近年来，几乎所有的州都采取一种至三种新的方式来使公立院校对其办学绩效负责。这就包括绩效预算（即各州分配资源时会考虑到院校的办学成果）和绩效拨款（即直接将拨款和办学成果挂钩）。[①]

绩效预算和绩效拨款是将院校绩效纳入原来的，包括日常开支、学生人数、通货膨胀等因素在内的预算考虑之中。绩效预算和绩效拨款采取了根据实际取得的成果，而非以往根据预期结果分配资源的做法。这种做法使预算问题从州应该为高校做什么转变为高校应该为州和学生做什么。但实际上，绩效预算和绩效拨款只占州整个经费资助中很小的部分，州对公立高校的预算主要还是基于传统的成本、学生、通货膨胀等因素。

绩效拨款主要是州相关部门根据具体指标利用公式将一定额度的拨款与公立高校的办学绩效直接而且紧密地联系起来，因此也通常被称为"为绩效付费"（pay for performance）。绩效拨款主要强调的是经费的分配问题。在绩效拨款中，经费与绩效是密切的、自动的和公式化的。如果高校实现预定的目标或取得指标规定的进展，那么就会获得州一定数量的拨款。在当前背景下，绩效拨款影响的只是以直接拨款形式提供的州高等教育拨款。在 2017 财年，美国所有公立高等院校中有 54% 的教育收入来自州拨款，46% 的教育收入来自学生支付的学费。[②] 大部分州的决策者认为，将一小部分经费（通常为 1%~5%）用于绩效拨款将会促使高校产生有益的变革。绩效拨款具有明确但不灵活的特点。[③]

绩效预算由州长、州议员、州高等教育协调 / 管理机构或高等教育系统根据绩效指标考察的高校办学成效来编制，它强调的是预算的准备和报告，而不考虑经费的分配。相对来说，绩效预算是一种主观性的活动，编制过程往往要考虑不同方面。绩效预算一般会提供先期经费，再根据州、州高等教育协调 / 管理机构或高等教育系统对办学效果的考察和认定来提供额外的经费。绩效预算具有灵活而不明确的特点。

---

① Kelchen, R., 2018：*Higher Education Accountability*, Baltimore, MD, John Hopkins University Press.

② Li, A. Y., 2018：*Lessons Learned：A Case Study of Performance Funding in Higher Education*, Washington, D. C., Third Way.

③ Mize, R. M., 1999：*Accountability Measures：A Comparison by Type and State*, Sacramento, Community College League of California.

尽管绩效预算和绩效拨款有着概念上的区别，但实际上政策制定者时常将两者混淆。例如，在亚拉巴马州，虽然州高等教育协调委员会将其新计划标示为"绩效拨款"，但财务官在听到后称之为"绩效预算"。[①]

（一）绩效预算／拨款的兴起与现状

在美国高等教育领域，将预算和拨款与院校办学绩效相联系的尝试起始于 20 世纪 70 年代。1979 年，田纳西州率先采取了将拨款与绩效直接挂钩的措施，其后在 20 世纪 80 年代，康涅狄格州实施了根据少数族裔学生入学这一单一指标进行拨款的政策，夏威夷州也开展了有关绩效拨款的试验。但从整体来看，这段时期高等教育绩效预算和拨款活动主要还处在初创和尝试阶段，因此无论在程度上还是在范围上都非常有限。

20 世纪 90 年代初，美国经济衰退，各州财政收入减少，在与卫生医疗、福利、监狱和公立学校等事业拨款的竞争中，高等教育成为压缩拨款的主要目标。州政府官员不断批评公立高等教育的办学效率和效益问题，并强烈质疑教师教学和学生学习的状况与质量及学费和行政成本高涨等问题。在这种形势下，高等教育绩效预算和拨款成为热门话题，各州也纷纷采取新的高等教育财政政策。正如加利福尼亚州小胡佛委员会（Little Hoover Commission）所指出的："在这个经济衰退造成税收减少而服务需求增长的时代，州和地方政府都在寻求以最低成本实现更好服务的方式。"[②] 各州不断出台相关的举措。

20 世纪末至 21 世纪初，绩效预算和拨款发展迅速，从 1997 年的 16 个州增加到 2001 年的 27 个州。21 世纪初，美国已有超过 1/3 的州对部分或全部公共机构或州拨款项目实行绩效预算（参见表 4.10）。而根据文献资料统计，2018 财年，美国已有 46 个州在考虑、过渡或已实施绩效拨款，其中积极采取相关政策的有 35 个州。[③] 而从绩效拨款的发展来看，美国各州的高等教育绩效拨款也经历了两个不同的发展阶段：在绩效拨款 1.0 阶段，各州采取的形式主要为超过或高于州平均高等教育拨款的额外奖励（bonus），例如 1979 年的田纳西州、1994 年的佛罗里达州、1995 年的俄亥俄州及 1997 年的华盛顿州都是采取这种形式；绩效拨款 2.0 阶段则不再采用额外奖励

[①] Burke, J. C.: "Performance Funding and Budgeting: Old Differences and New Similarities", in Burke, J. C., et al., 2002: *Funding Public Colleges and Universities for Performance: Popularity, Problems and Prospects*, Albany, NY: Rockefeller Institute Press.

[②] Burke, J. C.: "Preface", in Burke, J. C., et al., 2002: *Funding Public Colleges and Universities for Performance: Popularity, Problems and Prospects*, Albany, NY, Rockefeller Institute Press, p. xiv.

[③] Li, A. Y., 2018: *Lessons Learned: A Case Study of Performance Funding in Higher Education*, Washington, D. C., Third Way.

的形式，而是在州平均基础高等教育拨款公式（the regular state base funding formula for higher education）中以部分或"打包"的形式加以体现，例如 2002 年的宾夕法尼亚州、2009 年的印第安纳州和俄亥俄州及 2010 年的田

表 4.10　美国实施绩效预算和绩效拨款的州的变化情况（1997—2003 年）

类型	年份	数量 / 个（占比 /%）	州
绩效预算	1997	16（32）	科罗拉多、佛罗里达、佐治亚、夏威夷、爱达荷、伊利诺伊、印第安纳、爱荷华、堪萨斯、密西西比、内布拉斯加、北卡罗来纳、俄克拉荷马、罗得岛、得克萨斯、西弗吉尼亚
	1999	23（46）	康涅狄格、佛罗里达、佐治亚、夏威夷、爱达荷、伊利诺伊、印第安纳、爱荷华、堪萨斯、路易斯安那、缅因、马萨诸塞、密歇根、内布拉斯加、新泽西、新墨西哥、北卡罗来纳、俄克拉荷马、俄勒冈、得克萨斯、弗吉尼亚、华盛顿、西弗吉尼亚
	2001	27（54）	亚拉巴马、加利福尼亚、康涅狄格、佛罗里达、佐治亚、夏威夷、爱达荷、伊利诺伊、爱荷华、堪萨斯、路易斯安那、缅因、马里兰、密歇根、密西西比、密苏里、内布拉斯加、内华达、新墨西哥、北卡罗来纳、俄克拉荷马、俄勒冈、得克萨斯、犹他、弗吉尼亚、华盛顿、威斯康星
	2003	21（42）	加利福尼亚、康涅狄格、佛罗里达、佐治亚、夏威夷、爱达荷、爱荷华、堪萨斯、路易斯安那、缅因、马里兰、密歇根、明尼苏达、密西西比、内布拉斯加、内华达、新墨西哥、俄克拉荷马、得克萨斯、犹他、威斯康星
绩效拨款	1997	10（20）	科罗拉多、康涅狄格、佛罗里达、肯塔基、明尼苏达、密苏里、俄亥俄、南卡罗来纳、田纳西、华盛顿
	1999	16（32）	加利福尼亚[*]、康涅狄格、佛罗里达、伊利诺伊[*]、堪萨斯、路易斯安那、密苏里、新泽西、纽约[**]、俄亥俄、亚拉巴马、南卡罗来纳、南达科他、田纳西、得克萨斯、弗吉尼亚
	2001	19（38）	阿肯色、加利福尼亚[*]、科罗拉多、康涅狄格、佛罗里达、爱达荷、伊利诺伊[*]、堪萨斯、路易斯安那、密苏里、新泽西、纽约[**]、俄亥俄、俄勒冈、宾夕法尼亚、南卡罗来纳、南达科他、田纳西、得克萨斯
	2003	15（30）	科罗拉多、康涅狄格、佛罗里达、堪萨斯、路易斯安那、纽约[**]、俄亥俄、亚拉巴马、俄勒冈、宾夕法尼亚、南卡罗来纳、南达科他、田纳西、得克萨斯

注：* 仅为两年制学院；** 仅为州立大学系统。

资料来源：Burke, J. C. and Minassians, H., 2003：*Performance Reporting*："*Real*" *Accountability or Accountability* "*Lite*" ——*Seventh Annual Survey 2003*, Albany, The Nelson A. Rockefeller Institute of Government, State University of New York, p.5, p.8。

纳西州都采取了新的绩效拨款形式。[1]

(二) 绩效预算 / 拨款的内容与标准

当绩效指标与财政拨款相联系时，各州必须要明确确定需要评估的具体方面，而且要考虑如何将评估方法加以恰当的应用。

绩效预算和绩效拨款项目一般包含如下三项共同的内容。① 项目目标：主要包括展现外部问责、改进院校绩效、满足州的需求。各州增加的拨款一般也要求协议委员会和院校要实现某种目标。② 绩效指标：即明确预期取得成绩的领域。③ 成功标准：即使用一些指标对改进办学绩效的院校进行衡量，并将改进结果与州内外的同类院校相比较。除此之外，绩效拨款项目还包括另外一些内容。① 拨款权重：即赋予各指标以相同或不同的价值。② 拨款水平：即州为院校提供办学预算的比例或具体额度，一般来说具体比例在 0.5%~6%。③ 拨款来源：包括新增资源或再分配资源，或两者兼而有之。几乎所有的绩效拨款项目都寻求基本预算外更多的拨款。④ 分配方式：包括增加预算基数（budget base）或基于绩效的年度奖励，大部分绩效拨款项目采取的是增加预算基数的方式。⑤ 拨款方案：即竞争性或非竞争性的拨款。大多数绩效拨款项目为非竞争性拨款，只要院校达到一定的绩效就可以获得拨款，还有一些是要求达到高绩效的院校才能得到拨款。[2]

从绩效预算和绩效拨款的标准来看，各州采用指标的数量和类型都有很大的差异，例如，比较少的加利福尼亚州只采用五个指标，而佛罗里达州则采用了多达 40 个指标。[3] 总体而言，绩效拨款过程使用到的指标可以分为四种类型：① 投入（input）指标，即投入到教学、科研和社会服务活动中的人力、财力和物力资源，这类指标包括投入到教学上的资源的比例、模块课程的比例等；② 过程（process）指标，主要指实现教学、科研和社会服务的方式或手段，这类指标包括终身教职教师授课比例、学生学业成绩评价、教师工作量检测等；③ 产出（output）指标，即实际产出产品的数量，这类指标包括毕业率、获得学位的比例等；④ 成果（outcome）指标，即教学、科研和社会服务活动的质量、收益和影响，这类指标一般难以确定、测量和采集。总

---

[1] Dougherty, K. J. and Reddy, V., 2013："Performance Funding for Higher Education：What Are the Mechanisms？ What Are the Impacts？", *ASHE Higher Education Report*, 39（2）.

[2] Burke, J. C.："Performance Funding and Budgeting：Old Differences and New Similarities", in Burke, J. C., et al., 2002：*Funding Public Colleges and Universities for Performance：Popularity, Problems and Prospects*, Albany, NY, Rockefeller Institute Press.

[3] Mize, R. M., 1999：*Accountability Measures：A Comparison by Type and State*, Sacramento, Community College League of California.

体而言,各州绩效拨款所使用的绩效指标呈现出轻投入而重过程和产出的特征,据调查显示,投入指标仅占 13%,过程指标则占 42%,产出指标和成果指标分别占 21% 和 18%。①

从实践来看,各州往往根据自身实际或不同类型的院校采取了不同的评估标准和指标(参见表 4.11)。阿肯色州比较特殊,其绩效拨款主要从六个方面的标准对所有院校进行评估。在六个方面的标准中,比重最大的部分是对学生保持率(retention)情况的考察(其比例占到 39%),其后依次为考试通过率等质量指标、培养项目生产率等效率指标、教职员工发展、教职员工的多元化及毕业率。但是将上述同一套指标应用于两年制和四年制的院校的方式受到了广泛的批评。

佛罗里达州针对不同院校采取了不同的评估标准。该州对社区学院的评估主要基于获得学位的学生人数,特殊背景的毕业生(如经过补习、家庭经济状况不利及残疾)取得学位的时间,就业、转学和肆业的学生人数。而该州对四年制院校的评估则着重考察毕业率、毕业生接近于学位要求的比例、升入本州大学研究生院的学生比例及外部研究资助与州研究拨款的比例。

一些州还采取了共同指标与院校和地方指标相结合的方式。例如,在伊利诺伊州,社区学院的评估主要侧重学生满意度、学业进展、升学及就业、普及率和学业不良学生学业成就五个全州性的目标,同时各学院还要具有与地方区域发展相一致的目标,各学院要在就业培训、技术和满足地方需求等方面选择一个重点的领域。

弗吉尼亚州则赋予院校更大的自主权,尽管该州要求公立院校要就其各方面的绩效进行评估和报告,但该州将具体的方式交由各院校自行决定。

此外,堪萨斯州的做法也颇具特色。该州要求学院和大学不仅要思考如何展现过去的办学绩效,而且还要设定未来的目标,也就是要求各院校制定目标并将其与新的拨款联系起来。各院校要提出自己的绩效合同,其中包括预期目标、计划采取的绩效措施和将要完成的绩效任务。州高等教育委员会要求各院校制定加快发展的"延展性"(stretch)目标。各院校只有达到一定程度的目标才能获得年度拨款的增长。②

① Zumeta, W.: "Accountability: Challenge for Higher Education", in Wechsler, H., 2000: *The NEA 2000 Almanac of Higher Education*, Washington, D. C., National Education Association.

② Long, B. T.: "Higher Education Finance and Accountability", in Carey, K., Schneider, M., 2010: *Accountability in American Higher Education*, Basingstoke: Palgrave Macmillan. pp.150~152.

表 4.11　美国各州绩效拨款中采取的指标和标准

类型	各州案例	
对所有院校使用共同的标准	**阿肯色** • 保持率(39%)：包括所有学生和少数族裔学生的保持率，以及转学情况 • 质量(29.63%)：包括大三升级考试，以及各学科的执业许可考试/职业准入考试 • 效率(17.25%)：包括培养项目生产率 • 教职员工发展(6.75%) • 教职员工的多元化(4.88%) • 毕业率(2.5%)	
对不同院校使用不同的标准	**佛罗里达**	
	两年制院校 • 获得学位的学生人数 • 特殊背景的学生(如经过补习者、家庭经济状况不利者、残疾者、州劳动力市场紧缺岗位的需求者) • 取得学位的时间 • 就业、转学和肄业的学生人数	**四年制院校** • 六年累计首次入学学生的毕业率 • 四年累计副学士转学生的毕业率 • 毕业时总学分数不少于或等于学位要求 115% 的学生比例 • 升入本州大学研究生院的学生比例 • 外部研究资助和培训资助与州研究拨款的比例
一部分为共同标准，另一部分由地区或院校制定	**伊利诺伊**(适用于公立两年制学院) **州目标** • 学生满意度 • 学业进展(获得学位或证书的人数) • 升学及就业 • 普及率 • 学业不良学生的学业成就 **地区目标** 选择其一：就业培训、技术、对地方需求的回应 **肯塔基** • 26 个共同指标：包括教育成果质量、学生学业进展、学生学习过程中技术的运用、教师储备、就业能力发展等 • 与院校使命相关的具体指标：包括资源使用有效性、学术培养项目的全球视野、性别问题审查、多样性的教学方式、资助和合同拨款水平、公平就业机会(EEO)计划的执行	
标准包括设定目标	**堪萨斯** • 要求各院校制定与新的拨款相联系的"连续性"目标。各院校只有完成一定程度的目标才能获得年度拨款的增长	

资料来源：Long，B. T.："Higher Education Finance and Accountability"，in Carey，K.，Schneider，M.，2010：*Accountability in American Higher Education*，Basingstoke：Palgrave Macmillan，pp.150~151。

（三）绩效预算／拨款的类型、时机与规模

绩效拨款的类型、时机、规模等因素是决定该机制能否取得良好效果的重要因素（参见表 4.12）。首先，州必须要决定绩效拨款的政策指向是对达到标准进行奖励，还是仅仅为保持原来的拨款水平，或者是对绩效不佳的院校进行惩罚。其次，实施奖励或惩罚的时机对院校也非常重要。最后，绩效拨款的规模必须要足以激励学院和大学产生预期的效果。

从绩效拨款类型来看，田纳西州是以奖励作为问责激励模式的典型案例。按照该州的规定，院校可以获得多达其运行拨款（operating appropriates）5.45% 的激励拨款。正如该州绩效拨款网站上所说："该项目是院校在公式拨款外获得更多资源的绝好激励机会。"[1] 密苏里州采取的措施是以"通货膨胀增长经费"（inflationary increase）的形式对院校提供奖励，也就是说达到标准的院校在获得基本办学拨款（maintenance funding）的基础上还将获得通货膨胀调整经费。该政策意味着密苏里州拨款思想的变化，即通货膨胀增长经费不再是自动性的拨付而是要根据院校的绩效。而从 2005 年起，堪萨斯州对没有达到绩效目标的学院和大学采取削减拨款的措施。2006 年，该州只有三所院校获得全额拨款，该州的高地社区学院（Highland Community College）被削减 2/3 的拨款，而独立社区学院（Independence Community College）和萨琳纳技术学院（Salina Area Technical School）则失去了全部的拨款。

绩效拨款推出的时机也是一个重要问题。佛罗里达州的经验就表明了适时推出该政策的重要性。由于佛罗里达州的问责项目"劳动力开发教育基金"（WDEF）造成社区学院拨款的不稳定，因而遭到社区学院的广泛批评。正是在这种情况下，该州为防止拨款不稳定而削弱激励政策的作用，推出了新的绩效拨款措施。

绩效拨款的规模对政策能否实现预期目的也有直接影响。阿肯色州的绩效拨款只占州全部拨款的一小部分。佛罗里达州 2000 年对社区学院的绩效预算（PBB）总额为 830 万美元，只占州社区学院拨款的 1%。伊利诺伊州 2000—2001 年度对社区学院的绩效拨款更少，只占到该州社区学院拨款总额的 0.4%。此外，明尼苏达州达到绩效指标和标准的院校也只能获得非教育预算中 1% 的增加额。各州缺乏有力的激励措施的主要原因是为了避免使基本拨款受到影响。而且各州采取的诸如绩效拨款这类问责拨款措施往往限定在

---

[1] Long, B. T.: "Higher Education Finance and Accountability", in Carey, K., Schneider, M., 2010: *Accountability in American Higher Education*, Basingstoke: Palgrave Macmillan. p.154.

新增经费部分。也有一些州的绩效拨款规模很大。例如,佛罗里达州实施数年的"劳动力开发教育基金"项目,其资金总额占到州拨款的5.6%,而且州可以将前一年劳动力开发教育拨款扣除15%。密苏里州对各院校核心预算的拨款中"按结果拨款"(FFR)也增长到6 600万美元。[1]

表4.12 美国各州绩效拨款的类型、时机与规模

维度	各州案例
激励的类型	
奖励	• 田纳西:院校可获得多达其运行拨款5.45%的经费
基本办学拨款 + 通货膨胀增长	• 密苏里:为获得州通货膨胀增长经费,院校须遵守州高等教育协调委员会提出的"按结果拨款"(FFR)的建议
惩罚	• 堪萨斯:没达到绩效目标的院校将被削减拨款
激励的时机	
时机	• 佛罗里达:社区学院批评由于"劳动力开发教育基金"的妨碍造成学院拨款的不稳定
激励的规模	
很小	• 阿肯色:奖励额度只占州全部拨款的一小部分 • 佛罗里达:绩效预算只占州对社区学院拨款总额的1%(2000年)。该州还设有"劳动力开发教育基金",这部分基金份额很大 • 伊利诺伊:激励性拨款只占州对社区学院拨款总额的0.4% • 明尼苏达:达到州高等教育管理委员会制定的绩效指标和标准的院校将获得占非教育预算1%的拨款
很大	• 佛罗里达:"劳动力开发教育基金"占到州全部拨款的5.6% • 密苏里:1993年绩效拨款额为300万美元(不到州高等教育拨款总额的0.5%),但是从1994—2001财年,"按结果拨款"在院校核心预算中增长到6 600万美元
不断增长	• 佛罗里达:社区学院批评尽管绩效提升但拨款没有增长

资料来源:Long,B. T.:"Higher Education Finance and Accountability",in Carey,K.,Schneider,M.,2010;*Accountability in American Higher Education*,Basingstoke:Palgrave Macmillan. pp.153~154。

(四)绩效预算/拨款的持续与发展

尽管很多州采取了将问责与高等教育财政相联系的措施,但这些项目往往实施没几年就遭到废止,很少有项目能持续十年以上。例如,俄亥俄州立法机关在20世纪90年代中期采取了面向社区学院的绩效拨款措施,不

---

[1] Long,B.T.:"Higher Education Finance and Accountability",in Carey,K.,Schneider,M.,2010;Accountability in American Higher Education,Basingstoke:Palgrave Macmillan.

过该措施很快由于引发诸多问题而停止实施。但从各州高等教育财务官协会的调查来看，尽管一些受访的州比例有波动，大部分业已实施绩效预算或绩效拨款的州还是表示有可能会继续实施（参见表4.13）。

表4.13　已实行绩效预算和绩效拨款的州的持续情况（2001—2003年）

	2001		2002		2003	
	绩效预算	绩效拨款	绩效预算	绩效拨款	绩效预算	绩效拨款
很可能	17(63%)	7(37%)	13(50%)	10(55.6%)	11(52.5%)	9(60%)
可能	7(26%)	11(58%)	10(38.5%)	5(27.8%)	8(38%)	3(20%)
不可能	—	—	—	1(5.6%)	—	—
不确定	3(11%)	1(5%)	3(11.5%)	2(11.1%)	2(9.5%)	3(20%)

资料来源：Burke, J. C. and Minassians, H., 2003 : *Performance Reporting*："*Real*" *Accountability or Accountability* "*Lite*" —*Seventh Annual Survey 2003*, Albany, The Nelson A. Rockefeller Institute of Government, State University of New York, p.6, p.9。

从各州的情况来看，预算削减是导致绩效拨款项目难以为继的主要原因。各州在削减高等教育预算时，相对于核心拨款或公式拨款而言，激励拨款或绩效拨款往往是最先被削减的部分。佛罗里达州就是如此。此外，21世纪初伊利诺伊州和密苏里州在经济衰退时便削减了绩效拨款项目。当然，削减绩效拨款的原因也不完全是因为财政紧张，有些州在经济转好时同样采取了削减绩效拨款的措施。例如，明尼苏达州在经济形势改善和高等教育拨款增加的情况下，对绩效拨款的兴趣也逐渐减弱，其绩效拨款部分只占全部拨款中的一小部分。同时，该州也逐步以绩效报告来作为绩效拨款的依据。

政治支持力量的减弱是绩效拨款遭到废止的另一重要原因。在佛罗里达州，最初很多议员支持"劳动力开发教育基金"，但几年后支持力量不断下降，这使得该基金项目日渐萎缩。同样，在伊利诺伊州，由于州社区学院绩效拨款的重要支持力量的转向，特别是新任州长对绩效拨款态度的冷却，使该政策走向尽头。除此之外，大学校长权力的增长也为其阻挠绩效拨款的实施提供了可能。例如，肯塔基州在通过限制州长权力的新法后，大学校长和地区董事会对教育政策具有更大的影响力。

此外，旷日持久的争论使得各方失去耐心，也为绩效拨款的持续实施带来负面影响。例如，在肯塔基州，州高等教育评估委员会和大学校长花了好几年协商绩效方案中的拨款标准，最后州长任命的中学后教育特别委员会在调查研究后做出结论：绩效拨款制度无法得到有效执行,改进高等教育拨款的举措未能产生积极的变革(参见表4.14)。[①]

表4.14 美国各州绩效拨款的可持续性分析

情况	各州案例
预算削减	• 佛罗里达：当削减预算时,院校更希望削减激励拨款部分而非按在校生人数拨款部分 • 伊利诺伊：2002年该州财政危机时取消了激励拨款项目 • 密苏里：2002年由于财政压力,该州没有实施通货膨胀增长拨款和"按结果拨款"的政策
与拨款相比激励变得微不足道	• 明尼苏达：当经济形势好转,高等教育拨款增加时,对绩效拨款的兴趣减弱,转而采取绩效报告的形式
政治支持的减弱	• 佛罗里达：曾主张实施"劳动力开发教育基金"的州议员不再支持该项目 • 伊利诺伊：州社区学院委员会中失去对绩效拨款的重要支持者；州长对高等教育问责失去兴趣；州议会和商界失去重要的绩效拨款支持力量
院校的相对力量	• 肯塔基：当州长任期受到限制而院校校长和地方董事会对教育支持影响力增强时,绩效拨款会遭到废止
失去信心	• 肯塔基：当州高等教育委员会和大学校长不断为问责制度中的拨款标准而讨价还价时,州长失去对绩效拨款政策会引发重大变革的信心

资料来源：Long,B. T.："Higher Education Finance and Accountability",in Carey,K.,Schneider,M.,2010 :*Accountability in American Higher Education*,Basingstoke：Palgrave Macmillan. p.156。

（五）绩效预算／拨款的成效与评价

相对而言,在解释州资金的投向偏好上,绩效预算比绩效拨款更容易为决策者提供政治有利条件。绩效拨款虽然更有助于实现财政目标,但往往会引发争议。公立高校领导通常会反对根据高校的绩效进行拨款。

随着各州财政收入的减少和预算的紧缩,对州决策者来说,绩效预算和绩效拨款的意义已逐渐降低。根据各州高等教育财务官协会2000年的调查,从各州的经费分配情况来看,绩效预算收效甚微,在28个实行绩效预算的州中,只有一个州取得很好的成效,有五个州取得一定的成效,15个州效

① Long,B. T.："Higher Education Finance and Accountability",in Carey,K.,Schneider,M.,2010 : Accountability in American Higher Education,Basingstoke：Palgrave Macmillan.

果不明显,四个州根本没效果。①

另外,从院校来看,绩效预算和绩效拨款对公立院校改进的影响似乎也在减弱。2001—2003 年的调查表明,绩效预算和绩效拨款对院校改进起到很大影响的州不断减少,影响很小的州却在增加(参见表 4.15)。

表 4.15　绩效预算和绩效拨款对公立院校改进绩效的影响程度

	2001		2002		2003	
	绩效预算	绩效拨款	绩效预算	绩效拨款	绩效预算	绩效拨款
很大程度	1(3.7%)	1(5%)	—	1(5.6%)	—	—
相当程度	2(7.5%)	3(16%)	2(7.7%)	3(16.7%)	—	1(6.5%)
一般程度	9(33.3%)	3(16%)	10(38.5%)	5(27.8%)	8(38.8%)	6(40%)
很小程度	5(18.5%)	3(16%)	4(15.4%)	3(16.7%)	5(24%)	4(27%)
无影响	4(15%)	1(5%)	2(7.7%)	1(5.6%)	3(14%)	1(6.5%)
不确定	6(22%)	8(42%)	8(30.8%)	5(27.8%)	5(24%)	3(20%)

资料来源:Burke,J. C. and Minassians,H.,2003 :*Performance Reporting:"Real" Accountability or Accountability "Lite" —Seventh Annual Survey 2003*,Albany,The Nelson A. Rockefeller Institute of Government,State University of New York,pp.17~18。

如同大部分改革一样,绩效预算和绩效拨款引发了支持和反对的不同声音。支持者主要是政府官员和商界人士,而批评者主要来自院校。

绩效拨款的好处主要体现在:有利于加强政治领导人对高等教育的支持;通过奖励或惩罚推动高校改进绩效;提供一种比根据通货膨胀和在校生数拨款更为有效的替代性拨款方式;有利于促进外部问责和院校内部改进;促使高校从以教育提供者为中心转向以顾客为中心,实现教育重心从教到学的转变;将规划与预算过程联系起来;有助于改善高等教育的形象和信誉从而加强公众对高等教育的信任;有利于权力下放而又不失问责;促进高校、州之间更好的交流。

而绩效预算和拨款存在的困难和问题在于:院校自治与州评估和控制的平衡,避免形成对院校的微观管理;适当强调检测质量,尤其是学生学习质量的复杂性;如果高校降低目标设定的标准将造成新的矛盾;缺乏足以反映院校使命和所招学生特性差异的措施;容易使高等教育发展受到州发展重点变化的影响而不是与长期的学术和高校目标相适应;不利于薄弱、城

---

① Burke,J. C.,et al.,2000 :*Performance Funding and Budgeting:An Emerging Merger*,4th Annual Survey,Higher Education Program,Albany,The Nelson A. Rockefeller Institute of Government.

市和具有多元学生群体高校的发展；由于传统院校比非传统院校更容易开展测评，因此可能会减少院校的多样性；过度增加收集和分析数据信息上的成本；院校培养学生学会思考、想象、坚持、与人交往及有道德的生活等方面是难以检测的；造成预算的不稳定和不确定；容易造成效率重于质量的倾向；在政府面临财政困难时，绩效奖励资金投入在基本办学项目上更为合适；以毕业率或及格率等为拨款基准的做法实际上并不能真正反映目标是如何达到的；以财政奖励而非服务社会为动机造成了目的的扭曲；日益复杂的实施方法使之越发难以为继。[1]

很多学者和研究机构都对绩效预算和绩效拨款做出了比较悲观的判断。伯克指出，绩效拨款的主要问题在于，拨款规模太小、目标模糊及执行不力。[2]华盛顿的一个政策团体"教育部门"（Education Sector）发表报告指出，绩效拨款措施往往是半途而废，经费削减的受害者及来自大学的抵抗力量坚决要求使其全部经费得到保障。目前，仅有为数不多的州实行绩效拨款，而且所占的比例也非常小。[3]洛克菲勒研究所则认为，绩效拨款在美国的式微主要是由于"理论上的诉求遭遇到实践中的困境。绩效拨款易于采纳而难于落实，易于推出而难以持续"[4]。

（六）绩效拨款的个案考察：以田纳西州为例

田纳西州议会 1967 年设立的田纳西高等教育委员会（THEC）是该州高等教育的法定协调机构。该委员会主要负责田纳西大学系统（下辖四所大学）和田纳西大学董事会（下辖六所大学、13 所社区学院和 26 个技术中心）各院校的监督、规划与协调，以及各院校的预算评估和预算建议。此外，该委员会还负有审批新设学位培养项目和新设院校的法定职责。

1. 田纳西州绩效拨款政策的推出

1972 年，田纳西州立法机关要求"州各机构要制定目标、确定重点发展领域、评估项目的效益并据此作为制定预算的部分依据"。当时这项政策被称为"按活动拨款"（allocation by activity）。[5]1974 年田纳西州政府和高等

---

① Mize, R. M., 1999 : *Accountability Measures : A Comparison by Type and State*, Sacramento, CA, Community College League of California.

② Burke, J. C., et al., 2002 : *Funding Public Colleges and Universities for Performance : Popularity, Problems and Prospects*, Albany, Rockefeller Institute Press.

③ Lederman, D., 2008 : "*Performance Funding 2.0*", Insider Higher Ed, 2008–12–17.

④ Burke, J. C., et al., 2000 : *Performance Funding and Budgeting : An Emerging Merger*, 4th Annual Survey, Higher Education Program, Albany, The Nelson A. Rockefeller Institute of Government.

⑤ Burke, J. C. and Serban, A., 1998 : "State Synopses of Performance Funding Programs", *New Directions for Institutional Research*, 25(1).

教育界的代表就开始商讨绩效拨款政策理念上和技术上的可行性问题。同年秋，田纳西高等教育委员会执行董事福尔杰（John Folger）博士任命伯格为"田纳西绩效拨款项目"主任，并着手开始实施绩效拨款的试点项目，其主要目的就是"探讨根据绩效标准分配一部分州拨款的可能性"。[1]1974—1976年，在改进中学后教育基金、凯洛格（Kellogg）基金会、福特基金会及一个不知名的基金会的支持下，田纳西州获得约50万美元的项目试点经费，这些经费主要用于1974—1979年绩效拨款政策的试点与开发工作。试点期间的主要任务包括：① 在11所院校开展试点项目；② 由各院校、州管理委员会和州政府官员组成的州咨询委员会进行评估并提出建议；③ 由高等教育领域的学者和财政政策专家组成的全国小组对绩效拨款政策进行评估和论证。[2]

1976年田纳西州开始启动绩效拨款项目，当时主要是以非拨款经费（non-appropriated funds）的形式实施，共提供约占教学预算总额2%的激励拨款，并按照五项绩效标准分配给有关院校。1979年，该州采用了正式的绩效拨款标准即"教学评估安排"（Instructional Evaluation Schedule），将拨款经费（appropriated funds）中的2%作为激励性经费按绩效分配给院校。1983年，该州出台新的绩效拨款标准，标准的内容进一步增加，而且激励性经费的占比也扩大到5%。[3] 目前，这部分激励性的绩效拨款占比一直保持在5.54%。[4]

田纳西州高等教育委员会认为，绩效拨款的主要目的是促进教学改进和学生学习的发展，使院校有效地履行使命。同时，绩效拨款有助于激励院校办学绩效的提升，而且提供了评估公立高等教育办学进展情况的手段。

2. 田纳西州绩效拨款政策的实施

田纳西州绩效拨款政策主要通过高等教育委员会下设的绩效拨款咨询委员会来执行和完善。该委员会由田纳西两大大学系统及其他院校的高级领导和州高等教育委员会的官员组成，由州高等教育委员会董事长负责领

[1] Burke, J. C., et al., 2002: *Funding Public Colleges and Universities for Performance: Popularity, Problems and Prospects*, Albany, Rockefeller Institute Press.
[2] Bogue, E. G.: "Twenty Years of Performance Funding in Tennessee: A Case Study of Policy Intent and Effectiveness", in Burke, J. C., et al., 2002: *Funding Public Colleges and Universities for Performance: Popularity, Problems and Prospects*, Albany, The Rockefeller Institute Press.
[3] Ewell, P. T.: "Tennessee". In Ruppert, S. S., 1994: *Charting Higher Education Accountability: A Source Book on State-level Performance Indicators*, Denver, Education Commission of the States.
[4] Bogue, E. G.: "Twenty Years of Performance Funding in Tennessee: A Case Study of Policy Intent and Effectiveness", in Burke, J. C., et al., 2002: *Funding Public Colleges and Universities for Performance: Popularity, Problems and Prospects*, Albany, The Rockefeller Institute Pres.

导。田纳西州的绩效拨款以五年为一个周期[①]，在每个周期的第三年，州高等教育委员会将委任一个绩效拨款特别工作组，工作组负责审查当前的绩效拨款标准，并就下个周期的绩效拨款的执行提出建议。在院校层面，绩效拨款协调人负责收集和发布绩效拨款数据信息。各院校每年要向州高等教育委员会提交报告，内容包括院校执行相关标准的情况、有关测验和调查的结果及同行评议的结果等。[②]

从20世纪70年代至21世纪初，田纳西州绩效拨款的标准发生了很大的变化，这主要体现在：① 指标的数量从最初的五个增加到后来的十个；② 指标的适用范围从面向所有院校的共同指标发展为基于不同院校使命而形成的差异性指标；③ 评估的标准从主要侧重于院校改进转变为强调院校改进的同时也开展与其他州同类院校的比较。此外，指标的权重从单一化的模式发展成为反映各种措施相对价值的差异性（参见表4.16、表4.17）。[③]

田纳西州高等教育委员会每五年修订一次绩效拨款标准，其中修订的内容一般集中在三个方面：一是绩效指标的选择与数量，二是绩效指标的测量和评估标准，三是州财政用于绩效拨款的比例。

表4.16 田纳西州的绩效拨款标准（1979—1980年）

	项目	权重
标准1	培养项目认证	20%
标准2	学生主要学科的学业成绩	20%
标准3	学生通识教育的学业成绩	20%
标准4	院校培养项目／学生服务／校友调查	20%
标准5	学术项目的同行评议	20%

资料来源：Bogue, E. G. "Twenty Years of Performance Funding in Tennessee：A Case Study of Policy Intent and Effectiveness", in Burke, J. C., et al., 2002 : *Funding Public Colleges and Universities for Performance：Popularity, Problems and Prospects*, Albany, NY, The Rockefeller Institute Press, p.89。

[①] 第一个周期1982—1987年，第二个周期1987—1992年，第三个周期为1992—1997年，第四个周期为1997—2000年，第五个周期为2000—2005年，第六个周期为2005—2010年。

[②] Freeman, M. S., 2000 : *The Experience of Performance Funding on Higher Education at the Campus Level in the Past 20 Years*, Ph. D. Dissertation. The University of Tennessee, Knoxville, p.32.

[③] Bogue, E. G.："Twenty Years of Performance Funding in Tennessee：A Case Study of Policy Intent and Effectiveness", in Burke, J. C., et al., 2002 : *Funding Public Colleges and Universities for Performance：Popularity, Problems and Prospects*, Albany, The Rockefeller Institute Press, p.88.

表4.17　田纳西州的绩效拨款标准(2005—2010年)

标准	项目	权重	
		社区学院	大学
标准1：学生学习环境与学业成果	学生学习(通识教育)	15	15
	学生学习(主要领域评价)	10	10
	认证与培养项目评估	10	15
标准2：学生满意度	学生、校友、雇主调查	10	10
标准3：学生保持率		15	15
标准4：州总体规划优先领域	院校战略规划目标	5	5
	州战略规划目标	10	10
	转学和接收	—	5
	就业	10	—
标准5：评估成果	评估试点	5	5
	评估实施	10	10
合计		100	100

资料来源：Tennessee Higher Education Commission,2005：*Performance Funding 2005–10 Cycle*,p.5。

3. 田纳西州绩效拨款政策的成效分析

田纳西州是美国首个实施高等教育绩效拨款的州。该举措推出后便在美国高等教育界引发连锁效应。自田纳西高等教育委员会1979年开始实施绩效拨款政策以来，很多州及各地区认证委员会都开始要求院校证明使用公共资金的问责。得克萨斯、阿肯色、肯塔基、南卡罗来纳、新墨西哥等州也都开始将院校绩效与拨款联系起来。[1]甚至苏格兰、澳大利亚、瑞典等国家和地区也在研究和改进的基础上采取了类似于田纳西州的绩效拨款模式。

田纳西州绩效拨款的经验可归结为如下几个方面：一是绩效拨款政策得到政治和教育领导者的持续支持；二是由院校、州政府部门及州高等教育协调委员会代表组成的评估小组对绩效拨款政策进行定期的审查和评估，为政策的持久发展注入了新理念，同时加强了各方的协作；三是在州决策者支持下，绩效拨款的比例从2.0%增长到5.45%；四是各方形成共识，即绩效

---

[1]　Banta,T. W.,et al.,1996："Performance Funding Comes of Age in Tennessee",*Journal of Higher Education*,67(1).

拨款是一种有必要在今后继续实施的公共政策。^①

据罗素(Margaret Russell)对 30 位院校领导和州政府官员的访谈显示，被访者都认为田纳西州绩效拨款政策经久不衰的原因在于该政策从最初到后来一直都是由院校和州政府共同协商制定的。虽然受访者也指出其中的粉饰和投机行为，但教育界领导和政府官员都认为绩效拨款依然具有活力，在将来还会继续实施下去。^②田纳西高等教育委员会成功说服该州具有重要影响的议员，只要州公立院校展现出良好的办学绩效，它们就应当获得州更多的拨款。"高等教育在与其他部门的竞争中保留住这部分份额，这在其他州是绝无仅有的。"^③

在大部分教师和院校领导看来，绩效拨款是首要的也是最重要的问责机制。正如田纳西高等教育委员会所指出的："绩效拨款为田纳西的公民、州政府部门、州立法机关、教育官员及教师提供了评估公立高等教育办学进展的手段。"^④尤厄尔(Peter Ewell)在实地调研后认为，与促使院校制定自己的规划和开展评估活动相比，田纳西的高等教育决策者在制定和报告全州性的指标，以及有效利用这些指标使院校负责，进而促进州高等教育系统发展方面更为成功。^⑤

有学者将绩效拨款比喻为"有营养的胡萝卜"和"问责的大棒"。绩效拨款的确具有一定吸引力。绩效拨款经费是院校教学预算外的增加部分，尽管各院校自愿申请，但每所院校最多可获得上千万的经费，^⑥这部分经费远远高于投入在评估和报告上的费用，而且在使用上无严格的限制，因此各

---

① Bogue, E. G.: "Twenty Years of Performance Funding in Tennessee: A Case Study of Policy Intent and Effectiveness", in Burke, J. C., et al., 2002: *Funding Public Colleges and Universities for Performance: Popularity, Problems and Prospects*, Albany, The Rockefeller Institute Press.

② Bogue, E. G.: "Twenty Years of Performance Funding in Tennessee: A Case Study of Policy Intent and Effectiveness", in Burke, J. C., et al., 2002: *Funding Public Colleges and Universities for Performance: Popularity, Problems and Prospects*, Albany, The Rockefeller Institute Press.

③ Ewell, P. T.: "Developing Statewide Performance Indicators for Higher Education: Policy Themes and Variations, Ruppert, S. S., 1994: *Charting Higher Education Accountability: A Source Book on State-level Performance Indicators*, Denver, Education Commission of the States, p.162.

④ Banta, T. W. et al., 1996: Performance Funding Comes of Age in Tennessee, *Journal of Higher Education*, 67(1), pp.39~40.

⑤ Ewell, P. T.: "Tennessee", in Ruppert, S. S., 1994: *Charting Higher Education Accountability: A Source Book on State-level Performance Indicators*, Denver, Education Commission of the States.

⑥ 例如，2007—2008 年度，田纳西大学诺克斯维尔分校(The University of Tennessee, Knoxville)获得的绩效拨款为 1 224 万美元，该州当年度的绩效拨款总额为 5 630 万美元。参见: Tennessee Higher Education Commission, 2005: *Performance Funding Points & Dollars Awarded During the Sixth Cycle (2005-10)*, http://www.mscc.cc.tn.us/research/Performance_Funding/PF_2005_10_Cycle_Points.pdf。

院校竞相按照拨款标准去做。

田纳西州的绩效拨款政策对全州院校发展产生积极的影响。大部分院校都开展了以前由于缺乏外部激励而不可能实施的学生评价活动。通过这些评价活动而收集到的数据信息，对改进课程、教学和学生服务等工作具有重要的作用。例如，洛勃（Jeffrey Lorber）对田纳西理工大学（TTU）的调查显示，受访者认为绩效拨款政策使该校更加注重地区和培养项目认证机构对办学效益和学业成果的评估。[①] 另有研究表明，政策推出之初，田纳西州只有两所院校实施通识教育评价，而目前该州所有院校都采取了这种评估方式。其中，在1995—1998年田纳西州的"大学基础学科测验"（College BASE）[②] 的考试成绩一直高于全国水平，另一项ACT COMP评价则略低于全国水平（参见表4.18）。此外，该州院校通过认证的培养项目的比例已从65%提高到近100%。

表4.18   田纳西州通识教育平均成绩及其与全国水平比较

评价工具	比较	1994年	1995年	1996年	1997年	1998年
大学基础学科测验（College BASE）	田纳西州	308.0	310.0	309.4	309.3	305.6
	全国	300.0	304.0	306.0	305.0	303.0
美国大学入学考试综合成绩（ACT COMP）	田纳西州	183.1	181.6	180.8	180.4	180.6
	全国	180.1	181.9	181.9	181.9	181.9

资料来源：Bogue，E. G.："Twenty Years of Performance Funding in Tennessee：A Case Study of Policy Intent and Effectiveness"，in Burke，J. C.，et al.，2002：*Funding Public Colleges and Universities for Performance：Popularity，Problems and Prospects*，Albany，The Rockefeller Institute Press，p.94。

然而，绩效拨款也不可避免地存在不少负面的问题。绩效拨款的主要支持者是高校的领导，与此相对，教师则持有截然不同的态度。高校的管理者更关注绩效拨款活动，因为绩效拨款政策可以带来院校重点发展领域急需的经费。而教师几乎从绩效拨款的经费中获得不到任何利益，因此他们认为绩效拨款与自己无关。同时，也有批评者指出，设定明确的目标、评估教学并将结果公开的做法与学术精神格格不入。有教师反映，评估项目损害了教师的兴趣、挤占了教师的时间并挫伤了教师的士气。

---

① Bogue，E. G.："Twenty Years of Performance Funding in Tennessee：A Case Study of Policy Intent and Effectiveness"，in Burke，J. C.，et al.，2002：*Funding Public Colleges and Universities for Performance：Popularity，Problems and Prospects*，Albany，NY，The Rockefeller Institute Press.

② "大学基础学科测验"即"College Basic Academic Subject Examination"由密苏里大学哥伦比亚分校评价资源中心于1989年开发设立，其主要目的是检查学生核心学科知识的掌握情况。

　　另外,霍尔(Kimberly Hall)对田纳西大学诺克斯维尔分校案例的研究表明,该校对绩效拨款的兴趣逐渐减弱,而且该校对绩效拨款政策意图和方法的重视主要集中在领导层(副校长以上),而且不断的财政支持使管理者更加关注的是分数和经费而非改进教学。雷蒂莫(Dewitt Latimer)对孟菲斯大学的案例研究也表明,该校除高级管理者外,其他人很少关心绩效拨款的事情。例如,该校一个学院的院长每年只是简要向系主任通报一下绩效拨款的结果,而系主任也只是将数据作为改进办学的依据。这些个案反映出学校领导切实落实政策的重要性。[1]

①　Bogue,E. G.："Twenty Years of Performance Funding in Tennessee:A Case Study of Policy Intent and Effectiveness",in Burke,J. C.,et al.,2002 :*Funding Public Colleges and Universities for Performance:Popularity,Problems and Prospects*,Albany,The Rockefeller Institute Press.

第五章 "爱恨之间"：英美高等教育市场问责的制度安排与运行模式

> 大学排行的"爆炸"或许表明了我们生活在一个比较和排名的世界。
>
> ——［博茨瓦纳］曼茨萨·马茹比（Mmantsetsa Marope）、
> ［英］彼得·威尔斯（Peter Wells）[1]

> 进一步的研究可以探索学生和教师如何共同抵制问责技术的新自由主义规训效应（例如，评级活动和全国学生调查），而不是陷入相互的评分和排名游戏中。
>
> ——［英］乔纳斯·蒂尔（Jonas Thiel）[2]

高等教育市场问责的主体主要是高等教育的消费者，包括学生、家长及工商业界。随着高等教育经费来源的多元化，来自学生的学费收入及工商业界投资的收入在大学总收入中所占的比例越来越高，市场力量对高等院校的问责力量也越来越大。市场问责的主要方式包括学生和校友的满意度调查、大学排名等，问责的组织和实施者既有政府机构、私立非营利组织、公司或媒体，也有高校为了了解其服务情况而进行的调查。

第一节 大学排行机制

从体育竞赛到流行歌曲，从人均寿命到武器装备，从经济增长到人类发展，各种排行的"爆炸"昭示着我们正生活在一个无处不在比较和排行的世界。大学排行在某种程度上反映了"市场"对大学提供服务所做出的价值

---

[1] Marope, P. T. M., Wells, P. J. and Hazelkorn, E., 2013 : "Ranking and Accountability in Higher Education : Uses and Misuses, Paris, UNESCO, p.8.

[2] Thiel, J., 2019 : "The UK National Student Survey : An Amalgam of Discipline and Neo-liberal Governmentality", *British Educational Research Journal*, 45 (3), p.551.

判断。虽然这些排名和货币一样本身没有什么价值(worth)，但它们产生的影响是巨大的。[①] 以大学排行为主的公共信息机制及类似的一些分类工具正日益成为衡量和比较高等教育机构绩效所依赖的方式。[②] 根据预先确定的指标、基准和评价标准，通过评议、认证、检查、审计、绩效合同等进行周期性的评价和外部评估，已成为最普遍的问责实施形式。

一、大学排行的产生与发展

有关大学排行最早的举措可以追溯到 1900 年英格兰发表的《我们最杰出的人士在哪里》(*Where We Get Our Best Men*)。该研究通过考察当时英格兰最著名和最成功人士的背景，尤其是参考其所就读的学校，从而对培养出杰出校友的大学做出排行。[③] 然而一个世纪后，随着 2003 年和 2004 年上海交通大学及《泰晤士高等教育》大学排行榜的陆续推出，大学排行日益成为主流媒体和学术机构关注的一个热点问题。特别是在目前环境下，出版商的商业野心、很多国家政府采取的"学生选择"政策及大学之间雄心勃勃的竞争，都极大地推动了"排行产业"(ranking industry)的快速发展。[④]

起初高校学术排行只是判断高校办学效益的一种评估方式而已。而其他的评估方式还包括认证、调查、自查、毕业生调查及对学生学业成就和学生意见的评估等。排行的泛滥与世界范围内高等教育大众化的发展或者说高等教育入学人数的膨胀不无关系。尤其是近年来，跨境高等教育、私立高等教育和远程高等教育提供者的涌现、高等教育国际化的浪潮及社会各方面对提高问责、透明度和效率的呼声，都对质量的量化评定起到推波助澜的作用。甚至潜在的经济利益也成为社会各界竞相推出排行榜的一个动因。[⑤]

高校排名常常会成为全社会关注的一个焦点，也是造成高等教育界内

---

① Mittelman，J.H.Global Rankings as a Marker of Revaluing the University.in Erkkilä，T.，2013：*Global University Rankings：Challenges for European Higher Education*，Basingstoke，Palgrave Macmillan.

② Salmi，J. and Saroyan，A.："League Tables as Policy Instruments：The Political Economy of Accountability in Tertiary Education"，in GUNI，2007：*Higher Education in the World 2007：Accreditation For Quality Assurance：What Is At Stake?*New York，Palgrave.

③ Marope，M.and Wells，P.："University Rankings：The Many Sides of the Debate，in Marope，P.T.M.，et al.，2013：*Rankings and Accountability in Higher Education Uses and Misuses*，Paris，UNESCO Publishing.

④ Scott，P.："Ranking Higher Education Institutions：A Critical Perspective"，in Marope，P. T. M.，et al.，2013：*Rankings and Accountability in Higher Education Uses and Misuses*，Paris，UNESCO Publishing.

⑤ Salmi，J. and Saroyan，A.："League Tables as Policy Instruments：The Political Economy of Accountability in Tertiary Education"，in GUNI，2007：*Higher Education in the World 2007：Accreditation for Quality Assurance：What Is At Stake?*New York，Palgrave.

部纷争不已的一个方面。那么什么是高等教育领域的排行（ranking/league tables）？韦伯斯特（David S.Webster）从强调对学术质量的理解及质量标准的角度提出的定义是：按照编者认为的能够反映学术质量的某种标准或一套标准来安排；它是一个根据其假设的质量按数字顺序对最好学院、大学或某个学习领域系科排序的列表，每个学校或系科都有其自己的排名位置，而不是与其他学校一起被分成若干质量等级、质量组别或质量水平。[1] 联合国教科文组织欧洲高等教育中心（UNESCO–CEPES）[2] 强调排行是一种信息手段，也就是一种通过明确的技术手段以比较排列的方式展现各组织机构业绩的方式。其目的是就高等教育提供者服务质量上可衡量的差异，向各利益相关者、消费者和政策制定者提供相关的信息。虽然排行很具争议，尤其是在方法论方面，但是它们非常流行，并成为提供公开信息的有效手段，也成为激励高等教育机构改善质量的新途径。[3] 美国高等教育认证理事会（CHEA）主席伊顿（Judith Eaton）认为，排行是指根据特定指标对高等教育机构的绩效、效益和特征进行分级排序和比较。这个定义虽不足为奇，但该定义更加强调不同于既往的新的背景。她明确认为，公众已不再仅仅依赖于专业行会和高等教育内部对高等教育效益做出的评判，于是排行成为一种由学术界外部所使用的新的问责工具。[4]

由此可以看出，包括大学排行和报告卡（report cards）或成绩调查在内的各种排行榜，一般是运用从高校或公共部门获取的客观或主观数据并向有关竞争对手的比较单位赋值进行"质量测量"而构建起来的。有些排行是在所有高校中进行的，还有些则仅仅是在具体培养项目而非整个院校层面上进行的比较。相对于其他大学和项目的绩效来说，排行榜中所运用的各种指标主要是用来衡量如何建立一种系统（投入变量）、系统的运行方式和内部效率（过程变量）和系统的生产率与影响（产出变量）。开展比较排行的各个媒体和机构出于不同的目的，会强调不同层次的变量，这突出体现在指标的选择和权重的设置上。有些排行是在某一类型大学内进行的，这使

---

[1] Webster, D. S., 1986 : *Academic Quality Rankings of American Colleges and Universities*, Springfield, Charles C. Thomas.

[2] 联合国教科文组织欧洲高等教育中心 1972 年设立于罗马尼亚布加勒斯特，2011 年由于资金短缺被迫关闭。

[3] Vlăsceanu, L., et al., 2004 : *Quality Assurance and Accreditation : A Glossary of Basic Terms and Definitions*, Bucharest, UNESCO–CEPES.

[4] Eaton, J. : "Rankings, New Accountability Tools and Quality Assurance", in Marope, P. T. M., et al., 2013 : *Rankings and Accountability in Higher Education Uses and Misuses*, Paris, UNESCO Publishing.

得各高校可以在同一个平台上以其不同的使命和发展取向展开竞争。

虽然有些大学排行活动是由高校自己发起的，也有拨款机构、质量保证机构、大学协会组织或其他有关方面从外部进行操作实施，但更多的则是由新闻媒体和商业性机构来实施。自 1957 年曼利（Chesley Manly）在《芝加哥论坛报》（*Chicago Tribune*）首度推出大学排行 [1] 以来，尤其是最近十年以来 [2]，大学排行在全世界获得了迅猛的发展。目前在西方国家引人注目的排行至少有 30 项，其中绝大部分为英美的排行榜。例如，美国《美国新闻与世界报道》（*US News and World Report*）的美国最佳大学排行（America's Best Colleges）、《华盛顿月刊》（*Washington Monthly*）的《华盛顿月刊》大学排行榜（the Washington Monthly College Rankings）；英国《卫报》（*The Guardian*）的大学指南（University Guide）、《泰晤士报》（*The Times*）的优秀大学指南（Good University Guide）、《泰晤士高等教育》的世界大学排行（World University Rankings），等等。

此外，还有为数众多的单项或学科排行，这种排行通常是在一个国家或地区范围内，对诸如商学院、法学院和医学院等专业学院，MBA 等专业培养项目或其他专项主题进行评价。这方面的排行包括美国《商业周刊》（*Business Week*）从 1988 年开始推出"最佳商学院"（Best Business Schools）排行活动 [3]、《华尔街日报》（*Wall Street Journal*）与哈里斯互动（Harris Interactive）公司 2001 年发起的"商学院调查"（Business School Survey）[4]、《福布斯》（*Forbes*）的"最佳商学院"，英国《金融时报》（*Financial Times*）的"商学院排行"（Business Schools Rankings）[5]、《经济学家》（*Economists*）的"最佳全日制 MBA 培养项目"（Best Full-time MBA Programmes）等（参见表 5.1）。

---

[1] 当年查斯里·曼利在《芝加哥论坛报》上共推出了"十佳大学""十佳男女合校学院""十佳男子学院""十佳女子学院""十佳法学院""十佳工学院"等六个排行榜。

[2] 据埃舍尔和萨维诺的研究报告显示，在当前 19 个主要排行榜中有 11 个是 2000 年以后出现的。参见：Usher, A. and Savino, M., 2006：*World of Difference：A Global Survey of University League Tables*, Toronto, Educational Policy Institute.

[3] 其中包括 MBA、EMBA、经理人教育、远程商科教育、本科商科教育等分榜单。

[4] 其中包括"全美商学院排行""美国地区性商学院排行"和"国际商学院排行"等几个榜单。

[5] 其中包括"全球 MBA 排行"（Global MBA Rankings），"EMBA 排行"（Executive MBA Rankings），"欧洲商学院排行"（European Business Schools Rankings，2004 年），"管理硕士排行"（Master in Management Rankings，2005 年）和"经理人教育排行"（Executive Education Rankings）。

表 5.1　英美主要大学排行榜概览

国别	机构	名称	起始年份	范围	类型
美国	《美国新闻与世界报道》	美国最佳大学	1983	国内	院校
	《普林斯顿评论》	最佳大学	1992	国内	院校
	《华盛顿月刊》	《华盛顿月刊》大学排行榜	2005	国内	院校
	《福布斯》	最佳商学院	2001	国际、国内*	学科
	《商业周刊》	最佳商学院	1988	国际、国内	学科
	《华尔街日报》与哈里斯互动公司	商学院调查	2001	国际、国内	学科
英国	《泰晤士高等教育》	世界大学排行	2004	国际	综合、学科
	QS 公司	世界大学排行	2010	国际	综合、学科
	《卫报》	大学指南	—	国内	院校、学科
	《泰晤士报》	优秀大学指南	1993	国内	院校
	《星期日泰晤士报》	大学指南	—	国内	院校
	《金融时报》	商学院排行	2002	国际	学科
	《经济学家》	最佳全日制 MBA 项目	2002	国际	学科

*《福布斯》"最佳商学院"两年评一次，2003 年起分为"美国最佳商学院"和"美国以外最佳商学院"。

随着大学排行的不断演进，不同的时空背景和发展阶段塑造了具有不同特征的三代排行。第一代的大学排行主要以民意调查和列表为特征。20世纪 70—80 年代由新闻记者开创的第一代排行榜，基本没有对高等教育系统或院校领导人的制裁。高等教育机构往往积极反对这些尚处于萌芽阶段的排行榜，因为这些排行榜被认为是对高等教育机构自身事务的粗暴干涉。第二代大学排行的主要特征是强调透明度、问责及管理信息系统。在第二代大学排行中获取隐性知识和编纂已经存在的隐性等级制度变得不那么重要了。排名不再是学院式的了，取而代之的是由于使用包括教学评估和科研评估等同行评议结果的各种数据而明显变得更加"客观"、更为详尽的大学排行。此前的院长、系主任、中学教师的"民意调查"要么消失了,要么成为次要因素。与此同时,信息和通信技术与高等教育大众化的快速发展所导致的各种高等教育问责系统和大学内部管理信息系统的发展,也使得排行的功能和特征发生新的变化。当前的第三代大学排行则是更加强化测量和市场绩效。可以说,在当前阶段,此前大学排行强调的透明政策工具、问责体制和管理信息系统等都得到新的强化。构建大学排行的信息和数据材料也变得更加广泛。[①]

二、《美国新闻与世界报道》大学排行

在美国为数众多的大学排行中,《美国新闻与世界报道》大学排行无疑是最有影响力的一个,在美国高等教育信息市场中处于主导地位。每年"美国最佳大学"排行榜发布后,该杂志都会卖出上百万份。学生和家长都希望从中找到好学校来接受高等教育。因此,有学者认为,《美国新闻与世界报道》大学排行已经成为这个国家的事实上的高等教育问责制度,即根据共同的尺度来评价学院和大学,同时建立一种强有力的激励机制,促使院校采取措施来提高排名。[②]

(一) 背景与目的

《美国新闻与世界报道》是继《时代》(Time,又称《时代周刊》)和《新闻周刊》(Newsweek)后的美国第三大新闻杂志,该杂志所开展的美国大学排行是该领域最著名、影响最大的排行之一。1983年《美国新闻与世界报道》首次推出大学排行,主要对全美有本科生教育的院校进行排名,此后每两年进行一次排名。自1987年起,该杂志同时涉及研究生教育专业的评价,改为每年进行一次,并接受高等教育专家的咨询建议,对排行所采用的方法进行了修订。

《美国新闻与世界报道》大学排行的对象是全美教育委员会组成的权威性评估机构鉴定认可的14类大学和四年制学院,主要是提供本科教育和研究生教育的机构。根据美国卡耐基教学促进基金会1987年公布的高等学校分类法,它按全国性大学、全国性文理学院、地区性大学、地区性文理学院四类,分别进行评估和排名。依据最新的排名,大学排行的对象分为四

---

① Scott, P.: "Ranking Higher Education Institutions: A Critical Perspective", in Marope, P. T. M., et al., 2013: *Rankings and Accountability in Higher Education Uses and Misuses*, Paris, UNESCO Publishing.

② Carrey, K., 2006: *College Rankings Reformed: The Case for a New Order in Higher Education*, Washington, D. C., Education Sector.

类，即全国性的大学、全国性的文理学院、硕士授权大学、学士授权大学。

《美国新闻与世界报道》大学排行的目的是为学生和家长明智地选择所要就读的学院提供尽可能全面、丰富的信息。《美国新闻与世界报道》在其"美国最佳学院和大学"排行说明中鲜明地指出了开展美国大学排行的目的："虽然这是个很有争议的问题，但是答案非常简单，我们这样做就是为了帮助你们做出一生中最重要的一项决定。……要想找到合适的大学，需要可靠的信息和完整的资料，使您能够对各大学进行比较并发现它们的差异。这就是我们开展排行的目的。"[①] 可以说，直到今天，该排行的这种面向消费者、面向学生和家庭提供大学选择信息的简单而实用的目的始终没有改变。正如，该排行所宣称的"投资大学教育可能会深刻影响你的工作机会和生活质量"[②]。

（二）方法与指标

《美国新闻与世界报道》2021 年最新排名严格按照 2018 年更新后的《卡耐基高等教育机构分类的基本分类》(*The Carnegie Classification of Institutions of Higher Education's Basic Classification*) 系统进行分类。事实上，美国教育部和很多高等教育协会都使用卡耐基分类来组织和标记他们的数据。因此，卡耐基分类已成为美国高等教育公认的标准。这也是《美国新闻与世界报道》自 1983 年首次发布最佳大学排行以来一直在使用这种方法的原因所在。

《美国新闻与世界报道》2021 年最新的大学排行将大学分为"全国性大学"(national universities)、"全国性文理学院"(national liberal arts colleges)、"地区性大学"(regional universities) 和"地区性学院"(regional colleges) 四类。其中，全国性大学是指提供全方位的本科专业，以及硕士和博士学位项目，并强调教师研究或授予专业实践博士学位的大学。全国性文理学院基本上只专注于本科教育，而且其授予文理(arts and sciences)项目的学位占到授予学位总数的 50% 以上。地区性大学提供广泛的学士学位和一些硕士学位课程，但很少(如果有的话)会提供博士学位课程。地区性大学一般按照北部、南部、中西部和西部四个地理组别来划分。地区学院也是只专注于本科教育，但其授予的文理学科学位不到 50%。这些学院主要授予两年制的副学士学位。这些学院同样按照北部、南部、中西部和西部四个地理组别进行划分。

---

① U. S. News & World Report, 2008 ; *Why U. S. News Ranks Colleges*, http://www.usnews.com/articles/education/best-colleges/2008/08/21/why-us-news-ranks-colleges.html, 2008-11-20.

② U. S. News & World Report, 2020 ; *Why U. S. News Ranks the Best Colleges and Universities*, https://www.usnews.com/education/best-colleges/articles/why-us-news-ranks-colleges, 2020-09-25.

从指标和权重来看,《美国新闻与世界报道》大学排行主要从"毕业率和保留率""社会流动""毕业率表现""本科生学术声誉""教师资源""学生选择性""生均财政资源""平均校友捐赠率"和"毕业生负债"九个方面来评价大学的学术质量。

（1）学生学业结果方面的指标占40%的权重。也就是说一所学校的排名有40%取决于学生培养方面的因素。毕业率本身在结果和该排名中占有最高的权重,因为完成学位是从雇主和研究生院获得全部收益所必需的。该排名主要从毕业和保留（22%）、毕业率表现（8%）、社会流动（5%）及毕业生负债（5%）等角度来评估学生的学业结果。

（2）教师资源方面的指标占20%的权重。有研究表明,学生接触优质教师的机会越多,他们在课堂上的参与度就越高,学到的东西就越多,毕业的可能性也就越大。因此,该排名采用2019—2020学年的五个指标来评估学校在教学上所做出的承诺：班级规模（8%）、教师工资（7%）、在各自领域拥有最高学位的教师（3%）、生师比（1%）和全职教师比例（1%）。

（3）专家意见方面的指标占20%的权重。《美国新闻与世界报道》大学排行认为学术声誉很重要,因为它考虑了其他地方不容易捕捉到的东西。因此,该杂志邀请校长、教务长和招生主任等专家学者对他们所熟悉的同行院校的学术质量进行5分制的评分,然后取评分的两年加权平均值。在2020年接受调研的4816名学者中,36.4%的学者回复了问卷,较2019年的43%有所下降。

（4）财政资源方面的指标占10%的权重。生均支出表明大学可以提供各种各样的项目和服务。《美国新闻与世界报道》大学排行通过2018—2019财政年度每个学生在教学、研究、学生服务和相关教育支出方面的平均支出来衡量学校的财政资源状况。

（5）学生卓越方面的指标占7%的权重。《美国新闻与世界报道》大学排行认为一所学校的学术氛围受到其招生选择性的影响。简单地说,在高中取得优异成绩和考试成绩的学生最有可能在具有挑战性的大学水平的课程中取得成功。在此方面,"学术水平测验"（SAT）和"美国大学入学考试"（ACT）等标准化测验占5%的权重,高中班级排名占2%的权重。

（6）校友捐赠方面的指标占3%的权重。该指标是获得学士学位的在世校友在2017—2018学年和2018—2019学年对学校捐赠的平均百分比。该指标可以反映学生的满意度及毕业后的参与度。[1]

---

[1] Morse, R., Brooks, E., 2020 : *How U. S. News Calculated the 2021 Best Colleges Rankings*, https://www.usnews.com/education/best-colleges/articles/how-us-news-calculated-the-rankings, 2020-09-13.

《美国新闻与世界报道》大学排行的数据主要来自该杂志对各院校的调查。在 2021 年的排行中，大多数院校直接向《美国新闻与世界报道》报告数据，85% 的排名院校在 2020 年春季和夏季数据收集窗口返还了统计信息。该杂志总共收集了 1 800 多家院校的数据，尽管《美国新闻与世界报道》官方网站（usnews.com）公布了所有学校的数据，但排行上榜的院校只有 1 452 所。由于是由该杂志自己收集数据，所以其分析和发布的数据比其他渠道提前了一年。这也意味着很多学校信息在其他地方都找不到，或者至少需要浏览各种各样的院校网站。在提交数据后，该杂志对提交数据的真实性进行了逐项评估，并联系部分院校确认或修改数据。那些没有回应或无法确认其数据准确性的院校，可能是在计算中未发表或未使用这些受到质疑的数据。该杂志还从美国教育部国家教育统计中心和大学记分卡（college scorecard）获得缺失的数据（财务状况、教师人数、师生比例、教师工资、SAT 和 ACT 成绩、佩尔和非佩尔助学金毕业率、总体毕业率和第一年保留率）。总的来说，在没有提供调查数据的情况下，占每所院校总得分约 85% 的排行指标可能会使用第三方数据。

（三）成效与挑战

《美国新闻与世界报道》自 1983 年推出大学排行后引发了一系列连锁反应。不久以后，基普林格（*Kiplinger*）、福布斯（*Forbes*）等出版公司作为竞争对手也纷纷加入大学排行的队伍。《美国新闻与世界报道》大学排行榜是一种强有力的工具，它吸引公众的注意力，也改变了大学和政策制定者的行为。有研究指出，20 多年来，《美国新闻与世界报道》对美国高等教育的发展发挥了很大的影响作用。[1]

《美国新闻与世界报道》大学排行是目前美国高中生或大学生选校就读的最重要依据，许多顶尖大学也将其作为办学质量的证明，并以此作为招生的活广告。斯坦福大学商学院梅雷迪思（Marc Meredith）在对《美国新闻与世界报道》大学排行对一系列变量的影响进行分析后也认为，尽管排行对公立和私立高校有不同的影响，但是很多高校排名的变化情况在招生结果上都得到了体现。[2] 在一项针对全美 1 400 所大学高层行政管理人员所做的调查显示，大部分受访者所列出的重要评价指标与《美国新闻与世界报道》所采用的指标基本相似，如"师生比""保持率""毕业率"等都被认

---

[1] Kirp, D., 2004 ; *Shakespeare, Einstein and the Bottom-line: The Marketing of Higher Education*, Cambridge, Harvard University Press.

[2] Meredith, M., 2004 : "Why Do Universities Compete in the Ratings Game? An Empirical Analysis of the US News and World Report College Rankings", *Research into Higher Education*, 45(5).

为"非常重要"，而且"班级规模""学术声望""生均教育经费"等也都被认为"很重要"。

排行不断被用于高校目标设定的这种状况在下面这个例子中得到生动的写照。作为美国南卡罗来纳州传统上以农业和机械工程为特色的一所赠地大学，克莱姆森大学（Clemson University）近年来发生了急剧的转型。在对南卡罗来纳州转变为美国先进汽车制造业基地的情况做出深入分析的基础上，为重塑该校在全美汽车制造和汽车运动领域教学和科研的领先地位，克莱姆森大学与德国宝马汽车公司（BMW）达成战略伙伴关系。在新的愿景陈述中该校特别提到，在《美国新闻与世界报道》大学排行中，进入全美公立大学前 20 强之列。[①]

但是，《美国新闻与世界报道》大学排行引发的争议也同样令人瞩目。美国颇受欢迎的时尚周刊《纽约客》（The New Yorker）曾发表一篇富有洞察力的文章，对《美国新闻与世界报道》的大学排行进行了评价。文章简洁地说明了该排行虽然是有感情的，但几乎没有善意：它们信奉非常特殊的意识形态。[②]

《美国新闻与世界报道》大学排行在方法论上也引发了诸多的争议。很多人认为，大学排行中的权重是一个随意的和主观的因素，这也是排行榜方法论中一个根本性的缺陷。斯坦福大学校长卡斯珀（Gerhard Casper）曾在写给《美国新闻与世界报道》的批评信中反映这方面的问题。[③] 同时，许多学校没有提供排行指标所需的相关数据，在无法获得完整信息的情况下，其排行结果往往是无法令人信服的。有些学者还批评《美国新闻与世界报道》大学排行每年指标的变动而产生排行结果的变化，实际上并不代表学校教育质量的上升或下降。如 1994 年乔治敦大学（Georgetown University）排 25 名，由 1993 年 17 名直降了八名，其主要原因是排名指标的变更，而非学校学术质量有剧烈变化。事实上，乔治敦大学在"学术声誉""毕业率""校友捐赠""学生质量""财力资源"等指标的排名分数并没有变化，但在"教师资源"一项由 20 名剧降至 74 名，其原因并非教授的人数或研究成果的减少，而是从 1993 年起，教师的工资被列为排名指标之一。

[①] Przirembel, C., 2005：*Presentation by the Vice President of Clemson University at MIT Conference on Local Innovation System*, 13 Dec. 2005.

[②] Gladwell, M., 2011："The Order of Things：What College Rankings Really Tell Us?", *The New Yorker*, 2021-02-14.

[③] Salmi, J. and Saroyan, A.："League Tables as Policy Instruments：The Political Economy of Accountability in Tertiary Education", in GUNI, 2007：*Higher Education in the World 2007：Accreditation For Quality Assurance：What Is At Stake ?* New York, Palgrve.

克拉克（Marguerite Clarke）曾对《美国新闻与世界报道》大学排行的"专业研究生院排行"和"本科文理学院排行"的四种变化因素进行了六年多的跟踪研究。她发现，在全部的变化中，有85%是权重、定义和方法上的变化，而非增加或减少指标的问题。她还发现，研究生教育排行的变化要大于本科生教育排行的变化，同时相对于一般学科来说（如医学），一些专业学科领域（如法律）排行的变化更为突出。在克拉克所考察的《美国新闻与世界报道》六年的排行榜中，平均有6~8个计算公式的变化，而最大的变化则在少量的指标上。克拉克认为，计算公式的变化将无法对一所院校一定时期内的业绩进行比较。如果比较的话，只能从一个断面上考察那些长期保持稳定的指标。[1]

此外，围绕排行榜和排行时常会爆发激烈的纷争，甚至还引发了联合抵制的事件。例如，20世纪90年代初，斯坦福大学的一群激进学生号召有关大学和学院联合抵制《美国新闻与世界报道》大学排行未果的情况下，成立了名为"遗忘《美国新闻与世界报道》联盟"的团体。1997年，美国中密歇根艾尔马学院（Alma College）院长在组织有关高校联合抵制排行的行动未遂后，开展了对150多位大学和学院高层领导的调查，以反映他们对《美国新闻与世界报道》大学排行的意见。[2]

三、"基普林格"大学排行

（一）背景与目的

基普林格华盛顿编辑公司（Kiplinger Washington Editors, Inc.）创建于1920年，是一家美国的商业预测和个人理财咨询出版商，也是一家由基普林格家族三代人管理了90多年的私人控股公司。2019年2月，该公司被英国媒体公司丹尼斯出版（Dennis Publishing）收购。基普林格旗下的《基普林格个人理财》（*Kiplinger's Personal Finance*）是1947年创刊的美国第一本个人理财杂志，旨在以清晰、简洁的语言提供合理、公正的建议。该杂志主要提供理财和实现财务安全、储蓄、投资、退休计划、支付大学学费及购买汽车和房产等方面的建议。

1998年起，《基普林格个人理财》以大学性价比为"卖点"开展了"基普林格最有价值大学"（Kiplinger's Best College Values）排名，由此开始加

---

[1] Clarke, M., 2002 : "Some Guidelines for Academic Quality Rankings", *Higher Education in Europe*, 27(4).

[2] Provan, D. and Abercromby, K., 2000 : *University League Tables and Rankings : A Critical Analysis*, CHEMS Paper, No.30.

入研究美国大学排行的队伍。当年，《基普林格个人理财》将学术质量和支付能力作为主要指标推出首个"最有价值公立大学"（top values in public colleges）排行榜，即 100 所最有价值的公立大学。1999 年，该杂志又陆续推出"最有价值私立大学"（top values in private universities）和"最有价值文理学院"（top values in liberal-arts colleges）等排行榜，每一类分别评选出 100 所大学。从 2019 年起，基普林格扩大了排行的名单，上榜的共计有 400 所学校，除了此前的 300 强大学，还加上 100 所刚刚错过榜单但也提供了巨大价值的大学。

最初对大学进行性价比排名时，基普林格对大学学费的担忧并没有成为人们关注的焦点。然而，自此以后，美国学生上大学的费用飞涨。在过去 20 年里，经通货膨胀调整后，私立四年制大学的平均学费和杂费上涨了 58%。根据美国大学理事会（College Board）的数据，就读本州公立大学的学生的费用增加了一倍多。[1] 高昂的学费、不断增长的学生债务和相对平稳的家庭收入已经引发了美国全国性的讨论，这也成为基普林格推出"美国最有价值大学"排行榜的主要原因所在。

（二）方法与指标

基普林格对大学价值的定义是高质量的教育和负担得起的价格。该排行的学术指标主要包括生师比例、新生考试成绩（the test scores of incoming freshmen）和大二返校学生比例（the percentage of students who return for sophomore year）等。该排行对四年制毕业率给予最多的分数，因为按时毕业有助于降低成本。在经济指标方面，该排行试图寻找价格合理、慷慨的财政援助和毕业时学生债务较低的学校。在该排行的综合榜单中，基普林格使用州外就读成本对公立大学进行排名，以帮助学生更好地将它们与私立学校和其他州外的公立学校进行比较。同时，该排行将第一年的平均助学金与所有本科生的平均助学金进行了比较，奖励那些避免向入学新生慷慨提供助学金而在随后的几年里减少助学金的学校。该排行并不太重视一所学校的录取率和新生考试成绩等因素。基普林格认为，这两项成绩都变得不那么有意义了，因为一些学校试图通过鼓励更多学生申请来降低录取率，而且有许多学校把提交 SAT 和 ACT 成绩作为非必需的选项。[2] 此外，基普

[1] Pitsker, K., 2019 : *Kiplinger's Best College Values*, *2019*, https://www.kiplinger.com/article/college/t014-c000-s002-best-college-values-2019.html, 2019-07-26.

[2] Pitsker, K., 2019 : *Kiplinger's Best College Values*, *2019*, https://www.kiplinger.com/article/college/t014-c000-s002-best-college-values-2019.html, 2019-07-26.

林格利用彼得森数据收集系统（Peterson's Data Collection）[1]建立了一套关于近 1 200 所公立和私立四年制高校的基线数据，并将自己的报告添加到数据中。

基普林格"美国最有价值大学"排行对学术质量的衡量占 55% 的比例，对成本和财政资助的衡量占 45% 的比例。[2] 该排行的主要指标包括以下方面。

（1）竞争力：该指标主要包括录取率（即申请者中获得录取的百分比）和入学率（被录取学生中入学者的百分比）两个子指标。第一个指标反映的是选择性，第二个指标反映的是被接受的申请者的竞争力。

（2）毕业率：在质量方面，该排行最重视四年毕业率，以激励那些帮助学生按时在预算范围内获得本科学位的大学。为了反映获得学位的收益，即使需要四年以上的时间，该排行也对五年和六年的毕业率给予少量加分。对那些为有经济需要的毕业生做出出色工作的学校，该排行会给予额外的加分。

（3）学术支持：该指标的子指标之一是新生留校率，即大二返校的学生比例，该指标反映出学校在让学生按计划学习方面所做出的努力。另一个子指标是生师比，该排行认为生师比是衡量一所学校完成其学术使命的重要因素。

（4）成本及财政援助：为了评估成本，该排行给总成本（包括学费、杂费、食宿费和书本费）最低的学校以最高的分数。在综合排名中，该排行使用公立学校的州外成本与私立学校进行比较。在公立学校排名中，基普林格根据州内成本对学校进行排名，而州外成本则单独计算。该排行会给那些通过基于需求的资助（助学金而不是贷款）而降低学费的学校和那些通过非基于需求的资助而降低学费的学校予以加分。该排行还比较了一年级学生和所有本科生的平均助学金，激励那些避免为新生提供慷慨资助而在其后减少资助的学校。

（5）学生债务：该排行认为那些提供足够资金支持使学生毕业时的平均债务降至最低水平的学校应该得到相应的分数。该排行还考虑了贷款学生的比例，数字越低，分数越高。

（6）工资标准：为了让学生大致了解在上大学十年后的收入情况，该排行展示了十年前进入某所大学并接受联邦财政资助的工人的平均收入。该指标提供了一种衡量收益结果的方法，也为学生做出未来预测提供了一个

---

[1] 该系统的网址为 http://www.petersonsresearch.com/。

[2] Pitsker, K., 2019 : *How We Rank the Best College Values*, 2019, https://www.kiplinger.com/article/college/t014-c000-s002-how-we-rank-the-best-college-values-2019.html, 2019-07-26.

起点。①

(三) 成效与挑战

基普林格 "美国最有价值大学" 排行为作为消费者的学生选择具有性价比的大学提供了参考,也是对《美国新闻和世界报道》大学排行等的一个补充。该排行在很大程度上回应了美国联邦教育部和社会有关方面对高等教育的批评,采取了新的措施加强对学生学习成果的衡量。② 该排行对学生接受高等教育所付出经济成本及获得财政资助情况的强调也反映了学生的关切。正如美国西东大学学者凯尔岑所指出的,关注成本是非常有用的,而基普林格大学排行在某种程度上也奖励了提供更多公共支持的州的大学。③

美国畅销书作家、咨询顾问和演说家奥肖纳西(Lynn O' Shaughnessy)曾在哥伦比亚广播公司(CBS)新闻网上撰文说明基普林格 "最有价值大学" 为什么是有问题的。她认为,基普林格每年都会发布一份美国净价(net price)最高的私立和非营利性学校名单,这个净价是比标价(sticker price)更有意义的数字,它是一个家庭从学校的标价中减去典型的奖学金和助学金后所要支付的费用。为了鼓励高校使其成本更加合理,联邦政府每年都会公布净学费最高的前5%的高校名单。而在基普林格所谓的 "最有价值大学" 中,有13所④在政府的不光彩名单上。奥肖纳西还质疑,纽约、华盛顿、波士顿等一些沿海地区学校及其他提供吝啬助学金的、极其昂贵的大学进入最有价值排行榜的公正性。她还以纽约大学为例来说明为什么基普林格需要重新审视其排行方法。她指出,纽约大学以其糟糕的助学金计划而闻名,而这个情况也许除了基普林格,其他人都知道。⑤

四、《泰晤士报》大学排行

(一) 背景与目的

《泰晤士报》大学排行是英国历史最悠久也是最具权威性的一个大学

① Pitsker, K., 2019 : *How We Rank the Best College Values*, *2019*, https://www.kiplinger.com/article/college/t014-c000-s002-how-we-rank-the-best-college-values-2019.html.2019-07-26.

② Lederman, D., 2007 : *Time to Step Back*, https://www.insidehighered.com/views/2007/08/15/time-step-back.2007-08-15.

③ Kelchen, R., 2013 : *Examining Kiplinger's Best Value Colleges*, https://robertkelchen.com/2013/01/03/examining-kiplingers-best-value-colleges/, 2013-01-03.

④ 包括卡内基梅隆大学(Carnegie Mellon University)、福特汉姆大学(Fordham University)、纽约大学、东北大学、圣塔克拉拉大学(Santa Clara University)、圣路易斯大学(St.Louis University)、华盛顿大学圣路易斯分校(Washington University St.Louis)等。

⑤ O' Shaughnessy, L., 2012 : *What's Wrong with Kiplinger's "Best Value" College List*, https://www.cbsnews.com/news/whats-wrong-with-kiplingers-best-value-college-list/, 2012-10-26.

排行。该大学排行与《卫报》《完全大学指南》（*Complete University Guide*）并称为"英国本土三大排行"。《泰晤士报》大学排行除了进行综合排名，还发布各个专业排名。

1986年，英国《泰晤士报》推出了首个英国大学的排行榜。1992年10月，英国《泰晤士报》公布了英格兰高等教育基金委员会对各大学的科研水平的评估结果，这一次代表政府对大学的一个方面（科研水平）的排名，在社会上产生了一定的影响。1993年5月9日至14日，在巴克莱银行（Barkley Bank）资助下的另一次评比结果又在《泰晤士报》上公布，这一次代表了民间对各大学的评价。虽然大多数大学反对这种排行，但对调查过程都给予了配合，只有11所大学拒绝合作。这种对大学的民间评价被称为"优秀大学指南"（Good University Guide），名义上是为指导学生和家长选择大学，实际效果并不限于此。由巴克莱银行资助、《泰晤士报》主持，聘请专家从民间的角度对各大学定期做出评比，对促进大学办学质量的提高是有推动作用的。

（二）方法与指标

英国《泰晤士报》优秀大学指南尽可能地利用了学术排名（academic ranking）和社会包容性排名（social inclusion ranking）中每项指标的最新数据。英国有关高等教育的数据收集、分析和传播系统主要由高等教育统计局负责提供。该机构也为《泰晤士报》优秀大学指南提供了入学标准、生师比、服务和设施支出、毕业率、毕业生前景和2014年卓越研究框架等方面的数据。

《泰晤士报》优秀大学指南在编制大学排行榜的过程中，学生满意度（包括对教学质量和更广泛的学生体验的满意度）和研究质量的得分以1.5为权重，而所有其他指标均以1为权重。该排行将学术排名中的各项指标进行Z分数转换组合，将总分转换为一个量表，以1 000为最高分。在入学标准、生师比、学位等级及毕业前景等方面，分数根据学科交叉（subject mix）情况进行了调整。社会包容性排名中的指标也使用Z分数转换进行组合，并将总数转换为以1 000为最高分数的量表，但没有对学科交叉情况进行调整。

《泰晤士报》优秀大学指南主要从"学生满意度""科研质量""入学标准""毕业前景""学位等级""学位完成率""生师比"及"服务和设施开支"八个方面对大学的业绩进行评价，其中前两项指标的权重为15%，其他各项指标权重为10%（参见表5.2）。

表 5.2 《泰晤士报》优秀大学指南排行指标、权重及数据来源

指标	权重 /%	数据来源
学生满意度	15	全国学生调查（NSS）
科研质量	15	2014 "科研卓越框架"评估（REF）
入学标准	10	高等教育统计局（HESA）
毕业前景	10	高等教育统计局
学位等级	10	高等教育统计局
学位完成率	10	高等教育统计局
生师比	10	高等教育统计局
服务和设施开支	10	高等教育统计局

资料来源：Malcolm, K., 2020 : *Good University Guide 2021 Methodology*：*How We Compiled the Rankings*, https://www.thetimes.co.uk/article/good-university-guide-2021-methodology-how-we-compiled-the-rankings-j563p2pn0, 2020-09-20。

（1）学生满意度，该指标包括教学质量和学生体验两个二级指标。其中教学质量主要通过全国学生调查（NSS）的八个方面问题及一个测试总体满意度的问题来测试，由学生做出五级评分。教学质量指标反映了教学、学习机会、评估和反馈及学术支持的平均分数；学生体验衡量标准是根据全国学生调查在组织和管理、学习资源、学习社区和学生声音等方面的平均得分，以及附加的总体满意度问题得出的。

（2）科研质量，该指标主要依据 REF 2014 科研评估中的整体科研质量情况来衡量。"科研卓越框架"评估结果将各院校的科研情况分为如下几种情况：4* 为世界领先，3* 为国际卓越，2* 为国际认可，1* 为国内认可和非分类。《泰晤士报》优秀大学指南使用了英格兰高等教育基金委员会在2013—2014 年所采用的权重，即获得 4* 评估结果的院校加权系数为 3，3* 院校加权系数为 1，而 2* 和 1* 院校无加权系数。

（3）入学标准，该指标根据"普通中等教育高级水平考试"（A level）、"普通中等教育高级水平补充考试"（AS level）及高中考试（highers 和 advanced higher）和其他同等资格，例如，国际文凭（international baccalaureate）等情况，计算 21 岁以下的第一学位学生入学时的大学和学院招生服务中心（UCAS）系统标准分（tariff point scores）。

（4）毕业前景，该指标衡量的是在英国居住的全日制学士学位获得者的毕业取向。该指标主要基于毕业生毕业 15 个月后的活动，以及他们是否进入高技能就业或研究生水平的进一步学习。高技能就业指标来源于 2020

年 6 月发布的新的"毕业生成果调查"(graduate outcomes survey)。

(5)学位等级,该指标主要体现为获得一等学位或二等一级学位(upper second-class degree)毕业生占各等级学位毕业生总人数的比例。本硕连读的学位(enhanced first degrees),例如在四年工程课程后获工程硕士(MEng.)学位,相当于一等或二等一级学位。

(6)学位完成率,该指标为预计完成学位的学生百分比,包括转学到其他院校的学生在已知数据中的占比。高等教育统计局绩效指标利用学生的当前动向来预测最终结果。高等教育统计局相关指标所使用的方法预测了有多少比例的学生最终将获得学位,有多少比例的学生将离开目前的大学或学院接受更高一级的教育,并以已知数据的学生比例表示。

(7)生师比,该指标为每一所院校的全日制学生人数除以全日制教职人员人数。教师以学术人员为基础,包括教学人员和教学研究人员,但不包括研究人员。对一整年从事全日制行业实习(industrial placement)的学生,计全日制学生人数的 20%,相当于 0.2 名全日制学生。对在一年中有部分时间从事行业实习的学生,计全日制学生人数的 60%,即相当于 0.6 名全日制学生。

(8)服务和设施开支,该指标为两年用于教学服务、教职人员及学生设施的平均开支除以全日制学生总人数。[①]

《泰晤士报》优秀大学指南排行中大部分指标的数据都来自英国高等教育统计局,它是由英国高等教育机构于 1993 年共同组建的非营利性有限责任公司,专门负责英国高等教育统计数据的收集和发布。另外,"学生满意度"的数据来自"全国学生调查",该调查是由英格兰高等教育基金委员会委托英国第二大专业调查研究机构 Ipsos MORI 于 2005 年开展的,目的是调查学生对其学位培养项目质量的意见,其中英格兰、威尔士和北爱尔兰的高校都必须参与调查,而苏格兰高校自愿参与;"学生毕业去向"则是由高等教育统计局直接开展的调查,目的是与毕业离校六个月后的毕业生取得联系,了解他们的就业、收入及继续深造的情况。

(三)成效与挑战

作为英国首个大学排行榜,《泰晤士报》优秀大学指南在过去 30 多年对大学的排行基本上反映出高等教育系统的变化。尽管牛津大学、剑桥大学和帝国理工学院一直占据着前三强的位置,但是布里斯托大学、爱丁堡大学和巴斯大学都曾进入前 5~10 名,埃克斯特、萨里和苏塞克斯等大学也

---

① Malcolm, K., 2020 : *Good University Guide 2021 Methodology : How We Compiled the Rankings.* https://www.thetimes.co.uk/article/good-university-guide-2021-methodology-how-we-compiled-the-rankings-j563p2pn0, 2020-09-20.

都曾进入前 20 名。曾参与排行榜编辑工作的曼彻斯特商学院前院长加农 (Tom Cannon)认为,沃里克、约克和巴斯等大学都是该排行的受益者。他还认为,排行肯定了 20 世纪 60 年代建立起来的新大学所取得的成绩,并使它们能够排在一些具有历史地位的老大学之前。因此,他更加确信该排行的价值。另外,排行榜尤其为那些对高等教育缺乏了解的学生提供了信息服务,同时促进了高等教育标准的不断提高。

但是,大学方面则有不同的意见。英国大学校长委员会(现改为英国大学协会)曾指出:"我们认为,排行榜在指导思想上就是错误的,操作中的瑕疵和缺乏统一来源的数据都是显而易见的问题。"① 另外,该排行在为学生提供入学参考方面的作用也比较有限。英国学者经过实证研究后认为,虽然大学在年度排行榜上的排名不断波动,但是至少从短期来看,似乎并没有对预期的学生选择大学带来什么影响。②

五、《完全大学指南》大学排行

(一) 背景与目的

20 世纪 90 年代,英国大学排名主要是由梅菲尔德大学咨询公司 (Mayfield University Consultants)为《泰晤士报》和《泰晤士报·高等教育副刊》制作的,并由哈珀·科林斯有限公司(Harper Collins Ltd.)出版额外的材料。这种多方的合作于 2007 年底结束,当时《泰晤士报》聘请了埃克塞特大学(University of Exeter)下的埃克塞特企业(Exeter Enterprises)来接管统计工作。而此时的梅菲尔德大学咨询公司,也在前期的研究项目中界定了相同数据集,并使用既定的方法开发了属于自己的在线大学指南。③

2007 年,梅菲尔德大学咨询公司使用《好大学指南》(*The Good University Guide*)的名称首次推出在线版的大学排行榜。2008 年 6 月,《好大学指南》更名为《完全大学指南》。2015 年,该指南被全球学生营销和招聘领导者——国际发展计划教育有限公司(IDP Education)④ 的分支部

---

① O'Leary, J., 2008 : "The Times Good University Guide–the Definitive League Table", *The Times*, 2008-06-18.

② Eccles, C., 2002 : "The Use of University Rankings in the United Kingdom", *Higher Education in Europe*, 27(4).

③ Jobbins, D., et al., 2008 : "The Complete University Guide—A New Concept for League Table Practices in the United Kingdom", *Higher education in Europe*. 33(2–3).

④ 澳大利亚大学、学院和学校国际发展计划(简称国际发展计划,IDP)的前身是 1969 年设立的澳大利亚—亚洲大学合作计划(AAUCS)。国际发展计划教育有限公司是一家国际教育机构,在澳大利亚、新西兰、美国、英国、爱尔兰和加拿大为学生提供有关留学、雅思考试等服务。

门联动公司（IDP Connect）收购。在早期，该指南与《每日电讯报》（*Daily Telegraph*）、《独立报》（*Independent*）和《每日邮报》（*Daily Mail*）等一系列英国全国性报纸合作推出。自 2013 年以后，该指南不再与任何一家报纸合作。《完全大学指南》为年度性大学排行，其中既包括大学的综合性排行，也包括 70 余个学科的排行。该排行的主要目的是为学生选择学校提供指导和参考，同时为大学行政管理人员、院系负责人、招生官员、政府部门相关人员等提供信息参考。

（二）方法与指标

《完全大学指南》所使用的数据主要来自全国学生调查、科研卓越框架评估、高等教育统计局、联合信息系统委员会（JISC）[①]等提供的公共数据。该指南的大学排行采用了十个维度的标准（即指标），每一个标准的结果都采用了被称为 z 分数的统计技术。然后将十个 z 分数加权，并将其求和，得到每所大学的总分。这些总分将被转换为最高分数（1 000），其余分数为最高分数的一部分（参见表 5.3）。

《完全大学指南》包含十个方面的指标。

（1）入学标准：本科新生 UCAS 系统标准分的平均分数，该数据来自高等教育统计局 2019—2020 学年的相关统计数据；

（2）学生满意度：该指标主要衡量学生对大学教学质量的看法，该数据来自全国学生调查对 2020 年本科毕业生的调查；

（3）科研质量：该指标主要衡量大学开展科研活动的质量，该数据来自 2014 年英国高等教育拨款机构开展的科研卓越框架评估；

（4）科研强度（research intensity）：该指标主要衡量教职员工参与科研活动的比例，该数据来自 2014 年科研卓越框架评估及高等教育统计局 2013 年的数据；

（5）毕业前景—学业成果（Graduate prospects—outcomes）：该指标主要衡量毕业生完成第一级学位（first degree）后能否成功就业或继续学习，该数据来自 2017—2018 学年高等教育统计局在学生毕业 15 个月后开展毕业生学业成果的调查（Graduate Outcomes Survey）；

（6）毕业前景—符合预期（Graduate prospects—on track）：该指标主要衡量的是认为自己所从事的活动符合其作出未来规划的毕业生的比例，该数

---

① 联合信息系统委员会是一家由英国继续教育和高等教育拨款机构及有关高等教育机构于 1993 年联合发起成立的非营利公司，其主要职能是支持高等教育和研究机构（包括中学后教育）。它负责提供网络和信息技术服务、数字资源、相关建议和采购咨询，同时研究和开发新的信息技术和工作模式。

据也是来自 2017—2018 学年高等教育统计局在学生毕业 15 个月后开展毕业生学业成果的调查；

（7）生师比：该指标主要衡量大学的平均人员编制水平，该数据来自高等教育统计局 2019—2020 学年的数据；

（8）学术服务支出：该指标为学校所有学术服务的生均支出，该数据来自高等教育统计局 2016—2017、2017—2018、2018—2019 三个学年的数据；

（9）设备设施支出：该指标为生均设备设施的支出，该数据也来自高等教育统计局 2016—2017、2017—2018、2018—2019 三个学年的数据；

（10）毕业率：该指标主要衡量在大学进行本科学习的第一级学位的完成率，该数据来自高等教育统计局 2018—2019、2019—2020 两个学年的绩效指标。[①]

表 5.3 《完全大学指南》排行指标、数据来源及权重

指标	数据来源	年度	权重
入学标准	高等教育统计局	2019—2020	1.0
学生满意度	全国学生调查	2020	1.5
科研质量	科研卓越框架评估	2014	1.0
科研强度	科研卓越框架评估 高等教育统计局	2013	0.5
毕业前景— 学业成果	高等教育统计局	2017—2018	0.67
毕业前景— 符合预期	高等教育统计局	2017—2018	0.33
生师比	高等教育统计局	2019—2020	1.0
学术服务支出	高等教育统计局	2016—2017、2017—2018、2018—2019	0.5
设备设施支出	高等教育统计局	2016—2017、2017—2018、2018—2019	0.5
毕业率	高等教育统计局	2018—2019、2019—2020	1.0

资料来源：Oliver，C.，2021：*University and Subject League Tables Methodology*，https://www.thecompleteuniversityguide.co.uk/sector/insights/university-and-subject-league-tables-methodology，2021-06-29。

---

① Oliver，C.，2021：*University and Subject League Tables Methodology*，https://www.thecompleteuniversityguide.co.uk/sector/insights/university-and-subject-league-tables-methodology，2021-06-29.

（三）成效与挑战

长期以来，英国社会对大多数大学排行的一个持续的批评是与公布的排名不灵活的固定性质有关。而《完全大学指南》为英国大学排行榜提供了一个新概念。该指南采取了灵活的排名方法，允许未来的学生、家长和其他利益相关者根据他们的偏好和特定需求定制排名。具体来说，它允许用户更灵活地利用这些排行来决定自己选择的大学。同时，梅菲尔德公司提出的新概念将万维网固有的交互性及富有活力和经过测试的排名公式结合起来。该排行的一个主要特点就是在很大程度上对各大学的数据进行了仔细核查，同时体现了编纂者对大学反馈信息的回应。《完全大学指南》的核心内容是从学生满意度调查到资源和其他问题等关于大学办学绩效的一系列指标的官方数据。这些数据来自官方，并经过各大学的严格核实，具有极高的准确性。[①]

六、大学排行的局限

大学排行因其自身在概念、方法和数据等方面所存在的难以克服的问题而时常招致各种批评。有学者认为大学排名是重估大学价值的制造者。大学排行在本质上可以理解为一种编码值（coded values），而这种数字编码方案（numbering scheme）很难做到客观。大学排行主要考察的不是大学的特质，而是通过规范和权力关系来完成的。因此，大学排行更多反映出全球市场的精神气质，大学历史悠久的优先事项则受到挑战并被贬值。[②]

由于种种原因，排行榜中使用的指标与教育质量指标之间的相关性仍是很模糊的。首先，目前还没有一个适用于不同类型和使命的高校的公认的质量概念。只有个别排行榜是将所有大学等同视之的。有研究指出，由于缺乏确切的功效标准及分辨投入、过程和产出的能力，排行榜最终只能用一套各不相同的比较符（comparator）来比较高校。

其次，在测量质量方面除了要全面，还要关注指标的选择及指标的有效性和可靠性问题。排行榜使用的一些典型分类指标（例如，声誉、教师科研成果、学生学业成果）与质量之间的关联还缺乏理论性和实证性的依据。例如，有学者发现，"全美大学生认同感调查"（national survey of student engagement）信息与《美国新闻与世界报道》大学排行并无直接联系，这表

---

① Jobbins, D., et al., 2008 : "The Complete University Guide—A New Concept for League Table Practices in the United Kingdom", *Higher education in Europe*, 33 (2-3).

② Mittelman, J. H.: Global Rankings as a Marker of Revaluing the University, in Erkkil, T., 2013 : *Global University Rankings : Challenges for European Higher Education*, Basingstoke, Palgrave Macmillan.

明学生对其教育经验的印象受到多种输入变量的影响而非排行榜所衡量的高校特色。①

再次，大学排行存在诸多数据和方法上的问题。基于各种完全不同意义的指标进行加总并得出总分，这种方法本身就存在理论上的缺陷，过于简单化，"在数学上……也站不住脚"②。这些排行常常被批评为充斥着数据和方法缺陷，是与高等教育质量评价不相干之举，因此常受到一些对结果感到愤怒的大学的抵制，有时还成为政治对手用作批评政府的最方便的方式。③

最后，不同的排行榜测量同一概念所得出的结论经常是矛盾的。在一项比较研究中，迪尔（David Dill）和苏（Maarja Soo）主要通过四个维度（即投入、过程、产出和声誉变量）考察了研究中所选五个排行榜的一致性问题，也就是对质量的概念化表述。他们得出结论认为，不同的排行榜之所以会具有一致性，主要是因为它们都或多或少地使用了相同的投入量度（例如，教师、学生、财力资源及设备设施）。而过程和产出量度的不一致显然并没有影响到最终结果。④ 然而，埃舍尔和萨维诺的研究却得出相反的结论。他们在对19个排行榜中各项指标进行分析后认为，按照各排行榜对质量定义的方式，它们根本不具有一致性。他们认为，两项研究的结论存在巨大差异的主要原因在于，他们选取的样本量更大，并基于已进行的比较选取了更多种类的指标（共有七大类指标）。⑤

实际上，更为根本的问题在于，大学排行往往是在高等教育之外发展起来的，因此通常被视为一种"破坏性"（disruptive）的技术。它们建立在高等教育的消费主义、功利主义观点之上，主要目的是进行公共问责，而没有很好地考虑和整合自我评估、同行评审和定性评价等传统方法，因此，并不真正有助于大学的质量改进。⑥

① Pike, G. R., 2004："Measuring Quality: A Comparison of U. S. News Rankings and NSSE Benchmarks", *Research in Higher Education*, 45(2).

② Tuner, D. R., 2005：Benchmarking in Universities: League Tables Revisited, *Oxford Review of Education*, 31(3), p.355.

③ Salmi, J. and Saroyan, A., 2007：League Tables as Policy Instruments: Uses and Misuses, *Higher Education Management and Policy*, 119(2).

④ Dill, D. and Soo, M., 2005："Academic Quality, League Tables, and Public Policy: A Cross-national Analysis of University Ranking System", *Higher Education*, 49(4).

⑤ Usher, A. and Savino, M., 2006：*A World of Difference: A Global Survey of University League Tables*, Toronto, Educational Policy Institute.

⑥ Eaton, J.："Rankings, New Accountability Tools and Quality Assurance", in Marope, P. T. M., et al., 2013：*Rankings and Accountability in Higher Education Uses and Misuses*, Paris, UNESCO Publishing.

第二节　满意度调查机制

满意度调查是英美高等教育市场问责的又一典型机制。这种机制将学生作为高等教育市场的"消费者"和"用户"。而遵循"市场规律"形成的"消费者至上"和"用户导向"的价值观也成为促使高等教育机构不断改善教学绩效、激发办学活力和提升教育服务水平的重要驱动力量。英美两国开展的相关学生满意度调查都提供了高等教育市场问责的生动案例。

一、英国全国学生调查

英国政府自从削减对大学的财政支持以后，大学质量问题就成为公众非常关心的话题，公众的担忧是：拨款减少了，质量还能否得到有效的保障？为此，英国高等教育拨款机构面向作为高等教育客户的学生采取市场化的调查措施。大学生满意度调查就是其中一项。

全国学生调查（The National Student Survey）是英国的一个创举，它能让学生有机会发表对所在教育机构或者所学课程的观点，以及指出其中有必要改进的地方。这项调查不仅让高校了解自己，从而提高办学质量，重要的是为将要入学的学生提供选校与选专业的参考。这种导向性的选择对大学来说具有重要的意义，因为英国的高等教育拨款方式已经改变为以直接资助学生的方式间接向大学拨款，调查满意度高的学校会赢得更多的生源，这样会带来更多的财力支持。因此各高校极力做好自身工作，力争本校取得好的名次。正如有学者所指出的，全国学生调查是当今衡量高等教育教学质量的重要工具，也是高校向市场通报教学质量的重要机制。[1]

自从 2005 年以来，英国已有 100 多万名学生参加了调查。2015 年英国全国学生调查（the national student survey 2015）面向英国 155 所高校的 30 万名应届毕业生。调查的对象是最后一年（弹性学制课程在临近结束时的学生也可以参加，不一定要到最后一年）的大学生关于课程教学、学习体验等反馈意见。2015 年英国全国大学生调查满意率排名情况参见表 5.4。2017 年，针对概念和方法论上的有关问题，全国学生调查得到进一步的修订。

---

[1] Lenton, P., 2015 : "Determining Student Satisfaction: An Economic Analysis of the National Student Survey", *Economics of Education Review*, 47.

表5.4 2015年英国全国学生调查满意率排名

排名	高校	学生满意率/%
1	布莱顿和萨塞克斯医学院(Brighton and Sussex Medical School)	98
2	圣玛丽大学学院(St Mary's University College)	96
3	基尔大学(The University of Keele)	95
3	赫尔和约克医学院(Hull and York Medical School)	95
3	白金汉大学(The University of Buckingham)	95
4	考陶尔德艺术学院(Courtauld Institute of Art)	94
5	哈珀亚当斯大学(Harper Adams University)	93
6	皇家兽医学院(The Royal Veterinary College)	92
6	萨里大学(University of Surrey)	92

资料来源：HEFCE，2015：*National Student Survey Results 2015*，http://www.hefce.ac.uk/lt/nss/results/2015/，2015-08-25。

（一）学生调查的内容

英国全国学生调查所使用的《大学生满意度量表》由高等教育学会(HEA)与伊普斯公司(Ipsos MORI)共同设计。问卷内容主要是与学生学习经验相关的内容，简述如下。① 课程教学：包括教师是否善于解释事物，教师能否让专业科目变得生动，教师的讲授是否有激情，课程本身是否令人感到兴奋；② 评估和反馈：包括评分标准是否清楚，评价安排和分数是否公平，学业的反馈对学生发展是否有推动，对学业是否有详细评论，反馈帮助能否让学生弄清楚原来不会的东西；③ 学业支持：包括学习能否得到充分的建议和支持，需要时能否联系到老师，当需要做出研究选择的时候是否总会得到好的建议；④ 组织和管理：包括和学生的活动关系是否密切，时间表是否有效，有关课程和教学的变化能否得到有效沟通，课程组织怎样，运行是否顺畅；⑤ 学习资源：图书馆资源和服务能否满足需要，是否只要需要就能得到电子信息资源，需要的时候能否得到特殊的设备、设施和房间；⑥ 个人发展：包括课程能否给自己带来自信，沟通能力能否得到提高，课程能否使自己在处理不熟悉的事情时感到自信；⑦ 整体满意度：学生可以对自己在高教机构的学习经验给出整体的肯定或否定的评价。学生可以在问卷结尾提供评论，这些评论将会被匿名递交给所在学校以便帮助他们改进不足。这些内容涉及学习和研究的基本方面，主要包括就读机构的教师教学、教职员的敬业、课程设置的科学性、设施的便利、最终效果等(参见表5.5)。该问卷调查结果将对申请大学的学生全面了解如何选择高校具有非常重要的实际意义。对外界来讲，让已经在读的学生说话，要比学校单方面宣传效果好得多。

表5.5 英国全国学生调查问卷

	项目	5	4	3	2	1	N/A
课程教学	1. 教师善于讲解						
	2. 教师授课生动有趣						
	3. 教师对所授内容充满热情						
	4. 课程能激起求知欲望						
评估和反馈	1. 学生事先了解评分标准						
	2. 测试安排合理、评分公正						
	3. 作业反馈及时						
	4. 教师评判作业评语详细						
	5. 作业反馈帮助澄清原先不理解的内容						
学业支持	1. 在学业上得到足够的建议和支持						
	2. 需要时能与教师取得联系						
	3. 学业选择时能得到好的建议						
组织和管理	1. 就个人活动而言，课程表运作效率高						
	2. 课程或教学上的任何改动均得到有效沟通						
	3. 课程安排合理，教学进展顺利						
学习资源	1. 图书馆资料和服务满足需要						
	2. 需要时可以使用计算机资源						
	3. 需要时可以使用专业设备、仪器或工作室						
个人发展	1. 课程有助于展现自我						
	2. 交际技能得到提高						
	3. 课程结束时，个人处理新问题的信心得到提高						
整体满意度	总体讲，课程质量令人满意						
根据过去的经验，请在下面的方框内填写特别值得肯定或值得改进的地方。							

注：5代表完全同意，4代表基本同意，3代表既不同意也不反对，2代表基本不同意，1代表完全不同意，N/A代表不适用。

资料来源：HEFCE，2015：*National Student Survey Results 2015*，http://www.hefce.ac.uk/lt/nss/results/2015/，2015-08-25。

（二）学生调查的实施

英国全国学生调查由英格兰高等教育基金委员会及后续取代其的学生事务办公室代表威尔士高等教育基金委员会（HEFCW）、北爱尔兰经济部（DfENI）和苏格兰基金委员会（SFC）委托伊普斯公司负责实施。伊普斯公司是一家独立的市场调研机构，负责调查的组织管理，伊普斯公司的所有工作都严格按照信息保护条例和市场调研行为规范执行。调查由英国全国学生联合会（NUS）、威尔士学生联合会和爱尔兰学生联合会（USI）全力支持。

为了确认是否有资格参加，调查要求验证个人信息。因为学生的回答将会被统计，因此学生的信息要准确，如果个人信息不准确，伊普斯公司会重新联系确认回答，一旦完成了调查，就不会再联系，也不会再给提醒。网上调查和合格学生的信息库相连，如果验证后仍会收到提醒，这可能是因为还没有收到所在高校提供的信息。如果已经完成了作答，还有可能接到伊普斯的联系，主要有三个原因。① 调查主办方还没收到完整的问卷。② 需要保证所收到的问卷是本人的，在完成问卷后需要提供准确信息，让伊普斯确认。③ 在发送问卷特别是邮寄之间有个时间差。问卷一旦完成不可能撤回或改变。从此看出调查组织得非常细致周到，保证了调查结果的信度和效度。

所有参加高等教育并获得学分或证书的学生，如获得学士学位、基础学位、高等教育证书或文凭的学生都有权参加，包括所有英格兰高等教育机构最后一年的学生。对弹性学制的学生，调查将会安排在第四年。在最后一年退学的学生也包括在内，因为他们的意见同样有效，毕业前一年复读的学生也可以参加。每年1月至4月底完成网上调查，2月底之前审查合格的学生将会收到参加调查的邀请函。如果没有收到也可以参加。伊普斯公司将会跟踪没有参加网上调查的学生，通过写信或者电话，让尽可能多的学生参加，以保证调查结果的权威性。

学生的联系方式由学生所在学校在资助机构的监督下提供，伊普斯公司被委托主持调查，使用信息也只以调查为目的，项目完成后，所有的信息都将从电脑系统删除。为了保障学生的信息不至于泄露，调查会提醒学生不要出现能辨认自己身份的信息，如姓名、任课教师的姓名、职务。所有结果用统计表格摘要及高校、科目、院系报告的形式展示，摘要在充分保障匿名的情况下公开，伊普斯公司和英格兰高等教育基金委员会将为学生的回答保密，关于学生有可能辨识信息的回答会被处理掉。伊普斯公司将在每年7月之前将信息递交给英格兰高等教育基金委员会，后者持有匿名信息直至调查结束，并利用这些信息进行分析处理，邀请签约专家在特定阶段对信息分析处理，最后汇总给高教机构，这些研究人员在分析完成后删除信息，英格兰高等教育基金委员会保留这些数据继续进行研究，他们会存储学生的其他信息如问卷，并与高教统计机构在一个安全的系统内联网，其他个人信息如高等教育统计局记录等同样被保存。在整个调查阶段，学生的隐私会被尊重，调查结果不会提供给个人，只会给高教机构。信息的绝对保密性能够有效消除学生的心理负担，积极调动其参与热情，学生如果不愿意可以在任何阶段选择放弃。

调查结果会在大学专业信息网（unistats.com）上公布，作用主要体现在为学生选择就读与进修机构提供帮助，也被大专院校、学生联合会等用来做安排教育实践的参考，以加强学生学习针对性。学生的反馈被用来编制数据并与上一年度做对比，通过不同高校相同或类似专业各项指标间的比较，各高校也会清楚目前自身的优势和劣势，更好地把握发展方向。

（三）学生调查的功能

英国全国学生调查结果的功能主要包括以下几个方面。

其一，为广大的大学入学申请人及其监护人和建议参谋者志愿填报选择提供信息服务。通过查阅高等教育拨款委员会网、大学专业信息网及各高校网站公布的全网大学生调查结果，他们能够非常方便、快捷地知晓英国不同高等教育机构及学科的人才培养质量，并据此挑选出与自身兴趣、爱好、能力和需要相匹配的学校和专业，从而减少志愿填报的盲目性。已有调查表明，"93% 的学生认为其他学生的意见和看法对自己选择就读学校和专业具有较大的借鉴和指导价值"[1]。

其二，用作英国民间大学排名的指标，满足公众问责的需要。譬如，《泰晤士报》《完全大学指南》《卫报》等大众媒体均将学生调查结果纳入各自的大学排名指标体系，特别是《卫报》大学排名所采用的八项指标中，有三项指标来自该调查，分别为教学（所占权重为 10%）、评价与反馈（所占权重为 10%）、总体满意度（所占权重为 5%）。

其三，高校及其内部所设的院系与学科根据调查结果改进和提升本科教育质量。由于无论申请者的志愿填报还是大学排名，都直接关系到高校的生源和声誉，因此，在英国高校中，无论学校层面还是院系与学科层面，都十分重视调查结果，并通过跟踪分析历年的调查结果及与其他高校的调查结果进行横向对比，对本科人才培养质量进行监测和评价，查找其中亟待改

① Callender, C., et al., 2014 : *Review of the National Student Survey*, http://www.hefce.ac.uk/pubs/rereports/year/2014/nssreview/#d.en.87657, 2014–12–11.

进的关键问题,制定相应的优化策略,以改善和丰富学生的学习体验。

其四,调查结果还对英国高等教育宏观政策产生了较大的影响。"我们已经看到,对学生学习经验及由学生来评价的强调,已成为政府战略的重要组成部分。"[1]

（四）学生调查的评价

英国全国大学生满意度调查的初始目的是从学生的视角客观反映大学各个方面的现实情况,让外界对大学有整体的了解,同时督促大学改进自己的教育服务水平,提高教育质量。英国大学生满意度调查每年在全国开展得轰轰烈烈,影响都很大,调查结果向社会公布,成为选择就读大学的学生的重要参考,也成各高校实力的晴雨表。

然而,该调查在具体实施过程中遭到了滥用,出现了一些副作用。在开展的早期还遭到了来自牛津大学、剑桥大学和沃里克大学学生会的强烈反对。最公开的抵制来自剑桥大学学生会,他们把全国学生调查说成"浪费政府的钱"和"与剑桥经历不相关",并举行了热闹的T恤海报游行。英国学者哈维也一直是全国学生调查的批评者。2003年,时任谢菲尔德·哈勒姆大学（Sheffield Hallam University）研究和评估中心主任的哈维就在《泰晤士高等教育》上撰文指出,英格兰高等教育基金委员会提出开展的全国学生调查,是一种误导、干扰、昂贵且最终毫无价值的冒险。[2]2008年,时任高等教育学会研究和评估部主任的哈维两度在《泰晤士高等教育》上发表了对全国学生调查的意见,他在3月致信该刊的信中指出,全国学生调查简直就是"无可救药的不恰当的改进工具"（hopelessly inadequate improvement tool）[3];在同年6月发表的另一篇文章中,他再度批评"全国学生调查肤浅、昂贵、被广泛操纵、方法上毫无价值,正迅速演变成一场闹剧"[4]。

全国学生调查存在的争议主要体现在如下几个方面。

1. 干扰学生生活

调查组织为了让更多的学生参与,会不断地以电邮、电话、信件等方式联系学生。一些不想参加的学生对调查组织的种种方式感到厌烦,又无可

---

[1] Ramsden,P. and Callender,C.,2014 : *Review of the National Student Survey:Literature Review*, http://www.hefce.ac.uk/pubs/rereports/year/2014/nssreview/#d.en.87657,2014-12-11.

[2] Harvey,L.,2003 : "Scrap That Student Survey Now", *Times Higher Education*,2003-12-12.

[3] Harvey,L.,2008 : "Looking Good on Paper", *Times Higher Education*,2008-03-06.

[4] Harvey,L.,2008 : "Jumping through Hoops on a White Elephant:A Survey Signifying Nothing", *Times Higher Education*,2008-06-12.

奈何。而且所在大学为了让更多学生参加，会不遗余力地进行各种宣传活动，很多高校会提前几个月就开始在网站上发出通知，临近之时还会组织各种参加调查培训活动，都是为了让学生了解活动的目的、意义，积极参加调查，做出积极的反应，这样会给一些学生的学习和生活带来不同程度的影响。

2. 功利倾向性

一些大学为了排名靠前，争取更多的生源，争取更多的财力支持，会利用各种场合有意无意地引导学生，让学生为了学校和学生本人的名誉和利益而违心地作答，从而背离了调查的初衷。金斯顿大学就出现了这样一个案例，一名心理学高级讲师曾公开劝告学生，大学生满意度调查非常重要，如果学校在这项评估中垫底，将会影响学生的就业。他公然要求学生在调查中做出积极的反馈。[1]

3. 内容片面性

问卷只注重学生的主观感受，不能全面反应大学的质量。[2]大学质量体现在很多方面，该调查只注重学生的主观感受，而学生的主观感受又会受到不同因素的干扰和影响，只从学生感受来了解大学质量显然不够准确。即使学生的反馈是准确的，也还是不能全面反应大学的整体水平。

4. 结果被滥用

一些非专业机构一旦得知调查结果后就会对大学进行排名，给大学和专业贴上质量水平高低的标签。学生的反馈是建立在对自己就读学校感受的基础上，并没有与其他学校进行比较，因而这种大学排名、比较是不科学的。[3]一些大学会利用学生反馈的积极结果来抬高自己，挤压、贬低同类高校，引起不正当的、非学术的竞争。一些大学为了取得好的结果，根据调查的内容对工作进行表面上的肤浅改进，迎合学生的喜好，忽视了教育的根本和内涵的提升。

二、美国全国学生满意度调查

美国的大学生或校友的满意度调查由于起步早，调查机构相对较多，所以调查内容广泛，种类多样。美国由第三方组织的大学生满意度调查已经发展得非常完善，大学既可以选择购买现成的调查结果，还可以根据自己的

---

[1] Ashby, A., et al., 2011 : "National Student Feedback Surveys in Distance Education: An Investigation at the UK Open University", *Open Learning: The Journal of Open, Distance and E-learning*, (1).

[2] Cheng, J. H. S., Marsh, H. W., 2010 : "National Student Survey: Are Differences between Universities and Courses Reliable and Meaningful ?", *Oxford Review of Education*. (6).

[3] Gaskell, A., 2011 : "National Student Surveys: How Far Are They Appropriate for Open and Distance Learning ?", *Open Learning: The Journal of Open, Distance and E-Learning*, (1).

需求定制专门的调查。

　　学生和校友对大学提供的各类服务的满意程度如何,将在某种程度上决定着大学生生源的数量和质量。因此,在美国,大学生满意度调查作为"顾客"反馈的有效方法,很早就开始使用。国家高等教育管理系统中心/学生学业成就信息服务中心(NCHEMS/SOIS)、美国大学入学考试中心/评估调查服务机构(ACT/ESS)自 20 世纪 70 年代就开始对大学生和校友满意度进行调查,这两个私立非营利组织通过设计一系列调查问卷,对学生和校友进行调查,最后得出结论供高校参考。目前,美国比较主要的全国性高校学生满意度调查活动包括"全国大学生满意度调查"(NSSS)及印第安纳大学的中学后教育研究中心从 1999 年开始的全国学生参与度调查。

　　美国全国学生满意度调查(National Student Satisfaction Study)始于1994 年。该调查每年进行一次,到 2014 年已进行了 21 次。调查所采用的《大学生满意度量表》(the Student Satisfaction Inventory TM)由思克里纳(Laurie Schreiner)博士和朱里叶特(Stephanie Juillerat)博士于 1993 年设计,并由教育咨询公司诺埃尔 - 莱维茨(Noel-Levitz)出版。1994 年作者在诺埃尔 – 莱维茨公司的协助下完成全国验证研究(the national validation study),并于当年进行了全国范围内的首次调查。调查的目的是测评学生对大学各方面经历重要性的看法及各种期望的满意程度,并由此发现一些学生所关心的、切实影响他们学术成就的关键因素。该调查覆盖面广、时间长、涉及人数多。例如,2014 年度的调查报告数据涉及 728 所院校,时间从 2011年至 2014 年,调查对象包括近 60 万名学生。[①] 调查的具体情况参见表5.6~ 表 5.9。调查结束后都要形成一份《全国学生满意度报告》(National Student Satisfaction and Priorities Report)。该报告被视为美国大学生满意度测评国家标准,而且在高等教育出版物及全国性日报《今日美国》(USA Today)上公开发布。

　　《全国学生满意度报告》的主要内容包括调查目的、调查方法、调查对象(包括院校类型、各类型院校数及各类型院校被调查的学生数)、调查内容、调查结果、调查结果分析及调查结果的五年趋向比较。由于调查是在院校层次上进行的,所以通过比较调查结果,不仅可以分析出个体样本院校的学生满意度情况及该院校的强优项和挑战项,而且可以分析出全国性的每个院校类型的学生满意度情况,进而为院校发展提供参照,调整院校规划、营销和

---

① Noel–Levitz,2014 :*2014 National Student Satisfaction and Priorities Report*,Coralville,Noel-Levitz.

公关战略。例如，美国贝勒大学（Baylor University），由于通过调查调整了校生关系政策，提高了学生满意度，其新生的"学术水平测验"（SAT）平均分由1 160分逐步提高到1 190分，且新生注册人数大大增加。[①] 犹他州州立大学（Utah State University）在五年内将一年级至二年级的保持率从61%提高到75%。[②] 该调查的最大社会意义是能使政府和公众对高等教育机构的运行情况有一个比较清楚的了解，实现政府和公众对高等教育机构的有效问责。

表5.6 2014年美国高校学生对就读学校的整体满意度情况 /%

满意度及再选择	四年制私立高校	四年制公立高校	社区学院	职业学校
满意度	58	56	63	62
再选择	58	61	71	61

资料来源：Noel-Levitz,2014 ：*2014 National Student Satisfaction and Priorities Report*,Coralville,Noel-Levitz,p.3.

表5.7 2020年美国高校学生对就读学校的整体满意度情况 /%

满意度及再选择	四年制私立高校	四年制公立高校	社区学院	成人本科生	成人研究生	在线学生
满意度	55	60	65	68	67	72
再选择	58	66	73	71	70	74

资料来源：Ruffalo Noel Levitz,2020 ：*2020 National Student Satisfaction Report*,Cedar Rapids,Ruffalo Noel Levitz,pp.5~6。

表5.8 2014年美国高校学生对就读学校的分项满意度情况 /%

满意度		四年制私立高校	四年制公立高校	社区学院	职业学校
学费	值得付学费	45	52	70	90
学生资助	学生可获得足够资助	45	46	58	62
	资助信息及时传达给学生	48	47	49	49
	资助咨询顾问帮助很大	50	46	52	62

[①] Noel-Levitz,2015 ：Baylor University（TEXAS）,http：//www.noellevitz.com/Our+Services/Recruitment/Results/Baylor+ University.htm,2005-11-04.

[②] Noel-Levitz,2015 ：Utah State University,http：//www.noellevitz.com/Our+Services/Retention/Results/Utah+ State+ University.htm,2005-11-04.

续表

	满意度	四年制私立高校	四年制公立高校	社区学院	职业学校
学术质量	能够获得学术成长	67	63	70	70
	大部分课程教学质量优良	62	56	63	66
	教师具有良好素养	73	68	69	70
	课后经常能够联系到教师	67	65	66	66
教师互动反馈	教师公平对待学生	57	54	61	61
	教师对学生课程进展做出及时反馈	51	47	56	62
	教师因材施教	50	45	53	58
生涯指导	提供给足够的服务以帮助学生决定职业	54	50	53	60
校园体验	感觉到受欢迎	64	59	65	69
	校园生活愉快	60	57	63	65

资料来源：Noel-Levitz,2014：*2014 National Student Satisfaction and Priorities Report*,Coralville, Noel-Levitz,pp.5~12。

表 5.9 2020 年美国高校学生对就读学校的分项满意度情况 /%

满意度	四年制私立高校	四年制公立高校	社区学院	成人本科生	成人研究生	在线学生
学费	45	54	71	65	60	68
学生资助	45	48	60	65	59	68
教学质量	62	60	65	75	72	70
校园安全	66	67	73	88	87	—

资料来源：Ruffalo Noel Levitz,2020：*2020 National Student Satisfaction Report*.Cedar Rapids,Ruffalo Noel Levitz,pp.6~10。

学生满意度调查是一项自我检查,通过检查能使高等教育机构测评学生对院校经历的满意程度。与传统的满意度调查所不同的是,传统的满意度调查是一维的,它只调查学生对院校各方面经历是否满意一个方面。而美国诺埃尔－莱维茨公司的全国学生满意度调查所采用的《学生满意度量表》则是二维的。此种量表不仅调查学生院校经历的满意度,还调查学生对院校经历重要性的看法,通过对重要性和满意度的比较计算出二者的绩差(performance gap),通过绩差再分析出院校的强优项和挑战项。比如,学校的膳食服务质量和学生活动经费的使用经常被学生看作最不满意的领域。但是，当他们被要求说出对他们整个院校教育经历来说这两个领域的重要性时，他们的评价往往很低。因此，通过这种量表调查，能比较准确地找出学生认为重要的且真正影响他们学术成就的关键因素。此外，这种调查揭示了学生认为哪些是最重要的、哪些是最不重要的及他们对这些事项的满意程度，从而为院校提供一种确定优先战略（priorities）的工具。院校通过分析调查数据，可以找出强优项和挑战项。强优项，即高重要性/高满意度项目；挑战项，即高重要性/低满意度项目。

《学生满意度量表》目前有五种不同的版本：第一种面向四年制的公私立大学或学院，第二种面向两年制的社区、初级和技术学院，第三种面向两年制的职业和私立学校。还有两种版本分别面向加拿大四年制大学和两年制院校。在调查时根据参与院校类型，分别使用不同的版本。

《学生满意度量表》由 70 多个项目组成，涵盖大学生院校经历的各个领域。每个项目被表述为一种期望，如"大部分学生在校有一种归属感"。调查对象根据要求对每项的重要性和满意度打分，分值均为 1~7。每项有三种得分：重要性得分、满意度得分及绩差（重要性得分减去满意度得分）。重要性得分高，说明学生认为此项在自己的教育经历中对自己的成功影响大，反之，则影响小。满意度得分高，说明学生认为此项自己较为满意；反之，则较为不满意。但最重要的得分是绩差。若绩差大，说明学生对这项服务不满意或学校的该项服务不能满足学生的期望；若绩差小，说明学校的服务基本接近学生在这方面的期望；绩差为负值时，说明学校已超越满足学生的期望。按照诺埃尔 – 莱维茨公司对绩差的有效性说明，绩差 ≥ 1.5 时为大，绩差 ≤ 0.5 为小。例如，在上例"大部分学生在校有一种归属感"这一项目上，若重要性得分为 6，满意度得分为 4，绩差则为 2，说明在该项目上学生对学校的表现并不满意；若重要性得分为 6，满意度得分为 5.6，绩差为 0.4，说明在该项目上学生对学校的表现基本满意；若重要性得分为 6，满意度得分为 6.5，绩差为 –0.5，说明在该项目上学生对学校的表现非常满意。

经过统计学和概念化分析，量表中的 70 多个项目被类化成 13 个类别（scales）。每个指标提供一个综合分数（composite scores），通过这个综合分数能对这类指标的满意度水平有一个总体了解。

（1）学术咨询效果（四年制院校）与学术咨询和指导效果（两年制和职业/私立学校）：通过对咨询者的知识、能力、可接近性及个人对学生关心的评估，对学术咨询项目的综合效果进行评价。

（2）学术服务：学术服务（两年制和职业／私立学校）对学生为实现学术目标而利用的服务进行评价。这些服务包括图书馆、计算机实验室、学习辅导和研究领域。

（3）校园气氛：对院校在培养学生的校园自豪感和归属感方面所提供的经历水平进行评估。

（4）校园生活：校园生活（两年制学校）对学校提供的学生生活项目的效果进行评价，包括从体育活动到住宿生活一系列问题。本指标还对影响学生权责观念的校园政策和做法进行评价。

（5）校园支持服务：评价支持项目和服务质量。

（6）对个体的关心：评价院校在把学生当作个体来对待方面所做的工作，评价对象包括经常在个人层面上和学生打交道的人群，如教师、咨询者、顾问、生活区员工。

（7）教育效果：评价学生的学术经历、课程和学校为实现卓越的学术水平采取的重要举措。

（8）招生和经济援助效果（四年制院校）及入学和经济援助效果（两年制和职业／私立学校）：测评入学顾问人员的能力和知识水平及学生对经济援助项目的有效性和可利用性的评价。

（9）注册有效性：评价与注册和宣传相关的问题及注册的顺利程度和有效性。

（10）对学生多元化的反应：评价院校对在学校的特别学生群体所做的工作，这些群体包括非代表性群体、身体残疾群体、走读生、半日制学生及年龄较大回校读书的学生（该指标只有一项满意度分数）。

（11）安全与保卫：测评院校对学生在校园内的安全和防卫所做出的反应。

（12）服务卓越性：测评院校对学生质量服务和个人关心方面受到学生最多称赞和最少称赞的领域。

（13）学生中心：测评院校对学生的态度及学生感到受欢迎和受重视的程度。

如上所述，此量表的每个项目或指标都有三种得分，通过对它们的分析能测评出学生对每个项目或指标的重要性和满意度的评价。但是，这并非此量表的价值所在。其最好的分析方法且最有价值的地方是，对两种维度的分数进行综合分析，并结合"优先行动矩阵图"（Matrix for Prioritizing Action）将调查数据概念化、具体化，确定出"高重要性／低满意度、高重要性／高满意度、低重要性／低满意度、低重要性／高满意度"四类项目或指

标。高重要性／低满意度项目，即挑战项是院校在校生关系方面急需解决
的关键领域，针对这些项目，院校要采取优先行动，提高学生在这些方面的
满意度。高重要性／高满意度项目，即强优项是校生关系和谐的象征，非常
利于院校良好形象的建立。因此，院校可以将这些项目用于招生宣传、营销
和公关活动。低重要性／高满意度项目，即学生认为不重要但很满意的项
目。针对这些项目，院校可以对其资源进行重新调整，将资源从学生认为的
低重要性领域调整到高重要性领域。通过上述分析方法，美国《全国学生
满意度报告2014》对美国四年制公立大学或学院的强优项和挑战项进行了
详细分析。

美国是世界上高等教育市场化程度最高的国家，其学生满意度调查理
论就是在市场经济的消费者理论的基础上建构起来的。他们认为，学生是
高等教育服务提供者——高等学校的客户，是教育产品的消费者。他们拥
有是否投资教育且投向哪所院校的权力。他们作为个体消费教育产品或服
务时，对从消费行为中有收获抱有一定的期望。当期望得到满足时，他们才
能对学校感到满意。而满意的学生其学业成功的可能性就大，将来有望成
为学校的形象大使和捐助者。因此，"学生是校园里最重要的人……不是
他们依赖我们而是我们依赖他们"[1]。高等学校若要生存和发展必须首先与
学生建立满意、和谐的相互关系。学生满意度测评作为一种正式的"需求
评价"，是任何高等教育机构综合性评价计划中不可缺少的核心环节。

美国学生满意度调查是美国高等教育发展的需要，也是美国高等教育
机构发展的需要，给国家和高等教育机构提供了一个从学生满意的角度系
统地观测教育服务质量的途径。从院校层次上看，院校可以使用学生满意
度测评结果评估学生忠诚度，精确地找到学生的期望还没有得到满足的地
方，使院校在战略和战术上瞄准急需改进的领域。从高等教育系统和院校
类型上看，运用学生满意度测评结果可以对各种类型院校进行比较，从中找
出异同，取长补短。从学生的角度看，学生满意度测评表达了学生对他们所
使用或购买的产品和服务的评价。它能成为一种驱动力，促使院校改进产
品质量。

美国学生满意度测评不仅包括一系列学术指标，还包括一些与学生生
活相关的领域，调查项目涵盖与学生相关的所有问题，包括与教师的互动、
从管理者和员工那里所接受的服务、校园设施、实施政策及他们在校园受欢

① 菲利普·科特勒、凯伦·F. A. 福克斯编著：《教育机构的战略营销（第二版）》，庞隽、陈强译，裴蓉校，北京，企业管理出版社，2005年，第34页。

迎的总体感受。此外，它还突出对"学生中心"和"对学生个体的关心"两方面的测评，充分体现了人本主义思想的教育理念。

另外，需要指出的是，由于美国高等教育资源由市场调节，办学竞争激烈，加之 20 世纪 90 年代以来办学成本增加，学生日趋多样，学生保持率和毕业率降低，且捐助资金减少，社会问责呼声高涨，在这样的环境下，大学若要发展或生存，必须与其内外公众搞好关系，树立良好办学形象，增强办学吸引力和竞争力。所以，美国学生满意度调查并非政府行为，而是大学的一种自觉的自我管理行为。其目的就是，通过调查，建立学生人口年度标杆，分析学生满意度方面的策略效果，发现新的改进领域，分析学生对学术成长的期望。因此，院校若需服务，可自愿向诺埃尔 – 莱维茨公司提出申请，由诺埃尔 – 莱维茨公司向申请院校的全体或部分学生发放调查问卷，而后根据调查结果并参照全国大学生满意度调查情况提交一系列调查报告。诺埃尔 – 莱维茨公司是美国高等教育机构的一个合作伙伴，其任务是为高等教育系统和院校提供有偿教育服务，帮助它们实现并超越它们的目标。在过去的 30 年中，诺埃尔 – 莱维茨公司的高等教育专业人士对全美 1 700 多所大学或学院进行过咨询，其咨询范围涵盖学生保持率、员工和咨询人员发展、学生成功、营销与招生、经济援助服务、研究与沟通及院校效益。《学生满意度量表》便是其"学生成功与保持"服务项目的一种调查工具。美国高等教育的实践证明，"重点关注学生需求、不断地改进教育经历的质量、利用学生满意度测评调整未来方向"[1]，是成功院校的三个基本因素。正如有学者所指出的："如果失去对顾客的关注，世界上的任何组织都是无效的。"[2]

---

[1] Ruffalo Noel Levitz，2003 ：*2003 National Student Satisfaction Report*，https://www.ruffalonl.com/wp–content/uploads/pdf/2003_SSI_Report.pdf，2019–05–04.

[2] 菲利普·科特勒、凯伦·F.A. 福克斯编著：《教育机构的战略营销（第二版）》，庞隽、陈强译，裴蓉校，北京，企业管理出版社，2005 年，第 29 页。

第六章 "更少干预"：英美高等教育专业问责的制度安排与运行模式

……高等教育的不断发展要求对大学进行监督检查。我们现在已经具有世界上受审查最多的教育系统。

——［英］霍华德·纽彼（Howard Newby）[1]

仅仅报告高等教育结果就可以改善绩效的假设,本身就存在逻辑上的错误。

——［美］约瑟夫·伯克[2]

专业问责是英美高等教育"问责三角"中的重要组成部分。专业问责通常由大学协会组织、专业行会或在政府和高等教育之间发挥"缓冲作用"的中介机构等来实施。专业问责在一定程度上代表了学术界的关注和声音,因此是对政府问责和市场问责的一种平衡。

第一节 绩效报告制度

利用统计数据和关键绩效指标（KPI）而发布绩效报告（performance report）或报告卡（report card）是高等教育问责中的一种重要制度,也是一种常用信息披露与公开的手段和方法。

一、英国高等教育绩效报告制度

在英国,有关绩效指标和绩效报告的讨论和实践伴随着高等教育问责

---

① Newby,H.1999 :*New Investment in Higher Education Is Vital for the Knowledge Economy*, Keynote Address at CVCP Annual Residential Meeting.

② Burke,J. C.:"The New Accountability",in Burke,J. C.,et al,2002 :*Funding Public Colleges and Universities for Performance*:*Popularity*,*Problems and Prospects*,Albany,Rockefeller Institute Press,pp.13~14.

制度形成与发展的整个过程,并逐步发展完善。

（一）绩效报告制度的形成与发展

英国高等教育年度绩效报告的发展经历了三个重要的阶段:在 1985—1995 年,对此问题的探讨、研究和实践主要是受大学校长委员会和大学拨款委员会的主导并在大学部门（university sector）展开;[①]1995—1997 年,随着《1992 年继续和高等教育法》的颁布实施,由于多科技术学院升格为大学所造成高等教育系统结构的变革,英格兰高等教育基金委员会等机构于 1997 年开始接管年度绩效报告工作并一直持续到 2003 年,绩效报告的应用范围也由此扩展到整个高等教育部门;2003 年以后,高等教育统计局（HESA）[②] 成为年度绩效报告工作新的主管机构并使年度绩效报告得到了进一步的发展。

年度绩效报告的核心内容是绩效指标,而起初对绩效指标的关注纯粹是学者的学术行为。早在 1979 年,英国高等教育领域的一个重要学术团体——高等教育研究会（SRHE）就将"绩效指标"作为其第 15 届年会的主题。英国最早涉足绩效指标研究的学者之一、拉夫堡理工大学的塞泽发表了《财政窘迫、紧缩和变革需求时期的指标》（*Indicators in Times of Financial Stringency Constrain and Changing Needs*）的讲演。绩效指标显然也触动了政治人物的神经。出席会议的教育和科学部的一位主题讲演者表示,在未来几年绩效指标很可能成为政府关心的一个问题。

1984 年大学校长委员会在其"自救式"的《贾勒特报告》中对政府的效率要求做出了回应。该报告提出,"对可靠和稳定的绩效指标的需求已成为一种共识。因此,大学部门及每所大学应尽快制定出绩效指标,并将其作为计划和资源分配的一个重要依据"[③],以及"应制定一套涵盖投入和产出的绩效指标,以供大学内部使用和大学之间的比较"[④]。《贾勒特报告》发布后立即获得教育和科学部的热烈欢迎。教育和科学部在随后发布的绿皮书《20 世纪 90 年代高等教育的发展》中指出:"政府认为,定期公布高校和

---

① 在第一阶段工作结束之后,1995 年大学校长委员会、高等教育学院院长常设会议组织（SCOP）、苏格兰高校校长委员会（COSHEP）和苏格兰政府资助学院会议（CSCFC）曾共同组建了一个"高等教育管理统计组"（HEMS）负责过渡阶段的工作。

② 高等教育统计局是根据 1991 年《高等教育白皮书》和《1992 年继续和高等教育法》的相关要求,并经政府有关部门、各地区高等教育基金委员会及各大学和学院的同意于 1993 年成立的。该机构是负责收集、分析和公布高等教育数量化信息的正式机构。1995 年高等教育统计局正式取代此前的大学统计档案局（USR）。

③ CVCP,1985 : *Report of the Steering Committee for Efficiency Studies in the Universities*,London,CVCP,p.22.

④ CVCP,1985 : *Report of the Steering Committee for Efficiency Studies in the Universities*,London,CVCP,p.36.

院系的单位成本和其他一些绩效指标是有益的。因此，我们欢迎《贾勒特报告》中有关开发可靠而稳定的绩效指标以用于各个大学及彼此间比较的建议。开发这类指标对高校的内部管理及更广泛的资源分配政策的发展都将具有重要的意义。"①

根据《贾勒特报告》的建议，1985 年 7 月，大学校长委员会和大学拨款委员会成立了"绩效指标联合工作组"（joint CVCP/UGC working group on performance indicators）②。该工作组将《贾勒特报告》所提出的建议作为其主要工作职责，即"制定一整套可以衡量投入和产出，同时可运用于各大学并在各大学间开展比较的绩效指标"③。在初始阶段，该工作组的主要工作是建立合理的绩效指标概念体系，为以后制定和发布绩效指标信息奠定基础。经过近一年的研究，工作组于 1986 年 7 月发表了题为《大学绩效指标：大学校长委员会和大学拨款委员会联合工作组的第一份声明》（*Performance Indicators in Universities: A First Statement by a Joint CVCP/UGC Working Group*）的报告。该工作组认为绩效指标是一种必要的管理信息，它可以为判断提供帮助但不能替代判断；同时强调，绩效不等同于目标，而指标只是一种信号和指示，并非绝对的测量。该工作组将工作的重点放在教学和科研两个方面，其目的是帮助大学实现更好的问责并为系统内不同层次的大学提供管理工具。该工作组经研究后提出，绩效指标应具备以下一些特征：① 它们必须要与大学订明的组织目标相联系；② 它们必须是明确的、可量化的和标准化的，只有这样所获取的信息才能在大学间进行有效的比较；③ 它们必须尽可能简单并与其目的保持一致；④ 它们必须具有可接受性和可信度以消除各种偏见；⑤ 它们必须具有可用性，对有关领域的问题具有指示意义。④ 根据上述原则，工作组在报告中发布了一整套绩效指标，并就使用的范围和时间安排做出了说明。

该报告在最后部分还对近期、中期和远期三个时间段提出了下一步

---

① DES,1985：*The Development of Higher Education into the 1990s*,London,HMSO,p.31.
② 工作组包括大学校长委员会的代表：曼彻斯特大学校长马克·理查蒙德爵士（Mark Richmond）、南安普敦大学校长希金森（Higginson,G. R.）博士、肯特大学注册主任林福特（Linfoot,A. D.）先生、雷丁大学校长佩奇（Page,E. S.）博士、谢菲尔德大学校长希姆斯（Sims,G. D.）教授，以及大学拨款委员会的代表：萨尔福德大学副校长哈里斯（Harris,M.）教授、伦敦政治经济学院莱亚德（Layard,D.）教授、拉夫堡理工大学的塞泽教授。理查蒙德爵士担任工作组的组长。
③ CVCP,1985：*Report of the Steering Committee for Efficiency Studies in the Universities*,London,CVCP,p.36.
④ CVCP,1986：*Performance Indicators in Universities: A First Statement by a Joint CVCP/UGC Working Group*,London,CVCP,p.2.

工作任务的建议。该工作组认为,近期应建立一个技术委员会(technical committee)负责确定和完善初始指标体系;中期的任务是在1986—1987学年将业已确定的绩效指标加以应用,以某种合适的方式定期发布出来;而远期的任务则是进一步发展教学、科研和大学活动其他方面的绩效指标。

该工作组的第一份报告得到大学校长委员会、大学拨款委员会及教育和科学部的认可。其中近期的建议马上得到采纳,技术委员会随即建立起来。同时,中期和远期建议也被官方接受。1986年5月20日,教育和科学部大臣约瑟夫爵士在议会下院发表讲话时表示,政府将考虑与大学校长委员会及大学拨款委员会协商,在1987—1988年度及以后增加对大学的财政支持。但是政府提供的这种财政支持完全取决于大学按照政府要求进行改革所取得的实际进展情况。他把科研的选择性、小规模系科的合理化、加强财务管理及提高教学标准作为特殊重要的领域。1986年6月10日,约瑟夫的继任者肯尼思·贝克(Kenneth Baker)在议会的发言中对约瑟夫此前的讲话表示支持。一个夏天之后,教育和科学部便与大学校长委员会和大学拨款委员会的代表开会商讨大学的财政需求及正在采取的措施。1986年11月初,大学校长委员会和大学拨款委员会的主席分别致信教育和科学部大臣,阐明了各自机构在约瑟夫爵士讲话中提及的领域中所开展的行动及将要制定的计划。大学校长委员会主席斯托克(Maurice Stock)在信中写道:"我们与大学拨款委员会的联合工作组此前在使用绩效指标上发表了一份报告。两个委员会都接受了这份报告。……起初的这一整套绩效指标已经得到了确定。这些绩效指标的实施将通过1987年底以前定期发布所有大学的相关信息来实现。教育和科学部及专业研究委员会咨询理事会的代表都将应邀出席技术委员会的会议。"①

1987年7月,联合工作组发表了《大学绩效指标:大学校长委员会和大学拨款委员会联合工作组的第二份声明》(*Performance Indicators in Universities:A Second Statement by a Joint CVCP/UGC Working Group*)。该报告总结和讨论了各大学对联合工作组第一份报告做出的回应,并重申大学应通过使用绩效指标来改善管理、加强问责、进行校内和校际的比较。在该报告的第二部分,技术委员会经过研究和分析确定了39项绩效指标,并提出利用"大学统计记录"(USR)中的数据在1987年底前发布上述绩效指标的信息。

---

① CVCP,1986:*Letter from Chairman Maurice Stock to Secretary of State for Education and Science*,London,CVCP,November 5.

继 1987 年底首次推出年度绩效报告——《大学管理统计与绩效指标》（*University Statistical Management and Performance Indicators*）之后，联合指导组（即原来的绩效指标联合工作组）开始筹划制定和发布下一年度绩效指标的工作。联合指导组建立了两个专门的小组负责绩效指标的技术性工作：其一是编辑和开发小组，主要负责 1988 年版的《大学管理统计与绩效指标》；其二是科研绩效指标小组，主要任务是确定编制科研产出绩效指标的方法论，并考虑如何进行实践操作。

1997 年 7 月，迪林委员会在完成对高等教育的调查和研究后，在高等教育绩效方面提出一些新的建议，受到了官方的关注。1997 年 11 月教育和就业大臣要求英格兰高等教育基金委员会与教育与就业部共同商讨为高等教育部门制定适当的指标和绩效基准的事宜。同时，威尔士事务大臣也向威尔士高等教育基金委员会提出类似的要求。随后，由教育和就业部、财政部、高等教育统计局、大学校长委员会、高等教育学院院长常设会议组织[1]、英格兰高等教育基金委员会和威尔士高等教育基金委员会的代表共同组建了绩效指标指导工作组（PISG）。其主要任务是：① 按照迪林委员会的建议和教育和就业大臣及威尔士事务大臣的要求，在考虑到整个高等教育部门多样性的基础上，制定适当的绩效指标和基准；② 在高校和高等教育部门的层面上确定和制定绩效指标，以满足各利益相关者的要求。[2] 因此，该工作组的主要职责是寻求测量绩效的方法，而非开展单纯的描述性统计。

1998 年 3 月，绩效指标指导工作组正式开始启动工作并召开第一次会议。该工作组认为，制定绩效指标和公布绩效信息的目的在于：① 提供有关英国高等教育部门绩效和品质的更好、更可靠的信息；② 便于高校间进行比较；③ 高校能够据此来衡量其绩效表现；④ 为政策发展提供参考；⑤ 促进高等教育部门实现其公共问责。[3] 鉴于高等教育的产出结果具有多种多样的形式，工作组认定绩效测量应该主要围绕三个方面展开：① 教学与学习；② 通过科学研究进行知识拓展；③ 更好地满足产业界和社会需要。在此基础上，工作组提出准备将绩效指标编制锁定在七个大的方面，即入学、学生学业进展、学习结果、教学和学习的效率、学生就业、科研成

---

[1] 高等教育学院院长常设会议组织（Standing Conference of Principals）成立于 1978 年，是英国高等教育学院和其他高等教育机构的代表和论坛组织。

[2] HEFCE, 1999：*Performance Indicators in Higher Education：First Report of the Performance Indicators Steering Group*（*PISG*），HEFCE 99/11，Bristol，HEFCE.

[3] HEFCE, 1999：*Performance Indicators in Higher Education：Overview*，Reference HEFCE 99/66，Bristol，HEFCE.

果及高等教育与产业界的联系。[①]

(二) 绩效报告的指标体系

对年度绩效报告来说。绩效指标体系的构建是一个核心工作。随着绩效报告的实施和发展,指标体系的设计和构建在前一个阶段与后两个阶段呈现出显著的差异。前一阶段更多突出大学管理色彩,而后两个阶段则对大学管理有所淡化。绩效指标联合工作组最初于 1986 年 7 月发表的《大学绩效指标:大学校长委员会和大学拨款委员会联合工作组的第一份声明》提出了系统的指标体系方案。在这个方案中,16 项主要的绩效指标都集中在教学与科研方面,另有八项附加指标用以反映学生培养的成本。在绩效指标的使用上,工作组分别从系、成本中心[②] 和院校三个维度进行设计; 在实施的时间安排上,则是从近期(1986—1987 年)、短期和长期进行了规划(参见表 6.1)。

表 6.1 绩效指标联合工作组提出的初始指标体系

绩效指标	实施的时间安排			绩效指标的使用		
	1986—1987 年	短期	长期	系	成本中心	院校
教学与科研						
全日制学生的生均成本	×			×	×	×
科研收入	×			×	×	×
开展的研究生教育和专业培训	×			×	×	×
研究学位的授予率	×			×	×	
研究生及受资助学生的人数	×			×		
学生毕业 12 个月的就业情况	×			×		×
本科生淘汰率		×		×		
学生毕业五年后的就业情况			×	×		×
论著/专利/协议/版权情况			×	×		

---

① HEFCE, 1999 : *Performance Indicators in Higher Education*: *First Report of the Performance Indicators Steering Group*(*PISG*),Report 99/11,Bristol,HEFCE.

② 成本中心基本上是按照学科大类来划分,共有 37 个:01 临床医学,02 临床牙学,03 前临床研究,04 解剖生理学,05 药理学,06 药剂学,07 护理,08 其他与医学相关的学科,09 生物化学,10 心理学,11 其他生物科学,12 农业和林业,13 兽医学,14 化学,15 物理学,16 其他物理科学,17 数学,18 计算机科学,19 工程学,20 化学工程,21 土木工程,22 电子电气工程,23 机械、航空和制造,24 采矿工程,25 冶金和材料,26 建筑,27 其他技术学科,28 规划,29 地理,30 法律,31 其他社会科学,32 商业和管理,33 会计,34 语言学科,35 人文学科,36 艺术学科,37 教育。

续表

绩效指标	实施的时间安排			绩效指标的使用		
	1986—1987年	短期	长期	系	成本中心	院校
论著引用情况			×	×		
同行评议			×	×		
学术期刊／学术团体中的任职情况			×	×		
各专业研究委员会中的成员			×	×		×
毕业生的生均成本			×	×	×	×
全日制学生与全职教师的比例	×			×	×	×
全职教师的平均装备成本	×			×	×	×
其他方面						
全日制学生的生均管理成本	×					×
全日制学生的生均预测成本	×					×
全日制学生的生均图书成本	×					×
全日制学生的生均职业指导成本	×					×
全日制学生的生均医疗服务成本	×					×
全日制学生的生均运动设施成本	×					×
全日制学生的生均其他主要成本	×					×
教辅人员与教师的比例	×			×	×	×

资料来源：Joint CVCP/UGC Working Group, 1986 ; *Performance Indicators in Universities: A First Statement by a Joint CVCP/UGC Working Group*, London, CVCP & UGC, pp.6~7。

在指标体系设计完成后的一年内，绩效指标联合工作组以此为蓝本又进行了修改，增加了一些新的指标。1987年7月，修改后的指标体系在《大学绩效指标：大学校长委员会和大学拨款委员会联合工作组的第二份声明》中正式公布。这套绩效指标从高校管理的角度出发，更多地关注资源投入和使用过程，而在产出方面，尤其是在科研及教学的长期影响方面，还没找到有效的测量方法，因此与产出有关的指标只设定了一项（即学生毕业六个月后的就业情况）。绩效指标联合工作组在1987年发布的绩效指标参见表6.2。随后，在同年底发布的第一份年度绩效报告中，这套指标体系得到正式使用。

表 6.2 绩效指标联合工作组在 1987 年发布的绩效指标

指标序号		计划在 1987 年发布的绩效指标	成本中心	院校
1984/85A	1985/86B			
1	1	全日制学生的生均开支	CC	
2	2	全职教师的人均开支	CC	
3	3	全职教师辅助人员的人均开支	CC	
4	4	全职教师设备设施的人均开支	CC	
5	5	全职教师的人均科研收入	CC	
6	6	研究型研究生占全日制学生的比例	CC	I
7	7	教学型研究生占全日制学生的比例	CC	I
8	8	所有研究生占全日制学生的比例	CC	I
9	9	全日制学生与全职教师的比例	CC	I
10	10	学校行政开支*占整个开支的比例		I
11	11	学校行政人员工资开支占学校行政开支的比例		I
12	12	全日制学生的生均学校行政开支		I
13	13	全职教师的人均学校行政开支		I
14	14	图书馆开支占整个开支的比例		I
15	15	出版物开支占图书馆开支的比例		I
16	16	员工工资开支占图书馆开支的比例		I
17	17	全日制学生的生均图书馆开支		I
18	18	全职教师的人均图书馆开支		I
19	19	全日制学生的生均图书开支		I
20	20	全日制学生的生均期刊开支		I
21	21	计算机服务开支占整个开支的比例		I
22	22	计算机服务人员开支占计算机服务开支的比例		I
23	23	全日制学生的生均计算机服务开支		I
24	24	全职教师的人均计算机服务开支		I
25	25	整个预计开支占整个一般性开支的比例		I
26	26	预计工资开支占整个预计开支的比例		I
27	27	取暖、水、电开支占整个一般性开支的比例		I
28	28	卫生、保安服务开支占整个一般性开支的比例		I

续表

指标序号		计划在 1987 年发布的绩效指标	成本中心	院校
1984/85A	1985/86B			
29	29	设备维修、维护开支占整个一般性开支的比例		I
30	30	电话开支占整个一般性开支的比例		I
31	31	全日制学生的生均整个预计开支		I
32	32	全日制学生的生均预计工资开支		I
33	33	全日制学生的生均取暖、水、电开支		I
34	34	全日制学生的生均卫生、保安开支		I
35	35	全日制学生的生均设备维修、维护开支		I
36	36	全日制学生的生均电话开支		I
37	37	全日制学生的生均职业指导开支		I
38	38	全日制学生的生均学生会和社团活动开支		I
39	39	学生毕业六个月后的就业情况		I

注：＊学校行政开支仅指学校机关的行政开支，不包括院系的行政开支。

资料来源：Joint CVCP/UGC Working Group, 1987：*Performance Indicators in Universities：A Second Statement by a Joint CVCP/UGC Working Group*, London, CVCP & UGC, p.20。

1988 年，绩效指标联合指导组针对此前绩效指标体系设计上欠缺的一些问题，对绩效指标又进行了一些新的改进和完善。1988 年版的指标体系在前 39 项指标上与 1987 年完全相同，只不过是将这些指标按照类别整合在八个表格之中。新版指标主要是增添了有关毕业与入学方面的 15 项指标，并从四个方面加以整合，指标的数量由此增加到 56 项，部分新增指标的应用也扩大至学科组的范围（参见表 6.3）。经过此次调整之后，这些绩效指标基本上被确定下来，直到 1995 年版《大学管理统计与绩效指标》中的绩效指标体系都没有新的改变。

表 6.3　1988 年版《大学管理统计与绩效指标》中的绩效指标体系

序号	绩效指标	使用范围		
		成本中心	院校	学科组
	表格 1			
1	全日制学生的生均开支	×		
2	全职教师的人均开支	×		
3	全职教师辅助人员的人均开支	×		

续表

序号	绩效指标	使用范围		
		成本中心	院校	学科组
4	全职教师设备设施的人均开支	×		
5	全职教师的人均科研收入	×		
	表格 2			
6	研究型研究生占全日制学生的比例	×		
7	教学型研究生占全日制学生的比例	×		
8	所有研究生占全日制学生的比例	×		
9	全日制学生与全职教师的比例	×		
	表格 2a			
9a	全日制学生与全职教师的比例 (时间范围:1984—1985 学年至 1986—1987 学年)	×		
	表格 3			
10	学校行政开支占整个开支的比例		×	
11	学校行政人员工资开支占学校行政开支比例		×	
12	全日制学生的生均学校行政开支		×	
13	全职教师的人均学校行政开支		×	
	表格 4			
14	图书馆开支占整个开支的比例		×	
15	出版物开支占图书馆开支的比例		×	
16	员工工资开支占图书馆开支的比例		×	
17	全日制学生的生均图书馆开支		×	
18	全职教师的人均图书馆开支		×	
19	全日制学生的生均图书开支		×	
20	全日制学生的生均期刊开支		×	
	表格 5			
21	计算机服务开支占整个开支的比例		×	
22	计算机服务人员开支占计算机服务开支的比例		×	
23	全日制学生的生均计算机服务开支		×	
24	全职教师的人均计算机服务开支		×	
	表格 6			
25	整个预计开支占整个一般性开支的比例		×	
26	预计工资开支占整个预计开支的比例		×	
27	取暖、水、电开支占整个一般性开支的比例		×	

续表

序号	绩效指标	使用范围		
		成本中心	院校	学科组
28	卫生、保安服务开支占整个一般性开支的比例		×	
29	设备维修、维护开支占整个一般性开支的比例		×	
30	电话开支占整个一般性开支的比例		×	
31	全日制学生的生均整个预计开支		×	
32	全日制学生的生均预计工资开支		×	
33	全日制学生的生均取暖、水、电开支		×	
34	全日制学生的生均卫生、保安开支		×	
35	全日制学生的生均设备维修、维护开支		×	
36	全日制学生的生均电话开支		×	
	表格 7			
37	全日制学生的生均职业指导开支		×	
38	全日制学生的生均学生会和社团活动开支		×	
	表格 8			
39	本科毕业生 6 个月后的就业情况		×	
	表格 9			
40	已知去向的毕业生数		×	×
41	没就业或短期没就业的毕业生数		×	×
42	第 41 项预期的数目		×	×
43	第 42 和 41 项数字的差额		×	×
44	差额的百分比		×	×
	表格 9a			
44a	本科毕业生就业为未就业的比例		×	
	表格 10			
45	成功完成学业的毕业生数		×	
46	完成学业者的百分比	×	×	
47	修课的时间长度	×	×	
48	成功完成学业者的学期平均出席率	×	×	
49	课程占整个学制时间的比例	×	×	
	表格 11			
50	入学资格：高级水平考试（A Level）人数	×	×	
51	入学资格：高级水平考试（A Level）分数	×	×	

序号	绩效指标	使用范围		
		成本中心	院校	学科组
52	入学资格: 苏格兰高中证书人数	×	×	
53	入学资格: 苏格兰高中证书分数	×	×	
54	入学资格: 其他入学资格	×	×	

资料来源: Dochy, F., et al., 1990 : *Management Information and Performance Indicators in Higher Education: An International Issue*, Assen/Maastricht, Van Gorcum, pp.16~17。

进入第二阶段之后, 随着整个高等教育形势的变迁及政策重心的调整, 绩效指标体系的构建发生了重大变化。1999 年 2 月, 绩效指标指导工作组在组建一年后发表《高等教育绩效指标: 绩效指标指导工作组的第一份报告》(*Performance Indicators in Higher Education: First Report of the Performance Indicators Steering Group*)。在这份报告中, 工作组按照既定的原则设计出一套全新的指标体系。与以往相比, 指标虽然在数量上尤其是高校日常管理方面被大幅度削减, 但比较全面地考虑到了教学、科研和社会服务及投入、过程和产出等各个维度的因素。同年 5 月, 这份新的指标体系以咨询报告的形式交由所有高校征求意见。根据高校的意见, 指标体系被进一步简化, 其中社会服务部分完全取消。修改后的指标体系主要围绕弱势群体入学、学生学业进展、学业成果、学习效率及科研评估这几方面展开(参见表 6.4)。1999 年底, 新的指标体系投入使用, 在此后的年度中除陆续增添了三项新的指标外, 该指标体系一直沿用至今(参见表 6.5)。

表 6.4 1999 年绩效指标指导工作组设计的绩效指标体系

序号	绩效指标	使用范围	
		院校	高等教育部门
	教与学		
1	弱势群体的入学情况	√	√
1a	全日制青年入学人数	√	√
1b	成年人及非全日制青年入学人数	√	√
2	学生学业进展	√	√
2a	入学第一年的进展情况	√	√
2b	学生复读的情况	√	√
3	学业成果	√[①]	√[②]

续表

序号	绩效指标	使用范围	
		院校	高等教育部门
4	学习效率	√	√③
5	就业与取得资格证书后的成果	√	√
5a	高等教育统计局一次就业率调查	√	
5b	高等教育统计局长期就业评价	√	
5c	学生就业成果	√	
	科研		
6	科研评估	√	√
6a	5级和5*级学科中参评教师人数及其比例		√
6b	各学科科研评估的平均等级		√
7	基于高等教育统计局的年度指标	√	√
7a	科研投入与产出	√④	
7b	每百万英镑公共科研拨款培养的博士（PhD）数		√
7c	每百万英镑公共科研拨款所资助个人科研项目的数量		√
8	论文发表统计		√
	高校创造的财富		√
9a	产业界立项的科研项目的数量		√
9b	与产业界联合开展科研项目的数量		√
9c	产业界资助开展的咨询项目的数量		√
9d	高校所属公司商业性开发科研成果的营业额		√
9e	高校及其开发公司通过特许经营获得的收入		√
9f	高校及其开发公司通过软件开发和销售获得的收入		√

注：① 包括授予学位和其他资格证书的人数。

② 包括授予一级荣誉学位人数、授予二级一等荣誉学位人数、授予其他荣誉学位人数、授予其他学位的人数、授予国家高等职业技术合格证书(HNC)或国家高等技术学校毕业证书(HND)的人数、授予其他本科资格证书的人数、中途辍学者人数。

③ 包括课程的长度、学科的限制条件。

④ 包括教师人均成本、从高等教育基金委员会获得的科研收入、授予博士学位(PhD)数、科研经费与合同数。

资料来源：HEFCE，1999：*Performance Indicators in Higher Education：First Report of the Performance Indicators Steering Group（PISG）*，Report 99/11，Bristol，HEFCE，pp.38~120。

表6.5　1999年后实际运用中的绩效指标体系

序号	绩效指标
T1	弱势群体入学指标(全日制青年高等教育入学情况)
T2	弱势群体入学指标(全日制成人和所有非全日制学生入学情况)
T3	入学后第一年的辍学率
T4	辍学后的复读率
T5	预期的学业成果和学习效率
T6	模块课程完成率①
T7	获得残疾补助金的学生入学情况②
E1	毕业生就业指标③
R1	科研成果(经成本中心加权统计后的年度科研投入与产出,包括培养的博士生数、获得的科研经费和合同等)

注：① 该指标从1998—1999年度增添。
②③ 这两项指标从2000—2002年度增添。
资料来源：HEFCE,2008：*Performance Indicators in Higher Education*,http://www.hefce.ac.uk/Learning/Perf-Ind/,2008-02-26。

（三）绩效报告的发布

绩效指标体系确立后,相关数据和信息的收集、整理和分析由专门的机构来进行。在1987—1995年,这项工作是由大学统计档案局(Universities Statistical Record)来承担的;1995年后,新成立的高等教育统计局取代大学统计档案局开始履行这项职责。高等教育统计局是一个私立的有限责任公司,它通过与政府各部门达成协议向其提供所需的数据资料,而它的运作资金来源于全英各大学和学院缴纳的费用。

1987年秋,大学校长委员会推出了第一份年度绩效报告——《大学管理统计与绩效指标》。该报告主要采取表格的形式,按照指标的顺序将每所大学的数据逐一公布出来。截至1995年,大学校长委员会共出版九份年度报告。1996—2003年的年度绩效报告由英格兰高等教育基金委员会发布。该报告通常分为三个部分：第一部分会对报告的背景、目的、所包含的绩效指标及指标的运用等问题进行简单的叙述;第二部分则由各项指标的表格和数据组成;第三部分为附录,主要对各项指标做出定义并就基准等技术性问题做出说明。同时,报告的全部内容和数据也会在官方网站上发布。2003年以后,高等教育统计局也基本上延续使用了这样的方法。

（四）对绩效报告的评论

1987年以来,英国官方一直坚持采用发布年度绩效报告的方式来监督和调控高等教育,其原因在于作为绩效报告核心要素的绩效指标具有一些特殊的优势。按照伦敦政治经济学院教授努托尔（Desmond L.Nuttall）的理解，绩效指标的根本功能是测评教育组织或系统的运作情况及效益，并帮助决策者做出更适当的决策。对"决策者"来说，绩效指标的主要作用是提供准确明了的信息，帮助监控评价，帮助做出明智的选择或决策。① 英国学者塞泽等则认为绩效指标可以发挥以下五个方面的核心功能。

（1）监督功能。没有系统准确的信息就难以监督一个机构或系统运作状况是否正常。绩效指标恰恰能够全面反映高校责任与运作之间的关系，使高校本身、学术专业、教育行政部门和社会都能够监督高校的办学效率与效益。

（2）评估功能。绩效指标能够对高校目标的实现程度做出判断。这意味着对各项目标的评估可以通过衡量实际运作情况，以数量化的形式表达出来。由于绝大多数目标都具有多向度的特征，因此基于一些相对有效的指标就可以对高校的办学情况进行描述，从而在整体上为科学的决策奠定基础。

（3）对话功能。对话是改善各级行政管理部门相互关系的重要途径。运用绩效指标可以从两个方面规范对话活动：首先，参与对话的各方通过绩效指标使原本抽象模糊的概念变得可以共同理解；其次，对话的各方能够从各高校自身的目标和职责上来探讨高校的绩效问题。

（4）合理化功能。绩效指标可以作为政府政策制定中的参数而发挥作用。绩效指标提供的明确、具体的信息能够促使政策规划过程的理性化、精细化，减少决策失误。

（5）资源配置功能。绩效指标可以用作资源配置模型中的参数。绩效指标能够反映高校的财政运行状况和资源使用效率，因而成为政府拨款的重要标准和参照系。②

20世纪80年代以来，政策制定者一直希望高校对其绩效负起责任，并将这种想法与加强市场因素的作用和限制高等教育公共拨款增长的企图联系在一起。但是，长久以来由于不对称的信息状态和不完全的契约关系，使得高校得以按照自己而非政府和社会的意志行事。绩效指标和绩效报告的应用使政府欣喜地找到应对之策，这种措施好像一种诱饵，诱使高校不停地走向政府设计好的路径，实现其所设定的目标。

而对高等教育界来说，它们很早便认识到：这种以标准化和规范化为特征的评估不仅意味着院校目标与指标构建之间的紧密联系，也体现出公共政

---

① Nuttall,D.:"The Functions and Limitations of International Education Indicators",in OECD,1996:*The OECD International Education Indicators:A Framework for Analysis*,Paris,OECD.

② Sizer,J.,et al.,1992:"The Role of Performance Indicators in Higher Education",*Higher Education*,24(2).

策的演进。"由政府所控制的指标往往反映出每个历史时期主导性的政治和社会意识形态，而各种测评措施则是使教育适应这些流行的政治、社会和经济目标。"[1] 有些学者更是尖锐地指出，大学校长委员会和大学拨款委员会是受政治力量的驱使来开展绩效指标工作的，因为它们早在 1986 年就与政府达成这样的"君子协定"：大学只有在管理改革上达到政府的要求才能获得进一步的财政支持。这种协定可以从根本上解释为什么两个委员会如此积极主动地开展有关绩效指标的工作。[2] 有些批评者甚至担忧，在评估计划的形成过程中，政府的参与可能会导致对指标发展的控制走向集权化，从而对保持院校的多样性或其本身所具有的特色造成不利影响。正如鲍尔（Robert Ball）和威尔金森（Rob Wilkinson）指出的："诸如大学校长委员会所制定的全国性的绩效指标的危害在于它将不可避免地使高校政策制定趋向国家化"。[3]

　　另一个为高等教育界人士所顾忌的问题是绩效指标和绩效信息可能遭到误用。以成本指标为例，有学者指出，按照美国一些最具声誉大学的解释，高单位成本往往会被视为高质量教育过程的标志。也有人质疑一些合成指标（如师生比）和分解指标（如生均图书馆开支）所包含的意义。他们不禁问道，1∶10 和 1∶12 的师生比孰优孰劣？同样，低水平的图书馆开支值得被赞扬还是要被批评？大学校长委员会和大学拨款委员会也曾警告，缺乏质量信息的绩效指标很可能起到误导作用。[4] 参与年度绩效报告工作的学者甚至煞费苦心地想在人们翻开这份文件之前就提醒人们：应仔细考虑从这些数字中得出的推论。担任过绩效指标联合指导组组长的雷丁大学副校长佩奇（Ewan Page）曾在年度绩效报告的序言中写到，本报告郑重地警告所有的使用者，无论政府、大学还是其他任何机构，不正确地使用这些指标可能会给大学造成严重的损害。[5]

　　尽管高校对使用绩效指标普遍存在反对意见，但还是有些高校认为"大学应该抓住政府对绩效指标感兴趣这个机会，不仅以此来改善自身的管

① Darling-Hammond,L.:"Educational Indicators and Enlightened Policy",*Educational Policy*,(6),p.237.
② Cave,M.,et al.:"The Scope and Effects of Performance Measurement in British Higher Education",in Dochy,F.,et al,1990：*Management Information and Performance Indicators in Higher Education：An International Issue*,Assen/Maastricht,Van Gorcum.
③ Ball,R.and Wilkinson,B.,1992：*The Use and Abuse of Performance Indicators in UK Higher Education*,A Paper Presented at the 14th Annual EAIR Forum,Vrije Universiteit Brussel,Belgium, September 6~9,p.11.
④ Cave,M.,et al.:"The Scope and Effects of Performance Measurement in British Higher Education",in Dochy,F.,el al,1990：*Management Information and Performance Indicators in Higher Education：An International Issue*,Assen/Maastricht,Van Gorcum,p.52.
⑤ Joint CVCP/UGC Working Group,1987：*Performance Indicators in Universities：A Second Statement by a Joint CVCP/UGC Working Group*,London,CVCP & UGC.

理,而且要通过发布绩效指标的形式向它们的外部赞助者,尤其是白厅(the Whitehall)[1]证明它们有效地满足了国家的需要"[2]。而最终高校一致认为,绩效指标应该以能够鼓励和促进高校发展的积极方式来应用。如果绩效指标的使用对高校形成威胁的话,那么它们将无法达到预期的目标。

二、美国高等教育绩效报告制度

美国高等教育绩效报告主要是"复制"20世纪80年代中期兴起于公立中小学校的报告卡而形成的。由于缺乏诸如中小学的标准化测验,因此高等教育与基础教育的绩效报告存在很大的不同。绩效报告面向的群体比较广泛,州政府特别是州立法机关是绩效报告信息的主要用户。此外,绩效报告的使用者包括学生及其家长、工商业界、中小学校、媒体和公众等。绩效报告的主要目的是提供各种高等教育机构办学和运行情况的数据信息。例如,新泽西高等教育委员会提出高等教育绩效报告的目的是:① 告知公众高等教育的任务与作用;② 强调新泽西高等教育系统的优势;③ 为制定规划提供基础性数据资料。[3]绩效报告通常每年或每两年发布一次,并在发布后散发给各有关方面。

(一) 绩效报告制度的建立与发展

20世纪90年代以前,美国只有田纳西(1984年)、南卡罗来纳(1988年)和俄克拉荷马(1988年)三个州采取了绩效报告措施,而20世纪90年代后,绩效报告则从最初南部的三个州迅速扩展到全国。各州高等教育执行官协会在一份有关绩效报告的研究中指出,州层面的问责及绩效报告成为20世纪90年代的"试金石"。各州议员纷纷要求包括高等教育在内的所有政府部门更明确地说明其目标和活动,并作为问责的一种形式报告结果。很多州的高等教育管理机构都采取绩效报告来回应上述的问责要求。[4]到1996年全美已有23个州实行了绩效报告。

20世纪90年代中后期,随着绩效预算和继续拨款的推广,绩效报告的

---

① 白厅是英国伦敦市中心的一条南北走向的宽阔大道,位于特拉法加广场(Trafalgar Square)与议会大厦(House of Parliament)之间。在这条街及其附近集中了首相官邸、国防部、外交部、内政部、海军部等一些英国政府机关。因此,人们用白厅作为英国行政部门的代称。

② Joint CVCP/UGC Working Group,1987：*Performance Indicators in Universities：A Second Statement by a Joint CVCP/UGC Working Group*,London,CVCP & UGC,p.5.

③ New Jersey State Commission on Higher Education,1996：*New Jersey's Renewable Resource：A Systemwide Accountability Report*,Trenton,New Jersey State Commission on Higher Education.

④ Burke,J. C.："The New Accountability",in Burke,J. C.,et al.,2002：*Funding Public Colleges and Universities for Performance：Popularity,Problems and Prospects*,Albany,Rockefeller Institute Press,p.9.

发展势头有所减弱,而进入 21 世纪后则进一步有所发展,2001 年实行绩效报告的州已达 39 个,2003 年达到 46 个。[①] 南部地区教育委员会主席缪斯克(Mark Musick)曾惊叹道:"十年前,委员会所属各州都没有提供与州高等教育目标直接相关的信息,而如今大多数州都采取了这种做法。"[②](各州绩效报告的发展情况参见表 6.6)

表 6.6　美国各州绩效报告的发展情况(2000—2003年)

年份 / 年	数量 / 个 (占比 /%)	州
2000	30(60)	亚拉巴马、亚利桑那、加利福尼亚、科罗拉多、康涅狄格、佛罗里达、佐治亚、夏威夷、爱达荷、伊利诺伊、肯塔基、路易斯安那、马里兰、马萨诸塞、密西西比、密苏里、新泽西、新墨西哥、北达科他、俄勒冈、罗得岛、南卡罗来纳、南达科他、田纳西、得克萨斯、犹他、华盛顿、西弗吉尼亚、威斯康星、怀俄明
2001	39(78)	亚拉巴马、阿拉斯加、亚利桑那、加利福尼亚、科罗拉多、康涅狄格、佛罗里达、佐治亚、夏威夷、爱达荷、伊利诺伊、堪萨斯、肯塔基、路易斯安那、缅因、马里兰、马萨诸塞、密歇根、明尼苏达、密西西比、密苏里、新泽西、新墨西哥、北卡罗来纳、北达科他、俄亥俄、俄勒冈、宾夕法尼亚、罗得岛、南卡罗来纳、南达科他、田纳西、得克萨斯、犹他、弗吉尼亚、华盛顿、西弗吉尼亚、威斯康星、怀俄明
2002	44(88)	亚拉巴马、阿拉斯加、亚利桑那、加利福尼亚、科罗拉多、康涅狄格、佛罗里达、佐治亚、夏威夷、爱达荷、伊利诺伊、印第安纳、爱荷华、堪萨斯、肯塔基、路易斯安那、缅因、马里兰、马萨诸塞、密歇根、明尼苏达、密西西比、密苏里、新罕布什尔、新泽西、新墨西哥、北卡罗来纳、北达科他、俄亥俄、俄克拉荷马、俄勒冈、宾夕法尼亚、罗得岛、南卡罗来纳、南达科他、田纳西、得克萨斯、犹他、佛蒙特、弗吉尼亚、华盛顿、西弗吉尼亚、威斯康星、怀俄明
2003	46(92)	亚拉巴马、阿拉斯加、亚利桑那、阿肯色、加利福尼亚、科罗拉多、康涅狄格、佛罗里达、佐治亚、夏威夷、爱达荷、伊利诺伊、印第安纳、爱荷华、堪萨斯、肯塔基、路易斯安那、缅因、马里兰、马萨诸塞、密歇根、明尼苏达、密西西比、密苏里、蒙大拿、内布拉斯加、新罕布什尔、新泽西、新墨西哥、北卡罗来纳、北达科他、俄亥俄、俄克拉荷马、俄勒冈、宾夕法尼亚、南卡罗来纳、南达科他、田纳西、得克萨斯、犹他、佛蒙特、弗吉尼亚、华盛顿、西弗吉尼亚、威斯康星、怀俄明

资料来源:Burke,J.C.and Minassians,H.,2003 :*Performance Reporting*:*"Real"Accountability or Accountability"Lite"–Seventh Annual Survey 2003*,Albany,The Nelson A.Rockefeller Institute of Government,State University of New York,p.12.

---

① Burke,J. C.and Minassians,H.,2003 :*Performance Reporting*:*"Real"Accountability or Accountability"Lite"–Seventh Annual Survey 2003*,Albany,The Nelson A. Rockefeller Institute of Government,State University of New York,p.12.

② Southern Regional Education Board,2000 :*Linking Higher Education Performance Indicators to Goals*,Atlanta,GA,SREB,p.5.

（二）绩效报告的指标体系

绩效报告最初所采用的指标如同评估一样主要侧重于本科生教育，后来逐渐加强了对成本上升、机构膨胀和毕业率低下等办学效率方面的关注，并扩展到院校改进的目标和满足州经济社会发展需要等外部问责方面的内容。据各州高等教育执行官协会的研究显示，各州绩效报告中最常使用的指标包括：毕业率、转学率、教师工作量，等等（参见表6.7）。全美教育委员会对十个州的绩效报告的研究也表明，最常使用的指标与上述指标基本一致。此外，在20世纪90年代初，"完成学位所需的时间"也成为衡量办学效率的重要指标，同时有关入学、保留和毕业的指标，尤其是不同种族、民族和性别的这方面指标也备受关注。

表 6.7　美国各州绩效报告中最常用的指标 / 个

常用指标	州的数量
毕业率	32
转学率	25
教师工作量	24
后续满意度调查	23
外部 / 资助科研经费	23
补习活动 / 效益	21
专业执照考试通过率	21
授予学位数	20
毕业生就业数据	19
学生总学分数	18
入学标准和测验	18
通过认证的培养项目的数量级比例	13

资料来源：Burke, J.C.: "The New Accountability", in Burke, J. C., et al., 2002 : *Funding Public Colleges and Universities for Performance : Popularity, Problems and Prospects*, Albany, Rockefeller Institute Press, p.10。

(三) 绩效报告的作用

绩效报告虽然在美国高等教育界得到广泛应用,然而由于绩效报告没有与财政拨款建立某种形式的关联,因此绩效报告并未获得各州及高校决策者的重视。实际上,绩效报告似乎成为绩效预算和绩效拨款的预先阶段。在实行绩效报告的州中有72%实行了绩效拨款,有69%实行了绩效预算。[①]

在绩效报告推出之初及其后的相当长一段时期内,绩效报告实际上并未发挥很大作用。1993年,南部地区教育委员会的调查显示,12个州中没有一个提及绩效报告对州议员和公立院校的影响。各州高等教育财务官协会(SHEFO)的调查也表明,多数州的高等教育管理机构认为绩效报告在规划和决策中只发挥了一定程度的作用,而在各州领导人看来,绩效报告的作用更为有限。在大部分州,绩效报告都没有对院校的资源配置产生显著的影响(参见表6.8)。同时,从绩效报告对院校改进的影响来看,绩效报告的作用似乎也呈现出减弱的趋势。在多数州,绩效报告在院校改进上仅维持最低限度的影响(参见表6.9)。曾担任南部地区教育委员会调查组成员的伯格尖锐地指出："政治和教育领导到底有没有真正使用绩效报告？"[②] 实际上,很多证据表明,州和院校的决策者在制定规划和政策过程中对这些报告往往置之不理。正如新墨西哥高等教育委员会的一名官员所指出的："我们……搬来这些报告,原以为它们会提供更有用的信息。但翻了几本就产生同样的感觉,没什么用处。"[③] 伯克也指出,仅仅报告高等教育结果就可以改善绩效的假设本身就存在逻辑上的错误。[④]

表6.8 绩效报告对各州规划、决策和资源配置的影响(2003年)/%

	州高等教育管理机构认为绩效报告在规划和决策中的作用	州领导认为绩效报告在规划和决策中的作用	州高等教育管理机构认为绩效报告在院校资源配置中的作用
很大程度	4	—	—
相当程度	20	2	9
一定程度	48	30	22

① Burke, J. C., 2003 : "The New Accountability for Public Higher Education : From Regulation to Result", *Research in University Evaluation*, (3), p.75.

② Burke, J. C. : "The New Accountability", in Burke, J. C., et al., 2002 : *Funding Public Colleges and Universities for Performance : Popularity, Problems and Prospects*, Albany, Rockefeller Institute Press, pp.13~14.

③ Burke, J. C. : "The New Accountability", in Burke, J. C., et al., 2002 : *Funding Public Colleges and Universities for Performance : Popularity, Problems and Prospects*, Albany, Rockefeller Institute Press, p.14.

④ Burke, J. C. : "The New Accountability", in Burke, J. C., et al., 2002 : *Funding Public Colleges and Universities for Performance : Popularity, Problems and Prospects*, Albany, Rockefeller Institute Press, p.14.

续表

	州高等教育管理机构认为绩效报告在规划和决策中的作用	州领导认为绩效报告在规划和决策中的作用	州高等教育管理机构认为绩效报告在院校资源配置中的作用
最低程度	15	26	30
无影响	6.5	13	35
不确定	6.5	28	4

注：数据为四舍五入后的结果。

资料来源：Burke, J. C. and Minassians, H., 2003：*Performance Reporting*: "*Real*" *Accountability or Accountability* "*Lite*" —*Seventh Annual Survey 2003*, Albany, The Nelson A. Rockefeller Institute of Government, State University of New York, pp.14~16。

表6.9 绩效报告对公立院校绩效改进的影响（2001—2003年）/%

	2001	2002	2003
很大程度			2
相当程度	13	13.3	8.5
一定程度	36	33.3	24
最低程度	15	22.2	33
无影响	8	4.4	6.5
不确定	28	26.7	26

注：数据为四舍五入后的结果。

资料来源：Burke, J.C. and Minassians, H., 2003：*Performance Reporting*: "*Real*" *Accountability or Accountability* "*Lite*" —*Seventh Annual Survey 2003*, Albany, The Nelson A. Rockefeller Institute of Government, State University of New York, p.20。

　　有批评认为，高等教育绩效报告只不过是一种"成绩单"而已，它片面展示出办学的结果却没有提供有关具体情况、州支持水平、新举措和取得进展的说明。另外，绩效报告只关注学术和院校事务。对大部分州而言，具体的绩效指标或有关的衡量指标都成为检验达到州目标和预期情况的基准（benchmarks）或者成为考察州政策落实情况的工具。[1] 有学者一针见血地指出，绩效报告中的指标信息实际上就是为在联邦、州及系统层面上进行政策规划而定期开展的政策性统计。[2]

[1] Leveille, D. E., 2006：*Accountability in Higher Education*: *A Public Agenda for Trust and Cultural Change*, Center for Studies in Higher Education, University of California, Berkeley Research Paper Series.
[2] Ewell, P. T. and Jones, D.："Pointing the Way: Indicators as Policy Tools in Higher Education", Ruppert, S. S., 1994：*Charting Higher Education Accountability*: *A Sourcebook on State-Level Performance Indicators*, Denver, Education Commission of the States.

　　绩效报告也引起一些教育界人士的不满和愤怒，有些学者甚至将报告院校绩效结果视为对院校自治的侵犯。温斯洛普大学（Winthrop University）的一位心理学教授和南卡罗来纳高等教育评估网络的主任都认为绩效报告是一项"劳民伤财"的工作。他们指出："我们正经受罕见的金融危机，我们在报告卡上每花费一分钱，相应地在改进工作上就减少一分钱。"[1] 有些人则认为，报告并没有显示出院校质量上的问题。还有教师指出，绩效报告所强调的是一种无法为立法者、学生和公众所接受的狭隘的质量观。他认为，"找到专业对口工作的毕业生人数"[2] 与教育质量毫无关系。此外，人们对绩效报告的批评主要集中在对不同院校指标的比较。一些院校领导认为，对不同使命、学生和培养项目的院校进行比较是非常不合理的。

　　（四）全国性绩效报告：以《测量》为例

　　1992 年在联邦《学生知情权法》的推动下，问责报告联合委员会（JCAR）就建议制定标准化的报告模式来采集有关学生保持率、毕业率、办学成本和教师活动等方面的信息。1998 年国家教育统计中心（NCES）的"中学后教育信息综合系统"（IPEDS）也开始要求在全国范围内对学生保留率和毕业率实行标准化报告。

　　1998 年国家公共政策与高等教育中心委任了一个独立的"报告卡可行性论证委员会"，该委员会经过一年多的调查研究，于 1999 年 4 月向该中心提交了项目实施建议。随后，该中心又组建了"全国报告卡咨询小组"负责项目的集体筹划。期间，国家高等教育管理系统中心和国家科学与工程研究委员会对报告卡的方法和数据进行了初步和最终的外部评估。在一系列准备工作的基础上，2000 年国家公共政策与高等教育中心[3] 推出首份全国性高等教育绩效报告——《测量 2000》（*Measuring Up 2000*）。该报告图文并茂、内容翔实，整个报告的篇幅近 200 页，其主体部分围绕六个方面的标准全面呈现了全国整体情况、各州具体情况及各州比较的数据信息。此后，国家公共政策与高等教育中心又陆续在 2002 年、2004 年、2006 年和 2008年发布四份双年度的全国绩效报告。

---

① Burke, J. C.: "The New Accountability", in Burke, J. C., et al., 2002 : *Funding Public Colleges and Universities for Performance : Popularity, Problems and Prospects*, Albany, Rockefeller Institute Press, p.13.

② Burke, J. C.: "The New Accountability", in Burke, J. C., et al., 2002 : *Funding Public Colleges and Universities for Performance : Popularity, Problems and Prospects*, Albany, Rockefeller Institute Press, p.13.

③ 国家公共政策与高等教育中心于 1998 年在皮尤慈善信托基金会（Pew Charitable Trusts）的支持下建立。该中心是一个独立的、非营利、非政治性组织，主要从事中学后教育与培训的政策研究。

综合各年度的报告来看，《测量》具有如下几个方面的特点：① 报告着重强调的是结果、成果和绩效，而非过程或进展；② 报告主要使用客观的定量测量或数量指标，而非仅仅做主观意见调查；③ 报告由独立机构开展，而非由与公共服务提供者或州决策部门存在直接联系的机构进行；④ 报告面向社会各界而非仅向专家、专业人士和决策者发布和散发；⑤ 报告定期监测高等教育的进展或退步情况；⑥ 报告采用最可靠、及时和适用的信息资料，并在每份报告中不断改进和完善方法和数据。[①]

本书将以《测量 2008》(*Measuring Up 2008*)为例分析其主要内容。

1. 标准与指标

《测量 2008》对各州高等教育绩效的评价采用的是一套具有 30 多个指标的庞大指标体系，它主要围绕六个方面的标准展开：① "准备"(preparation)，该类标准包括四个二级指标和 13 个三级指标，主要考察的是学生接受大学层次教育和培训以前的学术准备情况；② "入学"(participation)，该类标准只有两个二级指标和三个三级指标，其评价的重点是各州不同年龄阶段和收入群体接受高等教育的情况。虽然该类标准的内容较少，但涵盖了全日制/非全日制、两年制院校/四年制院校、公立院校/私立院校等各类就学形式和院校类型的情况；③ "负担能力"(affordability)，主要侧重于学生/家庭的大学费用支付能力、联邦和州对学生的财政补助及与大学费用相关的贷款负担三个方面；④ "毕业"(completion)，该方面的标准相对比较简单，主要包括各类院校第一年到第二年的升级率及一定期限内获得学位、证书和文凭的情况；⑤ "收益"(benefit)，该方面标准强调的是高等教育投资的社会收益问题，其中包括反映经济和公民收益的四个方面的具体指标；⑥ "学习"，由于缺乏全国可比的数据，该方面指标的数据无法收集，在这种情况下，皮尤慈善基金会创办了"全国大学学习论坛"，并由该论坛在一些州开展了收集大学学习数据信息的试点项目，因此目前该方面的指标信息还仅限于个别州(参见表 6.10)。

[①] The National Center for Public Policy and Higher Education, 2000 : *Measuring Up 2000 : The State-by-state Report Card for Higher Education*, San Jose, The National Center for Public Policy and Higher Education.

表 6.10 《测量 2008》中的指标与权重

一级指标	权重/%	二级指标	权重/%	三级指标	权重/%
准备	100	高中毕业	25	18~24 岁人群中拥有高中文凭的比例	25
		K-12修课	30	9~12 年级学生上过至少一门高级数学课的比例	8.57
				9~12 年级学生上过至少一门高级科学课的比例	12.86
				8 年级学生上过代数课的比例	8.57
		K-12学业成绩	35	8 年级学生在全国数学测验考试中达到"精通"（proficient）的比例	3.5
				8 年级学生在全国阅读测验考试中达到"精通"（proficient）的比例	3.5
				8 年级学生在全国科学测验考试中达到"精通"（proficient）的比例	3.5
				8 年级学生在全国写作测验考试中达到"精通"（proficient）的比例	3.5
				低收入家庭 8 年级学生在全国数学测验考试中达到"精通"（proficient）的比例	3.5
				每千名高中毕业生在大学入学考试（SAT/ACT）中分数进入全国前 20% 的比例	8.75
				每千名高一高二学生在大学先修课程考试（Advanced Placement subject test）中分数等级达到 3 及以上的比例	8.75
		教师质量	10	7~12 年级学生由具有学科专业背景教师授课的比例	10
入学	100	青年人	66.67	19 岁青年人大学入学机会	33.33
				18~24 岁青年人进入大学的比例	33.33
		成年人	33.33	25~49 岁成年人以非全日制形式进入各类中学后教育机构的比例	33.33
负担能力	100	家庭负担能力	50	大学费用（不包括社区学院的财政补助）占家庭收入的比例	根据不同类型院校而定
				大学费用（不包括四年制公立院校财政补助）占家庭收入的比例	
				大学费用（不包括四年制私立院校财政补助）占家庭收入的比例	
		负担策略	40	州对有需要群体财政补助的投入占联邦投入的比例	20
				在收费最低院校，贫困家庭学生需缴纳费用的比例	20
		贷款依赖	10	本科生平均每年贷款额度	10

续表

一级指标	权重/%	二级指标	权重/%	三级指标	权重/%
毕业	100	保持	20	社区学院一年级学生升入二年级	10
				四年制院校一年级学生升入二年级	10
		完成	80	首次入学全日制学生六年内获得学士学位	26.67
				每百名本科生中获得大学证书、文凭和学位的比例	26.67
				每千名无大学学位的成年人中获得大学证书、文凭和学位的比例	26.67
收益	100	教育成就	37.5	成人(25~64 岁)群体中拥有副学士以上学位的比例	18.75
				成人(25~64 岁)群体中拥有学士以上学位的比例	18.75
		经济收益	31.25	拥有学士学位人群比例提高而造成的个人总收入的增长	18.75
				拥有副学士学位(associate degree)人群比例提高而造成的个人总收入的增长	12.50
		公民收益	31.25	参与大选投票居民的比例	10.50
				列入联邦所得税清单中纳税人的慈善捐赠比例	10.375
				由接受大学教育而导致的志工(volunteering)比例的增长	10.375
学习	100			受过大学教育人群具有的能力	25
				大学和学院对教育资本(educational capital)的贡献度	25
				大学毕业生表现	50

注：数据为四舍五入后的结果。

资料来源：National Center for Public Policy and Higher Education, 2008 : *Technical Guide for Measuring Up 2008 : Documenting Methodology, Indicators, and Data Sources*, San Jose, The National Center for Public Policy and Higher Education, p.8, p.20, pp.24~25, p.35, p.42, pp.50~51。

2. 评分与等级

在评价各州高等教育绩效的过程中，《测量》对各项指标评分和分级采取的是"排序法"(indexing method)。该方法的具体操步骤为：首先，选取每项指标得分最高的五个州，将其得分平均值作为其他州参照的基准；其次，用各州每个指标的原始分值除以各指标的最佳绩效基准值；再次，将各指标排序后的分数乘以预先确定的权重值，权重值反映的是各指标在各类绩效中的相对重要性；最后，将加权处理后的分数值转换为相应的等级。《测量》中各指标的得分等级基本上是以 10 分为一个级别，其中 90 分以上

为 A 等,80~89 分为 B 等,70~79 分为 C 等,60~69 分为 D 等,60 分以下为
F 等,其中在 A~D 四个大的等级中又进一步分解为二至三个小的等级,各
指标的分数与等级划分方法参见表 6.11。

表 6.11 《测量 2008》中的各项指标的等级与分数

等级	分数	等级	分数	等级	分数
A	93 以上	B−	80~82	D+	67~69
A−	90~92	C+	77~79	D	63~66
B+	87~89	C	73~76	D−	60~62
B	83~86	C−	70~72	F	60 以下

资料来源：National Center for Public Policy and Higher Education, 2008 : *Technical Guide for Measuring Up 2008 : Documenting Methodology, Indicators, and Data Sources*, San Jose, The National Center for Public Policy and Higher Education, p.4。

3. 公开与发布

《测量》自 2000 年推出以来,基本上形成了以两年为周期的定期报告机
制,但在呈现形式上变化很大。2000 年和 2002 年的两份《测量》都是采取
单一报告的形式,也就是在一本报告中包含了全国六个标准的整体状况、各
州六个标准的具体状况及各州指标的比较三大板块；但其后的《测量 2004》
《测量 2006》和《测量 2008》都采取了分别报告的形式,即主报告保留了全国
六个标准的整体状况及各州指标的比较,而各州六个标准的具体情况采取分
别报告的方式,也就是每一次报告都会形成一份主报告和 50 份州报告。另
外,从 2006 年起,《测量》的网络版还增添了对不同年份、不同州、不同指标
和不同基本状况的比较的功能,只要选择任一两个变量就可以做出比较(参
见表 6.12)。而各年度的报告除了纸质版,还将电子版及相关信息公布在国家
公共政策与高等教育中心网站上(http://www.highereducation.org/)。

表 6.12 《测量 2008》各州六项指标等级的比较

州	准备	入学	负担能力	毕业	收益	学习
亚拉巴马	D+	D+	F	C−	C	I
阿拉斯加	C+	F	F	F	C+	I
亚利桑那	D	A	F	B−	B−	I
阿肯色	C−	D+	F	C−	D+	I
加利福尼亚	C+	C	C−	B−	B+	I

续表

州	准备	入学	负担能力	毕业	收益	学习
科罗拉多	A−	C+	F	B−	B+	I
康涅狄格	A	C−	F	B−	A−	I
特拉华	C+	C−	F	B	C+	I
佛罗里达	C+	D−	F	B−	B	I
佐治亚	C+	D+	F	A	B−	I
夏威夷	C−	D	F	B−	A−	I
爱达荷	C	D	F	C	C−	I
伊利诺伊	B	C	F	B+	B	I
印第安纳	C	C	F	B−	D+	I
艾奥瓦	B	A	F	A	C+	I
堪萨斯	B	B−	F	B	C+	I
肯塔基	C	C	F	B	D+	I
路易斯安那	D−	F	F	C+	D	I
缅因	B−	C−	F	C+	C	I
马里兰	A−	C	F	B−	A	I
马萨诸塞	A	B−	F	A	A	I
密歇根	C	C	F	C+	B+	I
明尼苏达	B	B	F	A	B	I
密西西比	D	D+	F	C	D	I
密苏里	C+	C	F	B	C+	I
蒙大拿	B−	D+	F	C−	C+	I
内布拉斯加	B−	B	F	B+	B	I
内华达	C	F	F	F	D	I
新罕布什尔	B	C−	F	A−	B	I
新泽西	A−	C	F	C+	A−	I
新墨西哥	D−	B−	F	D+	C+	I
纽约	B	D+	F	B+	B	I
北卡罗来纳	B−	D+	F	B−	C+	I
北达科他	B−	B+	F	A	D	I
俄亥俄	B−	C−	F	B−	C+	I

续表

州	准备	入学	负担能力	毕业	收益	学习
俄克拉荷马	C−	C+	F	C	D+	I
俄勒冈	C+	D	F	C+	B+	I
宾夕法尼亚	B−	C−	F	A	C	I
罗得岛	C+	C+	F	A	B−	I
南卡罗来纳	C+	D−	F	C+	C	I
南达科他	B	B	F	B	D+	I
田纳西	C	D	F	C	C	I
得克萨斯	B	D−	F	C−	C+	I
犹他	B	B−	C−	B	A−	I
佛蒙特	A−	C	F	A−	C+	I
弗吉尼亚	B+	C	F	B	A	I
华盛顿	C+	D	F	A−	B	I
西弗吉尼亚	C	C	F	C	F	I
威斯康星	B	C+	F	A−	C	I
怀俄明	C	C	F	A	D−	I

注：I为缺少信息。

资料来源：National Center for Public Policy and Higher Education, 2008；*Measuring Up 2008：The National Report Card for Higher Education*, San Jose, CA, The National Center for Public Policy and Higher Education, p.18。

4.《测量》与各州绩效报告之间的关系

《测量》与各州绩效报告有不同的侧重点,前者针对的是整个州的高等教育状况,而后者关注的是院校层面的绩效提升。因此,州绩效报告对全国绩效报告似乎并没有多大程度的影响。虽然目前还无法掌握最新的发展情况,但从最初的调查来看,一些实行绩效报告的州在《测量》中的得分并没有好于那些没实行绩效报告的州。之所以会出现这种结果,部分原因在于各州绩效报告中采用的指标并不像《测量》中诸如"高中学业表现""大学入学率""大学费用占家庭收入比例""成人学位获取率""州从高等教育获得的经济和公民收益"指标充分反映了州的需求。据伯克等对29个州绩效报告的调查显示,只有七个州采用了"大学入学率"指标,只有三个州采用了"成人学位获取率"的指标,只有两个州采用了"高中修课"指标,另外只有一个州采用了"大学费用占家庭收入比例"的指标。[①]

　　然而相反的是，《测量》对州绩效报告则起到一定程度的推动和刺激作用。首份报告——《测量 2000》推出后，包括肯塔基在内的一些州都对其绩效报告的指标进行了修改，增加了全州性的指标。2002 年伯克等人就各州根据《测量 2000》修改其绩效报告指标的可能性问题，对各州高等教育财务官协会成员进行了调查，结果表明，有 2% 的成员表示非常可能修改，有 20% 的成员表示"有可能"，另有 1/3 的成员表示不能确定。在另一项问题中，印第安纳、俄克拉荷马、田纳西、得克萨斯和西弗吉尼亚五个州回答已修改了绩效报告。[②] 而《测量 2002》继续激发了各州对绩效报告的兴趣，采取绩效报告的州从 2000 年的 30 个迅速增加到 2002 年的 44 个，增加了近50%。[③]2003 年的调查表明情况进一步发展，表示已根据《测量 2002》对州绩效报告指标进行修改的州增加到六个，其中印第安纳州、俄克拉荷马州、田纳西州和西弗吉尼亚州做了很大的修改，马里兰州做了一定程度的修改，夏威夷州做了小幅的修改。[④]

　　（五）地方性绩效报告：以南卡罗来纳州和新泽西州为例

　　1. 南卡罗来纳州的高等教育绩效报告

　　1992 年，南卡罗来纳州通过《第 255 号法：院校办学效益报告》（简称《第 255 号法》）。该法最初由州议会参议院教育委员会主席提出，并在参考借鉴新墨西哥州相关立法的基础上制定。该法有关绩效报告的规定为：

　　"59-101-350 部分（A）高等教育委员会应向州长和州议会提交年度报告。从 1993 年起，报告必须在每年 1 月 15 前发布，并以易读的形式呈现，以利于南卡罗来纳和南部地区教育委员会所属各州州立院校间的比较。报告发布前，高等教育委员会应将初稿散发给公众和各院校，并收集有关反馈意见。高等教育委员会应制定和采取特定式样的报告版式，确保各院校收

---

① Burke, J. C. and Minassians, H., 2002 : *Performance Reporting : The Preferred "No Cost" Accountability Program*, the Sixth Annual Report, New York, The Nelson A. Rockefeller Institute of Government.

② Burke, J. C. and Minassians, H., 2002 : *Performance Reporting : The Preferred "No Cost" Accountability Program*, the Sixth Annual Report, New York, The Nelson A. Rockefeller Institute of Government.

③ Burke, J. C. and Minassians, H., 2002 : *Performance Reporting : "Real" Accountability or Accountability "Lite" —Seventh Annual Survey 2003*, Albany, The Nelson A. Rockefeller Institute of Government, State University of New York.

④ Burke, J. C. and Minassians, H., 2002 : *Performance Reporting : "Real" Accountability or Accountability "Lite" —Seventh Annual Survey 2003*, Albany, The Nelson A. Rockefeller Institute of Government, State University of New York.

集和申报数据资料的一致性。"[①]

根据《第 255 号法》的要求，各院校要向州高等教育委员会申报以下数据信息（参见表 6.13）。

表 6.13 《第 255 号法》要求申报的数据信息

序号	四年制院校	两年制院校	内容
1	√	√	获得认证及符合认证资格的培养项目的数量及比例
2	√		完成研究生学位培养项目的人数及比例
	√	√	完成本科生学位培养项目的人数及比例
3	√	√	全职、兼职教师及研究生助教讲授的基础导论性课程的比例
4	√		注册和修习补救课程及完成基础课程的学生人数和比例
5	√		研究生和高年级本科生参与科研项目的比例
6	√	√	毕业生就业情况
7	√	√	过去五年少数民族学生入学率的变化情况及少数民族学生总数的变化情况
8	√		研究生在本校、本州、国内和国外获得学士学位的比例
9		√	从两年制中学后教育机构转入的全日制学生数
		√	从四年制院校转入的全日制学生数
	√		转到两年制中学后教育机构的全日制学生数
		√	转到四年制院校的全日制学生数
10	√		参加各项专业考试学生的人数及分数
11	√	√	与各院校使命和任务相关的信息

资料来源：Ruppert，S.S.："South Carolina"，In Ruppert，S.S.，1994：*Charting Higher Education Accountability*：*A Source Book on State-Level Performance Indicators*，Denver，CO，Education Commission of the States，p.79。

南卡罗来纳州颁布的《第 255 号法》着重强调的问题就是院校的问责，由此使得该州高校掀起一股关注办学绩效情况的热潮。绩效报告措施的出台为州高等教育委员会制定和实施全州范围内的行动提供了可能。

2. 田纳西州的高等教育绩效报告

田纳西州绩效报告的发展主要经历了三个阶段：第一阶段是从 1984 年

[①] *Act 255 Legislation*；*Institutional Effectiveness Reporting*（A255，R262，S313），http://www.ptc.edu/sacs/Docu-ments/IE/ACT255Legislative.pdf，2010-02-15.

开始由州高等教育委员会（THEC）以总体规划和年度报告的形式选取某些临时性数据在州高等教育系统层面上进行的报告；第二阶段是从 1989 年起州高等教育委员会通过《田纳西挑战 2000》(*Tennessee Challenge 2000*) 采集的标准化数据在州高等教育系统层面上进行的正式报告；第三阶段是根据"TCA 9-7-210 法案"以"报告卡"的形式在院校层面上进行的正式报告。

1984 年，田纳西州立法机关推出以改革中小学教育为主要指向的一揽子改革法案（TCA 49-1-302）。该法案要求州高等教育委员会和州教育委员会每年就各级学校"应该达到的目标及达到目标的情况"联合做出报告，而且该法案提出州高等教育委员会每年做出统计报告的框架。同时，作为更大范围改革的一部分，州立法机关通过一套报告高等教育办学进展情况的 19 项统计基准，由于该提案是由众议员布拉格（John Bragg）提出的，因此又被称作"布拉格绩分"（Bragg marks）。这些基准成为高校通过州营业税盈余获得更多教育经费的"问责协定"（accountability trade-off）。1987 年，田纳西高等教育委员会制定了首份高等教育总体规划。这份规划要求对全州高等教育办学成果的综合统计做出报告，同时要通过"教学评估安排"收集院校的绩效信息。此外，总体规划提出五项综合性目标和 15 项量化目标。

1989 年，州立法机关通过以南部地区教育委员会报告和《国家教育目标》(*National Education Goals*) 为蓝本的《田纳西挑战 2000》。该法案提出确立全州的高等教育发展目标及具体的量化指标，并以此作为对高等教育成果做出公开报告的基础。1990 年，州高等教育委员会根据此前的总体规划及《田纳西挑战 2000》制定了一份新的战略规划，规划提出六个大的发展主题并在每个主题下确定了具体的量化目标。

1991 年，州立法机关通过要求州立院校报告统计绩效指标的新法案（TCA 9-7-210），将统计数据的公开报告进一步拓展到院校层面。此前，州高等教育委员会是就各高校实现州目标的情况所做的整体性的报告。新法并没有加重高校在信息采集上的负担，绝大部分数据信息与《田纳西挑战 2000》和"教学评估安排"中的指标基本一致。然而，分析单位下移到院校层面标志着报告理念上的重大变化，尽管州高等教育委员会此前一再声称采集到的绩效信息不会用于院校比较，但新法实际上助推了院校报告间的比较。①

---

① Ewell, P. T. "Tennessee", in Ruppert, S. S., 1994：*Charting Higher Education Accountability：A Source Book on State-level Performance Indicators*, Denver, Education Commission of the States, pp.85~90.

第二节 评估认证制度

高等教育评估是根据一定的目标和标准,通过系统地搜集高等教育机构的主要数据和信息,准确地了解实际情况,进行科学分析,并对办学水平和教育质量作出评价。高等教育评估在很大程度上可以为高等教育机构改进工作、开展教育改革,以及为管理部门改善宏观管理提供有效依据。在英美两国高等教育发展过程中,相关的评估和认证既是一种维护高等教育质量的基本机制,也是一种不断强化高等教育问责的重要制度。

一、英国的高等教育教学评估

英国的高等教育教学评估经历了从早期的教学质量评估到院校审计再到当前教学卓越框架(TEF)等几个阶段的变奏与发展。尽管形式和方法各不相同,但问责一直是整个发展过程中最重要的基调。

(一) 教学质量评估:高等教育教学评估的兴起与发展

教学质量评估的兴起与发展可以追溯到 20 世纪 80 年代末期社会和政府给予高等教育的压力。当时,大学基金委员会明确表示,如果大学不采取行动改进其质量并提高标准,那么它将不得不自己来做。针对这种情况,大学校长委员会的学术标准小组(academic standards group)提议设立一个学术审计处来监督大学改进质量机制的落实情况。后来,大学校长委员会接受了该建议并设立了这个机构。[1]1990 年学术审计处开始实施学术审计(academic audit)。学术审计处在两年时间内先后开展了 27 次评估活动,并计划在 1993 年底完成对所有大学的评估。但大学校长委员会开展的学术审计活动并没有能够让政府满意。于是,政府提出由各高等教育基金委员会设立专门机构来负责教学质量评估,并在随后颁布的《1992 年继续和高等教育法》中成为法律规定。这直接导致了教学质量评估的展开。

1993—2001 年,英格兰和北爱尔兰的高等教育领域进行了历时九年总共七轮[2]的教学质量评估。它是英国有史以来规模最大、最全面的外部教学

---

[1] Williams,P.,1991:*Annual Report of the Director 1990/91:The CVCP Academic Audit Unit*,London,CVCP.

[2] 第一轮为 1993 年 4 月—1994 年 1 月,第二轮为 1994 年 1—9 月,第三轮为 1994 年 9 月—1995 年 4 月,第四轮为 1995 年 4 月—1996 年 9 月,第五轮为 1996 年 10 月—1998 年 9 月,第六轮为 1998 年 10 月—2000 年 9 月,第七轮为 2000 年 10 月—2001 年 12 月。

评估活动。① 教学质量评估在发展过程中三易其名：1993 年的开始阶段被称为"教学质量评估"，1995 年起改称为"质量评估"（Quality Assessment），1998 年以后又改称为"学科评估"②（Subject Review）。期间，教学质量评估的主管机构也发生了变化，1998 年以前主要是由各高等教育基金委员会下属的质量评估委员会（QAC）负责，1998 年后随着统一的高等教育质量保证署（QAA）的成立，高等教育基金委员会与之签订协议，并将教学质量评估的工作移交给高等教育质量保证署来进行。

1. 教学质量评估的基本立意

开展教学质量评估的直接原因在于《1992 年继续和高等教育法》中关于教育质量的规定。该法第 70 条要求："各基金委员会应确保对高校教育质量的评估做出安排，以便根据本法本部分的规定为高校开展或打算开展的活动提供财政支持。"③ 在该法颁布实施不久，英国教育国务大臣便致信英格兰高等教育基金委员会的主席，就实施质量评估提出指导意见。教育大臣在信中指出："英格兰高等教育基金委员会应与高校进行协商并从已经和正在开展的试点评估中总结经验，在此基础上确定评估方法。高等教育基金委员会尤其应确保将访问评估的结果以某种形式应用于经费分配。访问报告要公开发布。高等教育基金委员会要确保高校重视报告中发现的严重问题并监督高校的改进情况。"④

根据《1992 年继续和高等教育法》的规定及教育国务大臣的指示，1993 年 2 月，英格兰高等教育基金委员会在第 3 号公函（C 3/93）《教育质量评估》（Assessment of the Quality of Education）中提出要在当年 4 月启动教学质量评估活动。公函指出，开展教学质量评估的目的在于：① 确保接受英格兰高等教育基金委员会拨款的所有教育都具有令人满意的或更优秀的质量，也确保低质量的情况得到及时的纠正；② 鼓励通过发布评估报告和年度报告来提升教育质量；③ 将评估结果作为拨款的参考并对优秀的情况给予奖励。公函还提出，教学质量评估要根据各高校各学科既定的培养目标来检查学生的学习学业情况和学业成就，其中包括在每所学校每个学科中影响学生学业情况的一系列具体因素，如教学和学习活动的时限、学生评定、学生成绩、课程、教师发展、资源使用（图书馆、设备、实验室等）、学生支

---

① QAA, 2003 : *Learning from Subject Review 1993–2001*, Gloucester, QAA.

② 鉴于前后行文的一致性及英文文献中的使用习惯，本书用"教学质量评估"的表述方式来统称这几个称呼。

③ The UK Parliament, 1992 : *Further and Higher Education Act 1992*, London, HMSO, pp.50~51.

④ HEFCE, 1994 : *The Quality Assessment Method from April 1995*, Circular 39/94, Bristol, HEFCE.

持与指导等。①

教学质量评估启动一年多以后，1994 年 6 月 15 日，英格兰高等教育基金委员会发表咨询报告（CP 2/94）《进一步发展教育质量评估的方法》，②在为期两个月的咨询时间内，高校、学科及专业组织、学科专家等共反馈了 400 余项建议。同年，教育国务大臣在英格兰高等教育基金委员会年度会议上的讲话中，再次强调要确保公共经费的绩效责任、将拨款与质量提升联系起来、发布公共信息，以及分享并宣传最佳实践等问题。根据这些新情况，1994 年 12 月英格兰高等教育基金委员会在第 39 号公函（C 39/94）《1995 年 4 月后的质量评估方法》（*The Quality Assessment Method from April 1995*）中对教学质量评估的目的做出了新的调整，将教学质量评估的目的表述为：保证公共投资的价值；将质量评估结果作为拨款依据；鼓励通过发布评估报告和学科评价报告及交流最佳实践来提升教育质量；通过发布报告，为高等教育基金委员会根据教育质量情况拨款，提供有效的、可获得的公开信息。③此后，这种目的陈述没有再做修改。1997 年质量保证署成立后，在其出版的《学科评估手册（1998 年 5 月—2000 年 10 月）》④及《学科评估手册（2000 年 10 月—2001 年 12 月）》⑤中一直得到沿用。

2. 教学质量评估的程序

教学质量评估主要是对每个学科领域（subject area）的教育质量进行评估，其所关注的是学科层面上学生学习过程的质量及学生的学业成就。为保证教学质量评估的顺利开展，英国有关方面对评估方法给予了很大的重视，在开展评估的九年时间内对评估方法进行了一次大的调整和两次小的调整。英格兰高等教育基金委员会于 1993 年编制了《质量评估手册》（*Quality Assessment Handbooks*），并在 1995 年和 1996 年进行了修订，此后质量保证署也于 1998 年制定了《学科评估手册》（*Subject Review Handbooks*）并在 2000 年进行了修订。这两个版本的手册尽管有些差异，但主要的内容还是相对一致的，都对评估采取的程序与方法进行了详细的说明。以 2000/01 年度开展教学质量评估为例，评估主要分为准备阶段、实地访问和

---

① HEFCE, 1993 : *Assessment of the Quality of Education*, Circular 3/93, Bristol, HEFCE.

② HEFCE, 1994 : *Further Development of the Method of the Assessment of the Quality of Education*, Consultation Paper 2/94, Bristol, HEFCE.

③ HEFCE, 1994 : *The Quality Assessment Method from April 1995*, Circular 39/94, Bristol, HEFCE.

④ QAA, 1997 : *Subject Review Handbook* (*October 1998–September 2000*), Gloucester, QAA.

⑤ QAA, 2000 : *Subject Review Handbook–England and N. Ireland* (*September 2000–December 2001*), Gloucester, QAA.

发布报告三个阶段。①

(1) 准备阶段

教学质量评估在初始阶段要进行一系列的准备工作。① 制定计划与自我评估。高校要至少提前 12 个月与质量保证署共同制定计划，商定进行评估的具体时间。同时，高校要在评估前六个月开展自我评估 (self-assessment)，准备包括培养项目、学科教学的目的和目标、学生状况、教师状况、学习资源等材料在内的学科框架文件，从课程、教学、学生学业成就、学生支持、学习资源、质量管理六个方面进行质量检查，并在此基础上形成自评报告。② 分析自评。质量保证署会对自我评估进行分析，查看教学目的、目标陈述是否明晰，相关文件是否符合规定的结构和长度。③ 组建评估组。完成自评后，由组长领导下的评估组（通常 3~4 人）开始负责协调和准备实地访问工作。评估组的专家大多选自继续和高等教育部门，也有少部分成员来自工商业界和专业团体。评估组的职能是在访问前对自评和其他文件进行分析，通过实地访问收集有关信息、查证有关情况，对教学质量情况做出判断，在访问后形成评估报告。④ 召开预备会议。在实地访问两个月以前，评估组将与高校方面共同召开评估预备会，就评估的范围和本质、学生和教师代表的选取、教学和学习活动的观察等问题进行商讨并做出安排。

(2) 实地访问

实地访问是评估组与高校、各学科的教师及学生间的直接对话与交流。访问的目的是使评估组成员获取到某一学科教学方面的充足信息，使其参照既定的学科教学目的和目标在教学质量和学生学业成就上形成集体判断。实地访问通常持续三天半左右。

收集信息是实地访问的一个重要任务。评估人员都希望通过访问来查明、交流、思考和评估与教学有关的各方面问题。信息的收集主要通过以下几个途径。① 考察学业成果。对学生的学业成果进行抽样考察是收集信息的一个重要维度。评估人员一般会选取学生考试试卷、课程作业、研究项目、发明创造、学位论文等进行考察，以此对学科教学目标的实现、学生学习的评价等情况做出判断。② 观察教学和学习活动。观察教学和学习活动是为了获取对教学和学习质量的整体认识，加强对学生学习过程质量的总体理解。在观察过程中，评估人员会与教师就课堂教学目标及如何使学生

---

① QAA, 2000 : *Subject Review Handbook-England and N. Ireland* (*September 2000–December 2001*), Gloucester, QAA.

在教学中有所收获等进行交谈。同时,评估人员也可能向学生询问上课、活动的心得和感受。③ 查看学习资源。评估人员通常会查看与某一学科学习相关的各种设备设施,如师生使用信息技术设备和其他设施的情况、使用图书文献资料的情况等。④ 与教师会谈。评估组会召集教师就各种问题进行座谈,如与学生导师、学习顾问、学生服务部门员工等讨论学生支持与指导问题,或与系、学科资料室的老师讨论学习资源问题等。⑤ 与在校生、毕业生及雇主会谈。评估组也会召集在校生、毕业生、雇主及其他专业团体的代表谈论教学质量问题。⑥ 审查文件。评估人员还可以查阅外部考试员、雇主和认证机构发布的报告、建议及内部文件、报告来获取有用的信息。

实地访问的另一项任务是对教学质量情况做出判断。评估人员要利用所获得的所有信息对教学每个方面的质量情况形成集体的意见。一般来说,这种意见要根据目的适切性原则及既定目标实现的程度而做出。评估意见的形成通常要经过以下几个步骤。① 评估组每日例会。在访问过程中,评估组每晚都要举行例会讨论当天发现的情况,回顾收集到的每一项信息,并草拟出初步的意见。② 书面总结。评估组会就对访问中收集到的与教学有关的各种信息进行分析,总结出教学上取得的成绩和存在的问题。③ 评分。评估组将按照评分标准对教学的六项指标的内容打出分数。④ 意见反馈。实地访问结束后将召开由学校高层管理人员参加的意见反馈会。评估组组长将通报学科教学质量评估的得分和总体意见。

(3) 发布报告

在实地访问结束后的一周内,评估组组长要根据此前的书面总结拟定评估报告的初稿,经评估组成员的反复修改后形成最后的报告,并由质量保证署公开发布。"学科评估报告"的内容包括评估方法、参评学科的教学目的和目标、教学质量的得分与总体评价、对教学质量六个方面内容的评估情况及最后结论。

3. 教学质量评估的方法

(1) 指标体系

设计一整套评估指标体系的目的是建立起教学质量评估方法的共同架构,从而为高校各学科准备自我评估,评估人员筹划实地访问,开展调查取证并形成判断意见提供依据。教学质量评估的指标体系共包含六大项内容:课程设计、内容与组织,教学、学习与评价,学生学业进展及成绩,学生支持与指导,学习资源,质量保证与提升。这六项指标的具体指示意义参见表6.14。按照英格兰高等教育基金委员会的说法,上述指标及其包含的具体意义并不是教学质量评估的全部内容也并非强制性内容,而是设定了评估中可能会涉及的一些主要问题。除上述内容外,高校各学科在评估中还可囊括其他比较突出的方面,以对其教学质量做出准确的描述和评估。

表6.14 教学质量评估的六项指标及内涵

指标	主要内容	与其他方面的关联
课程设计、内容与组织	• 课程内容与结构(幅度、深度、一致性及组织安排);学习方式;层次(文凭证书、本科生、研究生) • 预期的教学和学习结果 • 发展机会: – 进入研究生阶段学习 – 学生个人的继续发展 – 形成专业技能 – 就业	• 学科的目的与目标 • 教师及教学辅助人员 • 教师的专业研究领域 • 教师的研究、学术和咨询服务活动 • 学生情况 • 教学、学习与评估策略 • 其他学科领域(包括跨学科和多学科项目等) • 学生学业成绩 • 工作世界 • 质量保证
教学、学习与评价	• 教学、学习与评估的策略与方法 • 教学与学习活动的结构和培训项目安排 • 下列事项的机会与评价: – 知识的发展 – 理解和智力能力的发展 – 学科专业技能的发展 – 一般迁移能力的发展 – 独立学习能力的发展 – 学习态度、价值和动机的发展	• 学科的目的与目标 • 课程 • 学生情况 • 教师及教师发展项目 • 教学辅助人员资源 • 质量保证 • 学生学业成绩 • 教师的研究、学术和咨询服务活动
学生学业进展及成绩	• 对学生每年的学业进展情况及完成或未完成培养计划的检查 • 授予学位学历的情况	• 学科的目的与目标 • 课程 • 教学、学习与评价项目 • 学生情况 • 学科专业技能、一般迁移技能和智力能力 • 学生出路——就业、深造及其他方面 • 质量保证
学生支持与指导	• 支持与指导的总体策略 • 学生入学安排 • 学术辅导支持 • 补救性支持 • 生活和福利支持 • 就业信息与指导	• 学科的目的与目标 • 课程 • 学生情况 • 教学与学习策略 • 学生实习、就业 • 学生的需求 • 师生关系 • 教师发展

续表

指标	主要内容	与其他方面的关联
学习资源	• 学习资源的总体策略 • 图书馆 • 仪器设备 • 信息技术 • 教学和社团活动场所 • 技术支持人员	• 学科的目的与目标 • 课程 • 学生情况 • 教学、学习与评价策略 • 学业进展与学业成绩
质量保证与提升	• 高等教育质量委员会的审计 • 学科层面的内部质量保证 • 与教学和学习相关的教师发展 • 教学技能评价 • 教师资格的比较 • 学生学习的效果	• 学科的目的与目标 • 课程 • 学生情况 • 学业进展与学业成绩 • 未来计划 • 成效检测与指标

资料来源:HEFCE,1994 :*The Quality Assessment Method from April 1995*,Circular 39/94,Bristol,HEFCE。

(2) 评分标准

英格兰高等教育基金委员会在设计上述指标体系的同时也配套制定了相应的评分标准。该评分标准主要是想检验学生在知识获取及学业成绩上实际达到的程度,并以此反映学科预期目的和目标的实现情况。评分标准采用四个数字(1、2、3、4)按从低到高的顺序对每项评估指标进行赋值。1 分意味着学生在知识获取及学业成绩上没有达到该学科预期的目的和目标;2 分及以上则表明学生在知识获取及学业成绩上达到了学科预期的目的和目标。评分标准的具体内容参见表 6.15。

表 6.15 教学质量评估各项指标的评分标准

指标	评价依据	评分标准			
		1	2	3	4
课程设计、内容与组织	学生的知识获取和学业成绩达到什么样的程度,这种情况对实现本学科的预期目的或目标起到什么作用?设定的目标及其达成的程度是否使该学科实现了预期目的?	该学科的预期目的或目标没有实现;该学科存在严重的不足,必须加以整改。	该方面为实现预期目标取得了可接受的成绩,但仍需进行重大的改进。学科的预期目的广泛实现。	该方面为实现预期目标取得了实质性的成绩,但仍有进一步改进的空间。学科的预期目的充分实现。	该方面为实现预期目标取得了充分的成绩。学科的预期目的实现。
教学、学习与评价					
学生学业进展及成绩					
学生支持与指导					
学习资源					
质量保证与提升					

资料来源:HEFCE,1994 :*The Quality Assessment Method from April 1995*,Circular 39/94,Bristol,HEFCE。

4. 对教学质量评估的成效分析

教学质量评估作为英国有史以来规模最大、最全面的一次外部教学评估活动，八年间总共进行了 2904 次评估实践，覆盖了 62 个学科领域，给英国高等教育带来重大的影响。一方面，它大大提升了教学在高校的地位。教学不再是教师的私人事情，教师需要以一种更正式的方式来提高教学技能，而不是仅仅靠过去那种简单的经验积累。高校在对课程的设计和传授上采取了更系统、更严格的方式。另一方面，它广泛地涉入并深深地触动了传统上被高校和教师视为内部事务的教学工作，从而引发各界持久而激烈的议论和纷争。实践表明，教学质量评估取得了积极的成效，同时也暴露出很多需要解决的问题。

（1）教学质量评估取得的成绩

从积极的意义而言，教学质量评估是一次非常全面的尝试，它涉及从副学位到研究生的各个层次的课程，也涉及各个学科和各个高校。因此，它在特定时间点上为反映英国高等教育目的的适切性方面提供了一般性观察或者说整体印象。按照教学质量评估的基本立意，它至少在提高教学质量和促进教学信息公开方面取得了积极的成效。

教学质量的提升

教学质量评估使高校的日常教学工作发生了很多变革。一项对教师进行的问卷调查显示，教师发展、决策程序、学生意见、同行听课等问题都受到了更多的关注。在评估人员提出的建议中，有 66% 得到了落实和实施。总之，受访者认为，评估造成的变化以各种各样的方式呈现出来，只是在时间上和侧重点上有所不同罢了。[①] 在一些学科专业协会开展的调查中，虽然反映出学者对教学质量评估的不满情绪，但是评估也存在很多利好的方面。以大学现代语言委员会（UCML）的调查为例，其调查报告指出："从积极的方面来说，评估最大的收获是促进系科对自己采取批判的态度进行'自我批评''重视一些事情'及'征求意见'等）。同时，评估也激励了教师的团队精神和系科的凝聚力。受访者还认为，评估也促使他们关注一些常规教学事务、加强资料整理、交流优秀案例、更新统计数据等。"[②] 而曾在教学质量评估中担任评估员的奥尔德曼（Geoffrey Alderman）也认为评估促进高校进行了很多内部的变革。例如，评估使高校清退了教师队伍中的一些冗员，使

① Brennan, J., et al., 1997: *Improving the Quality of Education: The Impact of Quality Assessment on Institutions*, Bristol, Quality Support Centre & HEFCE.

② University Council of Modern Languages, 1997: *Assessing the Assessors: Issues Arising from the UCML Quality Assessment Questionnaire*, London, UCML.

学校投入经费来改善图书设备甚至粉刷教室墙壁。[1]

教学质量评估采取的定量评估手段虽然存在一定的问题,但是评估报告中的这些评分数据足以反映出高等教育部门教学上的总体情况。例如,学生支持措施是高校做得最好的方面,而对学生学习情况的反馈则是最差的方面。有学者认为如果加以科学地使用,这些信息对加强教学方法的研究及教学水平的提高都将起到促进作用。[2]同时,教学质量评估试图使整个过程尽可能透明的做法也是值得称赞的。通过在网上发布院校和学科的评估报告,不仅部分上实现了评估过程的透明,也在很大程度上增进了高等教育服务的公共问责,促进了各方面对高校所提供教育的本质、水平和程度的了解。

另外,评估在引起高校对教学质量的重视方面起到推动作用。随着教学质量评估的不断深入开展,评估结果得分呈显著的上升趋势。例如,1995—1996 年度进行的 272 次评估活动的平均得分为 20.05,1996—1998 年度进行的 482 次评估的平均得分为 20.45,而 1998—2000 年度进行的 213 次评估的平均得分进一步上升到 21.68。[3]引用《迪林报告》中的话说就是:"教学质量评估……提高了教学在高校中的地位,取得了积极的效果。"[4]

教学信息的公开

教学质量评估的所有报告都发布在英格兰高等教育基金委员会和质量保证署的网站上,从而为信息的公开使用创造了条件,也为公众和社会更好地了解高等教育开辟了渠道。据质量保证署的调查显示,该网站教学质量评估报告的点击率每周达到 12 000~15 000 次,其中包括很多海外用户,点击量在本科生招生的时候往往会达到高峰。[5]教学质量评估的数据也为媒体开展高校排行提供了资源。例如,作为具有很大影响力的《卫报高等教育副刊》(The Guardian Higher Education)从 1999 年秋天开始就利用这种资源以学科为基础对高校各系科展开排名。实践证明,教学质量评估无疑为潜在的学生及其资助者(如家长),或是外国政府等高校的主要各利益相关者提供了可资参考的信息,为雇主评判不同学校毕业生的学业质量提供

---

[1] Baty, P., 2010 : "Worthy Project or Just a Game？", *Times Higher Education Supplement*, 2001-03-30.

[2] Ottewill, R. and Macfarlane, B., 2004 : "Quality and the Scholarship of Teaching: Learning from Subject Review", *Quality in Higher Education*, 10(3).

[3] Underwood, S., 2000 : "Assessing the Quality of Quality Assessment: The Inspection of Teaching and Learning in British Universities", *Journal of Education for Teaching*, 26(1).

[4] National Committee of Inquiry into Higher Education, 1997 : *Higher Education in the Learning Society*, Norwich, HSMO, p.155.

[5] Underwood, S., 2000 : "Assessing the Quality of Quality Assessment: The Inspection of Teaching and Learning in British Universities", *Journal of Education for Teaching*, 26(1).

了某种可能,同时对教师来说,教学质量评估的结果对招生也产生了一些影响。

(2) 教学质量评估存在的问题

评估的过程

教学质量评估在实施中受到了各种批评,其中受批评最多的地方就是评估过程过度的官僚性质和无休止地准备书面文件。[①] 教学质量评估的本意是希望通过对高校的检查和督促确保教学工作高效而有质量地进行。但是,评估的实施过程打乱和干扰了正常的学校教学,加重了学校和教职员工的负担,甚至破坏了学术文化。人们普遍认为,英国政府对高等教育系统进行了过度调查。[②] 更有人总结道,20世纪90年代英国高等教育的突出特征就是空前的扩张、下滑的经费及沉重的问责负担。对高等教育来说,学生越来越多,经费越来越少,对教学和经费使用情况的检查却没完没了。[③]

高校教师对教学质量评估怨声载道。牛津、剑桥、利兹、谢菲尔德、西英格兰等大学英语系的教师指出,对质量评估的第一感觉就是耗费精力。他们不仅要经受英格兰高等教育基金委员会、高等教育质量委员会(HEQC)和教育标准办公室的检查和批评,还有外部考试员对他们三个层次学位课程的评估及学生的反馈报告。从某种意义而言,对检查的厌倦及对检查的恐惧已经成为这十年学术生活的一个主要特征。他们认为,诡计多端的政府给评估披上管理的外衣,并将其贯穿于对问责的要求之中,从而哄骗学者可以在一个自治的、自我管理的校园环境中工作。严苛而不间断的评估成为精神困惑(distraction),影响着英国的学术文化。[④] 沃里克大学(University of Warwick)经济系的教师也表示,他们并不是因为教学质量的真正需要去做这些事情,而是在质量保证署的要求和威胁下被迫为之的。他们认为,官僚控制和书面审查正在不断侵蚀和扼杀他们的热情。他们甚至呼吁:"必须阻止质量保证署这头怪兽,否则它会把我们吞噬殆尽。"[⑤]

1999年9月,时任大学校长委员会主席的纽彼在大学校长年会上就曾指出:"……高等教育的不断发展要求对大学进行监督检查。我们现在已经成为世界上受审查最多的教育系统。……我也知道今天在座的每个院

---

① Ottewill,R.,2005 :"What Can Be Learned from Subject Review ？",*Quality Assurance in Education*,13(3).

② Underwood,S.,2000 :"Assessing the Quality of Quality Assessment:The Inspection of Teaching and Learning in British Universities",*Journal of Education for Teaching*,26(1).

③ Flint,K.,1996 :"English and The Assessment Challenge",*The Cambridge Quarterly*,25(3).

④ Flint,K.,1996 :"English and The Assessment Challenge",*The Cambridge Quarterly*,25(3).

⑤ Macleod,D.,2001 :"Trial by Ordeal",*The Guardian*,2001-01-30.

校的代表都会感觉到评估这种无休止的官僚制度所造成的困扰。"① 英国大学教师协会秘书长特雷斯曼（David Triesman）撰文表达不满之情："教师认为教学质量评估实际上就是一种识读文件资料的繁重负担。质量保证署好像很喜欢往这个单调的过程里添加更多的灰色调……对学者来说，几乎没有人对这种阴沉的质量维护怀有什么好感，这种不可抗拒的和操纵式的（dirigiste）体制简直让人精神崩溃。我们觉得强加各种规则并不能取得什么好的效果，只会造成对学术自由的干涉，导致徒劳的官僚责任……。"②

评估方法

教学质量评估采取的方法也饱受争议。《迪林报告》曾谨慎地指出，以教学质量评估的方式来评定教学和学习质量本身就是一件非常困难的事情，更不用说以其来评价诸如可获得的资源或课堂讲授等教学和学习的其他一些方面。③2001 年 1 月，沃里克大学经济学教授对教学质量评估方法的批判再度引发了人们的思考。尽管该校经济学科在教学质量评估中获得了满分 24 分，但是哈里森（Mark Harrison）等六位经济学教授还是联名写信给《卫报》（The Guardian）抨击教学质量评估的毒害作用及评估方法上的灾难性缺陷。文章指出："我们坦率地认为，这大概是有史以来制定出的最具破坏性和损害性的规则。"④

教学质量评估在方法上存在的漏洞首先体现在标准上。英格兰高等教育基金委员会的《评估员手册》（Assessor's Handbook）明确规定，评估组成员在审查高校自评报告时要对照 14 条标准。但是，只有经过英格兰高等教育基金委员会培训的评估员才会知道，他们实际上使用的是"第 15 条标准"，即"高校是否实现其预定的目标，例如学校在资源和学生入学质量方面目标的实现情况"⑤。这条附加的标准只是出现在评估员的培训资料中，而非出现在正式的手册中。后来的质量保证署也继承了这种做法，只是根据高校制定的目标来衡量其教学实施的情况。这样一来，高校无论目标的高或低，只要按照既定的目标去做，并得到质量保证署的认可，便能够获得高分。

---

① Newby, H., 1999 : *New Investment in Higher Education Is Vital for the Knowledge Economy*, Keynote Address at CVCP Annual Residential Meeting.

② Triesman, D., 1999 : "Bureaucracy Has Killed the Spirit of Academics", *Times Higher Education Supplement*, 1999-08-27.

③ National Committee of Inquiry into Higher Education, 1997 : *Higher Education in the Learning Society*, Norwich, HSMO.

④ Macleod, D., 2001 : "Trial by Ordeal", *The Guardian*, 2001-01-30.

⑤ Alderman, G., 1995 : "Assessors Must Blow Their Cover", *Times Higher Education Supplement*, 1995-03-12.

其次是在可比性上。教学质量评估的评分方法和通过标准非常不稳定，前一轮和后一轮，甚至同一轮的评分方法和通过标准也是不同的。由于这些方面的不一致，人们无从对过去教学质量的情况进行有益的比较和判断。有人对 1996—1998 年度的评估进行分析后惊奇地发现，利兹大学（Leeds University）的传媒专业获得 20 分（其中一项为 1 分）没有通过评估。桑德威尔学院（Sandwell College）的传媒专业得到相当低的分数 13 分（其中五项 2 分、一项 3 分），却出乎意料地通过了评估。[1] 不同的学科之间的评估结果更是无法进行比较。例如，哲学、凯尔特研究和古代史等学科得分非常之高，其平均分分别达到 23.31 分、22.75 分和 22.72 分，而商业与管理、旅游的平均分则只有 20.51 分和 20.71 分。这种情况并不能说明前面一些学科的教学质量优于后面一些学科，而是与院校间固有的差别有关。像哲学、凯尔特研究和古代史这类学科一般都设在一些高水平、教育资源丰富的老牌大学中，相反商业与管理、旅游等学科大多设在师资水平和教育资源有限的 1992 年升格后的大学及一些继续教育学院中。[2] 质量保证署在评估报告中也不得不承认，对目的和目标完全不同的学校进行比较根本就是没有意义的。[3]

最后是客观性上。很多人认为英格兰高等教育基金委员会和质量保证署检测教学质量的方法并不是科学和客观的。因为，在评估过程中，目标、证据和证人等都是由高校提供的。高校可自行选择在校生、毕业生和雇主代表，选取学生的作品和学校内部文件。学校都会努力地向评估组展示自己最好的一面。学生更是心领神会评估所蕴含的意义，他们明白自己越是支持学校，他们的学位便越有价值。对此英国南安普敦大学的学者奥特维尔（Roger Ottewill）指出，教学质量评估关注的根本不是教学的质量而是文件的质量和向检查人员表演的质量。想在四天象征性的访问时间内充分地证明和揭示持久性的、交互式的、创造性和发散性的教学、学习和课程开发活动几乎是不可能的。[4]

教学质量评估在方法上的漏洞和弊端也造成了很大的副作用，高校逐渐学会如何取得高分数来应对这个评估机制。1999 年，时任南安普敦学院院长布朗明确表示，这无疑是种小把戏（gamesmanship）。学者都是聪明人，

---

[1] Baty, P., 1999 : "A Quality Game Where Cheating Is Allowed ？", *Times Higher Education Supplement*, 1999-03-12.

[2] Ottewill, R., 2005 : "What Can Be Learned from Subject Review ？", *Quality Assurance in Education*, 13 (3).

[3] QAA, 2007 : *Subject Review—Institutional Reports*, http://www.qaa.ac.uk/revreps/reviewreports.htm, 2007-12-05.

[4] Matthews, G., 1999 : "Real Quality Is a Loser", *Times Higher Education Supplement*, 1999-03-19.

他们能够找到应对之策。而且评估开展的时间越长，人们就越能够想出办法与之周旋。全面的培训和信息准备为高校取得最佳的成绩提供了可能。兰卡斯特大学(Lancaster University)的专业课程处(professional courses unit)在这方面就进行了很多研究工作，甚至成为帮助高校应对教学质量评估的一个专门机构。对此，连质量保证署评估项目部主任米尔顿(Peter Milton)也坦言："聪明的人能够学会游戏的规则。尽管这个游戏好像非常严格，但高校对访问处理得很好。我并不是说其中存在腐败现象，而是实际上的确有些操作的技巧。"[①] 正像《迪林报告》指出的，当高校"学会"如何取得高分数的时候，实际上这种评估方式的效用已经式微。[②]

评估结果

教学质量评估的结果引发了人们对是否要进行评估的质疑。贝蒂对1995年采用分值计算方法以来有关方面发表的1 300多个系的8 300多个评估分数进行分析后，曾感叹道，教学质量评估究竟是一件"值得做的事情"甚或仅仅是"一场游戏"？

在整个评估实施过程中，匪夷所思的是参评高校取得的分数都不断膨胀，呈现出"皆大欢喜"的局面。如前所述，所有参评高校的所有学科获得的平均分从1995—1996年度的20.04分上升到1998—2000年度的21.68分。获得22分至24分的系所占的比例从1995—1996年度的25%猛增到1998—2000年度的60.5%。另从1998年10月—1999年10月评估结果取样分析也可以发现：英国高校在学生指导和学生学业成绩方面表现突出，这两项指标取得4分的高校分别达到87%和71%；另外，学习资源和课程设计方面的表现良好，达到4分的学校也分别占到73%和61%。[③]

分数膨胀导致的后果是各系之间、学科之间失去了区分度，通过和不通过的比例严重失调。在1996—1998年度开展的评估中，仅有三个系未通过，在该轮评估的2 892个系中所占的比例仅为0.1%。在1998—2000年度为0.6%。在1998—2000年度最后一轮评估中，只有德比大学(Derby University)的医药学科、利物浦大学(Liverpool University)的护理学科、维冈－利学院(Wigan-Leigh College)及圣海伦学院(St.Helens College)的艺

① Baty, P., 1999 : "A Quality Game Where Cheating Is Allowed ？", *Times Higher Education Supplement*, 1999-03-12.

② National Committee of Inquiry into Higher Education, 1997 : *Higher Education in the Learning Society*, Norwich, HSMO.

③ Underwood, S., 2000 : "Assessing the Quality of Quality Assessment：The Inspection of Teaching and Learning in British Universities", *Journal of Education for Teaching*, 26(1).

术学科没通过评估,在全部 665 个参评学科中也仅占 0.6%。

上述结果也直接导致教学质量评估预设目的的部分落空。教学质量评估的首要目的就是希望发现和查明教学质量问题,建立质量评估与拨款的联系,进而保障公共高等教育投资的价值。但是具有讽刺意义的是,由于评估结果得出的结论表明英国高等教育的质量非常好,评估产生的高分数使得在评估与拨款之间建立直接联系的设想失去了合理性和正当性。英格兰高等教育基金委员会后来不得不放弃这种想法。

而这些评估结果的背后则是对资源的巨大耗费。据《泰晤士高等教育》有关文章的分析,对质量保证署所访问过的 1 300 余个系来说,教学质量评估使每个系耗费在文书工作和教职员工时间上的费用在 2 万~20 万英镑,整个高等教育部门对此的投入就高达 1 亿英镑,此外高等教育署每年花在此项活动上的行政费用也达 300 万~500 万英镑之巨。有批评者甚至认为,总共消耗掉的经费可能不止这些。①

面对这种情况,人们难免发出疑问,英格兰高等教育基金委员会和质量保证署耗费大量资金和高校的宝贵时间,结果只发现仅有极少数的高校在教学质量上不理想、存在严重问题的案例。2001 年时任英国大学组织主席的弗劳德(Roderick Floud)撰文指出,寻求质量改进和提升效益并不是什么坏事。但是现在这种活动的成本失控了……当然公众有权期望高质量。但是公众也期待质量审计机制的效率和经济,特别是在过去十年的评估活动仅仅揭露出极少数问题的情况下。②

(二) 院校审计:高等教育教学评估的变革与演进

教学质量评估在其开展的八年时间里虽然取得了一些积极的成效,但是由于其固有的一些不足也一直受到高等教育界的批评。2001 年底,英格兰高等教育基金委员会、英国大学协会及高等教育质量保证署等机构经过进一步讨论,认为只要高等院校内部质量保证机制能够有效地发挥作用,就没有必要再进行综合性的教学质量评估。教育国务大臣布兰凯特宣布第七轮评估结束后终止教学质量评估的运作。

2002 年开始,高等教育质量保证署发布了新的院校审计(institutional audit)手册草案,希望通过对高等院校所提供的质量保证程序的监督来实现保证教学质量的目标。新的"院校审计"方法所遵循的基本原则是"更少的干预"(lighter of touch),以研究生教育为例,其内容主要包括四个方面:

① Baty, P., 2001 : "Worthy Project or just a Game？", *Times Higher Education Supplement*, 2001-03-30.
② Floud, R., 2001 : "Universities Are Sinking under Inspection Load", *Times Higher Education Supplement*, 2001-03-21.

① 按照英国学术规范体系(Academic Infrastructure)的要求,检查高校内部质量保证结构和机制的有效性;② 检查保持适当学术标准并提高研究生研究项目质量的有关安排的有效性;③ 检查高校建立系统反映内部质量保证程序成果、外部评审报告指出的问题及其他反馈信息机制的有效性;④ 检查高校发布学术标准和教育质量相关信息的准确性和完整性。院校审计的结果分为全面信心、有限信心和没有信心,并写成报告公开发布。下文将简述其具体内容。

1. 学术规范体系

英国高等教育质量保证署的学术规范体系主要由《高等教育学术质量与标准保证的行为准则》(简称《行为准则》)(*Code of Practice for the Assurance of Academic Quality and Standards in Higher Education*)、《英格兰、威尔士、北爱尔兰与苏格兰高等教育资格框架》(简称《资格框架》)(*Frameworks for Higher Education Qualifications in England, Wales and Northern Ireland, and in Scotland*)、《学科基准文件》(*Subject Benchmark Statements*)和《专业项目说明》(*Programme Specifications*)四个部分组成。以下对这四个部分进行简要阐述。

(1)《行为准则》①

英国高等教育质量保证署于1998—2001年制定了《行为准则》,其主要目的是帮助高等教育机构履行学术标准和质量上的责任,并使之通过所提供的框架来检视它们各自质量保证措施的有效性。《行为准则》包括十个部分,在第一部分"研究生研究专业的行为准则"中共有27条具体的规定,主要围绕九个大的方面展开。

院校安排:《行为准则》要求所有提供研究生教育的院校应维护所开设教育项目的学术标准,要根据国家和国际有关要求制定和实施各自的规章制度。各院校还必须为研究生完成学业提供适当的支持和指导措施,同时研究学位项目所涉及的学生、导师、校外主考人(external examiner)和其他人员也要履行各自的职责。

研究环境:各院校要提供有助于研究生学习、研究并产生高质量研究成果的环境(如拥有本学科的代表性成果、充足的教师员工、知识转化和成果应用的机制)。

招生和录取:各院校要制定明确的招生、录取程序与要求,而且必须公

---

① QAA, 2007 : "Code of Practice for the Assurance of Academic Quality and Standards in Higher Education", http://www.qaa.ac.uk/academicinfrastructure/codeOfPractice/section1/default.asp, 2007-07-12.

平、持续地执行这些入学政策。

导师指导：各院校要建立一套系统的、清晰的导师指导安排。其中，导师应具有适当的能力和学科知识；研究生至少要有一名主要的指导教师；任命导师时要考虑到其整体工作量以保证指导的质量等。

学业进展与检查安排：各院校必须保证研究生和导师开展定期的和结构性的互动，使学生的学业取得令人满意的进展。同时，院校应尽可能简易地使研究生和导师明确学业进展和检查过程中的各项要求。

研究和其他能力的培养：各院校应为研究生提供适当的个人和职业发展的机会。研究生在入学之初应和导师共同明确其发展需求，并在以后的培养中不断地加以对照和调整。

反馈机制：各院校应建立一套机制来收集和整理研究生培养项目有关各方的反馈意见，公开和建设性地处理这些意见，并以适当的方式公布处理结果。

评估：各院校应使用明确的标准和程序对研究学位展开严格、公平和持续性的评估，而且必须将评估过程如实通报给研究生、导师和校外主考人等有关各方。

学生投诉和申诉：各院校应建立研究生投诉和申诉的处理程序，使研究生的各种利益要求能够得到及时、有效的处理。

从上述内容可以看出，《行为准则》主要是着眼于院校的办学和培养活动，它在院校的学术质量和标准的管理上确定了一整套系统的原则，同时为各院校自觉、积极而系统地保障其硕士培养项目的质量提供了参照。

(2)《资格框架》[①]

2001年英国高等教育质量保证署颁布了英格兰、威尔士、北爱尔兰及苏格兰的两个高等教育资格框架。这两个框架总体上差别不大，只是在学术资格的分级上略微有所不同，而在荣誉学士学位、硕士学位和博士学位三个层次上是相一致的。高等教育质量保证署认为，制定高等教育资格框架有助于雇主、学校、家长和学生了解获得某一学术资格所需取得的学术成绩及所应具备的素质，同时为高等院校、校外主考人和高等教育质量保证署工作人员设置各种标准和开展评估活动提供了重要的依据。

以英格兰、威尔士和北爱尔兰的高等教育资格框架为例，该框架的硕士层次共包括硕士学位(Master Degree)、研究生证书(Postgraduate

---

① QAA,2007 : "Frameworks for Higher Education Qualifications in England, Wales and Northern Ireland, and in Scotland", http://www.qaa.ac.uk/academicinfrastructure/FHEQ/default.asp, 2007-07-12.

Certificates)和研究生文凭(Postgraduate Diplomas)三种学术资格。其中，研究生完成规定的课程或研究项目(或课程和研究项目混合)后可获硕士学位；完成以研究为主的培养项目通常会获得哲学硕士学位(M.Phil.)。拥有荣誉学士学位(或相当的资格)的学生可以攻读硕士学位，绝大多数的全日制硕士课程至少为期一年。一些理工类学科的学生在完成拓展性本科培养项目后(通常比荣誉学士学位项目多一年时间)也可获得硕士学位。此外，学生进行专业继续发展项目，修习一些高级短期课程后，可获得研究生证书和研究生文凭。

该框架还说明了获得硕士学位的学生所应具备的能力：① 系统掌握本学科、研究领域或专业实践领域最前沿的知识，对现实问题具有批判意识或新的见解；② 全面掌握进行科学研究和探究高深学问的方法；③ 具有独创性的知识应用能力，能够运用已有的研究方法创造和解释本专业的知识；④ 具有概念理解能力，能够对本专业的现有研究、高深学问和研究方法作出批判性的评价，并在可能的情况下提出新的假设。该框架参照上述要求对本层次的其他学术资格也提出了相应的要求。

(3)《学科基准文件》[①]

英国高等教育质量保证署早在1998年就组织有关专家制定了硕士层次的《学科基准文件》，并从2000年开始陆续公布物理学(含天文学和天体物理学)、药学、工学及商业与管理四个学科的基准文件。目前，其他学科的基准也正在研究制订中。

一般来说，不同学科的基准文件具有大致相同的结构。以《商业与管理学科基准文件》为例，首先，文件指明了该学科的性质和范围，即"商业与管理硕士学位的目标是将学生培养成经理人和商业专家，并成为改进管理质量的专业人员"；其次，文件会详细说明本学科需要掌握的知识和技能，例如，所有商业与管理专业的硕士研究生必须掌握"组织"(包括组织内部的各个方面、功能和运作及各种组织的属性、目的、结构、治理等)，"外部环境"(包括一系列有关地方、国家和国际层面的经济、环境、伦理、法律、政治、社会与科技等方面的战略、行为与管理等)和"管理"(包括有效领导和管理组织所需的各种方法、程序与实务等)方面的知识，同时对各种具体类型的培养项目(如通才型、专才型、MBA)还有更具针对性的知识要求，而所需掌握的技能包括"能够批判性和创造性地思考，能够处理复杂问题并做出决策，

---

① QAA，2007："Subject Benchmark Statements"，http://www.qaa.ac.uk/academicinfrastructure/benchmark/defaul.asp，2007-07-12.

能够开展商业与管理方面的研究，能够有效地运用信息和知识，能够有效使用通信技术，具有高度的个人效能，具备管理上的领导力和执行力"等11项具体内容；再次，文件会对学科的教学、学习和评估问题做出要求，例如"应具有教学、学习和评估的综合性策略，应根据不同类型的培养模式采取各种理论联系实际的方法，应采用模式化和总结性的学业成绩评估方法"；最后，文件会参照应掌握的知识和技能设定获取硕士层次学术资格的"门槛"标准。

《学科基准文件》的作用在于，一方面它设定了获得某一学科领域硕士层次学术资格的基本标准，有助于保证学生毕业时能够掌握基本的知识、技能；另一方面它为同行评议和外部评估提供了统一的尺度，从而为不同院校同一学科学术质量的比较提供了便利。

(4)《专业项目说明》[①]

《专业项目说明》是对某一学习项目的预期学习结果及取得该学习结果的方式进行简明描述的文件。与学科基准文件有所不同，英国高等教育质量保证署并没有对各院校的硕士专业培养项目做出明确要求，而是出台一些指导性意见，并责成各院校据此制定自己的《专业项目说明》。

英国高等教育质量保证署在2006年出台的《专业项目说明编制指南》中要求，各院校应按照如下几个方面的内容来编制《专业项目说明》：学位授予机构／院校；教学机构；专业／法定机构认证情况；最终授予学术资格的名称；专业项目的名称；大学和学院入学服务代码(UCAS)；专业项目的入学标准；专业项目的目标；用以说明专业项目学习结果的相关学科基准文件和其他内外部参照文件；专业项目学习结果：知识与理解，技能与其他品质；为实现专业项目学习结果而采取的各种教学、学习和评估策略；专业项目的结构、要求、层次、模块、学分和学位；学习方式；教学语言；专业项目说明制定及修改的日期。此外，各院校可以根据自身的实际情况增加以下内容：专业项目的特色、评估规则、学生支持措施、质量评价和改进的方法及学习标准等。

《专业项目说明》是一种透明的信息系统，它使学生可以了解到专业项目学习的方式和预期结果，使教师得以反思和改进各个专业的教学和学习情况，而且成为外部质量保证人员获取有关信息的直接来源。

---

① QAA, 2007 : "Programme Specification", http://www.qaa.ac.uk/academicinfrastructure/programSpec/default.asp, 2007–07–12.

2. 质量评估体系

英国高等教育质量保证署在新的质量评估体系中采取的是院校审查评估的方法。院校审查评估的重点是各院校根据学术规范体系和《欧洲高等教育质量保证标准和指南》(ESG)而建立的内部质量保证机构和机制的有效性，各院校保障研究生培养项目的学术标准和质量提升的各种安排的有效性，以及各院校依据内部质量保证程序和外部评估报告的结果及在校生、毕业生、雇主的反馈和其他信息而采取系统方法的有效性。

院校审查评估的程序可分为准备、访问、报告、后续行动等几个主要的步骤。在初始阶段，各院校要根据质量保证署的要求，准备开展质量保证情况的简要报告和反映学生对质量保证意见的学生意见书，并就审查事宜与质量保证署协商做出具体安排。第二阶段是开展预备访问(briefing visit)和审计访问(audit visit)，用以确定审查的具体内容并进行深入的调查。其后，质量保证署会面向院校内部和外部有关方面对审查的情况做出详细的报告，并公开发布在网站上。在院校审查的第三年，质量保证署将通过中期后续行动(mid-cycle follow-up)检查评估院校持续开展有关学术标准和教学质量的活动，同时最终的审查报告将被送交给英格兰高等教育基金委员会和各院校。[①]

实践表明，学术规范体系和质量评估体系运转良好，其功效正不断得到彰显。英国高等教育质量团体曾评论认为，学术规范体系是当今世界最独特的一种制度，也是英国为推动整个高等教育学术培养项目更加规范、更具可比性而进行的一种先进性尝试。[②] 各院校在反馈意见时对新的质量评估方法也给予积极的评价：改进后的评估方法更加直接有效，减轻了院校的负担，也更适于在院校施行。[③]

（三）教学卓越框架：高等教育教学评估的转向与延续 [④]

进入 21 世纪以后，英国政府认为在新的知识经济背景下，英国人民不应沉湎于其大学的全球声誉和优秀位次，必须为未来的挑战做好准备，进而保证高等教育系统充分发挥其潜力，并为学生、雇主和为其承保的纳税人创造良好的价值。2016 年 5 月，商业、创新与技能部(BIS)出台全面改

---

① QAA，2006：*Handbook for Institutional Audit*：*England and Northern Ireland*，Gloucester，QAA.

② The Observatory on Borderless Higher Education，2007：*Breaking News*，http://www.obhe.ac.uk，2007–07–30.

③ Channon，N.，2004："Institutional Audit in England and Northern Ireland"，*Higher Quality*，(14).

④ 由于教学卓越框架主要由学生事务办公室实施，而该机构的性质为执行性非部委公共机构(executive non–departmental public body)，因此本书将其视为高等教育问责框架中专业机构的组成部分。

革高等教育体系的白皮书《知识经济的成功：教学卓越、社会流动和学生选择》(*Success as a Knowledge Economy：Teaching Excellence，Social Mobility and Student Choice*)（简称《教学卓越》白皮书）。《教学卓越》白皮书指出，英国的高等教育以其优质的教学和科研创新而享誉世界，是英国最宝贵的国家资产之一；大学拥有知识和社会资本的强大力量，他们创造的知识、能力和专长可以提高国家竞争力，培育和维持开放民主的价值观，保证经济发展，维持社会稳定进步。同时，他们在教育出口方面继续取得成功，从而保持了他们作为世界领导者的地位。[①]

英国保守党政府在《教学卓越》白皮书中提出了多项改革动议。其中之一就是推出新的"教学卓越框架"(Teaching Excellence Framework，简称TEF)。英国政府提出整合此前多个和高等教育系统相关的机构为"学生事务办公室"和"英国研究与创新理事会"，由前者主导进行教学卓越框架对各个院校和专业进行评估，并最终于 2017 年形成《高等教育与科研法》(*Higher Education and Research Act*)，从法律上为开展教学提供保障。由此，TEF 成为当前英国唯一由政府主导的高等教育教学质量评估体系。2017 年，英国政府将"教学卓越框架"全名变更为"教学卓越与学生成果框架"(Teaching Excellence and Student Outcomes Framework，简称保持 TEF 不变)。该框架将学生知情选择与就业质量相联系，教学过程、学习环境和学习结果被纳入评价教学质量的维度，学费最高额度与评估结果也直接相关。

1. "教学卓越框架"的基本立意

为了确保英国知识型经济的发展，英国政府在《教学卓越》白皮书中提出了信息、教学和科研三方面的改革需求和改革框架。作为高等教育教学改革的重要内容——"教学卓越框架"随着《教学卓越》白皮书的发布而引人注目。

首先，《教学卓越》白皮书鼓励高等教育市场化竞争，为提高学生的知情权和选择权，提升教学质量而实施"教学卓越框架"。英国政府认为，接受高等教育的机会与其带来的批判性思考、评估和证明的能力可能会改变个体的一生。现代社会的高技能工作对这些能力的要求将越来越高。因此，英国政府推出"教学卓越框架"的主要目的就是为学生在选择学校与专业上提供丰富多样且真实可靠的教学质量信息。英国相关调查表明，学生在专业选择时能获取的有用信息中，有 21% 是不明确的，甚至有 10% 的信

[①] BIS，2016：*Success as a Knowledge Economy：Teaching Excellence，Social Mobility and Student Choice*，London，BIS.

息具有误导性。[①] 当前英国高校排名信息中,良好的教学通常被广泛定义为高校声誉和课程设计等,但申请人对课程内容和教学结构及他们可以期望的工作前景知之甚少。学生因为信息不对称而难以了解高校教学质量的真实状况,如果选择不合适的专业和高校,并付出很高的学费成本,学生就会产生不满情绪,甚或可能引发辍学等后续问题。

其次,在英国高等教育系统内,科研一直比教学更受重视。[②] 不平衡的激励措施导致教学活动地位相对较低。教学在不同教学机构内存在巨大差异:一所高校某一专业学生的上课时间和独立学习时间可能是另一所高校同一专业学生的两倍以上。[③] 对科研来说,英国各高校却有更为清晰和统一的标准。早在20世纪80年代,英国就开始从国家层面对高校开展科研评估,并在2008年以"科研卓越框架"(REF)取代此前的科研评估,着重从科研成果、科研影响、科研环境等方面对高校科研质量进行更为专业化的评估。在知识经济时代,高校教学是为科学研究和社会发展输送人才的重要渠道。可以说,国家经济社会发展与高等教育发展息息相关,高学历的毕业生有利于提高社会劳动生产力。例如,在1982—2005年,毕业生技能积累(skills accumulation)为英国贡献了约20%的经济增长。[④] 鉴于此,在英国新一轮的高等教育改革中,教学评估需要参考借鉴"科研卓越框架"的成功经验,从而实现教学与科研的齐头并进。

最后,除了《教学卓越》白皮书提到的改革动因,英国高等教育教学评估改革政策出台的另一个重要背景是高校扩张与学费成本的提高。1975年之前,受凯恩斯主义经济政策的影响,英国大学只需要将每五年经费预算的具体信息提交给大学拨款委员会,而经费拨付主要取决于高校在校人数。20世纪后半期,英国政府通过出台和调整一系列政策法规使得全日制高等教育学生人数迅速增长,改革高等教育学费政策的需求日益迫切。传统的拨款机制更加适合精英教育,而英国政府期望通过缴纳学费的方式,确保财政赤字得到弥补。尤其是撒切尔夫人上台后,英国政府部门的主导思想逐步转向新自由主义和新公共管理,强调通过市场竞争和绩效问责提升资源

① HEPI, 2015 : *2015 HEPI-HEA Student Academic Experience Survey*. Oxford, Higher Education Policy Institute.
② BIS, 2016 : *Success as a Knowledge Economy: Teaching Excellence, Social Mobility and Student Choice*, London, BIS.
③ HESA, 2015 : "Destinations of Leavers from Higher Education Longitudinal 2010/11", https://www.hesa.ac.uk/dl helong1011_contents, 2015-08-27.
④ BIS, 2016 : *Success as a Knowledge Economy: Teaching Excellence, Social Mobility and Student Choice*, London, BIS.

使用效率。尽管 2011 年英国政府否决了高等教育拨款与学生资助独立调查委员会发布的《布朗报告》提出的完全取消大学学费上限的建议,设置了学费每年 9000 英镑的上限。[1]但是,英国学生、雇主及社会各界对与高成本不相匹配的教学质量颇为不满。尤其是 2010 年后,受金融危机影响,英国高等教育市场化程度进一步提升,高校上涨的学费与良莠不齐的教学质量间出现失衡的现象,引发包括学生、家长及雇主等相关利益者的强烈不满。2014 年英格兰的一项调查发现,超过 1/3 的大学生认为他们的课程价值非常低或者不值得其缴纳的学费。[2]因此,在学费提高的背景下,英国政府有必要制定一个统一的框架对教学进行评估。

2. "教学卓越框架"的运作方式

(1) 评估类型

TEF 分为高校层面和学科层面两个类型的评估。高校层面的 TEF 评估由高校自愿申请参加。TEF 评估将申请评估的高校划分为三大类:传统意义上的高等教育机构、继续教育学院及其他替代性高等教育服务提供者(Alternative Providers)。据统计,这三类机构在英国共有 457 所。[3]尽管 TEF 评估对英国所有高等教育机构开放,但需要对申请者进行两方面的资质审核:一是教学质量须达到国家高等教育基准质量的要求,二是需具备英国学生事务办公室规定的高等教育机构资格。

学科层面的 TEF 根据不同的学科分类进行评估。在学科分类上,TEF根据英国高等教育统计局(HESA)的学科分类体系(CAH)将 34 个常规学科和交叉学科(Combined and General Studies)统整为五个学科大类。第一个学科大类为医科、护理与综合医疗保健,具体包括药学、牙科、兽医学、心理学、运动与锻炼学等;第二个学科大类为自然科学、工程与技术,具体包括物理学、生物学、化学、数学、工程学、材料与技术等;第三个学科大类为自然与建筑环境及社会科学,具体包括农业与食品、地理、地球与环境研究,以及经济学和政治学等;第四个学科大类为商业、法律、教育和社会服务,具体包括法律、商业与管理、教育与教学及健康与社会服务等;第五个学科大类为艺术与人文学科,具体包括创意艺术与设计、表演艺术、历史与考古学及哲

---

① BIS,2011：*The Government's Response to Lord Browne's Review*,London,BIS.

② Ioannis Soilemetzidis,et al.,2014：*HEPI/HEA 2014 Academic Experience Survey*,Heslington,The Higher Education Academy.

③ DfE,2017：*Teaching Excellence and Student Outcomes Framework：Analysis of Final Award*, London,Department of Education.

学与宗教研究等。①

TEF 在 2015—2016 年度首次开展评估。该年度进行的是高校层面的评估，通过的高校被授予有效期为一年的"达到预期奖"（Meet Expectation Award）。上述高校于 2016—2017 年度、2017—2018 年度和 2018—2019 年度分别接受 TEF 评估，其中 2016—2017 年度开展的是高校层面的评估，2017—2018 年度和 2018—2019 年度除了开展高校层面的评估，还试点开展了学科层面的评估。第一轮评估获奖的有效期到 2021 年。

（2）评估框架

教学评价指标体系是英国高等教育教学卓越评估的重要基础。TEF 确定了"教学卓越"的质量维度与标准，并细化了标准下的具体指标。TEF 以"教学质量""学习环境"及"学生成果和学习收获"（learning gain）为教学卓越评估的核心标准。TEF 主要采用已经量化的，反映该核心和分类指标的统计数据作为评估数据。学生被分为全日制和非全日制两大类别进行评估。

TEF 重点关注的第一个核心指标是教学质量，即教师在通过不同教学形式与学生的接触过程中，能否给学生提供学习挑战、能否促使学生努力学习并积极参与到学习任务中去。因此，教学质量这一核心指标的评估涉及学生参与、教学重视程度、课程严谨性和扩展度及学生反馈四个维度。四个维度的内容在实际评估中转化为课程教学和评估反馈两个可操作性强的具体指标。课程教学指标反映教学与课程层面的内容，由面向毕业生的"全国学生调查"（NSS）1~4 题构成；评估反馈指标反映评估与反馈层面的内容，由面向毕业生的 NSS 调查 5~9 题构成。②

TEF 重点关注的第二个核心指标是学习环境，即衡量学习环境带给学生的个性化体验。高校提供的学习环境资源应能使学生具有成就感、进步感，避免学生因不满环境资源而辍学。学生学习环境这一核心标准涉及资源，学术、研究与专业实践，以及个性化学习三个维度。③ 三个维度的内容在实际评估中对应学术支持和退学率两个具体指标。学术支持指标反映"资源"和"学术、研究与专业实践"层面的内容，由面向毕业生的 NSS 调查构成；退学率指标反映"个性化学习"层面的内容，由高等教育统计局和个性

① OfS，2019：*Overview of 2018–19 Pilot Assessment Model*，London，Office for Students.

② DfE，2016：*Teaching Excellence Framework：Year Two Specification*，London，Department for Education.

③ DfE，2016：*Teaching Excellence Framework：Year Two Specification*，London，Department for Education.

化学习记录（IRL）的数据构成。

TEF 重点关注的第三个核心指标是学生成果和学习收获，即学生能否通过高校提供的教学活动获得预期的结果。学生成果被分为就业和深造、就业能力和可迁移技能（transferrable skills）及面向所有人的积极成果三个维度。① 在学习成果这一核心标准下，三个维度的内容在实际评估中转化为以下具体指标：就业升学率指标反映"就业和深造""就业能力和可迁移技能"层面的内容；高技能就业升学率指标反映"面向所有人的积极成果"层面的内容。这两个指标数据都来自"高等教育毕业生去向"（DLHE）调查。

在三组核心指标之外，TEF 还设计了多项关注高校不同学生群体特征的分类指标，将生源地、年龄、种族、性别、专业等与高校相关的背景数据纳入其中。但这些背景数据只是用来帮助评估人员在初步了解高校办学和运作后更精细地对其教学做出评估，并根据其数据对不同高校的分数进行合理的调整。

TEF 也意识到这些指标并不能反映整个教学情况，调查数据的采集区域可能存在采样不具有代表性的问题，调查结果自然存在错误与偏差。因此，TEF 提出，可在高校的语境下附加一些案例信息，即增加"附加证据清单"（list of additional evidence）。也就是说，高校的自评材料围绕学生发展和学习成果展开，用详细的实证材料来描述高校教学工作对学生体验的影响和成果，作为针对某一特定数据的辅助材料以帮助高校证明自身卓越的教学效果。与此同时，TEF 也明确指出，高校可自愿提供"附加证据清单"，不做强制要求。

（3）评估过程

在 TEF 正式评估开始时，所有申请参与的高校需要提交相关材料。提交的材料主要包括：一是按照规定的指标提供数据并进行案例分析。高校所提供的额外证据需基于上述相关数据展开案例剖析，特别是针对表现不佳的指标。二是高校还可以依据自身教学特色提供补充材料。这些补充材料应基于 TEF 补充指标所涉及的参考标准，有利于佐证自身教学卓越，尤其是学生参与情况。②

高校提交材料后，评审小组进行审核。专家评审环节实施评估的评审小组成员包括学者、教学专家、学生及企业从业人员等多方面的代表。专家

① DfE, 2016：*Teaching Excellence Framework：Year Two Specification*, London, Department for Education.
② DfE, 2017：*Teaching Excellence and Student Outcomes Framework Specification*, London：Department for Education.

评审分为三个步骤。评审小组会以全日制和非全日制两种体系为高校计算在核心标准与分类标准下的得分表现，制定初步等级假设。在三项定量数据中，基于 NSS 调查的三项数据得分为 0~0.5，另外三项得分各为 0~1，六项数据共计 4.5 分。当高校在某一指标上显著高于基准时，该高校将会得到 "+" 或 "++" 的正向标记，反之得到 "−" 或 "−−"。[①] 当学校在数据上得分超过 2.5，且仅具有正向标记不具有负向标记时得到金奖；当学校具有负向标记且总分不低于 1.5 时，那么不管其有多少个正向标记都将获得铜奖；其他学校获得银奖。

虽然学科和高校层面的评估具有相同的评估指标和程序，但在具体操作中，英国政府曾在一份协商文件中提出两种评估方式：模型 A 是自上而下的评估，对高校层面的评估的奖项会成为该校不同专业的奖项，但高校可就特定专业申请额外评估；模型 B 是自下而上的评估，对高校的每一个专业进行分类评估后，其整体数据成为该校学校层面的 TEF 评级。[②] 因为两种评估模式各有优缺点，英国政府在第二次学科层面的 TEF 试点评估时采取了两种模型并行的方式。

（4）评估结果

TEF 评估结果主要分为金奖、银奖、铜奖和临时奖（Provisional Award）四个等级。金奖意味着高校在英国高等教育部门中所提供的教育服务质量是杰出的，处于最高水平。银奖表明高校能够提供高质量的教育，并显著和持续超过英国高等教育预期的基准质量门槛。铜奖表明高校所提供教学服务的质量令人满意。临时奖表明高校已满足英国高等教育严格的国家质量要求，但由于数据不足，无法获得 TEF 金奖、银奖或铜奖的评级。[③] 从英国学生事务办公室网站最新公布的评估结果来看，共有 290 所高校获得了 TEF 奖项，其中 77 所高校获得金奖，136 所高校获得了银奖，61 所高校获得了铜奖，16 所高校获得了临时奖。[④] 虽然获得金奖的高校有 77 所之多，但英国传统名校联盟——罗素大学集团（Russel Group）并没全部跻身金奖行列，如布里斯托大学、伦敦大学学院和伦敦国王学院只获得了银奖。所有获

---

① DfE, 2017：*Teaching Excellence and Student Outcomes Framework Specification*, London：Department for Education.

② DfE, 2018：*Teaching Excellence and Student Outcomes Framework：Subject Level Government Consultation Response*, London，Department for Education.

③ DfE, 2017：*Teaching Excellence and Student Outcomes Framework Specification*, London，Department for Education.

④ OfS, 2021：*TEF Outcomes*, https://www.officeforstudents.org.uk/advice-and-guidance/teaching/tef-outcomes/#/tefoutcomes/, 2021-01-28.

得 TEF 奖项的英格兰高校,自 2019—2020 学年学生每年最高学费额度涨至 9 250 英镑,其他地区的学费最高额度保持不变。

3."教学卓越框架"的争议与反思

(1)萨拉蒙与政府工具的评估标准

20 世纪 80 年代以来,西方国家兴起了关于政府角色和作用再定义及其治理手段的讨论,政府工具理论逐渐成为西方公共管理和政策研究的一个热点。约翰·霍普金斯大学的萨拉蒙(Lester M.Salamon)2002 年出版的《政府工具——新治理指南》(*Tools of Government:A Guide to the New Governance*)是政府工具与政府治理研究的重要成果。政府工具是指政府实现其管理职能的手段和方式,其形式包括物品或服务(例如信息服务、现金或贷款),提供物品或服务的工具(例如税收系统和司法系统),提供物品或服务的部门(例如非政府组织和非营利部门),以及各种规则(包括政府发布的政策)。萨拉蒙指出:"政府治理工具,又称'公共行动工具',是一种明确的方法,通过这种方法集体行动得以组织,公共问题得以解决。"①

根据萨拉蒙的理论,政府工具的评价标准可分为有效性(effectiveness)、效率(efficiency)、公平性(equity)、可管理性(manageability)及合法性和政治可行性(legitimacy and political feasibility)五个方面。

第一,有效性。判断政府公共行动是否成功最为重要的标准是有效性,它的核心是衡量政府工具是否达到了预期目标。对有效性的评价常排除对成本的考量,因为使用较少成本但没有达到预定目标的公共行动并不具有社会价值。然而,判断政府工具是否有效并非易事。有时很多项目不具有精确的目的,或在技术上难以定位精确的指标,也可能是因为不同目的间存在矛盾。同时,很多治理活动往往会产生"非预期效应"(unintended effect),这也需纳入考虑范围。这使得工具的选择不仅要考虑工具本身,还要从环境等因素考虑工具是否能带来有效性。对 TEF 而言,需要考虑的是这种评估是否有效促进了卓越教学,以及有什么其他原因促进或阻止了卓越教学。

第二,效率。有效性与结果相关,而效率与结果和成本的比率相关。最有效率的政府工具未必是最有效的工具。效率标准要求政府工具能平衡收益和成本。但是,与判断工具效率有关的成本不仅包括政府支付的成本,还包括其他参与机构和人员的成本。而且对一些项目而言,后者的成本要更

---

① Salamon,L. M.,2002:*Tools of Government:A Guide to the New Governance*,New York,Oxford University Press,pp.19~36.

多。例如在 TEF 的评估中,不仅要计算政府所付出的成本,也要计算高校、教职人员和学生等利益相关者付出的成本。

第三,公平性。公平性包含两层不同的含义:首先是基本的公平,即在所有的相关者之间,相对平均地分配收益和成本。因此,就这种"公平"而言,可以促进全国范围内平均分配计划收益的工具是公平的。但是公平还有另一层含义,也就是再分配,即引导收益不是绝对平均地分配,而是更多地被分配给最需要的群体。再分配需要政府弥补已形成的不公平,是政府工具的主要目的之一。按照这种观点,政府的存在部分是为了纠正过去的不平等现象,并确保机会均等和社会平衡发展,实现不同利益群体的相对公平。例如,TEF 需要考虑其是否有效促进了高校间不同群体的人员流动,是否照顾了弱势群体的高等教育需求等。

第四,可管理性。可管理性是指操作程序的难易程度。管理难度较大的工具往往具有较复杂的操作流程并涉及较多的参与人员。即使有些工具在理论上会带来更大的利益,但其实践上存在的操作和管理困难往往与此工具失效的可能性正相关。如果按照这一标准,最简单直接、容易操作的工具就是最好的政府治理工具。在这一维度,TEF 需要考虑是否能够简单有效地获取数据,保证 TEF 顺利运行。

第五,合法性和政治可行性。工具的选择会受到公共行动合法性和政治可行性的影响。政府需要考虑此项工具将会赢得哪些利益相关者的支持,以及受到哪些利益相关者的反对。因此,TEF 需要考虑公众对此政府工具及其影响的看法,判断公众是否认为纳税与获得服务达到平衡。

(2) TEF 作为治理工具在有效性上存在的问题

TEF 充分认识到解决学生在选择高校与专业上的信息不对称的重要性,因而试图从政府角度提供更加权威可信的信息。正如英国政府在《教学卓越》白皮书中指出的,高等教育对学生最重要的成果就是支持其找到工作[1]。因此,对毕业生就业的评价就成为 TEF 的重要维度,这也是 TEF 与其他大学评估相比最为特别之处。

然而,TEF 和就业能力之间的联系实际上并不像英国政府部门所认为的那样直接。特别是在面对学生个体时,就业的统计数据到底能在多大程度上反映高等教育的教学质量,这的确是存在疑问的。事实上,不同人对大学促进就业的不同看法,与其对大学应该和能够发挥什么作用的期望有

---

[1] BIS, 2016 : *Success as a Knowledge Economy:Teaching Excellence,Social Mobility and Student Choice*, London, BIS.

关。广义上，就业能力（employability）是指一所大学应培养学生具有一系列学习成果或技能，使其在毕业时对雇主更具吸引力。用诸如"学历""技能""知识"和"就业能力"之类的术语来描述大学教学存在一定的问题，因为这些术语不是明确的。这些术语没有在特定的上下文中被解释，而仅仅在没有质疑的修辞策略中反复出现，创造出一种看起来很正常的"话语"，即使当意图的含义不明确时，隐含的含义也被接受，形成一种"泛化的规范化"。① 事实上，"就业能力"与"学历"或"大学技能"并非具有直接的关联，因为就业能力其实是受到多方因素共同制约的，例如国家和地区的经济形势。2009 年的一项研究并未发现就业技能课程和教学同改善的劳动力市场绩效之间存在因果关系，而工作经验和其他因素对就业产生的影响更大。② 所以，仅以就业能力来评判大学教学质量是不够严谨的，高等教育质量并不一定和就业存在显著的正相关，而且就算存在相关性，也只是众多影响因素之一。

TEF 广受质疑的另一个原因是其未能有效测量"卓越教学"。TEF 对核心指标的测量是通过问卷进行的，如"高等教育离校生的目的地"（DLHE）的隐含逻辑为良好的学生将获得良好的工作；NSS 调查的隐含逻辑为受过良好教育的学生会对所接受的教育和继续学习率感到满意，且受过良好教育的学生不会辍学。③ 然而，TEF 的测量并没有像英国教育标准局一样走进课堂观察教学并对教学在多大程度上达到卓越进行判断，问卷里调查的很多题目也和教学没有太大的关系。例如，在调查学生满意度上，"满意度"是一种来自商业领域的调查指标，客户一般在他们消费后评价对产品或服务的满意程度，然而教与学的关系往往会使学生经历"不满意"的学习过程。④ 有学者甚至认为，TEF 会最终导致高等教育机构内的"反教学"（anti-pedagogy）情绪，也就是完全不重视教学，因为教师的专业和技能都不再作为衡量"卓越教学"的指标。⑤

官方机构明确使用指标衡量某一件事情将不可避免地导致衡量对象

① Mason, G. et al., 2009：Employability Skills Initiatives in Higher Education：What Effects Do They Have on Graduate Labour Market Outcomes？ *Education Economics*, 17(1).
② Barkas, L. A. et al., 2019：Tinker, Tailor, Policy-maker：Can the UK Government's Teaching Excellence Framework Deliver Its Objectives？ *Journal of Further and Higher Education*, 43(6).
③ Canning, J., 2019：The UK Teaching Excellence Framework (TEF) as an Illustration of Baudrillard's Hyperreality, *Discourse：Studies in the Cultural Politics of Education*, 40(3).
④ Forstenzer, J., 2018：The Teaching Excellence Framework, Epistemic Insensibility and the Question of Purpose, *Journal of Philosophy of Education*, 52(3).
⑤ Canning, J., 2019：The UK Teaching Excellence Framework (TEF) as an Illustration of Baudrillard's Hyperreality, *Discourse：Studies in the Cultural Politics of Education*, 40(3).

的"指标化"。有学者指出，TEF 所进行的测量最终会导致高校对测量指标的关注和强化。所谓的"卓越教学"难以形成创新性、反思性与试验性的实践，因为这些特质在测量面前不仅显得很不充分，而且简直就是冒险。[①] 因此，TEF 有可能会制约高校在该评估框架外的活动，使其将更多的时间和精力用在如何提高评估指标的分数和排名上，而这种做法从本质上无法促进英国高校有效地推进卓越教学。

（3）TEF 作为治理工具在效率上存在的问题

在 TEF 的运作效率上，最值得关注的是 TEF 成本与结果的关系。英国罗素大学集团曾作为智库向英国政府提出建议："在可能的情况下，成本最小化，并与收益成比例。虽然目前很难看出这项工作如何在不进一步牺牲结果有效性和对申请者有用性的情况下降低成本，但是探索简化现有流程的方法肯定是有益的。"[②]

TEF 在运行效率方面受到争议主要集中在与既有的众多评估相比，如何证明其必要性。英国政府在高校层面和学科层面评估关系上曾提出自上至下和自下至上两种模式，但因为社会各界对两种模式都有所批评，政府最终采取了高校和学科层面并行评估及最终整合的模式。尽管这种模式相对全面和客观，但也无疑大幅增加了评估的压力和成本，需要更庞大的行政系统去运作。据统计，高校层面的 TEF 评估成本约为 210 万英镑，而学科层面的评估成本则增至 1 900 万英镑。从这个角度而言，TEF 成本是高昂的，而其产生的价值是否与花销成比例值得怀疑。[③] 其实英国不乏各种各样的大学排名，而且不同的排名确有各自的侧重点。TEF 面临的一个重要的挑战是，它应该为高校增加真实且有意义的价值，而不仅仅是重复既有的信息。

（4）TEF 作为治理工具在公平性上存在的问题

治理工具的公平性主要体现在采用一个治理工具后，不同社会群体之间能否得到相对均衡的社会收益，以及在既有的不平衡中能否实现社会再分配。英国政府希望为更多的学生提供准确的高校和专业信息，更好地帮助学生实现求学梦和就业梦，从而促进阶层流动，实现社会公平。然而在TEF 实施过程中，这一理想状态很难达到。

---

① Wood, P. and O' Leary, M., 2019：Moving beyond Teaching Excellence：Developing a Different Narrative for England's Higher Education Sector, *International Journal of Comparative Education and Development*, 21(2).

② Russel Group, 2017：*Response to Subject-Level TEF Technical Consultation*, London, Russel Group.

③ Russel Group, 2017：*Response to Subject-Level TEF Technical Consultation*, London, Russel Group.

TEF 评估方法复杂，这不仅使主管部门很难向学生和其他利益相关者做出有效的解释说明，还有可能扭曲公众对结果的理解。有研究发现，学生可能无法正确理解 TEF 金奖、银奖和铜奖的含义，从而对社会流动带来负面影响。对部分学生（6%）而言，他们在得知意向高校被评为金奖后，会因为该校申请难度大而重新考虑。对少数族裔学生来说，重新做出考虑的比例则更高（11%）。[①] 也有学者认为，《教学卓越》白皮书虽然强烈关注社会流动性和多样性的问题，却没有提及大学应该提供具有解放性和批判性的教学和课程，也没有更广泛地解释学习和知识创造的变革力量，而仅仅是从生源背景衡量教学。[②] 罗素大学集团的报告还建议 TEF 在实施中应具有足够的灵活性，以避免造成结果的扭曲。例如，某一就读人数较少的学科可能会在收集信息时出现偏差及非正态分布。[③]

（5）TEF 作为治理工具在可管理性上存在的问题

可管理性是指治理工具在操作程序上的难易程度。治理工具越是复杂，涉及的参与者越多，管理的难度就越大。不管是在定量还是定性数据的采集上，TEF 都面临困难和挑战。

TEF 在定量数据采集上受到的诟病主要集中在调查问卷的信度和效度。有学者指出，TEF 采集的定量数据只是可用统计信息的"混合物"（conglomeration），NSS 调查的回收率很低，而且学生评分难以解释。[④] 罗素大学集团也提出，仅使用 NSS 分数来反映 TEF 的结果可能是行不通的，并建议政府设法解决学生不愿意认真填写 NSS 的情况，同时考虑如何处理调查结果，以避免对高校造成不公正的后果。[⑤] 不同高校的学生对教学质量的理解也存在很大差异。例如，在更加强调精英化教育的大学里，尽管小班和一对一教学是其主要的授课方式，但学生对教学质量的反馈并不好。这能否说明他们所接受教学的质量真的不如其他学校在大课中学习的学生？

此外，在定性数据上，信息的收集、上报和评估可能会更加艰难。对一些高校，特别是较小型高校来说，完成很多指标定性数据信息的汇总报告

[①] Trendence UK, 2017: *Teaching Excellence: The Student Perspective*, London, Trendence UK.
[②] Robinson, W. and Hilli, A., 2016: The English "Teaching Excellence Framework" and Professionalising Teaching and Learning in Research-Intensive Universities: An Exploration of Opportunities, Challenges, Rewards and Values from a Recent Empirical Study, *Foro de Educación*, 14(21).
[③] Russel Group, 2017: *Response to Subject-Level TEF Technical Consultation*, London, Russel Group.
[④] Deem, R. and Baird, J. A., 2020: The English Teaching Excellence (and Student Outcomes) Framework: Intelligent Accountability in Higher Education？ *Journal of Educational Change*, 21(1).
[⑤] Russel Group, 2017: *Response to Subject-Level TEF Technical Consultation*, London, Russel Group.

成为一项技术性难题。例如，教学中的激情、创造力、人际关系的建立和转变——所有公认的这些优秀教学品质都是非常难以量化的，它们都是情景化的、个体化的和特定的存在。[①]

对英国政府而言，在可管理性上需要考虑的一个维度与交叉学科相关。虽然政府专门提议建立"综合学科"作为单独的一个学科进行评价，但不同高校和院系之间"综合学科"的差别非常之大，如何收集数据并进行横向比较也是政府在管理上的难题。

政府在授予评估等级的时候，如何让公众在其复杂的评估标准中理解各个级别奖项的含义也是非常重要的问题。从评估结果来看，获得金奖的高校并不在少数，那么这些高校能否成为英国高等教育的代表，以及是否表明他们具有世界一流的教学水平；同时获得铜奖的高校是否教学质量真的"很差"或者"不够好"。这都是政府在管理中会遇到的也是亟待解决的问题。

二、美国的高等教育认证

尽管美国高校很早就把质量放在首要位置，但高等教育界并没有确定明确的本科教育目标，也没有建立起系统评估学生学业成就的方法。因此，长期以来，美国高校的质量主要取决于学校获得资源的数量、录取学生的质量及教师科研的声誉等要素，这种被阿斯汀（Alexander W.Astin）称为"资源与声誉模式"的高校质量评价方式主要强调的是经费、学生、教师等资源投入变量，而没有反映高校服务学生、各州和社会的程度和质量。

尤厄尔曾在一部著作中指出："长期以来，高等教育界一直不重视学生学业成就的评价，而且没有受到外界的压力。高校对学生产生的积极影响主要基于一种毋庸置疑的假设：高等教育的作用是不言自明的。而如今，情况则有所不同。随着高校资源的紧缩，各级高校管理者越来越关注考察并改善培养项目对学生的影响。……这要求高校要加强问责和控制资源使用，而且高校要显示出取得了突出的办学成果。"[②]阿斯汀也批判了传统的以资源和声誉为核心的高校卓越模式，主张以学生在校期间的认知和情况发

① Robinson, W. and Hilli, A., 2016 : The English《Teaching Excellence Framework》and Professionalising Teaching and Learning in Research-Intensive Universities : An Exploration of Opportunities, Challenges, Rewards and Values from a Recent Empirical Study, *Foro de Educación*, 14(21).

② Ewell, P., 1983 : *Information on Student Outcomes : How to Get It and How to Use It*, Boulder, National Center for Higher Education Management Systems, pp.1~2.

展为中心的"增值"（value added）的概念来取得原有的模式。①

认证作为对院校和培养项目进行审查以实现质量保障和质量改进的外部评估活动在美国已具有100多年的历史。目前美国拥有至少60家认证机构，主要包括两种类型：一是院校认证机构②，负责评估和认证所有大学和学院的办学能力；二是培养项目认证机构③，主要负责评估和认证学术培养项目。④20世纪80年代中期到20世纪90年代初，教学评估成为各地区认证协会的中心任务（参见表6.15）。

（一）认证机构的教学评估

南部学院与学校协会（SACS）在1984年就采取了评估院校绩效的措施，该协会也是最早采取此类措施的认证组织。该协会的六项认证标准中，"第三部分：院校效益"（Section Ⅲ: Institutional Effectiveness）强调了院校应如何利用评估来检测教学实践和学习过程及测定整个的院校效益的问题。为规划和评估教学、科研和社会服务等主要教育活动，各院校应树立明确的与大学教育相适应的办学目的，并制定与办学目的相一致的教育目标；制定和采取有关措施来评估上述教育目标的实现程度，以及运用评估结果来改善教育项目、服务和活动。

中部学院与学校协会将16项卓越特征用作认证标准。1985年，该协会采取一项学业成果评估的标准，而后该协会在1994年版的《高等教育卓越特征》（*Characteristics of Excellence in Higher Education*）中再次指出，院校认证取决于"能够有效评估院校、培养项目和学生学业成果的政策及定性和定量的措施"。该协会1990年版的《成果评估框架》（*Framework for Outcomes Assessment*）也规定，中部各州应将院校卓越和教育质量与学生学习程度和质量明确联系起来。据此规定，各院校教学活动是否有效取决于学生应该学到什么、学生学业状况如何、如何了解到学生的学业状况，以及如何解决上述问题。后来，修改后的《成果评估框架》将评估的最终目的确定为改善教与学。在将评估采用为认证标准十多年后，1996年该协会在《评估政策声明》（*Policy Statement on Assessment*）中重申，各院校应将学生学

① Astin, A. W., 1985 : *Achieving Educational Excellence*, San Francisco, Jossey-Bass.
② 院校认证机构包括六个以地理区域（例如，西部、中部、新英格兰地区等）进行组织的认证机构及五个全国性针对某种特殊类型院校（例如，圣经学院、神学院、远程教育学院等）的认证机构。
③ 培养项目认证机构主要针对医学卫生、表演艺术、教师教育及建筑、工程、法律等专业。
④ 全球大学创新联盟编：《2007年世界高等教育报告：高等教育的质量保证》，汪利兵、阚阅译，杭州，浙江大学出版社，2009年。

业成果评估作为改进院校质量的主要途径。[①]

1988 年西部学院与学校协会（WASC）修订了认证标准，其中一项重要修订就是增加了对院校和培养项目质量与效益的评估。与评估相关的问题主要体现在认证标准的四个部分之中：院校效益（标准 2.C）、通识教育评估（标准 4.B）、培养项目评估（标准 4.F.5）、辅助课程发展情况（cocurricular）（标准 7.A）。此举的主要目的是在高校中营造一种"证据文化"（culture of evidence），使其通过收集适当的数据信息证明正在实施的教育培养项目和支持服务的有效性。1995 年，该协会设立了"学生学习及教学有效性评估在认证中的作用"专门委员会。该委员会的最终报告提出了院校教学评估的底线要求，而更重要的则是提出学生的教育经历要成为认证的中心任务。1996 年 7 月，西部学院与学校协会的执行主任沃尔夫（Ralph Wolff）强调指出，认证的目标是使认证过程成为一个更加以学习者为中心的过程。为此，西部学院与学校协会从 1997 年起开始实施一系列将评估和学习作为认证核心任务的试点性研究和调查。

中北部学院与学校协会（NCACS）于 1989 年 10 月发布《学生学业成就评估声明》（*Statement on the Assessment of Student Academic Achievement*）。该声明将学生学业评价作为衡量院校整体办学效益的重要组成部分，其目的是提升学生的学业水平。在中北部学院与学校协会的五项认证标准中，有两项是强调成员院校评估和改善教学状况。其中，"标准三"要求各院校提供"院校正在实现其教育和其他目标"的证据；"标准四"要求各院校证明"院校能继续实现其目标并加强其教育的有效性"。同时，该协会要求在对院校办学效益所有成果的审查中，有关学生学业成就的成果是唯一需要提供书面资料的部分。1995 年 6 月，该协会进一步要求所有成员院校提交如何评价学生学业成就的院校计划。该协会在对各院校计划审查后，于 1996 年 3 月发布报告《改进之机：学生学业评价项目的咨询意见》（*Opportunities for Improvement：Advice from Consultant-Evaluators on Programs to Assess Student Learning*，简称《改进之机》），并以此作为院校发展的指南。[②]

新英格兰学院与学校协会（NEAS & C）在其 11 项认证标准中原本就

[①] Nettles, M. T., et al., 1997：*Benchmarking Assessment：Assessment of Teaching and Learning in Higher Education and Public Accountability：State Governing, Coordinating Board & Regional Accreditation Association Policies and Practices*, Stanford, National Center for Postsecondary Improvement.

[②] Nettles, M. T., et al., 1997：*Benchmarking Assessment：Assessment of Teaching and Learning in Higher Education and Public Accountability：State Governing, Coordinating Board & Regional Accreditation Association Policies and Practices*, Stanford, CA, National Center for Postsecondary Improvement.

包括有关学生学业评价的内容,1992 年的《院校效益政策声明》(*Policy Statement on Institutional Effectiveness*)再次着重强调了这个问题。该声明指出,院校评估其效益并利用所获信息进行改进的措施和能力是衡量院校质量的重要指标,教学过程是评估的一个重要方面。该协会在其评估手册中也指出:"新英格兰学院与学校协会院校效益标准的目的之一就是培育院校对其办学效益进行自我审查并对审查结果加以有效利用的风气。"另外,该协会在培训评估组成员有关评估问题的《背景文件》(*Background Paper*)中也指出:"在对院校效益的评估中要仔细分辨毕业生学到了什么和院校采取了什么措施使学生学到这些内容。"1997 年 4 月,新英格兰学院与学校协会推出"学生学业成果评价计划"(student outcomes assessment project),旨在帮助其成员院校利用学生学业成果评价来改善院校办学效益。该计划第一阶段是调查各院校的评估措施,第二阶段是通过年度论坛和出版物向院校提供评估支持(参见表 6.16)。①

表6.16　各地区认证协会采取教学评估的时间和措施

名称	年份	措施
南部学院与学校协会	1984	认证标准第三部分:院校效益
中部学院与学校协会	1985	学业成果评估标准
西部学院与学校协会	1988	认证标准二:院校效益
中北部学院与学校协会	1989	学生学业成就评价声明
新英格兰学院与学校协会	1992	院校效益政策声明
西北部学院与学校协会	1994	认证政策 25 : 教育评估

资料来源:Nettles,M.T.,et al.,1997 :*Benchmarking Assessment*:*Assessment of Teaching and Learning in Higher Education and Public Accountability*:*State Governing*,*Coordinating Board & Regional Accreditation Association Policies and Practices*,Stanford,National Center for Postsecondary Improvement。

　　西北部学院与学校协会(NASC)② 在其 1994 年版的《认证手册》(*Accreditation Handbook*)中明确提出"政策 25 : 教育评估"的内容。该部分政策从院校给学生带来的变化的角度对教育效益进行了界定,并将学业成

---

① Nettles,M. T.,et al.,1997 :*Benchmarking Assessment*:*Assessment of Teaching and Learning in Higher Education and Public Accountability*:*State Governing*,*Coordinating Board & Regional Accreditation Association Policies and Practices*,Stanford,National Center for Postsecondary Improvement.

② 2004 年该协会拆分为西北部认证学校协会(Northwest Association of Accredited Schools)和西北部大学与学院委员会(Northwest Commission on Colleges and Universities)。后西北部认证学校协会更名为西北部认证委员会(Northwest Accreditation Commission)。

果评价作为院校自检过程的必要内容。在西北部学院与学校协会 12 项自检标准中，"标准五：教育培养项目及其效益"与评估密切联系。该项标准的分项标准规定，教育培养项目规划应以定期和持续的评估为基础，评估应有效整合到院校规划中，同时院校必须说明评估措施在改进教学中得到有效利用。[①]

（二）教学评估的实施

中北部学院与学校协会最初对认证标准的修改中提出，评估项目要以书面资料的形式展现学生接受大学教育后技能和能力上的发展、本科阶段通识教育内容的掌握情况及获得学位所需掌握的知识，具体衡量哪些技能和能力则由各院校来决定。而 1996 年，该协会发表的报告《改进之机》提供了更明确的方向，该协会提出将认知、行为和情感作为评估教学的三个主要领域。西部学院与学校协会将有效交流、数理逻辑和批评思维作为评估的主要内容，同时各院校认为其他必要的能力也在考虑之列。中部学院与学校协会将认知能力、信息素养、信息管理及价值意识作为考查学生学业成就的主要方面。

在评估方法方面，各协会都提出运用多种方法。由于评估是个持续的和累积的过程，因此，各协会都期望采取纵深的多维度的方法以取得更有意义的结果。同时各协会都认为应该采取定性和定量相结合的方法（参见表 6.17）。

表 6.17　各地区认证协会教学评估的重点内容和方法

名称	内容	方法
中部学院与学校协会	多重：认知能力、信息素养、知识的综合和应用	多种：定性和定量
新英格兰学院与学校协会	多重：认知、行为和情感学习	多种：定性和定量
中北部学院与学校协会	多重：认知、行为和情感学习	多种：直接和间接、定性和定量
西北部学院与学校协会	多重：问题解决、分析、综合、判断、推理和交流	多种：定性和定量
南部学院与学校协会	多重：主要专业和通识教育的成绩、情感发展	多种：定性和定量

[①] Nettles, M. T., et al., 1997 : *Benchmarking Assessment : Assessment of Teaching and Learning in Higher Education and Public Accountability : State Governing, Coordinating Board & Regional Accreditation Association Policies and Practices*, Stanford, National Center for Postsecondary Improvement.

续表

名称	内容	方法
西部学院与学校协会	多重：有效交流、数理逻辑、批评思维	多种：定性和定量

资料来源：Nettles，M.T.，et al.，1997：*Benchmarking Assessment：Assessment of Teaching and Learning in Higher Education and Public Accountability：State Governing，Coordinating Board & Regional Accreditation Association Policies and Practices*，Stanford，National Center for Postsecondary Improvement，p.43。

（三）教学评估的争议

教学评估的实施到底有没有促进高校教学的改善？美国高校学生的学业成绩到底有没有得到提高？这是高等教育各利益相关者都非常关切的问题。从实践来看，认证机构开展的教学评估活动的结果似乎又事与愿违。

据美国大学校董与校友理事会（ACTA）2004 年对 50 所高水平大学的通识教育调查显示，有 88% 的大学不要求学生修读文学课程，超过 3/4 的大学不要求修读外语，62% 的大学不要求上数学课。很多学校以狭隘而时髦的课程来应对"核心课程"要求，例如，印第安纳大学开设的"漫画书艺术史"、达特茅斯学院的"幽灵、恶魔与怪兽"、明尼苏达大学的"20 世纪 70 年代以来的摇滚乐"。由于缺乏完善的课程，学生无疑会错过很多重要领域的知识。该委员会 2000 年的一次调查也显示，有 3/4 的学生不能正确回答有关《解放宣言》（*Emancipation Proclamation*）的影响"的多选题。[①]

于是人们将矛头指向认证。有学者尖锐地指出，在认证的笼罩下，高等教育质量在下降，成本在上升，问责实际上根本不存在。如果说高等教育处于危险之中，那么认证便是祸根之一。以前人们普遍认为，认证会保证高等教育质量。但事实正相反，认证不仅没能阻止高等教育质量的滑坡，反而可能加剧了这种滑坡。认证体系非但没有防止外部力量对高等教育有害的干预，而且还赋权认证行会将其标准和规则强加给本应给予帮助的院校。认证机构俨然成为联邦政府的代理人，并以其掌握的权力对院校自治造成威胁。例如，20 世纪 90 年代初期，中部学院与学校协会就以未达到种族和性别"平等和多样性"标准为由，威胁撤销对纽约市公立巴鲁学院（Baruch College）的认证。该协会还以董事会中没有女性成员为借口威胁关闭威斯敏斯特神学院（Westminster Seminary）。

"巴鲁学院事件"后，时任美国教育部部长的亚历山大（Lamar Alexander）曾警告要延缓对中部学院与学校协会的认可，并要求教育部认证咨询委员

---

① Neal，A. D.，2008："Seeking Higher-Ed Accountability：Ending Federal Accreditation"，*Change*，40（5）。

会做出报告。当时任咨询委员会主席的加州大学伯克利分校教授马丁·特罗曾评论指出:"认证机构将可能成为院校的一种对抗势力。"[①] 夏威夷大学评议会成员泰迪波特(Jane B.Tatibouet)在华盛顿举行的一个论坛上批评指出,认证过程不仅浪费了纳税人的金钱,而且未能促进高等教育质量的提升。她指出:"认证人员向院校所要一大堆荒谬的材料,消耗掉大量本应发挥更大效益的人力资本。教师和行政人员的主要精力放在怎么应对认证人员上,这与评议会成员的改革和设想产生直接的冲突。在我看来,评估人员以阴险的方式'胁迫'学术机构就范,否则便施以制裁。威胁制裁或延缓认证是认证人员左右董事会,并最终以问责、财政和成本控制及学术卓越之名妨碍院校履行其职能的重要手段。发生在夏威夷的一些事件表明,西部学院与学校协会正在直接触犯州宪法。"[②]

2006 年美国联邦教育部高等教育未来委员会在报告中指出,"认证制度存在重大缺陷",并认为,"随着公众对问责、质量和透明度要求的日益高涨,我们需要对认证进行改革。"[③] 高等教育界通过"杜邦圈 1 号"(One Dupont Circle)[④] 成功游说国会参众两院通过《高等教育法》,该法将学习目标和标准的决定权留给高校,同时允许认证机构在不妨碍院校自治和教育质量的条件下干预成本和管理事务。另外,美国高等教育认证理事会在一份备忘录中敦促其成员修改认证措施,提升公共问责,限制认证人员审计院校信息的权力,以及消除认证中的腐败现象。

---

① Neal, A. D., 2008 : "Seeking Higher-Ed Accountability : Ending Federal Accreditation", *Change*, 40 (5), p.27.

② Neal, A. D., 2008 : "Seeking Higher-Ed Accountability : Ending Federal Accreditation", *Change*, 40 (5), p.29.

③ U. S. Department of Education, 2006 : *A Test of Leadership : Charting the Future of U. S. Higher Education*, Washington, DC, Department of Education, p.15.

④ "杜邦圈 1 号"指坐落于美国首都华盛顿杜邦圈 1 号的"国家高等教育中心"(National Center for Higher Education)大厦。美国 40 多个重要的高等教育协会组织在该大厦办公。

第七章 "重围之下":英美高等教育问责的特征、困境与转向

对核心传统的固守,使大学成为西方文明中最古老、最成功的机构。尽管一所大学的成就很难被量化,但这些机构必须依赖于"通过固守它们在精神、主旨和程序方面的核心传统"来赢得社会的尊重。

——[美]爱德华·希尔斯(Edward Shils)[①]

以更好的结果为指向的问责是非常重要的,但多数已开展的问责活动并没有能够改善绩效。我们当前的问责体系实际上是烦琐、过度、令人费解和低效的。……我们需要一种服务于州和联邦优先发展领域,并使决策者和教育者为之负责的问责。我们需要一种能够为监督结果和发现问题提供可靠而有效的信息,以及凝聚思想、资源和创造力来改善绩效的问责。

——[美]全国高等教育问责委员会[②]

在教育改革席卷全球的今天,虽然各国教育改革具体举措各有差别,但其总体理念和效应存在惊人的相似之处。其中就包括市场、绩效和管理主义等共同要素。虽然这些问责要素和政策技术在不同情形下的侧重点不同,但它们在高等教育改革过程中都相互联系、相互依赖。因此,只有对这些发展状况和共同要素进行综合考虑和评判分析,才能更好地理解、吸收和借鉴。

[①] Shils, E.1981 : *Tradition*, Chicago, University of Chicago Press, p.83.

[②] NACHE, 2005 : *Accountability for Better Results : A National Imperative for Higher Education*, Denver, State Higher Education Executive Offices, pp.6~7.

第一节 英美高等教育问责的主要特征

英美高等教育问责的发展体现出以绩效、透明度和市场化为核心主题，采取政府问责、市场问责和专业问责相结合的实施方式。

一、高等教育问责的核心主题

在西方国家尤其是英美的高等教育问责运动中，尽管举措不同、方式各异、内容多样，但在本质上其核心主题主要集中在以下几个方面。

第一个核心主题是绩效（performance）。新公共管理主导下的问责运动主张放松严格的行政规则，实行严格的绩效评估，以目标对管理施以控制，确定组织和个人的具体目标。上级机构和主管人员主要是制定战略规划，进行目标分解，并制定能让雇员放手去实现使命的预算制度和规章，最后按事先确定的标准对下级机构和人员实行考核。他们强调的是结果而非过程，是业绩而非程序，是产出、成本和效果而非单纯的投入。[1]从英美的实践来看，高等教育问责在发展过程中首要的也是最显著的特征就是高度强调结果。它的发展过程集中体现了过去几十年中质量保证观念的变迁，也就是问责决定因素从投入和过程到绝对绩效的转变，这种变化同样发生在商业和医疗领域。这种特征正如法国后现代哲学家利奥塔（Jean-Francois Lyotard）指出的，这是一个功利主义价值观取胜的时代，知识的意义取决于其交换价值，高等教育作为经济的子系统，其价值由其效率或"绩效"来判定。[2]

第二个核心主题是透明度（transparency）。透明度主要强调的是机构的诚信问题，其主旨在于一个机构应对其公开从事的重要工作做出全面的说明，从而使该机构的主要利益相关者能够了解机构如何开展常规工作及其成效情况。由于机构的资产和活动能够得到切实的"审计"，因而这种方式在很大程度上帮助机构实现对各利益相关者的问责。由此，强化有关高校运行过程和办学绩效的信息的开放性和公开性成为英美高等教育问责的第二个重要特征。这表明在商业企业不断出现财务审计丑闻后而突出强调的透明度问题也逐步扩展到高等教育领域。这种趋势突出体现在美国各州高等教育财务官协会下设的问责委员会及商业与高等教育论坛开展的有关工

---

[1] 陈天祥：《新公共管理——政府再造的理论与实践》，北京，中国人民大学出版社，2007年，第25~26页。

[2] Henkel, M. and Little, B., 1999: *Changing Relationships between Higher Education and the State*, London, Jessica Kingsley Publishers, p115.

作,上述机构都高度强调高等教育机构要公开其办学绩效情况,而且要像商业企业一样使整个运作过程更具透明度。美国学院与大学协会也号召各院校将透明度作为问责的中心任务,并通过院校网站等媒介渠道对外公开展示学生取得的重要学业成果。此外,美国地区认证机构纷纷在认证评估中对透明度予以高度关注。

第三个核心主题是市场化(marketization)。英美高等教育问责举措中体现出鲜明的市场化倾向。首先是强化"顾客"(customer)意识和"顾客关怀"(customer care)。应该说,这与英美整个公共部门改革的趋势是相一致的,正如有学者指出的:"从医院到铁路,从教室到博物馆,公共部门已发生很大的转变。患者、家长、学生和乘客都已重新被打上'顾客'的标签。"[1] 在高等教育领域,绩效指标的使用、各种数据信息的公开及满意度调查等,从不同程度上加强了包括学生、家长、雇主等利益相关者形成的"顾客"的知情权、选择权、参与权和决定权。其次是鼓励竞争。英美两国政府通过各种绩效评估措施,加强了高校在教学和科研服务效率与质量上的竞争。而且,这种竞争进一步与资源的配置相联系,从而形成从功能预算向行为预算、从投入拨款向产出拨款、从增量拨款向绩效拨款的重大转变。

第四个核心主题是证据文化(culture of evidence)。问责使得院校在制定规划和采取行动时习惯性地考虑各个层面的证据。从这方面而言,院校在按照自己的使命及利益相关者的要求不断掌握自身运行情况,并利用由此而形成的信息持续改进办学活动时,彰显了问责。[2]

二、高等教育问责的实现方式

英美高等教育问责的实现方式可以归结为政府问责、市场问责和专业问责三类主要的实现方式。

从政府问责来看,英美两国尽管政治体制有所不同,但中央政府都从加强高校尤其是公立高校办学透明度、提升办学效益及促进高等教育为国家、社会服务等角度强化高等教育问责,并出台大量的法律法规推动和确保问责的实施。美国各州政府及高等教育管理部门也采取了相应的措施。同

---

[1] Davies, A. and Thomas, R., 2002 : "Managerialism and Accountability in Higher Education:The Gendered Nature of Restructuring and the Costs to Academic Service", *Critical Perspectives on Accounting*, 13 (2), p.181.

[2] Ewell, P. T., 2004 : *The Changing Nature of Accountability in Higher Education*, Alameda, Western Association of Schools and Colleges (WASC) Senior College Commission.

时,绩效拨款是英美高等教育政府问责中的重要内容。英美两国的绩效拨款在使用方向上具有显著的差异:英国的高等教育绩效拨款主要集中在科研领域,而美国则更多地使用在教学领域且集中在州的层面。但是两国绩效拨款都在发生重大变化:在英国,与科研绩效拨款紧密相关的科研评估正在各种纷争和论战中式微,在2008年的科研评估后,政府酝酿采取新的评估方法,质量等级与相应的拨款权重关系趋于降低;而在美国,从可获得的资料来看,无论绩效预算还是绩效拨款似乎都在走下坡路,这不仅体现为经济不景气造成的绩效拨款额度上的局限,更表现为实施绩效预算和绩效拨款的州在不断减少。

从市场问责来看,英美两国都是高度市场化的国家,消费者和客户的理念在公共部门也得到大力强化。在以学生、家庭、雇主等为主要代表的高等教育市场对象中,加强向各利益相关者的信息披露和意见反馈等是市场问责的重要内容,而且呈现形式主要为大学排行和学生调查。大学排行发端于美国,并在英美两国得到极大的发展。西方国家的主要大学排行中,最有影响的都由英美的媒体公司举办。大学排行以提供信息和进行比较的方式,为学生选择院校、政府和雇主评价高校提供了依据和参考,进而加剧高校间的竞争。学生满意度调查更是强化了学生的消费者地位,成为连接学生与教师、学校的重要途径,也成为高等教育市场化的一个典型特征。值得注意的是,无论大学排行还是学生满意度调查都面临和经受着滥用的危险。尽管排行和调查都提供了大量的信息,但这些信息只是局部领域的片段认识,以此窥探和推断全部情况将导致不当和错误判断。这也成为高等教育界担忧的重要问题。

从专业问责来看,绩效报告是最流行和最普遍的问责措施。在实践中,一方面绩效报告所具有的监督、评估、对话、比较、合理化、资源配置等方面的天然优势得到政府的认同,另一方面绩效报告并没有与资源配置形成直接的关联,也并没有遭遇到太多的来自高校方面的抵制,因此绩效报告成为政府与高校最容易达成妥协而采用的方式。但是,英美两国高等教育绩效报告的发展趋势体现出不同的特点:英国的高等教育绩效报告已从早期不断扩大和庞杂的指标与内容中逐步"瘦身"简化,侧重点也从最初的提高效率转向平等与公平等广泛的质量议题;相比之下,在美国,不仅州层面的绩效报告依然在继续,而且近年来联邦层面的绩效报告得到大力推进,内容和范围上也获得很大发展。英美两国高等教育专业问责措施中的认证评估主要集中在教学方面,其目的都指向改善教师的教学水平和提高学生的学业成就。在美国,以地区认证机构为代表的认证组织开展的认证活动、院校自身开展的院校评估及中介和私人机构开展的标准化测验都将教学质量作为重要的关注点，而且这些评估在组织实施的过程中体现出与具体情况相适应的非集中式的特点。英国的绩效评估也发生了很大的变革，早期集中开展的大规模的、严格的教学质量评估在经历院校抵制和效果不佳的窘境后，开始转向更少干预的院校审计和"教学卓越框架"，将教学质量保证的责任分解在院校内部的机制与措施上。

三、高等教育问责的实施模式

问责的主要目的是控制公权力的误用和滥用；提供公共资源使用上的保证，并确保其符合法律和公共服务价值的要求；鼓励和促进治理和公共管理的持续改进。[①]

英美两国在高等教育问责的实施上都采取了"政府＋中介"模式。英美高校具有深厚的院校自治的传统，政府要想发挥其影响力同时减少来自高校方面的阻力，就需要一种新的平衡术。在这一点上，问责成为一种有效的"政治技术"（political technology）。在高等教育领域，运用使命陈述（mission statement）、战略规划、教师考核（staff appraisal）、竞争性的排行榜、绩效指标和其他有关"生产率"的统计数据等来对"产出"和"效益"进行测评的方式，其关键在于从外部调整机制中引入新的规范和价值，通过其"自动作用"的能力转变组织和个人的行为，从而以"远距离控制"（steering at a distance）的方式实现政府的政治目标。[②] 而问责的传递和实施则主要是由各种中介组织来实现的。

这种管制制度的核心在于通过外部管理机制、以"自我实施"（self-actualizing）的方式将新的规则和价值转化为组织和个体的行为，从而通过"远程操控"（action at a distance）实现政治目标。这种管理机制作为"政治技术"（political technologies）将个体、组织和目标联系在一起。[③]

第二次世界大战后，英国的教育成为"一项由地方管理的国家的事业"。然而，出于历史和传统上的原因，政府无法直接干预高等教育事务。因为，"没有一位教育大臣行使过领导权，如果这样做，必将发生头等政治

---

① Aucoin,P. and Heintzman,R.,2000 :"The Dialectics of Accountability for Performance in Public Management Reform",*International Review of Administrative Sciences*,no.66,pp.45~55.

② Miller,P. and Rose,N.,1990 :"Governing Economic Life",*Economy and Society*,19（1）.

③ Shore,C. and Wright,S.:"Coercive Accountability:The Rise of Audit Culture in Higher Education",in Strathern,M.,2000 :*Audit Culture:Anthropological Studies in Accountability,Ethics and the Academy*,London,Routledge.

危机"，而且"人们充分理解并公认的管理和领导权其实属于各级教育体制中的团体和个人"[①]。在英国高等教育问责框架中，作为中介组织的拨款机构是联系政府与高校的重要一环(参见图7.1)。但是，英国高等教育拨款机构的这种职能并非与生俱来，而是与各种力量不断作用的结果。在大学拨款委员会时代，最初政府一直同意它提出的"不接受政府控制它作为拨款的条件"的要求，大学拨款委员会只是充当"不插手的发薪员"(hands-off paymaster)[②]和大学自治的守护者的角色，其主要职责是调查大学教育的经费需求，并就如何筹措、分配这些经费以满足教育需求向政府提出建议。在经历"撒切尔革命"后，后来相继成立的大学基金委员会和高等教育基金委员会是政府对大学拨款委员会的一个彻底否定。新的拨款机构成为一个全面负责对大学实行资助、收集、研究与大学教育有关的资料，帮助制定和执行大学的发展规划等职能的机构。而其他一些后成立的中介组织也都行使着相应的职能。例如，高等教育质量保障署的责任是通过制定标准和实施评估维护高等教育质量，并持续推动改善高等教育质量的管理。高等教育统计局主要是负责收集、整理和处理有关高等教育的各种数据和信息。

从图7.2可以看出，在美国的高等教育问责框架中，联邦政府和州政府与高校之间存在一个巨大的中介组织作用空间。中介组织在促进政府与高校间的有效互动上发挥了不可或缺的作用。在美国，由于宪法将教育的权限与责任保留给州政府及州政府规定的其他机关，因此州政府是高等教育管理的主体。而州政府的管理职能及政府与院校间关系的协调主要是依靠高等教育管理或协调委员会这种重要的中介组织。目前，全美已有22个州设有高等教育管理委员会，23个州设有高等教育协调委员会，另有五个州和哥伦比亚特区设有相应的高等教育指导机构。尽管这些机构的名称和组织不同，但其主要职能基本一致，即开展预算评估、项目评审、计划制定，以及向州行政和立法机关提供拨款建议等。[③]同时，第二次世界大战后，美国联邦政府也通过立法和经济等手段逐渐加强对高等教育的调控。美国高等教育专家克拉克·克尔(Clark Kerr)指出，形成美国现代大学体系的两个最

① 邓特：《英国教育》，杭州大学教育系外国教育研究室译，杭州，浙江教育出版社，1987年，第56页。
② Berdahl, R. O., 1959 : *British Universities and the State*, Berkeley, University of California, Berkeley.
③ 范文曜、马陆亭：《国际视角下的高等教育质量评估与财政拨款》，北京，教育科学出版社，2004年。

主要的因素都来自联邦政府。联邦政府对高等教育调控的一个重要措施就是成立高等教育执行官协会(SHEEO),而该协会恰恰是由各州的高等教育管理或协调委员会的执行官所组成,其目的就是增强各州的高等教育的合作,共同商讨和交流面对的共同问题。此外,美国还存在地区和专业性的认证机构、高等教育协会组织及各种评估组织和基金会等其他方面的中介组织。而在过去几十年中,包括高等教育管理委员会和协调委员会在内的各种中介机构的主要角色已经从建议和游说转向更加强调监督和公共问责。中介组织正是通过发挥这种加强问责的作用来监督和检查院校使命和目标任务是否得以落实。[①]

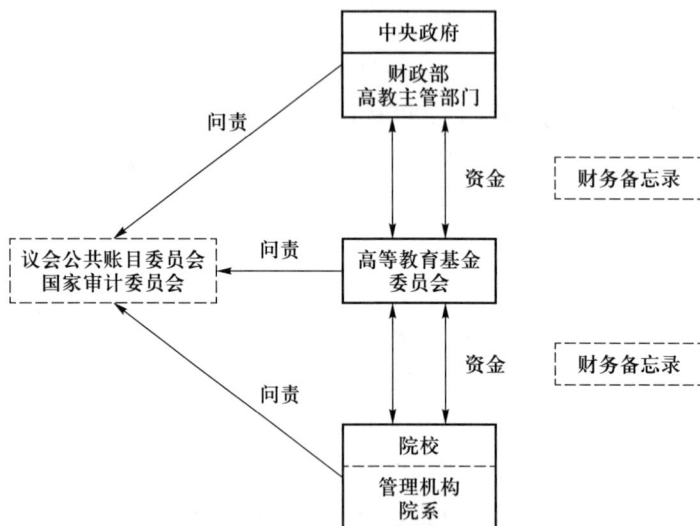

图 7.1 英国高等教育问责框架图

资料来源:Mackie,D.,et al.,1995 :"Autonomy Versus Accountability:Maintaining the Delicate Balance", *Tertiary Education and Management*,1(1),p.66。

---

① Burke,J.,et al,2004 :*Achieving Accountability in Higher Education:Balancing Public ,Academic and Market Demands*,San Francisco,Jossey-Bass.

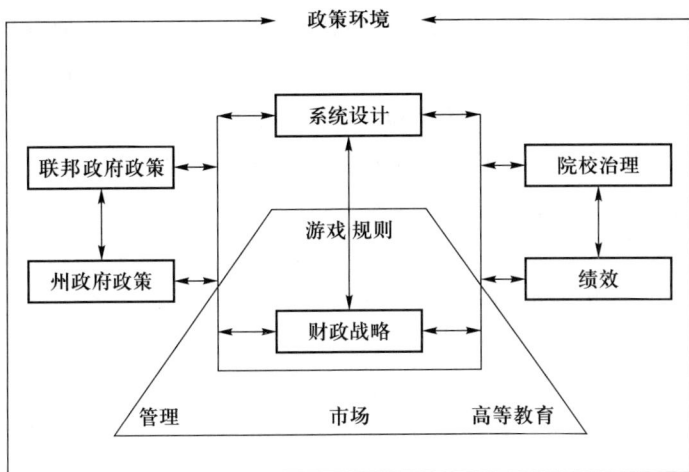

图 7.2 美国高等教育问责框架图

资料来源：Burke, J., et al., 2004 : *Achieving Accountability in Higher Education : Balancing Public, Academic and Market Demands*, San Francisco, Jossey-Bass, p.58。

第二节 英美高等教育问责的现实困境

实践表明，英美高等教育问责在实施过程中既面临理论困境，也面临模式困境，同时面临问责结果上的困境。这些困境都成为英美高等教育内部和外部矛盾的主要来源。

一、高等教育问责的理论困境

1. 新公共管理：公共部门改革的典范变迁？

在过去几十年中，很多国家在新公共管理思想影响下建立起新的组织结构来开展公共服务。这种变革使得传统的韦伯式的、受规则制约的、官僚型的组织转变成为以结果为导向的组织。波利特指出，这种变革——包括自治的组织形式、对产出和成果的重视、绩效指标的广泛运用、契约式关系的建立及以市场的方式提供公共服务——对传统科层式问责概念的适合性提出了挑战，也引发了如何以其他形式来完善传统机制的国际讨论。[①]

英国爱丁堡大学商学院教授奥斯本（Stephen P. Osborne）认为，20 世纪公共服务管理被两个范式主导，其中之一就是新公共管理。新公共管理通过私人部门管理技术的应用来追求公共服务供给的效率，其核心是对市场和作为公共资源配置机制的竞争效率的信守。而进入 21 世纪，这种曾经发

---

① Pollitt, C., 2003 : *The Essential Public Manager*, London, Open University Press, p.98.

挥作用的模式很显然不能奏效。在奥斯本看来，将公共服务理解为产品或商品，而不是需要不同管理逻辑的服务，本身就存在缺陷。同时，这种模式强调内部效率，而不是满足社会和经济需要的外部效益。新公共管理越来越显示出，竞争市场在负责公共服务供给的资源配置上常常是高度无效率的一种机制，它有着高昂的交易成本。①

胡德也对新公共管理理论的产生表示质疑。他认为，新公共管理"顶多瓶子是新的，里面的观念却是旧的"，并认为这是一时之狂热。他总结指出，新公共管理之所以能组合在一起，大抵受到四种因素的影响：其一是作为一种"时髦思想"；其二是作为一种"船货崇拜"(cargo cult)，认为通过采取一种特殊的(管理主义)仪式就能取得巨大成功，这种观念尽管屡次失灵，但是又不断复活；其三是作为"一种对立面所具有的吸引力"；其四是作为"对一种特殊社会条件的回应"，这些社会条件包括"收入与分配的变化、后工业主义、后福特主义、新机械型政治及白领员工数量的变化"②。

波利特在其经典著作《管理主义与公共服务》中更是批驳了对管理主义的固有认识。首先，他指出："管理主义是一套以'更好的管理可以有效解决广泛的经济和社会问题'这个很少得到检验的假设为核心的理念和实践。"③ 波利特质疑到，"事情如果得到更好的组织就能改进"，这种管理主义思想似乎成为一种显而易见甚至毋庸置疑的金科玉律，如果说管理主义对商业和贸易的确有效的话，那么对公共服务来说则未必如此。其次，有些公共服务方面的问题的确需要新政策或额外的资源去解决，而非批评者所宣称的，仅仅在既有结构和预算形势下通过更多努力或提高效率就可以解决。再次，管理主义似乎有些乐观甚至不切实际，认为问题的解决方法掌握在我们自己手中，依靠坚定而精明的领导就可以实现重大的变革，一种新的目的和成就感产生了。

很多学者将矛头直指作为新公共管理基础的经济学，也就是经济学固有的矛盾和问题。首先，从经济学自身的局限来看，有学者认为，经济学本身就是一种有缺陷的社会科学，④ 而不加慎重地将经济学理论应用于公共

---

① Stephen P. Osborne：《新公共治理？——公共治理理论和实践方面的新观点》，包国宪等译，北京，科学出版社，2016。

② 欧文·休斯：《公共管理导论》，张成福等译，北京，中国人民大学出版社，2007 年，第 60 页。

③ Pollitt, C., 1993：*Managerialism and Public Services：Cut or Culture Change in the 1990s*, Oxford, Blackwell Publisher Blackwell Publisher Ltd., p.1.

④ 欧文·休斯：《公共管理导论》，张成福等译，北京，中国人民大学出版社，2007 年。

部门同样是具有缺陷的。因为就在经济领域之内，经济学理论也无法对一些经济现象做出科学的解释，也无法有效解决全部经济问题，因此在公共领域盲目地以经济学理论为指导，而不顾公共部门本身的特殊性，其谬误是不言而喻的。[①] 其次，从经济学理论的适用性上来看，很多批评者指出，尽管经济学作为经济体系和私营部门的基础具有某些效益，但它在政府中被应用则完全是一种拙劣的构想。因为与经济活动相比，公共服务的交易行为往往更为复杂。正如波利特所指出的，公共服务比任何普通的消费者模式所允许的内容更为特殊：一方面公共服务中的提供者－消费者交易模式显然比普通市场中的消费者面对的交易模式更为复杂，另一方面公共服务的消费者绝不仅仅是"消费者"，他们同时是公民，而这对交易而言蕴含着特殊的意义。[②] 最后，从对人性的认识来看，新古典经济学的"经济人"假设认为，理性行动者是由自利所激励的，是机会主义、欺诈、自我服务、懒惰的，因而是不可信任的。而这种认识不仅忽视文化因素的人性的渗透，也忽视了人性的复杂性和人的需求的多样性，从而引发道德追求和公共伦理的危机。[③]

同时，批评者对新公共管理理论基础的管理学也深表质疑。科学管理只要求一件事：将所有的机会、控制和决策由工人向新兴的科学的管理者阶层进行不可逆转的、全面的移交。科学管理之父泰勒曾主张，过去，人是第一位的，然而在将来，制度是第一位的。而且，他相信，他的原则是可以广泛使用的，在工厂中有效，在大学里也同样有效。它是科学的、进步的、通往繁荣的道路。不幸的是泰勒的主张已逐渐应验。科学管理使得我们今天将产量和效率奉为神明——这种神明反而更为强大，因为我们不加质疑地予以接受，使其成为我们文化中难以觉察的一部分。[④] 对此，有人激烈地批判到，管理咨询家一直被称作"我们这个时代的巫医，为了买蛇油而利用工商业界人们的烦扰施行欺骗。现代的管理理论还不如原始部落中的草药值得信赖"[⑤]。

2. 企业化管理：万能的良药？

新公共管理主要强调的是进行企业化管理，加强竞争和市场导向。新

---

① 陈天祥：《新公共管理——政府再造的理论与实践》，北京，中国人民大学出版社，2007年。

② 欧文·休斯：《公共管理导论》，张成福等译，北京，中国人民大学出版社，2007年。

③ 王定云、王世雄：《西方国家新公共管理理论综述与实务分析》，上海，上海三联书店，2008年。

④ 波恩鲍姆：《高等教育的管理时尚》，毛亚庆等译，北京，北京师范大学出版社，2008年。

⑤ Micklethwait, J. and Wooldridge, A., 1996 : *The Witch Doctors : Making Sense of the Management Gurus*, New York, Random House, p.12.

公共管理的一个主要假设是私营部门的管理理念优于公共部门,而且公共部门管理与私营部门管理之间存在一种跨越公私情境的"通用管理"(generic management),而非存在实质性的差异,进而主张全面引入私营部门的价值、结构、流程和技术进行自我解构。因此,在新公共管理改革运动中,解决和利用私营部门的方法比比皆是。例如,通过招标方式提供公共物品和服务,用市场来检验服务。再如,把企业的人事管理方法引入公共部门,在合同中规定工作的数量和质量及相应的考核标准,并据此实施考核决定个人的奖金额数和是否续订合同。

　　然而,实际上,公共管理和私人管理的确存在政府与市场、公益与私利、法制与契约自由、社会公平与经济效率等诸多方面的倾向差异。新公共管理式的管理典范在一些环节和领域可能有效,但在另一些领域可能就失去了它的应用价值。如果不顾实际情况盲目照搬,就有可能失去效果。① 忽视公共部门和私营部门的差异而盲目采取企业化管理,或许会带来经济或效率上的收益,但有可能背离公共服务的基本精神和价值诉求。首先,这种危险后果突出体现为对公平、正义等公共服务基本价值的损害。正如弗雷德里克森(H. George Frederickson)所指出的,如果由企业管理模式直接取代公共管理,势必会造成公共性(publicness)的丧失。而公共管理的独特性在于公共性,缺失了公共性,公共行政就失去了合法性的基础。② 其次,造成工具理性的膨胀和根本目的的迷失。过分强调对效率和工具理性的追求,将使人们无力反省公共行政及公共服务的根本价值和目的。如果将其变为执行与管理的工具,不但无力担负捍卫民主政治价值的责任,也无法实现提升公民道德水准的使命。邓哈特曾不无忧虑地指出,以效率为导向的工具理性只会引导人们关注达成既定目标的手段,而忽略对目的本身的关切。在工具理性下的种种行动,将使行政工作越来越远离社会价值的体现,只是斤斤计较于减少行政成本,从而沦为公务产生过程中的工具,以至完全丧失作为行政体系行动本身的道德内涵。③

---

① 陈天祥:《新公共管理——政府再造的理论与实践》,北京,中国人民大学出版社,2007年。

② Frederickson, H. G., 1997 : *The Spirit of Public Administration*, San Francisco, CA, Jossy-Bass Publisher. 转引自:王定云、王世雄:《西方国家新公共管理理论综述与实务分析》,上海,上海三联书店,2008年。

③ 王定云、王世雄:《西方国家新公共管理理论综述与实务分析》,上海,上海三联书店,2008年。

二、高等教育问责的模式困境

1. 绩效测评：一种"浮士德交易"[①]？

新公共管理运动的关键学理内容就是一个清晰的绩效标准和测量。[②] 对以此为理论基础的高等教育问责而言，其实施过程中的评估、审计、拨款等活动高度依赖的也是各种绩效指标和测量。但是，绩效指标往往也是被批评的关键所在。

第一，在很多学者看来，绩效指标本身就缺乏信度和效度。[③] 绩效指标常常被建立起来的原因是数据可以获得，而非因为它们反映了某些重要的东西。因此，这就形成如此一种循环："能够获取的就要进行收集和测量，被测量的或可以测量的就要赋予价值，被赋予价值的就要审查其问责和资助情况。"[④]

第二，绩效指标忽略并排斥了很多无法测量的内容。绩效指标强调并过分地生产那些可测量的东西而忽视那些不可测量的东西，这种对测量的热情无疑会扭曲组织的努力方向。正如有学者所指出的，如果你不能测量，或在以某种方式表示一些东西的特性，你甚至不能证明它的存在。如果学术界坚持认为我们的学术事业有崇高的和高贵的产品（学习、保存知识和文化等），但是这些产品的数量和质量如果本质上是不可确定的，那么我们就有可能被我们的批评家认为是无能的笨蛋。[⑤] 而美国教育哲学家鲍文（Howard Bowen）则认为，那些最具价值的事物正是那些不能被测量的事物。实际上，教育的目的就是把可被触知的资源转化为无形的资源。[⑥] 正如爱因斯坦所做出的精辟论述，不是所有的事情都可被测量，也并非所有可以计数的都有意义。

[①] "浮士德交易"（Faustian bargain）出自德国诗人歌德《浮士德》中所描写的浮士德与魔鬼梅菲斯特之间以灵魂为代价所做的交易。该短语意指出卖关键性的东西以获取短期利益。

[②] Stephen P. Osborne：《新公共治理？——公共治理理论和实践方面的新观点》，包国宪等译，北京，科学出版社，2016年。

[③] Gaither, G., et al., 1994 : *Measuring Up : The Promises and Pitfalls of Performance Indicators in Higher Education*, ASHE-ERIC Higher Education Report No.5, Washington, D. C., George Washington University, Graduate School of Education and Human Development.

[④] Gaither, G., et al., 1994 : *Measuring Up : The Promises and Pitfalls of Performance Indicators in Higher Education*, ASHE-ERIC Higher Education Report No.5, Washington, D. C., George Washington University, Graduate School of Education and Human Development, pp.6~7.

[⑤] 波恩鲍姆：《高等教育的管理时尚》，毛亚庆等译，北京，北京师范大学出版社，2008年。

[⑥] Bowen, H. R., 1977 : *Investment in Learning : The Individual and Social Value of American Higher Education*, San Francisco, Jossey-Bass.

第三，绩效指标在实践上使用的标准与质量并无太大关联。很多绩效测评中使用的绩效指标强调的是院校对国家或地方经济增长的贡献，而非对学生学业发展或对科学研究的贡献。这使得问责在高等教育领域得到发展，越来越多被院校及主管部门用来评估绩效，但是他们的选择并没有考虑到什么东西真正关系到大学的长期福祉。① 以美国各州的高等教育绩效拨款为例，绝大多数关于绩效拨款的实证研究都表明，该政策未能提高学位完成率和毕业率。在接受绩效拨款的四年制院校，推行绩效拨款政策后，学士学位完成率和毕业率并没有改善。同样，在两年制院校，绩效拨款政策也未能有效促使副学士完成率的提升。② 另有研究表明，绩效拨款对改变院校的拨款方式、提升院校对州优先事项和自身办学绩效的意识及促进院校间的竞争的确产生了直接影响，但是并没有证据表明绩效拨款对提升学生的完成率、保留率和毕业率产生显著的作用。③

第四，绩效指标与组织目标的混同。政府和院校制定的目标或预期往往是概略的、原则性的和方向性的，而绩效指标是具体的、翔实的和可量化的。当理想的目标被现实的目标所取代，特别是当指标本身变成目标的时候，过度地关注"达到这些数字"，而不是切实完成工作或改善实际成果，就会导致目标的偏离。2005 年，由俄克拉荷马州前州长基廷（Frank Keating）和教育部前部长、南卡罗来纳州前州长莱利（Richard W. Riley）共同担任主席的全国高等教育问责委员会发表的报告就指出："为更好的结果而开展问责是必要的，但实践中各种多样的问责往往无助于提高绩效。我们当前的问责体系可以用累赘、过度设计、混乱和低效来描述。它没有回答关键问题，它用过多的、误导性的数据给政策制定者带来了过重的负担。它要求院校报告数据，给它们带来了过重的负担。"④

实践中的很多迹象表明，一些绩效测评活动已偏离了它的本意和初衷。正如，伯文思指出的，管理主义思想驱动下的公共问责既是手段也是目标。它是提高公共治理效益和效率的手段，但也逐渐成为一种目标。公共问责

---

① 波恩鲍姆：《高等教育的管理时尚》，毛亚庆等译，北京，北京师范大学出版社，2008 年。

② Li, A. Y., 2018：*Lessons Learned：A Case Study of Performance Funding in Higher Education*, Washington, D. C., Thrid Way.

③ Dougherty, K. J. and Reddy, V., 2013："Performance Funding for Higher Education：What Are the Mechanisms？ What Are the Impacts？", *ASHE Higher Education Report*, 39（2）.

④ National Commission on Accountability in Higher Education, 2005：*Accountability for Better Results：A National Imperative for Higher Education*, Washington, D. C., State Higher Education Executive Officer, p.6.

变成"善治"(good governance)的代名词和修辞语。[①] 一方面,继续测评已从公开发现问题、寻求改进之策转变到单纯地追求数据及辩护和解释所做的工作。比如,在越南战争中,美军当时以敌军阵亡数量作为衡量战争进展情况的指标。[②] 绩效测评使"检查什么做什么"成为流行语,人们不再关心存在哪些问题及如何改进工作。尤其是当目标完成情况与奖惩直接相联系的时候,绩效测评更是背负了不可承受之重。绩效测评的赌注变得如此之高,以至于管理者打心眼里不愿向检查人员承认他们所犯的错误。[③] 在当前环境下,大部分管理者和员工都知道自己的工作做得还不够好。但是他们更清楚,在问责的情势下,除了傻瓜,没人愿把没把握的事情摆在台面上,面临否决评估的风险,从而危及以后的拨款,甚或影响机构的存续。另一方面,绩效测评强化了人们避重就轻的观念,或者说,选择最容易而非最重要的问题。例如,据英国国家审计署的调查、英国医学会(BMA)提供的书面资料及媒体的调查都表明,英国国家卫生系统医疗服务缩短患者就诊等待时间,主要是通过优先接诊那些较轻病患来实现的。也就是说,有小毛病的患者很快会接受诊治,而危重患者则要继续等待。还有一例,英国有关方面出台医院如果过晚取消患者的就诊预约就将受到处罚的规定后,很多医院提前 48 小时就取消了预约,这种举措显然规避了对"过晚"定义的标准。如果持续开展这样的绩效测评,其结果只能是适得其反,离效率和成果越来越远。

2. 高等教育市场化:一种恰当的方式?

20 世纪 80 年代以来,在新公共管理思潮和问责运动的助推下,"市场化"不断成为主导公共部门改革的强势力量。在这种形势下,高等教育也日益不再是一个教育的、社会的和道德的过程,而更多地沦为一个实用主义的、经济的过程。学院和大学被看作企业,它们拥有由教室和实验室构成的"制造设备"和教师这样的"工人"。它接收原材料,并进行加工,然后产出产品。教育成为一种顾客在开放的市场上能购买的商品。[④]

---

① Bovens, M.: "From Financial Accounting to Public Accountability", in Hill, H., 2005: *Bestandsaufnahme und Perspektiven des Haushalts-und Finanzmanagements*, Baden Baden, Nomos Verlag.

② Perrrin, B.: "Towards a New View of Accountability", in Bemelmans-Videc, M., et al., 2007: *Making Accountability Work: Dilemmas for Evaluation and for Audit*, New Brunswick and London, Transaction Publishers.

③ Martin, S., 2005: "Evaluation, Inspection and the Improvement Agenda: Contrasting Fortunes in an Era of Evidence Based Policy Making", *Evaluation*, 11(4).

④ 波恩鲍姆:《高等教育的管理时尚》,毛亚庆等译,北京,北京师范大学出版社,2008 年。

　　从政府的观点来看，高校向不同的买方出售服务的制度就是增强院校自治的表现。按照这个观点，只要存在单个或占主导地位的买主，即国家，那么学校自治及学术自由就会受到威胁。但是，像已经指出的很多"买主"实际上都是乔装的国家。实际上发生的事情是政府用财政上的激励作为影响高校活动的模式是比行政干预更为有效的手段。因此，有学者得出结论认为，市场的"自治"已经取代大学中渐进的年度拨款的学院式的管理制度及多科技术学院和其他学院的一条线预算的官僚式的管理制度。许多大学正采取内部市场机制，各系之间相互买卖服务或各系和学校中心管理机构进行服务交易。①

　　市场化也使很多商业行为在高校大行其道，高校越来越被市场力量塑模成型。一位当代评论家就学术组织中"充斥着商业词汇"的现象评论道："如今很难找到一所大学声称自己能够免受一种这样的方法的评价或改造。"② 在高等教育领域，个人成长（personal growth）、智力开发（intellectual development）、学术团体（scholarly community）、人文主义（humanism）、社会改良（improving society）及自由教育（liberal education）等表述日益让位于问责、成本效益分析（cost-benefit analysis）和再造（reengineering）等表述。③ 隐喻模式改变，语言也随之改变，最终现实也要发生变化。④ 在英国，为了达到最大的灵活性和为最多的学生提供低成本教学计划的发展，很多高校的教学计划正在"模块化"。而裁撤和改组经营不善或市场前景不好系科的风潮更是使很多基础性学科、缺乏经费来源及难以与工商业界开展合作的系遭受到严重威胁。维布伦（Thorstein Veblen）意识到，当一些商业原则被一所大学接受并成为习惯的时候，它们对学术事务也会产生重要影响。正像高等教育与商业的精明不相容一样，商业行为也与大学精神难以一致。对高等教育造成的影响是："商业原则侵入大学，会弱化和妨碍对学问的探索，因而也就破坏了资助大学的终极目的。这种结果的产生主要来自用非人的、机械的关系、标准和检查，代替了师生之间人性的协商、指导和联系；也是由于把一种机械的标准强加在教职员工身上。"⑤

---

① 范富格特主编：《国际高等教育政策比较研究》，王承绪等译，杭州，浙江教育出版社，2001年。

② 波恩鲍姆：《高等教育的管理时尚》，毛亚庆等译，北京，北京师范大学出版社，2008年。

③ 波恩鲍姆：《高等教育的管理时尚》，毛亚庆等译，北京，北京师范大学出版社，2008年。

④ Chiarelott, L., et al., 1991 : "Lessons in Strategic Planning Learned the Hard Way", *Educational Leadership*, 48(7).

⑤ 波恩鲍姆：《高等教育的管理时尚》，毛亚庆等译，北京，北京师范大学出版社，2008年。

三、高等教育问责的结果困境

1. 问责的悖论

问责在蓬勃发展的同时似乎陷入某种悖论之中。全世界的公共部门都在不断地发生深刻的变革，但有关问责制度的各种举措和手段总是无法适应这种变化。尽管有关问责的活动和举措越来越多，在很多领域，政府部门和公共服务却越来越不负责任。[①]

根据美国西东大学学者凯尔辰的研究，许多问责措施未能奏效的主要原因在于四个方面的问题。一是竞争性举措。大学面临许多压力，这些压力提供了相互矛盾的激励措施，这反过来又降低了任何单项问责政策的有效性。除了联邦政府和州政府，大学还面临来自其他利益相关者的强大压力。认证机构要求大学达到一定的标准。教师和学生团体对他们大学的未来有自己的愿景。而私人部门组织，例如大学排名提供商，对大学应该优先考虑什么也有自己的看法。二是政策不完善。大学可以通过钻政策空子来满足一些绩效指标，而不是真正提高它们的绩效。许多问责政策背后的理论是，大学没有以一种有效的方式运作，必须给予它们激励，以提高它们的绩效。但是，如果大学已经在高效地运作，或者它们不想改变自己的做法以应对外部要求，那么要达到绩效目标，唯一的选择可能就是钻空子。三是不明确的关联。例如在学生学业表现方面，很难将个别教师与学生成绩挂钩。基于学生成绩评价教师的想法并不新鲜，美国 38 个州要求将学生的考试成绩用于 K-12 教师评价，大多数大学将学生评估作为评价教师的一个标准。在 K-12 教育中，将教师评价与学生的成绩挂钩一直存在争议，但这要比确定个别教师对学生大学毕业或偿还贷款的可能性作出了多大贡献容易得多。四是惯常的政治因素。即使当一所大学应该承担责任时，政治因素也常常成为阻碍。政客可能对高等教育的价值持怀疑态度，但他们会努力保护他们的地方大学，因这些大学往往是他们的家乡州最大的雇主之一。这意味着，在问责体系下，政客经常采取行动避免大学损失金钱。[②]

问责并非等同于绩效。公共问责可能是好事，但是我们显然过度热衷

---

① Perrin, B., et al., 2007 : "How Evaluation and Auditing Can Help Bring Accountability into the Twenty-First Century", in Bemelmans-Videc, M., et al., 2007 : *Making Accountability Work*: *Dilemmas for Evaluation and for Audit*, New Brunswick and London, Transaction Publishers.

② Kelchen, R., 2018 : *Why Accountability Efforts in Higher Education often Fail*, http://theconversation. com/why-accountability-efforts-in-higher-education-often-fail-91716, 2018-02-22.

于此。实际上，很多学者已指出"问责困境"（accountability dilemma）或"问责悖论"（accountability paradox）的问题。这表明，问责与有效工作之间存在内在的和固有的矛盾。过分强调问责会导致程序主义（proceduralism）的高涨，并以次优和低效的判断取代工作的改进。欧洲评估协会前主席里乌（Frans Leeuw）也指出："我们必须意识到评估无意间造成的不良副作用。"[1] 由于学术机构被整合到社会、经济和政治系统之中，所以其深受 20 世纪美国理性主义和管理主义的重大影响就不足为奇了。在学校里，这两种理念对行政管理者转变为商业管理者和经理人产生了影响，这被视为对商业理念的屈服，卡拉汉称之为"美国教育的悲剧"[2]。

2003 年 1 月，英国审计委员会主席斯特拉森（James Strachan）在议会下议院公共行政特别委员会上承认，他现在开始怀疑公共服务实施过程中广泛设定目标和绩效检测的功用。他警告，盲目热衷于实现各种未经科学论证而设定的目标必将会陷入无法改善公共服务的歧途。[3] 内阁大臣海威特（Patricia Hewitt）也强调，对公共部门来说，价值比目标更重要，她指出："我们不能以商业公司送比萨的方式来维护道路的安全。我坦率地认为，我们已陷入纷繁目标的陷阱。"左翼压力集团"康普斯"（Compass）指出，新工党政府的"家长式作风"太重。政府应少一点颐指气使，而是将公共服务精神和专业网络的动力与用户参与和分散政治责任的创新形式结合起来。甚至一向对中央集权持拥护态度的沃克尔（David Walker）也表示，只有为大量涌现的标准制定机构加上一点合理化因素才不会出问题。[4]

英国政府表示已注意到社会各界的声音，将限制和放松监管的力度。政府承诺，未来会减少干预，对高绩效的组织会免除更多的目标束缚或自主制定目标。例如，政府的卫生保健部门撤销了一些监管机构，降低服务提供者的负担。原来的卫生审计与检查委员会（CHAI）被改组成卫生保健委员会（HC），并承担了审计委员会有关卫生保健组织审计和检查的职能，以及社会保健检查委员会（CSCI）的相关职能。在新体制下，审计人员虽然也要就各个组织达到政府设定标准的情况做出年度报告，但是他们不必再进行年度性的检查和三年一轮的持续性考察。因此，目前该委员会将工作重点

① Leeuw, F., 2000 : "Evaluation in Europe 2000 : Challenges to a Growth Industry", *Evaluation*, 8(1), pp.5~12.

② 波恩鲍姆：《高等教育的管理时尚》，毛亚庆等译，北京，北京师范大学出版社，2008 年，第 170 页。

③ Audit Commission, 2003 : *Targets in the Public Sector*, London, The Audit Commission.

④ Gray, A. and Jenkins, B.: "Check Out ? Accountability and Evaluation in the British Regulatory State", in Bemelmans-Videc, M., et al., 2007 : *Making Accountability Work : Dilemmas for Evaluation and for Audit*, New Brunswick and London, Transaction Publishers.

转向查找低绩效组织，而不再对高绩效组织进行制约。同时，英国教育标准办公室也接管了社会保健检查委员会有关儿童保育的审计和检查职能，并宣称将"减少干预"。

2. 问责的副作用

高等教育问责实施过程中不可避免地给高校的办学造成多方面的副作用，而且随着时间的延续、范围的扩大和程度的深化，其影响也更加引人注目。

很多公共管理人员开始抱怨由问责所抬高的各方面的成本，尤其是准备审计人员检查所需各种资料，在文书和准备工作上耗费的时间及费用的增加。高校领导不断反对这种过度官僚化的问责实现方式在于，从最基本的层面而言，他们认为复杂、交叉而重复的报告和评估体制带来昂贵而不必要的时间和资源上的成本。[1] 仅以资源成本为例，英国新工党上台后，随着绩效监测范围的扩大和程度的加深，公共服务检查的成本已从 1997—1998年度的 2.5 亿英镑上升到 2002—2003 年度的 5.5 亿英镑。[2]

相比成本而言，问责在重塑学术环境方面的影响更为严峻。问责"以测量代替信任，用管理控制代替学术自治，故意制造竞争和不安全的氛围"[3]，深刻地改变着高校内部的组织文化。考特（Stephen Court）更是将这种"顽固、冷漠而专制的评估体制"比喻为狄更斯小说《艰难时世》中主人公葛擂更（Thomas Gradgrind）精神的死灰复燃。[4]

其一，问责助长了学者的个人主义和工具理性。一位教师在访谈中指出："除开会以外，人们不再坐下来谈话。当然很多人也不来开会，他们中的很多人忙于参加各种其他会议。他们只是专注于申报科研项目和撰写论著，因为他们知道最终要考核什么。因此，我认为这对大学生活产生了非常

---

[1] Leveille, D. E., 2005 : *An Emerging View on Accountability in American Higher Education*, Research & Occasional Paper Series : CSHE.8.05, Berkeley, Center for Studies in Higher Education University of California, Berkeley.

[2] Martin, S., 2005 : "*Evaluation*, Inspection and the Improvement Agenda : Contrasting Fortunes in an Era of Evidence Based Policy Making", *Evaluation*, 11 (4).

[3] Shore, C. and Wright, S. : "Coercive accountability : The Rise of Audit Culture in Higher Education", in Straithen, M., 2000 : *Audit Culture : Anthropological studies in Accountability, Ethics and the Academy*, London, Routledge, p.78.

[4] Court, S., 2000 : "A Tale of Hard Times That Is Worthy of Dickens", *Times Higher Education Supplement*, 2000–11–17.

重大而深远的损害。"① 而且他还认为："现在拼的是数量，看你能拿出多少论著。我觉得十年前完全不是这样，那时你可以做更感兴趣的事情，更关注成果的质量。如果你写出一本的确很好的书，这就可以了。没人会要求你两年后必须再写一本。"②

其二，问责对教师的教学工作产生直接而强烈的冲击。学者戈德曼（Stephen Gudeman）不无遗憾地指出："在对学术工作进行检测以前的年代里，我认为好的教学可能会发生在办公室或大厅里，或在课余喝咖啡或吃饭的时候，可能只需寥寥几分钟也可能会畅谈数小时。但是，这种场景和情况很难测量，而且在经费分配中绝不会被考虑。"③ 牛津大学教授约翰逊（Nevil Johnson）也指出："教师教得好坏与否及他（她）是否会时常激励学生都不再真正是一回事；更重要的是他们已经制定出课程计划、列出参考书目、写出方方面面的提纲。总之，这些从天而降的评估人员犹如来自卡夫卡（Franz Kafka）的《城堡》（*Castle*）的使者一般，会要求所有琐碎的官僚化的东西。"④

其三，问责加剧了教师的工作负担和压力。问责的形式多种多样，审计、评估、认证和检查应接不暇。这些名目繁多的问责活动不可避免地给高校教师造成沉重的负担。《泰晤士高等教育》的社论将这些繁复的程序归结为工作过度的文化。⑤ 据英国大学教师协会 1994 年对 2 670 位学者进行的一项调查显示，他们每周平均工作时间达到 53.5 个小时，其中 18 个小时用在处理行政事务上，这个时间比他们用在所有形式的教学时间还长一个小时，比他们的个人科研时间更是多出七个小时。大学教师协会 1998 年对其成员所做的一项调查也表明，有 2/3 的受访者称他们的工作负担很重，有 1/4 的受访者因压力造成疾病而请病假。⑥2000 年进行的一项调查再次表

① Davies, A. and Thomas, R., 2002 : "Managerialism and Accountability in Higher Education: The Gendered Nature of Restructuring and the Costs to Academic Service", *Critical Perspectives on Accounting*, 13 (2), p.185.

② Davies, A. and Thomas, R., 2002 : "Managerialism and Accountability in Higher Education: The Gendered Nature of Restructuring and the Costs to Academic Service", *Critical Perspectives on Accounting*, 13 (2), p.185.

③ Gudeman, S., 1998 : "The New Captains of Information", *Anthropology*, 14 (1), p.2.

④ Johnson, N., 1994 : "Dons in Decline: Who Will Look After the Cultural Capital？", *Twentieth Century British History*, (5), p.379.

⑤ THES Editorial, 2005 : "The Academics'Life of 'Grunge' Is a Threat to Future", *Times Higher Education Supplement*, 2000-05-12.

⑥ Shore, C. and Wright, S., 1998 : *Audit Culture and Anthropology: Neo-liberalism in British Higher Education*, The Paper Presented to the Session 'Auditing Anthropology, The New Accountabilities' at the Fifth EASA Conference, Frankfurt, September 4-7.

明，绝大部分学者在学期中每周的工作时间达到 55 个小时，而假期中的工作时间也有 53 个小时之多；其中最高的达到 70 个小时，这还不包括"思考时间"。[①] 在这种氛围下，"每个人的精神都绷得很紧。如今的环境并不像以前那么和谐，而是充满了竞争，或者可以说完全是一种敌对的环境。"[②] 而这种不断加剧的负担和压力已威胁到教师的职业安全。有研究显示，对不断加码的效率和利润的追求正在给员工施加无法承受的负担，这主要反映在：日益增加的工作不安全性、身体不健康和生活不幸福。迄今为止，职业不安全性依然在增加，并已经发生在专业人员中间。在 1986 年，专业人员是工人中最安全的群体，而到 1997 年却成为最不安全的群体。[③]

其四，问责也对院校自治造成威胁。很多学者不无警惕地认为，政府指令、标准化的问责体制将会威胁到院校的多样性和自治。保护这些历史形成的高等教育的重要特点已成为问责议事日程中的一个重要问题。[④] 2000年，美国教师联合会高等教育计划与政策委员会（HEPPC）在一份声明中指出："我们坚决反对外部力量对学术事务的微观管理，特别是那些怀有政治动机的行动。我们坚决抵制那些抨击高等教育的手段拙劣的论坛及企图随意解雇专业学术人员的各种'问责'举措。这些举措永远不会得逞。唯有培育、认同和提升教职员工能力和成就的举措才是切实可行的。"[⑤] 对此，哈佛大学前校长德里克·博克（Derek Bok）对日益强化的管控环境不断对此前独立的高等教育事业所造成的侵扰表示担忧。博克满怀对政府干预的忧虑，提出很多尖锐的问题：大学在履行其学术职能过程中究竟享有多少自主权？政府在什么情况下可以干预大学事务？政府干预时，应采取怎样的管控手段，即使预期目标得以实现，又使学术机构遭受的损害降到最低？[⑥]

---

① Goddard, A., 2000 : "Unpaid Slog Sustains Research", *Times Higher Education Supplement*, 2000-05-12.

② Davies, A. and Thomas, R., 2002 : "Managerialism and Accountability in Higher Education: The Gendered Nature of Restructuring and the Costs to Academic Service", *Critical Perspectives on Accounting*, 13 (2), p.185.

③ Shore, C. and Wright, S.: "Coercive Accountability: The Rise of Audit Culture in Higher Education", in Strathern, M., 2000 : *Audit Culture: Anthropological studies in Accountability, Ethics and the Academy*, London, Roultedge.

④ Leveille, D. E., 2005 : *An Emerging View on Accountability in American Higher Education*, Research & Occasional Paper Series: CSHE.8.05, Berkeley, Center for Studies in Higher Education University of California, Berkeley.

⑤ AFT, 2000 : *Accountability in Higher Education: A Statement by the Higher Education Program and Policy Council*, Washington, D. C., AFT, p.2.

⑥ Bok, D., 1982 : *Beyond the Ivory Tower: Social Responsibilities of the Modern University*, Cambridge, MA, Harvard University Press.

在博克看来，上述这些问题不仅影响着理想的自治与问责的平衡，也无疑会影响到高等教育机构的公共信任。博克指出："这些问题不仅仅是他个人对学院和大学的担忧，对国家来说也非常重要，因为学院和大学是当代社会发展所需新知识和高深教育的重要来源。因此，当务之急是不仅要寻求公共需求与学界私益之间的适当妥协，而且要解决如何加强政府与大学协作的问题，从而使高等教育为社会发展做出最大的贡献。这是问题的根本所在。正因为高等教育具有如此重要的作用，政府才愈加希望干预以使学院和大学更好地服务于社会。然而，我们从其他国家大学经历的惨痛教训中明白，政府以极端的方式轻而易举地控制教育会损害教育的创造力与活力。为避免这种危险，政府官员应以更广阔的视野去审视政府与大学的关系，而不是以一种狭隘的方式处理各种具体问题。"[1]

第三节　英美高等教育问责的理论转向

高等教育问责经常成为学者与决策者之间矛盾冲突的主要议题。很多学者认为外部强加的问责是一种施加指责或逃避财政投入责任的手段，而很多决策者则因既有的投入没有取得很好的效果而失望，认为加强外部问责是改进办学绩效的唯一出路。在这种相互怨恨和不信任的氛围下，问责行动不仅无法实现预期目标，反而引发更多的抵制。因此，问责问题从本质而言不仅仅是技术问题，更是道德和伦理问题，其对信任所造成的强烈冲击需要通过加强政治家、官僚和公民之间的民主健康关系来解决。[2] 正如，美国公共政策专家珍妮特·登哈特（J. V. Denhardt）和罗伯特·登哈特（R. B. Denhardt）所指出的："当我们急于掌舵时，也许我们正在淡忘谁拥有这条船。"[3] 在超越传统高等教育问责制度和模式的基础上，寻求高等教育问责发展变革的新理论和新方向，进而重构高等教育问责是一个迫切需要解决的问题。

一、向新公共服务转向

正如前文所述，英美高等教育问责得以确立和发展的一个重要理论基

[1] Bok, D., 1982：*Beyond the Ivory Tower：Social Responsibilities of the Modern University*, Cambridge, MA, Harvard University Press, pp.39~40.
[2] Lonsdale, J. and Bemelmans-Videc, M.："Accountability：The Challenges for Two Professions", in Bemelmans-Videc, M., et al., 2007：*Making Accountability Work：Dilemmas for Evaluation and for Audit*, New Brunswick and London, Transaction Publishers.
[3] 珍妮特·V. 登哈特、罗伯特·B. 登哈特：《新公共服务：服务，而不是掌舵》，丁煌译，方兴、丁煌校，北京，中国人民大学出版社，2010年，第16页。

础就是新公共管理理论。可以说,该理论因其在一定程度上反映了公共行政和公共部门发展的规律和趋势,因而对西方国家的行政改革起到了十分重要的推动和指导作用。然而,新公共管理在公共部门中的运用也导致很多严重的问题。作为市场取向的管理工具,这一范式下绩效管理对效率的过分追求常常造成公共服务偏离公共利益和公平性的价值追求,出现重效率、轻公平,重结果、轻过程等问题,从而违背公共服务的基本目的。因此,新公共管理理论遭到来自多方面的质疑和挑战。在此过程中,无论登哈特夫妇提出的传统公共行政和新公共管理的替代方案,[①] 还是迪金森(Helen Dickinson)提出的从新公共管理到新公共治理(New Public Governance)变迁的一种结果,[②] 或是联合国开发计划署(UNDP)提出的发展中国家公共部门改革建议,[③] 都指向一个共同的方向——新公共服务(New Public Service)。可以说,新公共服务的矛头直接指向了新公共管理。[④]

登哈特夫妇提出"新公共服务"对反思和重构高等教育问责的未来发展具有十分重要的启示意义。登哈特夫妇认为,当前新公共管理及其替代者已被确立为治理和公共行政领域的主导范式。在这种范式下,对民主公民和公共利益的关切虽然没有完全丧失,但这种关切是处于从属地位。因此,他们提出,在民主社会中,对民主价值的关注应该是我们思考治理制度的最重要方式。效率和生产力等价值不应丧失,而是应该放在民主、社区和公共利益的更大范围内。[⑤] 新公共管理强调权力下放、私有化和竞争,以便提升效率和对顾客需求做出最佳反应。而新公共服务则表明,私有化和商业企业家的价值观可能会使平等、代表性和公平等公共利益遭受损失。[⑥]

向新公共服务转向,意味着要对既有的新公共管理理论进行深刻的反

① Denhardt, R. B. and Denhardt, J. V., 2000 : "The New Public Service : Serving Rather Than Steering", *Public Administration Review.*, 60(6).

② Dickinson, H. : "From New Public Management to New Public Governance : The Implications for a 'New Public Service'", in Butcher, J. and Gilchrist, D., 2016 : *The Three Sector Solution : Delivering Public Policy in Collaboration with not-for-profits and Business*, Canberra, The Australian National Press.

③ Robinson, M., 2015 : *From Old Public Administration to the New Public Service Implications for Public Sector Reform in Developing Countries*, Singapore, UNDP Global Centre for Public Service Excellence.

④ Stephen P. Osborne:《新公共治理？——公共治理理论和实践方面的新观点》,包国宪、赵晓军等译,北京,科学出版社,2016 年。

⑤ Denhardt, R. B. and Denhardt, J. V., 2000 : "The New Public Service : Serving Rather Than Steering", *Public Administration Review*, 60(6).

⑥ Denhardt, J. V. and Denhardt, R. B., 2015 : "The New Public Service Revisited", *Public Administration Review*, 75(5).

思，也意味着必须形成一系列全新的核心理念与观点。①

（1）政府角色是服务而不是掌舵。对公共服务人员来说，更加重要的是要利用基于价值的共同领导来帮助公民明确表达和满足他们的共同利益需求，而不是试图控制或掌控社会新的发展方向。

（2）公共利益是目标而非副产品。公共管理者必须促进建立一种集体的、共同的公共利益观念。这个目标不是要找到由个人选择驱动的快速解决问题的方案，而是要创立共同利益和共同责任（shared responsibility）。

（3）战略思考和民主行动。满足公共需求的政策和项目可以通过集体努力和合作过程得到最有效且最负责任的实施。

（4）服务公民，而不是服务顾客。公共利益是就共同价值进行对话的结果，而不是个人自身利益的集合。因此，不仅要关注"顾客"的需求，还要着重关注公民并且在公民之间建立信任和合作关系。

（5）问责并非轻而易举。不仅应该关注市场，还要关注法令和宪法、社区价值、政治规范、职业标准及公民利益。

（6）重视人的价值而非生产率（productivity）。如果公共组织及其所参与其中的网络，基于对所有人的尊重而通过合作和共同领导来运作的话，那么从长远来看，它们就更有可能获得成功。

（7）重视公民权和公共服务胜过重视企业家精神。致力于为社会做出有益贡献的公民和公共服务人员要比具有企业家精神的管理者能够更好地促进公共利益。

这些核心观点为思考高等教育问责问题提供了重要的参考。问责的问题极其复杂，然而，旧的公共行政和新的公共管理都倾向于过分简化这个问题。从新公共管理的角度来看，重点是给行政人员很大的自由，让他们像企业家一样行事。在他们的企业家角色中，公共管理人员被要求主要考虑效率、成本和对市场力量的反应能力。在登哈特夫妇看来，通过只关注一小部分绩效测量的方法或者试图模仿市场力量，甚或更糟糕的是只躲在中立专长的概念后面，来使民主问责的本质简单化，这本来就是一个错误。②

与新公共管理支持者所认为的，使用市场模型和价值是了解政府的作用和运作及确保效率的最佳方法所不同，新公共服务认为，公共行政人员明确考虑民主价值观和公民身份。这将有利于建设社区、吸引公民参与，并使

---

① Denhardt, R. B. and Denhardt, J. V., 2000 : "The New Public Service : Serving Rather Than Steering", *Public Administration Review*, 60 (6).

② 珍妮特·V. 登哈特、罗伯特·B. 登哈特：《新公共服务：服务，而不是掌舵》，丁煌译，方兴、丁煌校，北京，中国人民大学出版社，2010 年。

政府工作更有效。① 尽管追求新的公共服务价值并非没有障碍和潜在的问题。例如，并非所有从政治进程和对话中产生的公众利益的表达都"在道义上同样引人注目"②。而且，公共对话可以由资源丰富的特殊利益集团和善于构建问题框架的党派活动人士主导。但是，新公共服务最重要的价值在于，我们必须从民主治理理论而非从私人部门管理理论中获得启示。新公共服务有助于我们重新认识到公共服务的公共性，同时提示我们公共服务应注重通过与公众建立信任关系来为公民创造机会。③

二、重建高等教育信任

强迫的测评不仅降低了高等教育的合法性，也削弱了社会对高等教育的支持力度。制度化组织的特征之一就是信心和忠诚（既有组织内部的，也有组织外部的），它是通过坚持仪式和惯例，而非通过评估和检查来维持的。④ 人们越仔细思考就会越加清楚，"从不信任、只认检查"（never trust, always check）这句"至理名言"不可能成为维护社会秩序的普遍性原则，时时警惕会在某种程度上造成"自动裂解"（autodestructive）。⑤

因此，问责在很大程度上是一个信任的问题。正如有学者所指出的，如果要建立一种适应时代发展需要而且平衡的问责体制，就必须要维持教师、院校管理者、管理和协调机构、决策者、州财政官员、媒体乃至公众等各主要方面间更大程度的信任。⑥

美国学者福山（Francis Fukuyama）就积极提倡建立一种高信任社会。他认为，高信任社会的主要特点是，允许各种社会关系以提供给员工更高的工作满意度、责任感和归属感的方式而进行组织的工作场所。员工被视为值得信任和能够为组织做出贡献的成熟个体。在这种工作氛围中，信任得以取代具有高昂交易成本的正式的规则和制度。信任不仅有助于开展合

---

① Denhardt, J. V. and Denhardt, R. B., 2015 : "The New Public Service Revisited", *Public Administration Review*, 75(5).

② Moore, M. H., 2014 : "Public Value Accounting:Establishing the Philosophical Basis", *Public Administration Review*, 74(4), p.474.

③ Denhardt, J. V. and Denhardt, R. B., 2015 : "The New Public Service Revisited", *Public Administration Review*, 75(5).

④ 波恩鲍姆：《高等教育的管理时尚》，毛亚庆等译，北京，北京师范大学出版社，2008年。

⑤ Power, M., 1997 : *The Audit Society:Rituals of Verification*, Oxford, Oxford University Press.

⑥ Zumeta, W.: "Public Policy and Accountability in Higher Education:Lessons from the Past and Present for the New Millennium", in Heller, D. E., 2001 : *The States and Public Higher Education Policy:Affordability, Access, and Accountability*, Baltimore, The Johns Hopkins University Press.

作,而且能降低由协商、契约和监督而产生的交易成本。① 福山同样认为,在高等教育机构之间及高等教育机构与其利益相关者之间,如果能够建立起这种高度的信任,那么对抗的关系将会大大减少,合理决策和共同愿望将得以迅速而有效地实现。②

高等教育机构对一个地区和国家的社会、文化和经济发展具有重大影响。人类发展离不开这种社会机构,需要利用这种文化和智力的资源。然而,学院和大学也是公共信任的重要承载者,需要将公共信任内化到高等教育使命和运行之中。如果失去公共信任,如果社会与高等教育的关系破裂,传统以来高等教育的角色和职能就将发生新的改变。③

因此,在社会发生重大变革的时代,为保持公众的信任,高校应积极地把自身的办学情况向社会做出说明。在最基本的意义上而言,问责就是对承诺和预期的"能力"(ability)做出说明。高等教育因其能够提供某种服务的"能力"而从社会获取资源。社会理所当然会要求高校展现利用所获得的资源来完成任务的情况。问责意味着应对所赋予的责任做出交代。④正如美国密苏里州前州长阿什克罗夫特(John Ashcroft)在美国全国州长协会发表的《讲求结果的时刻:各州州长1991年教育报告》(*Time for Results: The Governors' 1991 Report on Education*)中所指出的:"公众有权知晓税收资源的使用去向;公众有权知晓青年人在公共拨款学院和大学接受本科教育的质量状况。他们有权知晓他们的资源是否获得妥善使用。"⑤另外,高校应积极满足社会的各种期望。一是大学必须要服务社会。大学必须要恪守传统的人文使命。二是大学必须要促进持久的生存与学习。大学必须要摆脱象牙塔的束缚。三是大学必须要为充分使用资源负责。大学必须要提高师资、设施和资金的使用效益。四是大学必须要树立和坚持高标准的质量。

---

① Fukuyama, F., 1995 : *Trust: The Social Virtues and the Creation of Prosperity*, New York, Simon and Shuster.

② Fukuyama, F., 1995 : *Trust: The Social Virtues and the Creation of Prosperity*, New York, Simon and Shuster.

③ Leveille, D. E., 2006 : *Accountability in Higher Education: A Public Agenda for Trust and Cultural Change*, Center for Studies in Higher Education, University of California, Berkeley Research Paper Series.

④ Michael, S. O., 1997 : "American Higher Education System: Consumerism versus Professionalism", *International Journal of Educational Management*, 11(3).

⑤ NGA, 1986 : *Time for Results: The Governors' 1991 Report on Education*, National Governors' Association Publications Office.

大学必须要在各方面工作上做出表率。①

　　同时,政府应对高等教育的治理尤其是问责措施进行新的变革。从本质而言,高等教育问责应该成为一种民主过程,应通过这个过程树立明确的共同目标,衡量进展情况,并激发和引导绩效的改善。②

　　传统的消极的问责方式强调的是对应该避免和不希望发生的行为和决策方式的管理。传统的问责制度的主要意图在于防止资源或授权的滥用,避免不规范的管理,检查拙劣的工作情况,按照标准、规则和规范纠正管理活动,以及向管理者提供报告和反馈。如果问责制度只是一味盯着消极的管理和行为的话,那么它将不可避免地具有侵扰性和破坏性。尤其是在形势不稳定而造成各种标准和规则不合时宜的情况下,上述问题表现得更为突出。而且它所提供的只是阶段性的反馈,在大部分情况下是在管理失当发生后。更为重要的是,它在客观上造成"鼓励"提供不实信息和虚假数据。

　　而新的问责方式应更具前摄性和持续性,对管理者提供实时指导。在复杂和不稳定的条件下,鼓励创新和变革比通过检查固守正式的标准更加现实。问责制度应采取积极的方式,强化合理的和理想的管理方式和决策方法。这将为有效应对形势的变化发挥建设性的作用,也有助于激励良好行为,传统问责与新问责的差异参见表7.1。

表7.1　传统问责与新问责的差异

	传统问责	新问责
理念	避免消极行为	鼓励积极行为
范围	检查达到标准的程度	促进创新
行为控制时间	阶段性的	持续的
中心任务	对管理失当做出反应	主动引导管理
目标	维护	适应

　　资料来源:Zapico–Goni,E.:"Adapting Evaluation and Accountability System to Public Management Contexts",in Bemelmans–Videc,M.,et al.,2007:*Making Accountability Work:Dilemmas for Evaluation and for Audit*,New Brunswick and London,Transaction Publishers,p.223。

---

① Mooney,M.,1998:*Renewing Values,Keeping Trust. The President's Five–Year Report:1989–1994*,Portland,Lewis and Clark College.

② National Commission on Accountability in Higher Education,2005:*Accountability for Better Results:A National Imperative for Higher Education*,Denver,SHEEO.

三、走向共同体治理

影响实践的最有说服力且最有效的方法就是改变用于认识实践的理论和语言，促进或者抑制、鼓励或者阻拦行动的正是理论、价值观和信念。正是由于新公共管理理论对市场价值的追求诱发了高等教育问责，其结果是高等教育机构组织的异化和身份危机，本体功能弱化，外在功能增强。因此，要消解当下高等教育问责的负面效应，使问责发挥其应有的管理功效和工具价值，只有从新的理论向度——治理出发，更新高等教育问责的价值取向，复归高等教育的本真，才能使问责发挥其应有的实效。

共同体是有效治理的重要组成部分，因为它可以解决一些个人无法独立解决，而市场和政府也很难解决的问题。有学者研究了芝加哥的一些住宅小区后发现，居民会严厉地批评那些逃学、制造麻烦、在墙上乱涂乱画的青少年。他们愿意干涉小区内务，维护对小区有利的机构。例如，地方消防队受到预算削减的威胁时，共同体居民将对此进行干涉。这些都是学者所称的"集体有效"（collective efficacy）的例子。共同体之所以有时可以弥补政府和市场的失灵，是因为共同体中的成员而非外部人拥有其他成员行为、能力和需求的关键信息。共同体成员可以利用这些信息维持共同体规范，同时可以通过这些信息选择有效的制度安排，以避免道德风险和逆向选择问题。因此，当市场契约和政府指令失效的时候，共同体对治理起了重要的作用。因为法官、政府官员或者其他共同体以外的人无法有效利用那些信息，那些信息是加强有利的市场交换和制定政府计划时所必需的。然而共同体成员可通过彼此间持续的联系，加强信任、互相关心，从而支持群体规范简单有效的执行。这种观点在社会学中早就存在，即使在经济学中也比社会资本的概念出现得早。阿罗（Kenneth J. Arrow）和德布鲁（Gerard Debreu）首次完全证明了亚当·斯密（Adam Smith）关于市场"看不见的手"的论断。但是福利经济学基本定理所必需的自明之理非常严格，以至于阿罗强调我们现在所使用的社会资本的重要性："缺少信任……人们会失去互利的合作机会……社会行为规范，包括伦理道德准则（可能是）……对弥补市场失灵的社会反应。"[①] 而共同体就是维持这些规范的一种方式。

人们普遍认为商业时代和民主政治的到来将使共同体黯然失色。持各种信仰的学者都认为市场、政府或者简单的现代化都将毁灭一种价值观念，这种观念在整个历史过程中维持着一种基于亲密情感归属关系的治理形

---

① Arrow, K. J.: "Political and Economic Evaluation of Social Effects and Externalities", in Intriligator, M. D., 1971: *Frontiers of Quantitative Economics*, Amsterdam, North Holland, p.22.

式。然而，共同体治理（community governance）并不是过时的治理方式，它在未来社会可能变得更重要。原因在于，当由于个体间互动行为过于复杂或交易信息无法核实，使得完全合同或外部命令难以约束个体之间的行为时，那些需由共同体解决、同时政府和市场都难以解决的问题会越来越多。这类个体间的互动行为在现代经济社会中日益增多，诸如信息密集的团队生产逐渐取代装配线生产及其他合同和指令更容易处理的生产，还有难以测量投入和产出的服务。在日益以质量而不是以数量为目标的经济体中，共同体通过互相监督、共担风险和共享收益机制逐渐表现出其出众的治理能力。

这或许就是兰森（Stewart Ranson）所提倡的超越既有新自由主义问责模式的公共民主问责（public democratic accountability）。在他看来，信任只能形成于公共问责的框架中，这种框架使得对公共目的的不同诉求和实践能够在一个可以表达意见、包容分歧、促进参与及集体判断和决策的民主"公共场域"（public sphere）得到审议。而共同体治理最有可能实现这种问责的转型与重建。①

共同体治理更多是从具体的情景出发，关注现实政治生活的复杂性和共同体的多样性，多样性共同体代表的诸多善之间具有竞争性，而不是以某种所谓的具有优先地位的普适性价值去支配其他价值。共同体治理把具有利益相关性的参与人都纳入共同体的治理过程中，共同参与博弈规则的制定，从而有效解决外在规则制定过程中的"谁来治理治理者"的难题。

第一，共同体治理以合理自利的理性人为前提，从相互性出发，运用惩罚性利他（针锋相对博弈）、免于伤害的利他（永不做第一个背叛者）、无私的利他等手段追求一种合作双赢的局面。第二，不是从个人利益最大化的完全理性人的静态逻辑推演出发，而是以审慎的态度基于有限理性的事实，在一种永无止境的重复博弈的制度化框架下，更看重自由参与博弈的过程，这一过程中所达成的均衡也只是暂时的合作均衡。这也注定博弈规则的制定不是一蹴而就的，它既区别于外在规则可能导致的制度化桎梏，也有利于保持人们参与制定博弈规则的自主性和创造性。第三，不以一套预设的价值观念去推行所谓的具有普适性的政治的价值概念，而是基于共同体的传承和演进，发挥人的实践理性能力去发现和阐明具有共识性的价值观念。这

---

① Ranson, S., 2010 : "Public Accountability in the Age of Neo-liberal Governance", *Journal of Education Policy*, 18 (5).

种通过交往理性达成的重叠共识具有一种发自内心的认同的功效，便于共同体的稳定和长治久安。第四，共同体治理的自发性和自治性是其鲜明的特点，但是，共同体范围的开放性和共同体成员身份的不确定性等因素带来的共同体治理的不足也必须依赖于国家治理优势的补充。尽管公共权力具有被监督的必要性，但是公民也有把个人的贪婪误当作权利来主张的可能性，这就要求在共同体自我管理的过程中有必要限制个人私利的最大化。简言之，共同体寻求的自我统治并不排除外在强制力的运用，这也是追求共同体稳定均衡所必不可少的。

共同体治理需要制度化是共同体自身所具有的内生性、自发性和流变性特点的必然要求。共同体最初的制度多源自共同体在自然演进中传承下来的传统、习俗、惯例，经历自然的筛选，呈现出交易成本较低而且治理有效的特点，这些非正式制度经过人们的认同或经过正式程序上升为正式制度；经过社会化的共同体成员也在现有的制度和社会结构的框架内自由参与博弈、制定新的博弈规则。

主要参考文献

中 文 文 献

著作

陈天祥:《新公共管理——政府再造的理论与实践》,北京,中国人民大学出版社,2007年。

达尔吉什:《韦氏高阶美语英汉双解词典》,北京,外语教学与研究出版社,2006年。

葛家澍主编:《市场经济下会计基本理论与方法研究》,北京,中国财政经济出版社,1996年。

国家教育发展与政策研究中心编:《发达国家教育改革的动向和趋势(第1集)》,北京,人民教育出版社,1986年。

国家行政学院国际合作交流部编译:《西方国家行政改革述评》,北京,国家行政学院出版社,1998年。

胡宁生主编:《公共部门绩效评估》,上海,复旦大学出版社,2008年。

王承绪、徐辉主编:《战后英国教育研究》,南昌,江西教育出版社,1992年。

王莉华:《中英高等教育绩效拨款研究》,杭州,浙江大学出版社,2008年。

王振华主编:《撒切尔主义——80年代英国内外政策》,北京,中国社会科学文献出版社,1992年。

吴清山、黄美芳、徐纬平:《教育绩效责任研究》,北京,九州出版社,2006年。

徐小洲:《当代欧美高教结构改革研究》,呼和浩特,内蒙古大学出版社,1997年。

周凯主编：《政府绩效评估导论》，北京，中国人民大学出版社，2006年。

周志忍主编：《当代国外行政改革比较研究》，北京，国家行政学院出版社，1999年。

卓越主编：《公共部门绩效评估》，北京，中国人民大学出版社，2004年。

译著

Stephen P. Osborne编著：《新公共治理？——公共治理理论和实践方面的新观点》，包国宪等译，北京，科学出版社，2016年。

阿尔巴赫、伯巴尔、冈普奥特：《21世纪美国高等教育——社会、政治、经济的挑战》，杨耕、周作宇主审，北京，北京师范大学出版社，2005年。

波恩鲍姆：《高等教育的管理时尚》，毛亚庆等译，北京，北京师范大学出版社，2008年。

博格等：《高等教育中的质量与问责》，毛亚庆等译，北京，北京师范大学出版社，2008年。

戴维·奥斯本、特德·盖布勒：《改革政府：企业家精神如何改革着公共部门》，周敦仁等译，上海，上海译文出版社，2006年。

范富格特主编：《国际高等教育政策比较研究》，王承绪等译，杭州，浙江教育出版社，2001年。

菲利普·科特勒、凯伦·F. A. 福克斯编著：《教育机构的战略营销（第二版）》，庞隽、陈强译，裴蓉校，北京：企业管理出版社，2005年。

弗莱克斯纳：《现代大学论——美英德大学研究》，徐辉、陈晓菲译，杭州，浙江教育出版社，2001年。

亨利：《公共行政与公共事务：第八版》，张昕等译，北京，中国人民大学出版社，2002年。

缪勒：《公共选择理论》，杨春学等译，北京，中国社会科学出版社，1999年。

欧文·E. 休斯：《公共管理导论：第三版》，张成福等译，北京，中国人民大学出版社，2007年。

全球大学创新联盟编：《2007年世界高等教育报告 高等教育的质量保证》，汪利兵、阚阅译，杭州，浙江大学出版社，2009年。

萨缪尔森、诺德豪斯：《宏观经济学：第16版》，萧琛等译，北京，华夏出版社，1999年。

斯蒂芬·J. 鲍尔：《教育改革：批判和后结构主义的视角》，侯定凯译，上海，华东师范大学出版社，2002年。

唐纳德·肯尼迪:《学术责任》,阎凤桥等译,北京,新华出版社,2002 年。

雅斯贝尔斯:《大学之理念》,邱立波译,上海,上海人民出版社,2007 年。

詹姆斯·M. 布坎南:《自由、市场和国家:20 世纪 80 年代的政治经济学》,吴良健、桑伍、曾获译,北京,北京经济学院出版社,1988 年。

珍妮特·V. 登哈特、罗伯特·B. 登哈特:《新公共服务: 服务,而不是掌舵》,丁煌译,方兴、丁煌校,北京,中国人民大学出版社,2010 年。

期刊

陈文理、龚超:《管理主义对泰罗科学管理思想的回归与发展》,《社科纵横》,2005 年第 6 期。

陈振明:《政府再造——公共部门管理改革的战略与战术》,《东南学术》,2002 年第 5 期。

高云、张民选:《"第三条道路"与英国高等教育改革》,《教育发展研究》,2004 年第 3 期。

蒋凯:《全球化背景下的高等教育责任制》,《教育研究》,2008 年第 3 期。

杰米尔·萨尔米、阿勒诺什·萨拉杨:《作为政策工具的大学排行榜》,汪利兵、阚阅译,《教育研究》,2010 年第 1 期。

帕特里克·贝尔特、阿兰·希普曼:《重围之下的大学——当代学术领域中的信任和责任制》,黄春芳译,《大学(研究与评价)》,2007 年第 2 期。

孙柏英:《新政治经济学与当代公共行政》,《北京行政学院学报》,2002 年第 3 期。

亚历克斯·埃舍尔、马斯莫·萨维诺:《差异的世界: 大学排名的全球调查》,王亚敏、侯书栋译,李立国审校,《清华大学教育研究》,2006 年第 5 期。

张钢:《英国的新公共管理运动与公共部门研究的范式转换》,《自然辩证法通讯》,2003 年第 1 期。

周志忍:《英国的行政改革与西方行政管理新趋势》,《北京大学学报(哲学社会科学版)》,1994 年第 5 期。

邹健:《问责制概念及特征探讨》,《中共南宁市委党校学报》,2006 年第 3 期。

英 文 文 献

著作

Ahmad, M., 2008 : *Comprehensive Dictionary of Education*, New Delhi, Atlantic Publishers & Distributers Ltd.

Altbach, P. G., el al., 1999 : *American Higher Education in the Twenty-First Century: Social, Political, and Economic Challenges*, Baltimore, Johns Hopkins University Press.

Altbath, P. G., 1991 : *International Higher Education: An Encyclopedia* (Volume 1), New York and London, Garland Publishing, Inc.

Barnett, R., 1992 : *Improving Higher Education: Total Quality Care*, London, The Societyfor Research into Higher Education and The Open University.

Bemelmans-Videc, M., et al., 2007 : *Making Accountability Work: Dilemmas for Evaluation and for Audit*, New Brunswick and London, Transcaction Publishers.

Bogue, E. G. and Hall, K. B., 2003 : *Quality and Accountability in Higher Education*, Westport, Greenwood Publishing Group, Inc.

Bowen, H. R., 1977 : *Investment in Learning: The Individual and Social Value of American Higher Education*, San Francisco, Jossey-Bass.

Bowen, W. G. and Shapiro, H. K., 1996 : *Universities and Their Leadership*, Princeton, Princeton University Press.

Brennan, J., et al., 1997 : *Improving the Quality of Education: The Impact of Quality Assessment on Institutions*, Bristol, Quality Support Centre & HEFCE.

Bruneau, W. and Savage, D. C., 2002 : *Counting Out the Scholars: The Case against Performance Indicators in Higher Education*, Toronto, James Lorimer & Company Ltd, Publishers.

Burke, J. C., et al., 2002 : *Funding Public Colleges and Universities for Performance: Popularity, Problems and Prospects*, Albany, Rockefeller Institute Press.

Burke, J. C., et al., 2004 : *Achieving Accountability in Higher Education: Balancing Public, Academic and Market Demands*, San Francisco, Jossey-Bass.

Butcher, J. and Gilchrist, D., 2016 : *The Three Sector Solution: Delivering Public Policyin Collaboration with not-for-profits and Business*, Canberra, The Australian National Press.

Cave, M., et al., 1997 : *The Use of Performance Indicators in Higher Education: The Challenge of the Quality Movement*, London, Jessica Kingsley Publishers Ltd.

Clark, B. and Neave, G., 1992 : *The Encyclopedia of Higher Education* (*Volume 2*), Oxford, Pergamon Press Ltd.

Dochy, F., Megers, M. and Wijnenm, W. (ed.), 1990 : *Management Information and Performance Indicators in Higher Education: An International Issue*, Assen/Maastricht, Van Gorcum.

Dowdle, M. D., 2006 : *Public Accountability: Designs, Dilemmas and Experiences*, Cambridge, Cambridge University Press.

Drewry, G., et al., 2005 : *Contracts, Performance Measurement and Accountability in the Public Sector*, Amsterdam, IOS Press.

Elmore, R. F., et al, 1990 : *Restructuring Schools: The Next Generation of Educational Reform*, San Francisco: Jossey Bass.

Erkkilä, T. and Piironen, O., 2018 : *Rankings and Global Knowledge Governance: Higher Education, Innovation and Competitiveness*, London, Palgrave Macmillan.

Erkkilä, T., 2013 : Global University Rankings: Challenges for European Higher Education. Basingstoke: Palgrave Macmillan.

Farnham, D. and Horton, S., 1996 : *Managing the New Public Service*, London, Macmillan.

Fukuyama, F., 1995 : *Trust: The Social Virtues and the Creation of Prosperity*, New York, Simon and Shuster.

Gaff, J., 1991 : *New Life for the College Curriculum: Assessing Achievements and Furthering Progress in the Reform of General Education*, San Francisco, Jossey Bass.

Harden, I., 1992 : *The Contracting State*, Buckingham, Open University Press.

Harvey, L. and Stensaker, B., 2010 : *Accountability in Higher Education: A Global Perspective on Quality, Trust and Power*, London and New York, Routledge.

Heller, D. E., 2001 : *The States and Public Higher Education Policy*: *Affordability*, *Access*, *and Accountability*, Baltimore, MD, The Johns Hopkins University Press.

Henkel, M. and Little, B., 1999 : *Changing Relationships between Higher Education and the State*, London, Jessica Kingsley Publishers.

Husen, T. and Postlethwaite, T. N., 1985 : *The International Encyclopedia of Education*: *Research and Studies*, Vol.1, Oxford, Pergamon Press.

Keegan, W., 1984 : *Mrs. Thatcher's Economic Experience*, Harmondsworth, Middlesex, Penguin Books.

Kelchen, R., 2018 : *Higher Education Accountability*, Baltimore, Johns Hopkins University Press.

Kirp, D., 2004 : *Shakespeare, Einstein and the Bottom-line*: *The Marketing of Higher Education*, Cambridge, MA., Harvard University Press.

Kogan, M., 1986 : *Education Accountability*: *An Analytic Overview*, London, Hutchinson.

Kogan, M. and Hanney, S., 1999 : *Reforming Higher Education*, London, Jessica Kingsley Publishers Press.

Lessinger, L. M. and Tyler, R. W., 1971 : *Accountability in Education*, Worthington, OH, C. A. Jones Pub. Co.

Lingard, B., et al., 2016 : *Globalizing Educational Accountabilities*, New York, Routledge.

Macpherson, R. J. S., 1996 : *Educative Accountability*: *Theory, Practice, Policy and Research in Educational Administration*, Oxford, Elsevier Science Ltd.

Marope, P. T. M., et al., 2013 : *Rankings and Accountabilityin Higher Education Uses and Misuses*, Paris, UNESCO Publishing.

Micklethwait, J. and Wooldridge, A., 1996 : *The Witch Doctors*: *Making Sense of the Management Gurus*, New York, Random House.

Osborne, D. and Gaebler, T., 1992 : *Reinventing Government*: *How the Entrepreneurial Spirit Is Transforming the Public Sector*, Reading, Addison-Wesly.

Pollitt, C., 1993 : *Managerialism and the Public Services*: *Cuts or Cultural Change in the 1990s？* Oxford, Blackwell.

Pollitt, C., 2003 : *The Essential Public Manager*, London, Open University

Press.

　　Pollitt, C. and Bouckaert, G., 2000 : *Public Management Reform : A Comparative Analysis*, Oxford, Oxford University Press.

　　Power, M., 1997 : *The Audit Society : Rituals of Verification*, Oxford, Oxford University Press.

　　Salamon, L. M., 2002 : *Tools of Government : A Guide to the New Governance*, New York, Oxford University Press.

　　Schagritz, J. M., 1985 : *The Facts on File Dictionary of Public Administration*, New York, Facts on File Publications.

　　Schagritz, J. M., 1998 : *International Encyclopedia of Public Policy and Administration*, Colorado, Westview Press.

　　Scott, D., 1994 : *Accountability and Control in Educational Settings*, London, Cassell.

　　Simey, M., 1985 : *Government by Consent : The Principles and Practice of Accountability in Local Government*, London, Bedford Square Press.

　　Simon, B., 1965 : *Education and the Labour Movement, 1870–1920*, London, Lawrence and Wishart.

　　Sims, S., 1992 : *Student Outcomes Assessment : A Historical Review and Guide to Program Development*, Contribution to the Study of Education No.52, Westport, Greenwood Press.

　　Stensaker, B., Harvey, L., 2011 : *Accountability in Higher Education : Global Perspectives on Trust and Power*. London, Taylor & Francis.

　　Strathern, M., 2000 : *Audit Culture : Anthropological Studies in Accountability, Ethics and the Academy*, London and New York, Routledge.

　　The Carnegie Foundation for the Advancement of Teaching, 1975 : *More Than Survival : Prospects for Higher Education in a Period of Uncertainty*, San Francisco, Jossey Bass.

期刊

　　Alderman, G., 1995 : "Assessors Must Blow Their Cover", *Times Higher Education Supplement*, 1995–03–12.

　　Alexander, F. K., 2000 : "The Changing Face of Accountability : Monitoring and Assessing Institutional Performance in Higher Education", *Journal of Higher Education*, 71 (4).

Ashby, A., et al., 2011 : "National Student Feedback Surveys in Distance Education: An Investigation at the UK Open University", *Open Learning: The Journal of Open, Distance and E-Learning*, 1.

Astin, A. W., 1985 : *Achieving Educational Excellence*, San Francisco, CA, Jossey-Bass.

Ball, R. and Wilkinson, R., 1994 : "The Use and Abuse of Performance Indicators in UK Higher Education", *Higher Education*, 27(4).

Ball, S., et al., 1997 : "Into Confusion: LEAs, Accountability and Democracy, *Journal of Education Policy*, 12(3).

Barkas, L. A. et al., 2019 : Tinker, Tailor, Policy-maker: Can the UK Government's Teaching Excellence Framework Deliver Its Objectives ? *Journal of Further and Higher Education*, 43(6).

Baty, P., 1999 : "A Quality Game Where Cheating Is Allowed ? ", *Times Higher Education Supplement*, 1999-03-12.

Baty, P., 2010 : "Worthy Project or Just a Game ? ", *Times Higher Education Supplement*. 2001-03-30.

Becher, T., 1979 : "Self-accounting, Evaluation and Accountability", *Educational Analysis*, (1).

Boot, M., 1992 : "Redefining Higher Education", *Christian Science Monitor*, 1992-11-16.

Burke, J. C., 2003 : "The New Accountability for Public Higher Education: from Regulation to Result", *Research in University Evaluation*, 3.

Canning, J., 2019 : The UK Teaching Excellence Framework (TEF) as an Illustration of Baudrillard's Hyperreality, *Discourse: Studies in the Cultural Politics of Education*, 40(3).

Channon, N., 2004 : "Institutional Audit in England and Northern Ireland", *Higher Quality*, 14.

Cheng, J. H. S., Marsh, H. W., 2010 : "National Student Survey: Are Differences between Universities and Courses Reliable and Meaningful ? ", *Oxford Review of Education*, 6.

Chiarelott, L., et al., 1991 : "Lessons in Strategic Planning Learned the Hard Way", *Educational Leadership*, 48(7).

Clarke, M., 2002 : "Some Guidelines for Academic Quality Rankings", *Higher Education in Europe*, 27(4).

Davies, A. and Thomas, R., 2002 : "Managerialism and Accountability in Higher Education: The Gendered Nature of Restructuring and the Costs to Academic Service", *Critical Perspectives on Accounting*, 13 (2).

Deem, R. and Baird, J. A., 2020 : The English Teaching Excellence (and Student Outcomes) Framework: Intelligent Accountability in Higher Education ? *Journal of Educational Change*, 21 (1).

Denhardt, J. V. and Denhardt, R. B., 2015 : "The New Public Service Revisited", *Public Administration Review*, 75 (5).

Denhardt, R. B. and Denhardt, J. V., 2000 : "The New Public Service: Serving Rather Than Steering", *Public Administration Review.*, 60 (6).

DePalma, A., 1992 : "University Grope for Lost Image", *New York Times*, 1992-04-05.

Dill, D. and Soo, M., 2005 : "Academic Quality, League Tables, and Public Policy: A Cross-National Analysis of University Ranking System", *Higher Education*, 49 (4).

Dougherty, K. J. and Reddy, V., 2013 : "Performance Funding for Higher Education: What Are the Mechanisms ? What Are the Impacts ? ", *ASHE Higher Education Report*, 39 (2).

Dunsire, A., 1990 : "Holistic Governance", *Public Policy and Administration*, 5 (1).

Eccles, C., 2002 : "The Use of University Rankings in the United Kingdom", *Higher Education in Europe*, 27 (4).

Flint, K., 1996 : "English and The Assessment Challenge", *The Cambridge Quarterly*, 25 (3).

Floud, R., 2001 : "Universities Are Sinking under Inspection Load", *Times Higher Education Supplement*, 2001-03-21.

Forstenzer, J., 2018 : The Teaching Excellence Framework, Epistemic Insensibility and the Question of Purpose, *Journal of Philosophy of Education*, 52 (3).

Gaskell, A., 2011 : "National Student Surveys: How Far Are They Appropriate for Open and Distance Learning ? ", *Open Learning: The Journal of Open, Distance and E-Learning*, 1.

Gladwell, M., 2011 : "The Order of Things: What College Rankings Really Tell Us ? ", *The New Yorker*, 2021-02-14.

Glass, G. V., 1972 : "The Many Faces of 'Educational Accountability'", *The Phi Delta Kappan*, 53 (10).

Gudeman, S., 1998 : "The New Captains of Information", *Anthropology*, 14 (1).

Leeuw, F., 2000 : "Evaluation in Europe 2000 : Challenges to a Growth Industry", *Evaluation*, 8 (1).

Lenton, P., 2015 : "Determining Student Satisfaction : An Economic Analysis of the National Student Survey", *Economics of Education Review*, 47.

Lewis, D. R., et al., 2001 : "On the Use of Performance Indicators in Japan's Higher Education Reform Agenda", *Nagoya Journal of Higher Education*, 1 (1).

Lively, K., 1992 : "Accountability of Colleges Gets Renewed Scrutiny from State Officials", *Chronicle of Higher Education*, 1992-09-02.

Lord, B. R., et al., 1998 : "Performance Indicators : Experiences from New Zealand Tertiary Institutions", *Higher Education Management*, 10 (2).

Macleod, D., 2001 : "Trial by Ordeal", *The Guardian*. 2001-01-30.

Martin, S., 2005 : "Evaluation, Inspection and the Improvement Agenda : Contrasting Fortunes in an Era of Evidence Based Policy Making", *Evaluation*, 11 (4).

Mason, G., et al., 2009 : Employability Skills Initiatives in Higher Education : What Effects Do They Have on Graduate Labour Market Outcomes ? *Education Economics*, 17 (1).

Matthews, D., 2013 : "'User' Friendly REF Panels to Gauge Impact", *Times Higher Education*, 2013-06-20.

Matthews, G., 1999 : "Real Quality Is a Loser", *Times Higher Education Supplement*, 1999-03-19.

Meredith, M., 2004 : "Why Do Universities Compete in the Ratings Game ? An Empirical Analysis of the US News and World Report College Rankings", *Research into Higher Education*, 45 (5).

Moore, M. H., 2014 : "Public Value Accounting : Establishing the PhilosophicalBasis", *Public Administration Review*, 74 (4).

Neal, A. D., 2008 : "Seeking Higher-Ed Accountability : Ending Federal Accreditation", *Change*, 40 (5).

Neave, G., 1988 : "On the Cultivation of Quality, Efficiency and Enterprise : An Overview of Recent Trends in Higher Education in Western

Europe,1986-1988", *European Journal of Education*,23(1/2).

O' Leary,J.,2008 :"The Times Good University Guide-The Definitive League Table", *The Times*,2008-06-18.

Ottewill,R. and Macfarlane,B.,2004 :"Quality and the Scholarship of Teaching:Learning from Subject Review", *Quality in Higher Education*,10(3).

Peters,M.,1992 :"Performance Indicators in New Zealand Higher Education:Accountability or Control ? ", *Journal of Education Policy*,7(3).

Pike,G. R.,2004 :"Measuring Quality:A Comparison of U. S. News rankings and NSSE Benchmarks", *Research in Higher Education*,45(2).

Pritchard,R. M. O.,1994 :"Government Power in British Higher Education", *Studies in Higher Education*,19(3).

Robinson,W. and Hilli,A.,2016 :The English 《Teaching Excellence Framework》and Professionalising Teaching and Learning in Research-Intensive Universities:An Exploration of Opportunities,Challenges,Rewards and Values from a Recent Empirical Study, *Foro de Educación*,14(21).

Scott,P.,2012 :"The Research Excellence Framework Could Kill off Some Departments", *The Guardian*,2012-03-05.

Shattock,M.,1984 :"British Higher Education under Pressure:Politics, Budges and Demography and the Acceleration of Ideas for Change", *European Journal of Education*,19(2).

Shore,C. and Wright,S.,1999 :"Audit Culture and Anthropology:Neo-Liberalism in British Higher Education", *Journal of Royal Anthropological Institute*,5(4).

Sizer,J.,et al.,1992 :"The Role of Performance Indicators in Higher Education", *Higher Education*,24(2).

Thiel,J.,2019 :"The UK National Student Survey:An Amalgam of Discipline and Neo-liberal Governmentality", *British Educational Research Journal*,45(3).

Triesman,D.,1999 :"Bureaucracy Has Killed the Spirit of Academics". *Times Higher Education Supplement*.1999-08-27.

Tuner,D. R.,2005 :Benchmarking in Universities:League Tables Revisited, *Oxford Review of Education*,31(3).

Underwood,S.,2000 :"Assessing the Quality of Quality Assessment: The Inspection of Teaching and Learning in British Universities", *Journal of*

Education for Teaching, 26 (1).

Watson, D. and Bowden, R., 1999 : "Why Did They Do It ? The Conservatives and Mass Higher Education", *Journal of Education Policy*, 3.

Williams, G., 1997 : "The Market Route to Mass Higher Education: British Experience 1979--1996", *Higher Education Policy*, 10 (3/4).

Wood, P. and O'Leary, M., 2019 : Moving beyond Teaching Excellence: Developing a Different Narrative for England's Higher Education Sector, *International Journal of Comparative Education and Development*, 21 (2).

附　　录

术语缩略语

AAA   American Accounting Association
美国会计学会

AAC&U   Association of American Colleges and Universities
美国学院与大学协会

AAHE   American Association for Higher Education
美国高等教育协会

AASCU   American Association of State Colleges and Universities
美国州立大学和学院协会

ACTA   American Council of Trustees and Alumni
美国大学校董与校友理事会

AFT   American Federation of Teachers
美国教师联合会

AGB   Association of Governing Boards of Universities and Colleges
(美国)大学和学院管理委员会协会

BIS   Department for Business, Innovation and Skills
(英国)商业、创新与技能部

BMA   British Medical Association
英国医学会

CCHE   Colorado Commission on Higher Education
科罗拉多州高等教育委员会

CHEA   Council for Higher Education Accreditation
(美国)高等教育认证理事会

CHEMS   Commonwealth Higher Education Management Service
英联邦高等教育管理服务组织

COPA   Council on Postsecondary Accreditation
(美国)中学后认证委员会

CVCP	Committee of Vice-Chancellors and Principals （英国）大学校长委员会	
DENI	Department of Education（Northern Ireland） 北爱尔兰教育部	
DES	Department of Education and Science （英国）教育和科学部	
DfENI	Department for Economy Northern Ireland 北爱尔兰经济部	
DoE	Department of the Environment （英国）环境部	
ECS	Education Commission of the States （美国）全国教育委员会	
ETS	Educational Testing Service （美国）教育考试服务中心	
FIPSE	Fund for the Improvement of Postsecondary Education （美国）教育部改进中学后教育基金	
GAO	General Accounting Office （美国）联邦审计总署	
HEA	Higher Education Academy （英国）高等教育学会	
HEFCE	The Higher Education Funding Council for England （英国）英格兰高等教育基金委员会	
HEFCW	Higher Education Funding Council for Wales 威尔士高等教育基金委员会	
IAU	International Association of Universities6 国际大学协会	
IDP	International Development Program 国际发展计划	
IBHE	Illinois Board of Higher Education 伊利诺伊州高等教育委员会	
JISC	Joint Information Systems Committee （英国）联合信息系统委员会	
NAB	National Advisory Body for Public Sector Higher Education （英国）全国高等教育咨询委员会	
NAO	National Audit Office （英国）国家审计署	
NASC	Northwest Association of Schools and Colleges and Universities （美国）西北部学院与学校协会	

NASULGC	National Association of State University and Land-Grant College (美国)全国州立大学和赠地学院协会
NCACS	North Central Association of Colleges and Schools (美国)中北部学院与学校协会
NCAHE	National Commission on Accountability in Higher Education (美国)全国高等教育问责委员会
NCES	National Center for Education Statistics (美国)国家教育统计中心
NCHEMS	National Center for Higher Education Management Systems (美国)国家高等教育管理系统中心
NCPPHE	National Center for Public Policy and Higher Education (美国)国家公共政策与高等教育中心
NEAS&C	New England Association of Schools and Colleges (美国)新英格兰学院与学校协会
NGA	National Governors' Association (美国)全国州长协会
OfS	Office of Student (英国)学生事务办公室
Ofsted	Office for Standards in Education, Children's Services and Skills (英国)教育、儿童服务与技能标准局
OIG	Office of Inspector General (美国教育部)总监察长办公室
RAE	Research Assessment Exercise (英国)科研评估
REF	Research Excellence Framework (英国)科研卓越框架
SACS	Southern Association of Colleges and Schools (美国)南部学院与学校协会
SFC	Scottish Funding Council (英国)苏格兰基金委员会
SHEEO	State Higher Education Executive Officers (美国)各州高等教育执行官协会
SHEFO	State Higher Education Financial Officers (美国)各州高等教育财务官协会
TEF	Teaching Excellence Framework (英国)教学卓越框架
TTA	Teacher Training Agency (英国)教师培训局

UCAS   Universities and Colleges Admissions Service
(英国)大学和学院招生服务中心

UGC   University Grants Committee
(英国)大学拨款委员会

UKRI   UK Research and Innovation
英国研究与创新理事会

UNDP   United Nations Development Programme
联合国开发计划署

USI   Union of Students in Ireland
爱尔兰学生联合会

WASC   Western Association of Schools and Colleges
(美国)西部学院与学校协会

WCHE   World Conference on Higher Education
世界高等教育大会

索　引

（词条后页码为该词在书中首次出现的页码）

后　记

　　问责（accountability）连同入学（access）和负担能力（affordability），这"3A"一直是英美等发达国家高等教育发展面临的重要政策议题。然而，在这些议题中，问责无疑显得更加重要，它所包含的内容更丰富，涉及的利益相关方更多样，形成的互动关系也更复杂。

　　当前，我国高等教育在加速向普及化发展的过程中，在推进高等教育治理体系和治理能力现代化的进程中，如何有效借鉴和吸收英美国家高等教育问责的经验与教训，避免重蹈其"问责悖论"和"问责失灵"的覆辙，以及超越新自由主义问责的"先天"不足，重构符合时代发展趋势和高等教育自身发展规律的平衡而有效的问责制度模式，是我们亟须探讨的一项重要课题，也是本书努力寻求解决之策的一种尝试。由于能力所限，本书呈现的仍是一个非常初步的成果，敬请学界同仁批评指正。

　　本书是在我博士后研究报告的基础上进一步修改、丰富和完善而成的。2008 年，我博士毕业后进入北京师范大学国际与比较教育研究院跟随顾明远先生从事博士后研究，并选择了"英美高等教育绩效责任比较研究"作为研究主题。期间，顾明远先生的悉心指导及曲恒昌教授、刘宝存教授、项贤明教授、马健生教授、刘美凤教授以及北京大学施晓光教授、中国教育科学研究院张男星教授等诸位专家在工作报告开题和答辩等环节提出的宝贵建议，使我对这个研究主题有了更深入的理解。因此，要感谢上述各位专家的指导与鼓励，没有他们的真知灼见和热情相助就不会形成本书的基础。

　　博士后研究工作结束后，在国家社科基金后期资助项目的资助下，我对原来的研究报告又做了重新的审视和思考，从概念表述到内容结构，从研究立场到研究结论，对原有的问题进行了持续的关注，对报告进行了新的修改和完善，并使之达到出版的要求。因此，也要感谢国家社科基金为开展后续研究提供的难得机遇和有力保障。

　　本书最终能够得以出版问世，离不开高等教育出版社的大力支持，特别是王玉衡博士的积极筹划，在此一并深表谢意。

阚阅

辛丑初夏于浙大紫金港